JN174025

日米欧金融規制監督の発展と調和

牛嶋　仁 編著

日本比較法研究所
研究叢書
109

中央大学出版部

装幀　道吉　剛

はしがき

本書は、日本の金融規制監督制度の制度とその運用が、日米欧主要各国の金融規制監督に関する歴史と現状をふまえて、どのように発展すべきかという課題についての研究成果である。

金融は、その性質上、事業活動と密接に結びついており、そのあり方は、自国内はもちろん、国境を越えて各国の経済社会や市民生活に大きな影響を及ぼしている。そこで、各国及び国際機関等は、金融機関に対する規制監督を行ってきた。それとともに、金融は、その経済社会に対する影響力のみならず、産業（事業）に対するその潜在的な支配力があるため、公正で自由な競争を確保することを目的とした競争法上の規制に服す必要がある。

ところで、日本においては、第2次世界大戦後、GHQによる財閥解体とともに、独占禁止法（私的独占の禁止及び公正取引の確保に関する法律〔昭和22年法律第54号〕以下、「独禁法」ということがある）が制定され、同法は、戦前のような金融機関等による産業支配を生じさせないため、持株会社の設置を禁止した。

一方、経済のグローバル化に伴う地球規模の環境変化に応じて、金融規制監督のあり方も、近年、各国及び国際機関等において見直されることとなった。日本においては、1997年、独占禁止法改正（平成9年法律第87号）により、持株会社が解禁され、持株会社の設置に加え、その持株会社を利用して金融に関わる事業活動を行うことが認められるに至った。ところが、持株会社設置の意義と規律、とりわけ、金融持株会社の意義と規律については、戦後、それが独禁法によって禁止されていたことにより、十分な議論がなされていなかった。そのため、金融持株会社を認めた上で、政府が金融の規制監督を行う場合、① 総合金融サービスを展開する上での組織形態のあり方、② 各金融機関に認める事業活動の内容、③ 規制監督体制のあり方、④ 規制監督のルールと方法は、どうあるべきかという課題が提示されることとなった。

本書は、上記のような課題について、その基礎研究として行った成果である。すなわち、著者は、上記独占禁止法改正による持株会社解禁を目前にした時期において、日本比較法研究所研究基金から「日米欧の持ち株会社規制と金融持ち株会社規制の比較研究」(1996年度—1997年度。代表伊従寛、1997年度からは、菊地元一)をテーマに、また、(現)公益財団法人 全国銀行学術研究振興財団から「持株会社規制と金融持株会社規制の緩和問題の検討」(1995年度)をテーマに、各研究費の助成を受け、上記の問題について調査研究を行った(その後、牛嶋仁を代表として研究を継続)。その研究成果の一部は、すでに公刊されているが、残りについては、日本比較法研究所研究叢書として刊行予定があったため、学術雑誌に掲載することは控えられた。それにもかかわらず、研究グループ全体の成果として計画された同研究叢書刊行は、諸般の事情により、長期間実現に至らなかった。しかしながら、① 研究成果のうち、未公刊のものについては、学術上、貴重な資料となりうること、② 研究成果のうち、公刊されたものについても、その後の社会状況、法令等の発展を調査研究してより新しいものにする場合には、なおそれを新たに公刊する意義があること、③ 研究グループの研究成果としてまとめたものは、その統一的な記述により、それ自体意義のあること、④ 最後ではあるが、最も重要なこととして、たとえ長期間を経たとしても、各研究費助成による研究成果の公表を包括的に行うことによって、助成団体及び各基金への寄付者等に対する感謝と社会的責任を全うする必要があることなどを考慮して、著者は、本研究叢書を刊行すべきであると考えた。

著者は、本書刊行準備のため、本書の内容について議論を重ねた。その過程で、上記研究費助成テーマを発展させ、本書のテーマとすることとした。

本書は、全3部9章及び総括から構成されている。まず、第1部では、第1章で本書の意義・背景・視点について簡潔に述べ、第2章では今日の金融規制監督に関する制度改革の背景としての国際金融の変容について概観している。

次に、第2部では、国際金融における変容を背景とした日米欧の金融規制監督制度の歴史的変遷を整理した（第3章―第6章）。さらに、第3部では、経済関係において日本との結びつきが強く、日本の金融規制監督にも大きな影響を与えてきたアメリカ合衆国の金融規制監督につき、特に競争法との関係に焦点をあてた考察を行っている（第7章―第9章）。そして、最後に、総括として、日米欧の金融規制監督の現状をふまえ、本書に残された検討課題を述べた。

周知のとおり、金融規制監督に関する制度及びその運用は、過去20年に劇的な変化を遂げた。そのことが、理論・実務に与えた影響は、極めて大きく、課題は、極めて多い。本書のテーマは、現代社会における最重要、喫緊の課題の1つではあるが、複雑で鳥瞰が必ずしも容易ではない。長時間をかけて完成されたにもかかわらず、本書が書名にふさわしい包括的で透徹した内容を持つものと言い難いことは、著者自身がもっともよく認識している。しかしながら、公刊のタイミングも重要で、本書は、その実現可能性を最大限優先し、本書で残された課題は、本書刊行を機に継続して検討することを著者の心に留めた。

最後に、本書の対象となった研究の助成を行っていただいた日本比較法研究所研究基金及び公益財団法人 全国銀行学術研究振興財団には、本書をもって感謝の念を表したい。出版事情が厳しい昨今の状況において、本研究叢書が刊行できたことについても、学校法人中央大学及び関係者に感謝申し上げたい。さらに、本研究叢書の刊行は、日本比較法研究所及び本学出版部各職員の援助と厳しくも優しい励ましがなければ実現しなかった。ここに衷心よりお礼申し上げる。

2016年1月　本書出版と春の訪れの予感を重ねて

著者を代表して

牛　嶋　　仁

日米欧金融規制監督の発展と調和

目　　次

第3部　アメリカ合衆国における金融規制監督と競争法

第1部　序　　　論

第１章
本研究の意義・背景・視点

1.　問題の所在と本研究の意義

⑴　問題の所在

本書は、日本の金融規制監督の制度と運用が、日米欧主要各国の金融規制監督に関する歴史と現状をふまえて、どのように発展すべきかという課題についての基礎研究である。

日本において、金融持株会社の意義と規律については、戦後、独禁法によって禁止されていたことにより、十分な議論がなされていなかった。そのため、金融持株会社を認めた上で、政府が金融の規制監督を行う場合、① 総合金融サービスを展開する上での組織形態のあり方、② 各金融機関に認める事業活動の内容、③ 規制組織のあり方、④ 規制監督のルールと方法は、どうあるべきかという課題が提示されることとなった。

この課題を解くための基礎研究として、本書は、２つの研究成果を提示している。第１に、日米英独の金融規制監督の歴史と現状を鳥瞰した。第２に、アメリカ合衆国（以下、「合衆国」「米国」「アメリカ」ということがある）における金融規制監督と競争法が交錯する論点を詳細に検討した。

⑵　本研究の意義

本研究の意義は、要旨以下の３点にまとめることができる。

第１に、現代金融規制監督の国際比較研究である。第２に、金融論と法律学の複合視点を有している。学際的な規制研究の重要性は、各国において強調されるようになっており、金融規制監督は、まさにその好適な例ということができよう[1)]。第3に、本書で扱った金融規制監督は、法の現代的な現象の一例（グローバル化、規制主体の多様化、ソフト・ローなど）を示す分野として見ることができる。

2.　金融規制監督の発展――調和と固有性――

⑴　金融規制監督の意義

本書において、金融規制監督とは、以下のように定義している。

金融は、資金の需要と供給の調整を行うことを指す[2)]。金融機関とは、金融を業として行う機関をいい、具体的には、銀行業、証券業、保険業等を行う各機関である。ただし、本書で金融又は金融機関という場合、その性質上、銀行業又は銀行を指すことが多い。

金融規制は、金融機関に対して政府（中央政府・自治体など）が法令に基づいて作為又は不作為を命じるしくみやルールをいう。後述するように（第2章―第6章）、その主体が、政府に限らず、政府機関が加入する準公的団体や業界団体など民間団体が行う場合もある。本書では、後者の機能も視野に入れながら、主として、政府による公的規制を金融規制として論じている。金融規制は、独禁法上の観点からは、構造規制と行為規制に分けることができる。

金融監督は、金融監督体制を整備し、それに基づいて監督官庁等が行う個別的執行を指す。

⑵　金融規制監督の目的

金融規制監督の目的[3)]は、以下のように説明することができる。

第1に、金融システムの安定や金融市場の健全性の確保である。

第2に、預金者や投資家の保護である。

上記2つの目的は、互いに関連し、システミック・リスクの低減を図ることは、事業活動や市民生活の安定にも寄与する。金融経済の発展や国際金融の発展（第2章参照）とともに、金融機関、金融機関以外の事業者、政府の相互依存関係は、強まっているので、上記目的のための金融規制監督の要請は、国際的な拡がりを強めつつ高まっている。

ここで、金融規制と競争法の関係について述べておきたい。金融規制が緩和された場合、金融機関の競争環境は厳しくなり、消費者にとっては、好ましい結果をもたらすと期待される。一方、金融機関による公正で自由な競争を阻害する行為も懸念されることになる。したがって、金融規制の変化は、競争法上の監督の変化をもたらすことになる。第3部は、特にそのような観点から金融機関に対する競争法上の論点を検討している。もちろん、第8章で扱う地域金融のように、競争法上、構造規制上の課題が、上記金融規制監督の本来的な目的や課題と関係を有する可能性がある。すなわち、地域金融が十分に機能しない場合、地域企業の事業活動や産業に支障をきたすばかりか、資産の偏在が余剰資金となり、その流れによっては、金融システムの不安定要素となる可能性があるからである。

(3)　金融機関の競争環境の変化と金融規制監督体制の変化

合衆国は、金融の潜在的な産業（事業）支配力や強大な社会的勢力が生まれることの懸念から、グラス・スティーガル法（1933年）の制定により、銀行業と証券業の分離を図る一方で、銀行持株会社の設置は、従来認めてきた。この点が、戦後、全面的に、持株会社が禁止されてきた日本と異なる点である。しかしながら、合衆国においては、1999年金融サービス現代化法（グラム・リーチ・ブライリー法）により、グラス・スティーガル法の改正が行われ、日本においても、1997年独禁法改正により、持株会社が解禁された。これにより、金融規制監督の平面に、競争法が重要な意味を有することになったのは、上記のとおりである[4]。

ドイツなどヨーロッパ大陸諸国においては、従来、銀行業と証券業を兼業するユニバーサル・バンキングが中心であったが、金融規制の緩和により、保険業を含めた総合金融サービス業が主流となっている。もっとも、イギリスに見られるように、ユニバーサル・バンキングができるにもかかわらず、そのような業態が見られない国もある。

リーマン・ショック（2008年）など度重なる金融危機は、金融システムの問題が、国際的な拡がりと各国に深刻な動揺をもたらすことを私たちに教えてくれた。これにより、その後の金融規制監督は、従来のミクロ・プルーデンス規制に加えて、いわゆるマクロ・プルーデンス規制が議論されるようになった（第2章―第6章参照）。

金融規制監督を取り巻く変化は、規制監督組織の見直しにも現れている。たとえば、日本においては、1998年、金融監督庁が設置され、金融規制監督の権限は、大蔵省から金融監督庁に移った（金融監督庁は、2000年、金融庁となった）。イギリスにおいては、2000年金融サービス市場法（Financial Services and Markets Act）により、金融サービス庁（Financial Services Agency）が設置され、金融規制監督の権限は、イングランド銀行から金融サービス庁に移ったが、2012年金融サービス法により、イングランド銀行に戻っている（第3章参照）。ドイツにおいては、一元的単一規制監督組織として連邦金融サービス監督局（BaFin）が、設立されている（2002年）。一方、合衆国は、複数の金融規制監督機関による多元的執行（第5章、第7章―第9章参照）により、多面的な執行を行ってきており、その性格は、今も変わらない。

(4)　現代における金融規制の特色

現代における金融規制の特色は、① 規制主体・手法の多様化、② 国際的な拡がり、③ 国境を越えた調和にまとめることができ、これらは、相互に関係している。すなわち、近代においては、各国政府が、法令に基づいて、金融規制監督を行ってきたが、現代の金融規制においては、各国政府のみならず、準公的機関による国際的規制（バーゼル銀行監督委員会による自己資本比率規制を考えよ）[5] や民間団体による自主規制もある。さらに、これらは、金融の国際的な拡がりとその国境を越えた規制の必要性から国際的な協議が常に行われ、規制の一部は、調和することが求められている。

法律学の視点から見れば、金融規制においては、政府が関与した条約・法令等による公的規制、準公的機関による準公的規制、民間団体による自主規制、事実上の影響など法規範・ルールの多様性を観察することになる[6)]。

(5)　金融規制監督の発展――調和と固有性――

さて、金融規制監督は、各国間で調和すべきであろうか。それとも、金融規制監督は、各国の歴史、社会、経済的な背景が異なるので、固有性を大切にすべきであろうか。比較法研究のこの古典的問題に対する解答は、yes and no である。すなわち、金融の性格とグローバル化に伴い、各国間の金融規制監督の調和はよりいっそう進めるべきであろう。しかしながら、歴史に鑑み、社会、経済的な背景の相違を考えると各国の固有性は、決して軽く扱うべきではない。目的と達成目標を共通にしながら、そのしくみと手法は、各国によって異なることになると考えられる。この問題は、さらに、国家と市場の関係や国際金融機関・国際組織と各国政府の関係は、いかにあるべきかという深淵な問題にも関わる（第2章2参照）。

なお、調和（ハーモナイゼーション）の要請として、共通のルールが策定される場合には、自由で公正かつ透明性のある競争が確保されるよう、その策定主体の法的性格やガバナンスに関する精査が必要であろう。

続く第1部第2章においては、国際金融の変容と金融規制監督について、歴史的変遷をたどる。

1)　本書の注と参考文献につき、金融論を専攻する著者の担当章（第2章―第6章）と法律学を専攻する著者の担当章（第7章―第9章）とでは、引用方法等体裁が異なる。統一が望ましかったが、領域の特性を尊重した。第7章―第9章の注と参考文献の体裁については、概ね A Uniform System of Citation, 20th ed. (2015) に従った。

2)　金融論では、資金余剰主体から資金不足主体への資金の融通をいう。

3)　神田秀樹ほか『金融法講義』（岩波書店・2013年）8頁。

4)　なお、合衆国において、銀行業と証券業は、連邦と州に規制権限があるのに対して、保険業は、州が規制権限を有していることに注意する必要がある。

5)　本書第2章3.(2)及び和田洋典「金融規制監督レジームはなぜインフォーマルなのか—アメリカ中心の階層性の視角から—」青山国際政経論集85号55頁（2011年）、神田秀樹「金融危機後の金融規制に関する国際ルール形成」法律時報84巻10号24頁（2012年）参照。

6)　グローバル行政法の登場と理解がこの現象に関わる。宮野洋一「『グローバル行政法』論の登場—その背景と意義—」横田洋三・宮野洋一編『グローバルガバナンスと国連の将来』（中央大学出版部・2008年）323頁以下、金融規制につき、原田大樹『公共制度設計の基礎理論』（弘文堂・2014年）12頁以下、352頁以下参照。このような現象は、ルールの正統性、ルール策定組織のガバナンスやアカウンタビリティの問題を提起する。

第2章
国際金融の変容と金融規制

1. はじめに

16世紀初頭の宗教改革は、欧州キリスト教世界における資本の蓄積と新世界での生産手段（植民地）獲得の契機になったが、その後の株式会社制度と銀行制度の発展は、19世紀以降めざましい発展を遂げた資本主義的生産様式の基礎を築くことになる。そして、これまでの欧米諸国における資本主義の発展を考察するならば、18世紀後半から20世紀にかけての実物経済部門の顕著な拡大に対して、20世紀の後半以降は、実物経済部門に対する貨幣・金融経済部門の相対的拡大・肥大化した時期として整理することができる。特に、1971年のニクソン・ショック以降は、この巨大化した貨幣・金融部門の動きに国内経済、さらには国際経済が翻弄された時期として特徴づけることができる。そして、1980年代以降、先進各国は、この巨大化する国際間資金移動による悪影響を未然に防止するために、金融機関に対する自己資本比率規制等の国際統一基準の導入や、規制監督機関の国際間連携を進めている。さらに、2008年のリーマン・ショック以後は、グローバル金融危機に対応するために、国内での金融規制監督体制を再構築するとともに、新興国を含めた超国家レベルでの体制整備が進められている。

また、19世紀以降の欧米の金融規制監督制度の歴史を整理すると、金融規制を緩和する時期と、金融規制を強化する時期が交互に訪れている。すなわち、資本主義的な生産活動が動き始める19世紀は、基本的には自由な金融機関活動を認めていたが、1929 年の世界恐慌を契機として金融規制は強化する方向に転換される。しかしながら、1970 年代以降は、資本の国際間移動が増加するのに伴って金融機関活動もグローバル化し、国際金融市場での自国金融機関の競争条件を優位にするために、各国は金融規制を緩和する。そして、この金融緩和が 2008 年のリーマン・ショックやその後の欧州での信用不安等を引き起こし、今日では金融規制の再強化が進められているのである。そこで、本章では、これまでの貨幣・金融部門の発展を整理するとともに、国際金融の質的変化と規制監督制度の構築について検討する。

2. 国際金融の変容

(1) 金融経済の発展

貨幣・金融部門の発展を貨幣経済の理念的発展過程に即して整理すると、その発展過程は、金や銀などの貴金属の流通に収斂されてくる政府貨幣経済、銀行システムが成立して貴金属に代わって銀行券が流通するようになる銀行貨幣経済、交換の媒介物としての貨幣とともに巨大化する金融資産の役割が重要となる金融経済、という 3 種類の発展過程で整理することができる[1)]。

まず、政府貨幣経済では、産出量の急激な変化が少なくその価値が相対的に安定し、溶かしやすく結合しやすいなどの特徴を持つ貴金属を本位とする制度が重要となる。人類の歴史を振り返ると、人類は交換の媒介物として金や銀などの貴金属を選び出し、19 世紀には金の方が銀よりも価値が安定しているとして、金を本位とする通貨制度を採用する。そして、金や銀などの鋳造された貨幣（鋳貨）や政府紙幣の過剰発行による貨幣価値の下落を防止するために、金の現在量に応じた通貨供給体制を確立する。この 19 世紀に確立した金本位制度の下では、金の現在量に応じてその預り証である銀行券を発行し、この銀行券と金との兌換を保証することで銀行券の価値を安定化させ、この銀行券を交換の媒介物として流通させたのである。つまり、金の供給量が大きく変化しないのであればその価値は安定しているため、この金との兌換を確保された銀行券を流通させることで貨幣の過剰発行を防止し、貨幣価値の安定が図られると考えられたのである。また、この金の現在量に裏打ちされた銀行券流通を確実に行うため、銀行券発行を特定の銀行に集中させることが求められるようになり、兌換銀行券を発行する権限を特定の銀行に集中（発券の集中）させることで中央銀行制度も確立してくる。

次に、銀行貨幣経済では、鋳貨や兌換銀行券に代わって銀行預金の形態である預金通貨が多用される。この経済においては、銀行は手形割引により貸出しを増加させ、銀行預金を通して信用創造を可能にする経済である。つまり、ある銀行の貸出しは他の銀行の預金の増加になることを前提として、貨幣の機能を有する預金通貨を創造することが可能となり、現金通貨に対して預金通貨の役割が重視される経済である。また、この預金通貨に対してある一定量の現金通貨を準備させる預金準備制度が整備されている国々においては、この預金準備率を操作することで経済全体の通貨供給量を大きく変化させることができるため、金利政策に加えて預金準備率操作が通貨供給政策上重要な意味を持つようになる。

そして、金融経済においては、企業や政府の債務の増加に伴って、債権である金融資産の肥大化が顕著になる経済であり、金融資産の累積と多様化が進むとともに、安全資産と危険資産という金融資産の特徴に応じた資産選択が重要になる経済である。また、銀行に代わって、投資家の行動が経済活動に大きな影響を与える経済であり、間接金融に対する直接金融の役割が相対的に大きくなるのに伴って、負債と表裏一体をなす債権を証券化した金融商品が多用される経済である。そして、資産選択の過程ではリスクとリターンを考慮して利子率が重要な役割を果たすようになり、国家間の金利差が国家間の資金移動を惹起させ、外国為替市場の変動やその国の資産構成の変化等を通して、実体経済にも強い影響を与える経済である。特に、1973年の先進諸国の変動相場制移行は、ヘッジファンド等に外国為替市場という新たな舞台を提供することを意味していたのであり、また、1980年代以降の英米を中心とした金融規制の緩和は、新たな金融商品の開発と国家間の自由な資金移動を通して金融経済をさらに発展させることになったのである。

このような金融経済は、金融資産が巨大化し実体経済に悪影響を及ぼすようになる前期金融経済と、巨大化した金融資産による実体経済への悪影響を是正しようとする後期金融経済の2期に分けることができる。そして、今日の肥大化した金融資産と資本の国際間移動を見ると、現在の金融経済は、機関化された投資家が貯蓄資金を吸収し、手持ちの巨額な投資資金を様々な金融資本市場で運用することで、金融分野の急激な変動が各国の実体経済に大きな影響を与える経済に転化してきており、前期金融経済から後期金融経済への転換期に位置していると整理できる。したがって、21世紀は、巨大化した国際間の金融取引をいかに規制監督し、実体経済に対する悪影響を防止していくのかが課題となり、そのための国際的なルール作りや各金融機関に対する規制監督体制の整備、グローバルな金融危機に対する適切な対応策の作成や体制の構築、各国の連携強化などの施策が求められているのである。

⑵　経済環境の変化と金融危機の2側面

上記のように、金融経済の発展過程と戦後の国際経済を関連させて整理すると、1980年代までの金融資産の拡大期と、1980年代以降の巨大化する国際間金融取引を規制監督しようとする時期に二分することができよう。また、1980年代以降の金融危機を整理すると、国際間金融取引の「量」的な拡大を原因とする危機と、規制緩和に伴う金融商品の「質」に起因する危機に分けることができる。前者は、1997年のアジア通貨危機に見られるような、先進諸国の対外投資の急拡大と急激な国際間資金移動により、外国為替市場での外貨の枯渇から国家破綻に至る金融危機であり、後者は、2000年代以降のサブプライム・ローン問題から今日の欧州金融危機に見られるように、リスクの高い証券化商品をリスクの低い金融商品と組み合わせることでリスクの見えない金融商品を開発し、この証券化商品が世界中で販売されたことに起因する金融危機である。また、後者の信用不安を解消するために行われた民間金融機関に対する財政支援は、先進各国の国家財政を急激に悪化させ、国債等の信用度を低下させたが、これも国債の「質」の低下に起因する債務危機として整理できよう。

このように、現代の金融危機は、量的拡大の側面と質的変化の側面から整理することができるが、さらに、金融経済の進展に伴う危機については、新興国や発展途上国における「量」的側面の危機と、先進諸国における「質」的側面の危機に区別することも可能であろう。

1990年代以降、外国資本を呼び込むことで急速に経済発展を遂げてきた新興諸国で発生した1997年のアジア通貨危機や、2000年代のサブプライム・ローン問題を引き金とする2008年のリーマン・ショックやその後の欧州信用不安など、国際金融市場の不安定性が表面化してきているが、前者のアジア通貨危機は、それまで大量に流れ込んでいた外国資本が一挙に国外に逃避することによって外貨が枯渇し、外国貿易ができなくなるという意味での国家破綻の問題であり、巨大化した資本の急激な国家間移動によって外国為替相場が急激に変化することによって発生するため、主として経済規模が小さい新興国などでの問題であった。これに対して、後者の欧州信用不安は、米国で開発された金融商品を欧州諸国の金融機関等が保有し、この金融商品のリスクが表面化したことによって欧米の金融機関の資金調達が難しくなり、このシステミック・リスクに対応するための財政出動が先進各国の財政赤字を拡大させ、その国家自体がデフォルトのリスクを抱え込むという意味で先進諸国の問題である。つまり、前者の量的側面の危機の問題は、外国為替市場における国際通貨制度や国際通貨基金（International Monetary Fund: IMF）などの行動のあり方につながる問題であり、後者の質的側面の危機は、国際金融市場における信用システムのあり方や金融機関に対する規制・監督のあり方の問題である。

このように、今日の金融経済では、国際間資本移動の量的拡大と複雑な金融商品の開発による質的変化が進んでいるわけであるが、加えて、1980年代後半以降、新興国の台頭や冷戦構造の崩壊に伴って、各国の経済環境は大きく変化し、様々な分野でグローバル化が進んでいる。特に、中国やロシア、アセアン諸国やラテンアメリカ諸国などの新興国の急速な経済発展は、経済環境だけではなく政治的な関係も含めて従来の国際関係の秩序に変化を与え始めている。また、1990年代の旧東欧諸国での市場経済化は、安価な労働力の供給源になるとともに、国際労働市場における超過供給を反映して、安価な労働力による低価格商品の生産を通じて先進各国にデフレ懸念をもたらした。すなわち、それまで先進諸国の企業は、安価な労働力の獲得というコスト優位の観点からアジア諸国に対する直接投資を急激に増加させてきたが、冷戦構造の崩壊に伴う東ヨーロッパ諸国での市場開放は、さらなる安価な労働力の供給源になったと考えられ、その結果、安価な労働力を手に入れた西側企業は製品価格を引き下げ、この低価格商品が先進諸国に流入することによって、先進諸国ではデフレ懸念が形成されたと考えられるのである。そして、2000年代に入ると、このアジア諸国や東欧諸国の賃金は上昇し、先進諸国はコスト優位に代わって将来の需要拡大が見込める販売市場として、これらの国々を位置づけるようになる。

このような1990年代の国際情勢の大きな変化と自由な競争市場の拡大を背景として、先進諸国からアジア諸国や東欧諸国等の新興国への直接投資は急増し、この急増する直接投資が、一方では新興諸国の経済発展の原動力になったが、他方では外国為替相場の急騰落を通して世界経済に悪影響を及ぼすようになるのである。1997年のアジア通貨危機は、このような外国為替相場の急変が国家破綻等を引き起こすことを示した事例ではあったが、このことから小国の国家財政を遙かに超えるヘッジファンド等による資金移動をいかに規制監督するのか、また、破綻国に対するIMFのコンディショナリティーなど国際金融機関の対応のあり方が問われるようになってきているのである。

発展途上諸国においては、外国資本の急激な流出による通貨危機への対応や、破綻した国家に対する対応も問題になってきている。アジア通貨危機以後、外国為替レートの変動をある一定の範囲にとどめる目標圏の設定等が議論され、外国為替相場の安定のために国際的に移動する外国資本に対する国際的協調による監視・規制体制の強化が図られつつある。また、タイやインドネシア、マレーシアや韓国等が通貨危機に陥った際には、これらの破綻国家に対するIMFのコンディショナリティーが問題となったが、このような国際金融市場における破綻国に対する国際金融機関（国際金融組織）の介入のあり方も、国家主権との関係で問われはじめている。

さらに、企業活動のボーダレス化に伴って、各企業の母国の国益を確保するために、米国通商法スーパー301条のような対抗措置や、経済法の域外適用の問題等が顕在化してきている。その意味では、今日の国家による経済活動への介入は、一方では、国内的な規制の緩和や民営化に見られるように消極的な傾向を示すとともに、他方では、国益と密接に関係する企業活動の国際市場での競争優位を確保するために、国内法の域外適用や二国間の外交交渉、世界貿易機関（World Trade Organization: WTO）での紛争処理等、積極的な傾向が顕著になってきている。さらに、国際的統一基準である国際決済銀行（Bank for International Settlement: BIS）による自己資本比率規制（BIS規制）の導入や企業評価の基準となる国際会計基準の導入は、各国の金融機関規制の平準化を図るとともに各国の金融制度改革を促す原動力となっているのである。

(3)　国際的政策協調体制の成立

上記のように、今日の金融経済は、巨大化する国際間資本移動をいかにコントロールするのか、また国際的に業務を行う金融機関の業務をいかに規制監督するのかが問われる後期金融経済の状況にあるが、外国為替市場の安定化のために先進諸国が協調した事例が1985年9月のプラザ合意である。このプラザ合意では、先進5カ国（米、英、仏、西独、日本）の大蔵大臣と中央銀行総裁がニューヨークのプラザ・ホテルに集まり、外国為替市場での協調介入という国際的な政策協調の枠組みが形成された。また、このプラザ合意は、税制改革と歳出削減、安定的な通貨量コントロールという米国の経済政策の基本路線は維持しつつ、増大する米国の貿易赤字を、外国為替市場への先進各国の協調介入によるドル高是正を通して減少させようとするものである。さらに、この合意は、経済的な相互依存関係を深める国際社会にあって、一国の経済政策が他国に強い影響を与えるため、世界経済の動向を考慮しつつ協調して金融政策を実施する必要性が認識された結果でもあった[2)]。

当時の米国は、財政赤字と貿易赤字の拡大といういわゆる「双子の赤字」に喘いでいた。そして、両者の因果関係は、財政赤字の拡大によるドルの下落を高金利政策によって是正しようとした結果、海外からの資本流入によってドル高が発生し、このドル高が米国企業の国際競争力を低下させ、結果として貿易赤字を拡大させたと考えられていた。そこで、第2期レーガン政権では、金利水準を低下させることによってドル高を是正し、民間投資を増加させる環境を整備することによって米国企業の国際競争力を回復させ、もって貿易赤字の削減を図る政策を実施することにしたのである。当時、世界のGDPの4分の1を占める米国経済の回復は世界経済にもプラスに働くため、米国の金融緩和は好ましいと考えられたが、米国のみが金利を低下させた場合には、先進各国との金利差縮小から一気に資本が米国から流出し、急激なドル安が発生して世界経済に悪影響を及ぼすことが懸念された。特に、経常収支の黒字を資本収支の赤字でファイナンスし、米国ドルでの資産を大量に保有している日本やドイツにとっては、ドル安は自国通貨でのドル資産の減少を意味しており、さらに、急激な自国通貨高は輸出企業にとってマイナスに働くため、米国の金利引下げは自国経済にとってはマイナス要因と考えられた。また、米国にとっても、日独を含めた先進諸国の経済が悪化することは好ましくない。そこで、米国は、先進各国との外国為替市場での協調介入を通じて先進諸国全体の金利を低下させ、先進諸国との金利差を維持することで外国為替相場の急激な変化を防止しようとしたのである。これがプラザ合意であり、経済的な相互依存関係を深めるなかで、他の先進諸国との協調政策により世界経済全体への影響にも配慮した対応だったのである。また、このプラザ合意は、世界経済の安定のために先進諸国が協調して市場介入を行うという国際的な政策協調体制の枠組みを構築した合意でもあったのである。

このように、プラザ合意は、市場競争メカニズムの有効性を重視しつつ、「小さな政府」を標榜するレーガン政権の自由放任主義的な経済政策を、外国為替市場においては180度転換させ、国家の積極的な介入を通じてドル相場を政策的に目標圏へ誘導しようというものであった。その意味では、当時の米国における政策運営は、国内的には、規制緩和と民営化、税制改革等により市場の競争原理を活用する競争促進的な政策をとり、対外的にはドル価値の安定を先進各国の積極的な協調介入によって確保しようとしていたのである。そして、このプラザ合意以後、国家の経済介入は、世界経済や外国為替相場との関係で規定されるようになる。さらに、1971年のニクソン・ショック以降の変動相場制移行によって、先進各国の中央銀行は固定相場制という国際金融の呪縛から解放されたが、このプラザ合意は、国際的政策協調の名の下に国内金融が国際金融に引きずられることをも意味していたのである。

固定相場制の下での中央銀行は、外国為替相場を維持するために常に市場介入を求められており、国内経済とは関係なく外国為替相場が安定するように通貨供給量を決定する。しかしながら、変動相場制移行により中央銀行は外国為替相場を維持する必要がなくなるため、国内経済の状況に応じて金融緩和や金融引き締めが可能になる。それゆえ、1973年の先進各国の変動相場制移行により、中央銀行は固定相場維持という国際金融から開放され、国内金融に応じた自由な金融政策が可能になると考えられたのである。しかしながら、1985年のプラザ合意は、先進各国の中央銀行が協調して市場介入を求められるため、各国の合意の下で一時的に国内の金融政策が国際金融に引きずられることを意味していたのである。つまり、各国の金融政策のあり方が各国の金利差を介して国際的資金移動を惹起させ、そのことが外国為替相場の変動により実体経済に強い影響を与えることになるため、急激な為替相場の変動に対して、各国の中央銀行は単独で、ないしは協調して介入することが求められるようになったのである。その意味では、プラザ合意以後の各国の中央銀行は、自国の経済状況と為替相場、及び他国の金融政策を睨みながらの政策運営が要請され、国内金融を重視する金融政策の運営が難しくなったのである。

(4)　通貨統合と欧州中央銀行の設立

上記のように、プラザ合意において先進諸国は、外国為替相場の急激な変動に起因する国内経済への悪影響を回避するために、外国為替市場への協調介入という国際的な政策協調体制を確立したが、欧州連合（EU）においては、欧州域内での為替変動リスクの抜本的な解決策として単一通貨ユーロを導入した。この通貨統合に伴い、ユーロ圏諸国は、金融政策に対する主権を欧州中央銀行に委譲し、欧州中央銀行が域内における金融政策・通貨政策を統一的に行うことになった。この単一通貨ユーロの導入は、欧州域内の各中央銀行から発券業務を欧州中央銀行に集中させることを意味しており、その経済学的背景には財市場（財政）と貨幣市場（金融）は分離可能であるという古典派的な二分法の考え方がある。そして、サプライサイド経済学やマネタリズム等の新古典派的な理論に従って、財市場では市場競争メカニズムを有効に機能させるとともに、貨幣市場においては通貨価値の安定のために安定した通貨供給政策の重要性が主張されたのである。

19 世紀の古典派経済学においては、貨幣はヴェールにすぎず、実体経済には何ら影響を与えないのであるから、通貨供給量の変動による物価水準の変動を是正するように、国家からは独立した機関によって安定的に通貨供給が行われるべきであると考えられていた。しかしながら、20 世紀のケインズ経済学においては、政府は雇用対策・景気対策として財政政策と金融政策の両面から実体経済に積極的に介入すべきであるとされた。ケインズは、古典派の二分法を離れて、財市場と貨幣市場が利子率を媒介としてリンクし（流動性選好理論）、貨幣供給量の増減は利子率の変化を通して投資水準に影響を与え、この投資の増減と財政支出の増減は乗数過程を経て産出量に影響を与える（乗数理論）のであるから、中央銀行は金融政策により利子率水準を適切な水準に操作することを通して、また国家は財政支出政策や租税政策等の財政政策を通して、産出量を適当な水準に維持することが可能であると考えたのである。しかしながら、1970 年代のスタグフレーション（不況下のインフレ）に直面して、このようなケインズ経済学に基づく拡張的な財政金融政策の有効性が疑問視され、特にマネタリストからは裁量的な財政金融政策が経済をより不安定化させ、景気対策・雇用対策としては無効であるとともに、インフレの加速のみを惹起させるとして厳しく批判されたのである[3)]。

このような理論的な背景とともに、欧州連合における単一通貨の導入と欧州中央銀行の設立の背景としては、米ドルを基軸通貨とする戦後の国際通貨システムのジレンマがある。戦後の国際通貨システムは、金本位制への復帰が基本的に困難であったことから米国のドルを介しての「金ドル為替本位制」で落ち着いた。しかしながら、1960年代のベトナム戦争の長期化や石油価格の高騰によりドルの流出が続き、これを原因とするニクソン・ショックとその後の変動相場制移行により、1970年代後半には各国の金融政策が為替相場の変動を介して他国に影響を与え、各国の経済及び経済政策が米国のドル価値安定のために引きずられるようになる。すなわち、米国のドルを国際通貨・基軸通貨として使用している限り、米国は国際収支の赤字拡大に対応できるが、米国以外の国々は国際収支の赤字が続く場合には外貨準備の枯渇から国家破綻の可能性を持つことになる。また、米国以外の、たとえば日本が米国に対する輸出を増加させ続ければ、経常収支の黒字拡大により円高が進み、輸出企業の収益を悪化させることになる。つまり、米ドルを基軸通貨とする現在の国際通貨システムを前提とした場合、米国以外の国々の経常収支の黒字拡大は自国通貨高を通して自国経済にマイナスに働き、他方で経常収支の赤字拡大は外貨準備の枯渇から国家破綻のリスクを高めることになる。したがって、米国以外の国々は基軸通貨国の経済に依存するというジレンマを抱えている。そこで、欧州においては、基軸通貨としての米ドルに対抗し、国際的資金移動の巨大化に伴う域内の為替変動リスクを根本的に回避するために、単一通貨ユーロを導入したのである。

(5) 国際金融機関活動と国家

戦後の国際通貨システムは、上記のような問題点を内在させながらも先進諸国の協調により維持されてきた。しかしながら、このシステムは経済規模が小さく、外貨であるドルを稼ぐ手段が乏しい発展途上国にとっては国家破綻の問題を内在させている。特に、1980年代以降、国際間資本移動が急激に増加したことによって、外国為替相場が乱高下し、経済規模の小さな国々は外貨準備の枯渇による国家破綻のリスクを拡大させていった。そして、このリスクが表面化したのが、1997年のアジア通貨危機だったのである。また、アジア通貨危機のように破綻した国家は、国際通貨基金（IMF）等の国際金融機関の支援を受けることになるが、この国際金融機関との間で国家主権の制約等の問題にも直面することになる[4)]。

現代の国際経済は、巨額な外国資本の流入によって、当該国の実体経済に多大な影響を与える経済へと変質したが、1997年のアジア通貨危機は、正にヘッジファンド等の外国資本が途上国から急激に引きあげられたことによって発生した危機である。戦後の国際通貨システムは、米国以外の国々は外貨であるドルを手に入れなければならず、貿易赤字が長期にわたって解消しない場合には、外貨不足から国家破綻する可能性を内在させている。変動相場制へ移行すると、本来中央銀行は不胎化政策から開放されるはずであるが、急激な為替の変動を回避するために、たびたび外国為替市場への介入を強いられることになる。このとき、途上国の国家予算に匹敵するような巨額な資金が国外に流出するような場合には、当該国の中央銀行が為替介入を実施したところで自国通貨の急激な下落を阻止することは事実上不可能である。

また、破綻国は、一定の条件（コンディショナリティー）の下でIMF等の国際金融機関からの支援を受けるが、この国際金融機関のコンディショナリティーのあり方が、アジア通貨危機で見られたような国家主権との間で深刻な問題を惹起させている。すなわち、国際金融機関のコンディショナリティーを受け入れて経済再生案を作成し、これに基づいて国内改革を実行したインドネシアは結局政権交代と政治の不安定化を招き、混乱は東ティモールの独立にまで発展した。また、IMFのコンディショナリティーを不服として資産凍結を断行したマレーシアは、投資家の再投資機会を奪う行為として非難され、先進諸国の投資資金の再度の呼び込みに時間がかかるのではないかと懸念された。両国の対応は対照的であるが、欧米などの文化や社会、価値観等で同質性を持つ先進諸国が作成した再生プログラムが、異なる文化や社会、価値観を持つ欧米以外の国々の経済再生に妥当するのかは疑問である。

さらに、2015年のギリシャとEUとの交渉は、正にEUという国際組織と主権国家ギリシャの対立として整理できよう。すなわち、ギリシャ経済の再生のためにEU側が示した資金援助条件に対して、ギリシャ政府は主権者である国民の意志を確認するとして国民投票を行ったが、ギリシャ国民はこの条件を拒否し、IMFに対する返済が滞る事態に発展した。このギリシャ国民の判断は主権者としての判断であるが、国際金融市場の安定という面では好ましくはない。この事例は、1997年のアジア通貨危機の事例と同様、破綻国に対する資金援助に伴う条件を巡って、IMF等の国際金融機関やEU等の国際組織と主権国家の対立として整理できよう。

このように、国際金融機関や国際組織の活動は国家主権を制限する側面をも持っており、両者が対峙する関係でとらえられるが、他方で今日の世界経済は相互に深く結びつき、規制の質的平等が自国の市場を国際的に評価されるものにするには重要な要素となってきている。特に、金融機関活動は金融の特殊性からもその健全経営を確保することが極めて重要であるため、後述する国際決済銀行（BIS）の自己資本比率規制（BIS規制）の導入は、金融規制の国際的調和（ハーモナイゼーション）の面で重要な意味を持っている。そして、この国際統一基準であるBIS規制もまた、国家主権への制約として機能している。すなわち、国際金融市場でBIS規制を達成できない金融機関は、事実上国際金融市場での資金調達が困難になり、結果的に市場から排除されることになる。それゆえ、先のIMF等の国際金融機関とは異なり、民間レベルで合意された国際基準であっても、事実上各国の金融機関活動を規制することになるのであり、このような民間レベルでの合意によっても国内の金融システムのあり方が規定され、国際的な金融システム・金融機関規制の平準化・同質化が促されてきているのである。

3.　国際的な金融規制と監視体制

(1)　規制の目的

巨大化する国際間資金移動による悪影響の顕在化を考慮するならば、今日の金融経済は「後期金融経済」の段階にあると考えられる。そこで、金融機関に対する規制や金融資本市場に対する規制を正当化する場合には、その目的や法的保護領域について整理しておく必要があろう。すなわち、規制が正当化されるためには、規制によるベネフィットが規制によるコストを上回ることが求められ、規制によるベネフィットが何なのかを明らかにする必要があろう[5)]。

金融分野における規制目的、規制の必要性についてまず第1に指摘されるのは、国際間の資金移動の巨大化が実体経済に悪影響を与えるようになってきたため、実体経済の安定化や安定した経済成長を確保するために、金融分野に起因する不安定要因を可能な限り排除するという視点である。2007年のサブプライム・ローン問題以降、欧州における信用不安やソブリン危機など、グローバルな金融危機のリスクが増大してきているが、その背後には金融分野における規制緩和に伴う新たな金融商品や取引手法の開発があった。つまり、金融緩和によって様々な金融商品が開発されたが、これらの新たな金融商品や取引手法によってリスクは潜在化し、分かりづらくなってきており、リスクが表面化したときには実体経済に対して財政出動を伴うような悪影響をもたらすようになってきているのである。そこで、実体経済に対する健全性や経済の安定成長という点を規制による法的保護領域とすると、金融機関に対する公的資金の注入というコストとの比較において、国家の負担があまりにも大きくなってきたことが問題になっているのである。

次に、多くの金融機関や金融コングロマリットがクロス・ボーダーで業務を行うことによって、インサイダー取引の問題やマネー・ロンダリング（資金洗浄）の問題、さらにはコーポレート・ガバナンスの問題などが表面化してきたことが挙げられる。特に、“9・11”以後は、“テロとの戦い”の観点からこの不正な取引に対する規制・監視体制の強化が重視されている。このような不正取引や規制の網の目を逃れるような取引に対する監視体制が整備されていなければ、市場の公正性や透明性を確保することができず、結果として金融資本市場の発展を阻害する要因となる。すなわち、金融資本市場における効率性や安定性を促し、多様な資金調達手段の確保や有益な情報に基づく多様な投資先の提供のために、一方では規制の緩和と自由化が推進されてきたが、他方では、様々な犯罪行為や規制の網の目をくぐる行為が行われたことも事実である。そこで、公正・公平で透明性の高い市場の整備が不可欠であり、そのために金融機関行動に対する規制や金融資本市場に対する監視体制の整備・強化が求められたのである。この場合には、市場の公正性と透明性を確保することが法的保護領域であり、市場参加者の資金調達と投資活動の円滑化を促し、金融資本市場の安定的発展に寄与することが規制のベネフィットである。また、不正行為や犯罪行為を未然に防止することや、水面下で行われた不正行為や犯罪行為に対して最終的に中央銀行や政府が資金的に処理をすることが規制のコストとなる。

さらに、今日の金融システムは、銀行、証券、保険の各分野の垣根が低くなり、先進各国においては総合金融サービス業が主流となってきている。したがって、１つの金融市場の不安定性が他の金融市場の不安定要因になるとともに、国境を越えて他国の金融市場をも不安定化させている。このことから、個々の金融市場の安定性確保が国全体の金融システムの安定性を維持し、さらに一国の金融システムの安定性確保が国際金融や世界経済全体の安定性確保につながっている。それゆえ、国際的な金融システムの安定と維持も規制の保護領域であり、この国際的な金融システムの安定性が確保されず、国際的な信用不安が増大する場合には、金融機関に対する公的資金注入による国家財政の悪化や、基金の設立などのコストの増大につながることになる。特に、2008年のリーマン・ショック以後は、欧州での信用不安やソブリン危機など、グローバル金融危機への対応の観点から国際的な規制監督体制の整備が進められている。これは、今日の金融危機が複雑化し、連鎖的に他国を巻き込んで広範囲に及ぶため、一国では対応できず、国際社会が連携して対応しなければならなくなってきていることを意味している。

加えて、金融危機による様々な悪影響から預金者や投資家を保護する観点も重要である。預金者や投資家は経済全体でみれば常に資金の供給者であるため、彼らが金融資本市場に資金を安心して供給することができないのであれば、資金余剰主体から資金不足主体への融通という金融システム自体が機能しなくなる。これは経済の安定した発展の阻害要因であり、預金者や投資家が安心して資金供給ができる環境の整備が不可欠となる。そこで、預金保険制度の整備や財政負担のない金融機関の整然清算システムの構築などが重要になる。この場合、法的保護領域は円滑な金融システムであり、コストは預金保険制度や破綻処理システムということになろう。

このように、金融分野における規制・監督は、後期金融経済の進展に伴う悪影響を排除する観点から重要であるが、より本質的には、資本主義の発展に不可欠な銀行制度と株式会社制度を支える金融資本市場の安定性を確保するために求められているのである。それゆえ、この金融資本市場の参加者である企業と投資家が安心して市場を活用できるように規制監督制度を整備することは、結局資本主義の発展と世界経済の安定的な成長にとって極めて重要な意味を持つことになるのである。

⑵　銀行規制——自己資本比率規制——

国際間資本移動の巨大化の下での企業活動のグローバル化と経済のボーダレス化は、金融資本市場の一体化とともに、金融システムの同質化と金融規制監督体制の平準化を促している。これまで各国は独自の金融システム・金融市場を発展させてきたが、金融機関活動のグローバル化は、金融機関の健全性確保と不正防止の観点から国際的に統一された基準導入の牽引役となっている。また、国際的な資金移動の巨大化は、一方で、各国の金融市場間の競争を激化させるとともに、他方では、市場の透明性と公正性確保のための施策や規制緩和による市場の同質化をもたらしている。そして、このような地球規模で一体化する金融資本市場に対する規制や、そのプレーヤーである金融機関に対する規制監督体制についても同質化、平準化が図られてきている。したがって、各国の規制当局は、上記の国際決済銀行（BIS）による自己資本比率規制（BIS規制）のような国際的に統一された共通ルールで金融機関を規制・監督し、国際金融市場での競争条件の統一化を図ることになる。そこで、以下、このBIS規制について簡単に整理しておくことにしよう。

国際決済銀行（BIS）は、第1次世界大戦後の1930年、スイスのバーゼルに設立された。設立当初はドイツの賠償問題を扱う機関として設立されたが、現在では各国中央銀行間の決済などの業務を行うとともに、毎年開かれる中央銀行総裁会議を通じて国際金融上の諸問題について各国間の調整役を担っている。また、国際決済銀行は各国の中央銀行が出資する民間株式会社である。1987年12月、国際決済銀行の銀行監督委員会[6)]は、国際業務に携わる銀行の自己資本充実度に関する規制を国際的に統一化するための提案を公表し、翌1988年6月、通称BIS規制と呼ばれる国際統一ルールを導入した。導入された統一ルールは、国際的な銀行システムの健全性と安定性を強化し、各国間の規制の相違による競争上の不平等を是正するために、また銀行の体力を強化するために貸出し（資産）に対する自己資本の割合を引き上げ、その割合を8％以上にすることを求めている。そして、このBIS規制が、現在、国際金融市場で業務を行う金融機関に対する規制として機能しているのである。

ところで、BIS規制は、リスク・アセット・レシオにより算出した総資産に対する自己資本の割合が8％以上になることを要求するものであるが、「8％」という数字自体には健全性等に対する明確な根拠があって設定された数字ではない。また、国際決済銀行は、国際通貨基金（IMF）や国際復興開発銀行（Imternational Bank for Reconstraction and Development: IBRD）などの国際金融機関のように各国の政府レベルで設立された国際機関ではないため、各国に対してこの自己資本比率規制を順守させる拘束力はない。しかしながら、このBIS規制に対応していない金融機関は事実上国際金融資本市場から排除されるため、各国はこの自己資本比率規制に対応した国内法の整備を求められることになったのである。

このような、金融機関に対する自己資本比率に関する規制については、1974年、旧西ドイツのヘルシュタット銀行（Bankhaus Herstatt）の破綻を契機に議論が高まり、1984年の米国におけるコンチネンタル・イリノイ銀行（Continental Illinois Bank）の破綻を機に一挙に国際的な金融機関規制の動きとなる。1988年のBIS規制は、このような欧米で検討されてきた自己資本比率規制を国際的な統一基準として発展させたものと見ることができる。

まず、米国においては、1970年代以降、預金金利の自由化を始めとして様々な面で自由化・規制緩和が進展したが、これに伴う利鞘の縮小は銀行の収益を圧迫させ、銀行行動を投資銀行業務・証券分野への進出や地理的な業務の拡大へと導くとともに、銀行経営を積極的・戦略的なものへと変質させていった。そして、1980年代になると、財政赤字と貿易赤字という双子の赤字が深刻さを増し、コンチネンタル・イリノイ銀行の破綻に象徴されるように、不適切な金融取引の問題や不良債権問題が表面化してくる。そこで、米国の金融当局は、銀行の健全経営と金融システムの安定性確保のために自己資本の充実は不可欠であり、また銀行経営の検査・監督の明確な基準として貸出し（資産）に対する自己資本の割合を重視するようになる。そして、1981年12月、通貨監督局（Office of the Comptroller of Currency: OCC）と連邦準備制度理事会（Federal Reserve Board: FRB）は、自己資本充実のガイドラインとして自己資本比率ゾーン制度を導入し、連邦預金保険公社（Federal Deposit Insurance Corporation: FDIC）も独自のガイドラインを設定するようになり、銀行経営に対する自己資本比率規制が本格化する[7)]。そして、1983年の国際融資監督法の制定により、OCC、FRB、FDICには最低自己資本比率設定の権限とともに銀行経営に対する監督・命令権が付与され、1985年にはガイドラインの見直しに伴う新基準に基づく規制監督が開始される。しかしながら、この自己資本比率規制は、自己資本の額により貸出しが決定されるため、自己資本が少なければ貸出額も少なく利鞘も少なくなることを意味している。したがって、銀行は、限られた貸出しで利益を得ることが求められるため、リスクの高い業務や自己資本比率規制外のオフ・バランス取引などの業務を拡大させるようになる。そこで、FRBは「補完的自己資本基準」の採用を提唱し、これが各資産項目に対してリスク・ウェイトを設定するリスク・アセット方式によるBIS規制の基本となったのである。

英国においても、1980年に自己資本に関するガイドラインが公表されたが、米国同様オフ・バランス取引が増大したため順次改定されている。英国での規制方法は、すべての銀行に対して統一的な自己資本比率規制を行っているのではなく、各銀行の事情に応じた監督当局による個別指導が中心になっていた。また、自己資本比率の測定方式については、ギアリング・レシオ（総資産に対する自己資本比率（Gearing Ratio））と資産（貸出し）のリスクに応じて割合を設定するリスク・アセット・レシオ（Risk-Asset Ratio）の両者が採用されていた。1988年のバーゼル合意以後は、BIS規制がすべての銀行に適用されているが、さらに英国においては、EUの経済・通貨統合の影響による市場の同質化とともに金融機関規制の調整も行われた。特に、第二次銀行指令により、ユニバーサル・バンキング、単一免許制の採用、相互主義による規制程度の共通化等が行われている。また、このような金融システム及び金融規制の統一化の進展に伴い、ロンドン、フランクフルト両証券市場間の提携等に見られるような単一金融市場への整備が漸次進められている。

ドイツにおいても銀行は、BIS規制が導入される以前から1985年改正の信用制度法（Gesetz über das Kreditwesen）により、自己資本比率等に関する規制を受けてきた[8)]。ドイツの銀行は銀行業務と証券業務を兼営するユニバーサル・バンキングが主流であるが、各銀行は、同法及びドイツ連邦銀行法（Gesetz über die Deutsche Bundesbank）により自己資本比率規制への適合状況を連邦銀行監督局（Bundesaufsichtsamt für das Kreditwesen: BAKred）及びドイツ連邦銀行（Deutsche Bundesbank）に報告しなければならず、報告に際しては公認会計士の監査が重視された。自己資本比率規制の基準に関しては、「基本準則Ｉ及びＩａ」が定められており、基本準則Ｉによると、銀行の信用供与、資本参加、金融先物、オプション・スワップ取引がリスク資産とされ、これらは保証自己資本の一定限度を超えてはならないとされる。そして、ドイツにおいても自己資本比率の算定にはリスク・アセット方式が採用されており、信用制度法によりコンツェルンを形成する金融機関については連結ベースでも基本準則Ⅰが適用される。また、基本準則Ⅰaは、ヘルシュタット銀行の倒産を機に為替リスク等を考慮して追加されたものである。さらに、EUの銀行指令の国内法化により、自己資本比率規制の調整が漸次行われている[9)]。

以上のように、1988年以前にも多くの国で自己資本に関する規制は行われていたが、国際決済銀行が金融機関の健全性と安定性の国際的な統一基準として自己資本比率規制を導入したことで、国際的に業務を行う金融機関はこの基準を満たさなければ事実上国際金融市場で業務ができないこととなったのである。

⑶　証券・保険規制

証券市場における国際的な規制監督組織としては、証券監督者国際機構（International Organization of Securities Commissions: IOSCO）がある。同機構は、世界各国の証券市場監督当局、証券取引所などが会員となっている国際的な組織であり、資本市場の透明性と公正性を確保し、規制遵守の促進を通して投資家保護と市場の安定を図ることを目的とした組織である。また、金融資本市場が地球規模で一体化するのに伴って、各国の証券市場の同質化や平準化も進んでおり、情報交換の場ともなっている組織である。同機構は、1974年に設立された米州地域証券監督者協会（Inter-American Regional Association）を国際的な組織に改編したものであり、米州における11の証券監督当局が1983年4月にエクアドルのキトで開催した会議において創設した組織である。その後、1984年には米州以外からフランス、インドネシア、韓国、そして英国等の証券監督者が加盟し、1986年7月には米州以外のパリでも年次総会が開催されており、現在では世界の証券市場のほぼすべて（95％以上）をカバーする国際組織となっている。

このような証券監督者国際機構の目的について、同機構は次のように規定している。

・投資家を保護し、公正かつ効率的で透明性の高い市場を維持し、システミック・リスクに対処するために、国際的に認識され、一貫した規制・監督・執行に関する基準の適切な遵守を確保し促進するために、協力すること。
・不公正行為に対する法執行や、市場・市場仲介者への監督に関する強化された情報交換・協力を通じて、投資家保護を強化し、証券市場の公正性に対する投資家の信頼を高めること。
・市場の発展への支援、市場インフラストラクチャーの強化、適切な規制の実施のために、国際的に、また地域内で、各々の経験に関する情報を交換すること[10)]。

このような証券監督者国際機構の創設は、個々の国家レベルの監視体制ではグローバル化した証券市場を効果的に監視することができないとの認識から、各国の監督当局が連携・協力して監視する体制の構築と、国際的な統一基準の策定並びに監視を目指していると見ることもできる。しかしながら、この証券監督者国際機構は、現状では不正行為などに関する情報交換の場として、緩やかな連携にとどまっており、国際的な統一基準の作成などは行っていない。しかしながら、国際間資本移動の巨大化に伴って、各国の市場自体の競争も激化しており、2011年のフランクフルト証券取引所とニューヨーク証券取引所の合併のように証券取引所の再編も進んでいる。証券取引所自体も証券監督者国際機構のメンバーであることから、各証券取引所の上場基準等の国際標準化や、その監視体制の連携強化等、今後は証券監督者国際機構の権限強化などについても議論されることが予想される。

次に、保険市場においては、保険監督者国際機構（International Accociation of Insurance Supervisors: IAIS）が1994年に設立されている。事務局は国際決済銀行内にあり、その設立目的は、保険監督者間の協調促進、国際保険監督基準の策定、振興国等の加盟国における監督基準に則した保険制度確立支援、他の金融監督当局との連携、となっている。また、メンバーは140以上の国と地域の保険監督当局である。

従来、保険会社の業務の中心は国内にとどまっており、国内の保険会社の破綻が他国に大きな影響を及ぼすことはあまり想定されなかったため、一国内での規制で十分と考えられていた。したがって、国際的な連携についてもその必要性は認識されなかった。わが国の保険会社も生命保険会社等は相互扶助の観点から相互会社が多く、国外等を含めた地域的な拡がりは想定されていなかった。しかしながら、1990年代になると、損害保険等を中心に再保険等を通して保険市場の国際的な相互依存が強まり、保険会社の株式会社化や規制緩和による総合金融サービス業の展開など、保険市場を取り巻く環境が大きく変化してくる。そこで、保険監督においても情報交換や監督手法の共有化を通して、国際的な金融システムの安定や評価される保険市場の構築、保険加入者保護などの観点から国際的な組織の創設が望まれるようになる。

このような保険市場を取り巻く環境の変化を反映して、今日では、金融資本市場の一体化の進展や国際的に業務を行う保険会社の増加、さらには銀行・証券・保険等の総合金融サービスを展開する金融コングロマリットの形成など、各国の規制監督当局が連携して対応する必要性が増加している。そこで、保険監督者国際機構が設立されたわけであるが、国際的な金融システムの安定性確保の観点から同機構の役割は今後さらに増大するものと考えられる。

(4)　国際的な金融規制監督組織の法的性格

上記のように、金融機関活動がグローバル化するのに伴って、金融機関活動に対する国際的な連携も進められてきている。しかしながら、銀行に対する規制当局である国際決済銀行、証券市場における証券監督者国際機構、保険市場における保険監督者国際機構などは、各主権国家レベルでその設立が合意された国際機関ではない。したがって、基本的には法的拘束力を持つものではなく、基準を満たさない場合でもペナルティが課されるわけでもない。そこで、このような経済のグローバル化が生み出した国際組織を、国際法上どのように位置づけるべきかという問題があろう。ここでは、このような国際組織の法的性格について簡単に整理しておこう。

まず、現代社会は、経済のグローバル化に伴って国家間の相互依存関係が深化し、一国の政治や経済が他国に強い影響を与えるようになってきている。さらに、インターネットの普及やICT技術の発展は、情報を通して世界を結び付け、政治的にも経済的にも世界の国々の結び付きを強くしている。エジプトでのデモに端を発する民主化運動“アラブの春”が他の中東地域に波及した2011年の事例は、正にインターネットを通じて他国の状況を瞬時に知ることができ、そのことが自国の政治・経済に強い影響を与えるようになってきたことを物語っている。また、上記のように、IMF等の国際金融機関やEU等の国際組織の行動も、主権の制限という点において一国の政治・経済に強い影響を与えるようになってきている。

このように、今日の国際社会は様々な分野でのグローバル化によって相互に強く結び付いており、その結果としてこれまでの主権概念の変容を迫られているといえよう。このような状況について、高野雄一氏は「国際社会の組織化」の観点から次のように整理している。

> 主権国家や人間個人のこの地球上における関係、接触、往来がこれだけ緊密になりますとそこには国際的な摩擦や紛争が起こり易くなります。同時に、国際協力も密になり、国際的な共通価値の維持や増進をめざして国際条約が結ばれ、さらにそのための国際組織が設けられるようになります。これが国際社会の組織化であります[11)]。

この「国際社会の組織化」に照らし合わせれば、環太平洋戦略的経済連携協定（Trans-Pacific Strategic Economic Partnership Agreement、通称：Trans-Pacific Partnership（TPP））等の自由貿易協定の締結やアジア・インフラ投資銀行（Asian Infrastructure Investment Bank: AIIB）の事例は国際社会の組織化の問題であり、現代社会は相互依存関係の深化に伴って組織化を進めていると理解することができる。また、国際金融機関や国際組織と国家主権との関係についても、高野雄一氏は次のように述べている。

> これらの国際組織は、それ自体の目的任務をもち、自ら意思決定をして活動します。そのさい、過去から今日にかけ、全会一致主義から多数決主義への進展がはっきりみられます。主権国家から成る国際組織が多数決でそれ独自の目的任務を遂行するのですから、ここにその主権とのかかわりが生じて参ります[12)]。

つまり、国際社会が相互依存関係をより深化させるのに伴って、国際的な摩擦や紛争を解決するために二国間条約や多国間条約が結ばれ、国家レベルの合意により国際組織も設置されるようになる。そして、個々の国家は、他国の影響を受けるのに加えて国際組織からの影響も受けることになる。また、現代社会は、このような他国や国際組織からの影響を受けることによって、一方では主権概念の変容を迫られるとともに、他方では政治・経済の同質化を進めていると考えられるのである。

さらに、上記のような「国際社会の組織化」を考えた場合、国際通貨基金や国際復興開発銀行などの国家レベルの合意により設立された国際金融機関とは別に、国際決済銀行のように民間レベルで設立された国際組織をどのように位置づけたらよいのかという点が問題となろう。すなわち、スイスのバーゼルに本部を置く国際決済銀行は、第1次世界大戦後のドイツの賠償問題から設置され、1930年にスイスの国内法に基づいて設立されている。また、国家からの独立を確保するために、その運営は各国の中央銀行に委ねるとともに、その出資も各国の中央銀行ないしは市中金融機関等の民間部門が行い、業務も通貨・金融政策上の共通課題への取組みや中央銀行間の資金決済の円滑化とされている。

このように、国際決済銀行は、国際通貨基金や国際復興開発銀行などの他の国際機関とは異なり、法的にはスイスの国内法に基づいて設立された民間機関である。しかしながら、この国際決済銀行で合意されたBIS規制は、実質的に各国の金融機関活動を拘束するものであり、国際的に業務を行う金融機関がこの基準を満たせない場合には国際金融市場での業務ができず、事実上市場から排除されることになる。したがって、このような民間部門の基準であっても、違反者が市場から事実上排除されることによってその実効性が担保されており、結果として各国の金融機関はこの国際的な統一基準に準拠することが求められる。そして、国内においてもこの国際基準に応じた立法措置を講じることによって、国際基準の平準化が促されることになるのである。

このように整理すると、この民間部門で導入された統一基準が、国家主権とどのような関係になるのかが問題になるのであり、その意味では組織法上、公法的な国際通貨基金や国際復興開発銀行などの国際金融機関ではない私法的な国際金融組織の活動によっても、国内の金融規制の自立性が制限されることになるのである。そして、先に高野氏が指摘されたように、国家間の経済的相互依存関係が深化するのに伴って、一方では公法的な国際金融機関等の創設などによる「国際社会の組織化」が進展するとともに、他方では私法的な国際金融組織の設置による「国際社会の組織化」も促されていると考えられるのである。その場合には、国家はこれらの動きを承認・追認し、問題があれば介入してこれを是正していくという「夜警国家」的な役割にとどまることになろう。したがって、現代の国際社会は、国家が、ないしはその時々の政府が経済活動に積極的に介入してその政府が望む方向に導くのではなく、経済主体の自由な経済活動を確保するなかで、問題が生じたときに国家権力を発動してこれを是正するという事後的介入の時代になってきていると考えられ、同質化する国際社会との連携と協力なしに、自国だけで国際社会が向かう方向とは違う方向に向かうことが極めて難しい時代になってきているのである。

4.　金融規制の国際的協調

(1)　国際決済銀行の自己資本比率規制（BIS規制）

国際決済銀行の自己資本比率規制（BIS規制）は、銀行の健全経営と金融システムの安定性確保の観点から、各国で異なる基準に基づいて導入されていた規制を、国際的に統一する試みとして導入された規制である。したがって、この規制統一化の目的は、まず第1に、国際銀行システムの健全性と安定性を強化すること、次に、国際業務に携わる銀行間の競争上の不平等要因を軽減することであった。

まず、前者については、金融機関活動のグローバル化と金融取引のボーダレス化に伴って、1970年代以降各国の経済的相互依存関係が深化し、一国の金融不安が他国の金融不安を引き起こすようになった結果、各国の規制監督当局が協力して国際金融市場の安定化を図ることを求められるようになったことがその背景にある。すなわち、国際金融市場の安定化のためには、個々の金融機関経営の安定化を図ることが前提になると考えられ、金融機関、特に預金を取り扱う銀行経営の健全性指標の1つである自己資本比率が注目されたのである。つまり、銀行の体力を増強し、健全経営を促すことで銀行の破綻リスクを軽減し、銀行の破綻による国際金融市場の不安定化を事前に防止しようとしているのである。

次に、後者については、各国で異なる自己資本比率規制が国際業務に携わる銀行間の競争を不平等なものにしているとの認識があったためである。特に、1980年代当時、企業活動のグローバル化とともに邦銀の国際業務が急速に拡大し、国際金融市場での邦銀のプレゼンスは極めて高くなっていた。欧米諸国は、その原因が、競争制限的で金融機関を破綻させないわが国の金融保護行政にあり、日本の自己資本比率規制が欧米諸国に比べて緩やかになっている点にあると判断した。すなわち、護送船団方式の下で邦銀は、国内の金利規制により低金利（低コスト）で資金調達を行うことができ、しかも銀行を破綻させず、いざとなれば政府が手をさしのべてくれるわけであるから、自己資本を充実させるよりも貸出しを増やして利鞘を稼ぐような経営を行うため、自己資本比率はおのずと低くなる。つまり、自己資本を高めて銀行の体力を強化するようなインセンティブが働く状況にはなかったのである。その結果、欧米諸国の銀行が自国の厳しい自己資本比率規制の下で貸出しを抑制し、質的経営を迫られている一方で、邦銀は低い自己資本比率で依然として薄利多売的な貸出量を重視する経営を行っていた。そこで、このような自己資本比率規制の相違からくる銀行の競争条件の不平等を是正するために、自己資本比率規制を国際的に統一することが求められたのである。

従来、わが国では、((自己資本)／(総資産))を自己資本比率とする「ギャリング・レシオ」により自己資本比率規制を実施してきた。しかしながら、BIS規制では、信用リスクに対して十分な自己資本を確保すべきであるとの観点から欧米で採用されていたリスク・アセット・レシオを採用し、オン・バランスとオフ・バランスの両者を含む分母のリスク・アセットに対する分子の自己資本の比率が、8％以上とされた。これが、1988年当時のいわゆる「BIS第1次規制」である。また、実施にあたっては4年半の経過措置がとられ、経過期間が終了する1992年末までに、国際業務に携わるすべての銀行は、最低自己資本比率が8％以上という目標自己資本比率を達成していることが期待されたのである。

その後、このBIS規制は、金融の自由化等によるオフ・バランス取引の増加や、デリバティブ取引の急拡大に伴うマーケット・リスクの増大と金融取引の複雑化に対応して、子会社をも含めた連結ベースでの規制やリスクの細分化等の措置を講じて精緻化されてきている。1999年6月、バーゼル委員会は、1988年の自己資本比率規制導入からすでに10年が経過し、銀行業務、リスク管理、監督手法等が著しく変化したのに対応して、新たな合意に関する第1次市中協議案を公表した。その後、2001年1月には第2次市中協議案が公表(「自己資本に関する新しいバーゼル合意」)されたが、この提案は①最低所要自己資本、②監督上の検証プロセス、及び③実効的な市場規律の3つの柱からなっており、銀行活動の実態に即した規制の枠組みづくりを試みている。この新しいバーゼル合意では、銀行グループの全リスクが考慮されるように、連結ベースでグループの持株会社を含むように拡張されている。ここで、②の監督上の検証プロセスは、①の最低所要自己資本と③の市場規律を補完するものとして理解されており、銀行と監督当局の積極的な対話の促進を意図したものである。③の実効的な市場規律については、最低所要自己資本や監督上の検証プロセスを補強する潜在的能力があると考えられており、その市場規律を実効性あるものとするためには、積極的なディスクロージャーが不可欠であると理解されている。それゆえ、国際会計基準委員会（International Accounting Standards Committee: IASC）等の会計当局との連携が重要であり、国際的統一基準としての国際会計基準の導入が求められていたのである。

そして、2003年4月には第3次市中協議案が示されたが、ここでは第1に最低所要自己資本だけではなく、監督上の検証や市場規律を含む自己資本規制を策定すること、第2に最低所要自己資本のリスク感応度を大幅に高めるという2つの側面から改善が試みられている。すなわち、最低自己資本については、分母のリスクをより正確に反映するために、信用リスクを中小企業や個人向けを中心に軽減する一方で、事務事故や不正行為等により損失を被るリスク（オペレーショナル・リスク）を考慮するものとし、監督上の検証プロセスと市場規律については、銀行自身が自己資本額を戦略的に検討するとともに、情報の開示をより充実させることによって市場規律の実効性を高めることが重視されている。そして、従来のBIS規制の内容を見直し、より金融機関のリスクを反映した枠組みで、2004年、「バーゼルⅡ（新BIS規制）」が導入されたのである。

さらに、2010年、BISのバーゼル銀行監督委員会は、銀行の健全経営を確保するために新たな自己資本比率に関する基準を公表し、この新たな基準「バーゼルⅢ」は、2013年からその適用が開始されている。この「バーゼルⅢ」では、分子の自己資本の「質」と「量」の見直しが柱となっており、分母の貸出先や投資対象の違いにより振り分けられたリスク資産に対して、普通株式や内部留保などで構成される「中核的自己資本」を一定割合以上の「量」を保有することを義務づけるとともに、分子の自己資本の「質」についてもそれを確保するために規定を設けることにしたのである。これにより、BIS規制は、分母のリスク資産についてのリスク・ウェイトの設定に加えて、分子の自己資本についてのリスク・ウェイトも設定したのである。このように、BIS規制が分子の自己資本の量と質についてもその充実を図ろうとする背景には、リーマン・ショック以後の世界的な金融危機の教訓がある。すなわち、銀行が経営危機に陥った場合、普通株式等の資金を十分持っていたならば、不良債権等による損失を穴埋めでき、危機を回避できる可能性が高くなる。また、銀行によるリスクの大きい取引を制限するため、過大にレバレッジをかけることを防止する基準や、流動性の高い資産を十分持っていれば危機に際して預金引出し等に対応することができるため、そのような流動性の高い資産の保有を促す基準についても整備している。

以上のように、BIS規制は、一方では、自己資本比率に関する分母と分子の構成項目のリスクを考慮しつつ実態に即して改善し、他方では、市場規律を実効性あるものとするために銀行のディスクロージャーを促している。そして、先進各国は、自国の銀行がBIS規制をクリアーしていなければ事実上国際金融市場から排除されることになり、好むと好まざるとにかかわらずBIS規制の国内法化を進めなければならず、このことによって国際統一基準であるBIS規制の実効性は担保されている。さらに、BIS規制の導入は、銀行の自己資本比率の実態把握の観点から会計システムの国際的平準化、すなわち国際会計基準の導入を促すとともに、この統一基準に基づくディスクロージャーを要求するようになる。すなわち、国際的統一基準であるBIS規制を実効性のあるものとするためには、企業の財務内容を国際的に統一された基準で評価する必要があり、国際会計基準は企業評価のグローバル・スタンダードの意味を持つのである。そこで次に国際会計基準について整理しておくことにしよう。

(2)　国際会計基準

国際会計基準は、2001年まで国際会計基準委員会（IASC）が公表してきたが、同年4月に大幅な組織変更を行い国際会計基準理事会（International Accounting Standards Board: IASB）がこれを公表することになった。国際会計基準委員会は、各国の会計士団体の代表からなり、理事会メンバーが非常勤であったのに対して、国際会計基準理事会はほとんどの理事を常勤とし、主要国の基準設定当局との関係を重視して改組・設立された組織である[13)]。

これまでの国際会計基準の歩みを見ると、1973年、先進9カ国の職業会計士団体によって民間セクターの国際組織として国際会計基準委員会が設立され、会計基準の調和化・統一化の動きがスタートする。この国際会計基準も国際決済銀行同様民間セクターの組織であるため、公表される会計基準についてこれを遵守しなければならない法的根拠はなく、当初各国は自国の会計基準を優先させていた。しかしながら、経済活動がグローバル化するのに伴って、投資対象としての各国企業の財務内容を比較可能にする統一された会計基準が要請されたことから、国際会計基準は国際統一基準としての地位を得ることになる。特に、1980年代後半以降、グローバル化する金融（証券）取引を監視する観点から、各国の証券市場規制当局から構成される証券監督者国際機構（IOSCO）が国際会計基準理事会（IASB）に参画したことから、国際会計基準のグローバル・スタンダード化が加速することになったのである。

各国の会計制度は、経済的発展段階や経済構造の特徴などの経済的要因や、法文化や社会的要因等を反映して、その国独自の発展を遂げてきた[14)]。したがって、1970年代以前には、国際的に統一された会計基準を導入することの必要性はあまり認識されなかった。しかしながら、ニクソン・ショックに伴う変動相場制移行以後、企業の海外での資金調達の増加や国際間資本移動の巨大化に伴って、各国で異なる会計基準に従った会計処理のコスト削減や、投資対象である各国企業の財務諸表上の比較可能性の増進等のために、会計基準の調和化・統一化が企業サイドや投資家サイドから要請されてくる。企業サイドから見れば、資金調達に際して複数国の証券取引所に上場している場合、財務諸表を現地国の会計基準に従って国ごとに作成するため、コスト増となるので会計基準が統一されればコスト削減につながる。また、投資家サイドから見れば、投資に際して合理的な選択を行うためには、国際的に比較可能な財務諸表が必要となる。さらに、規制当局サイドから見ても、複雑化・巨大化する金融取引の監視コストの削減と規制の実効性を高める観点から、会計基準が国ごとに異なるのは不都合である。

このようなことから、1995年には、国境を越えて資金調達を行う企業の財務諸表作成に最低限必要とされる包括的会計基準としてコア・スタンダードが公表され、2000年3月の完成の後、同年5月に証券監督者国際機構（IOSCO）が国際会計基準を承認し、各国で推奨されるようになった。その後、国際会計基準に基づく財務諸表が各国の証券取引所で採用されることになり、国際会計基準は国際統一基準としての地位を着実に固めてきているのである。

さて、上述のように、国際会計基準も先のBIS規制同様民間セクターで形成された基準であるが、この民間セクターで形成された基準によって各国の企業・金融機関、規制監督当局の行動が事実上規定されることになる。また、民間セクターの基準であっても、BIS規同様、この国際会計基準に準拠しない金融機関や企業に対しては、「市場」における評価がこれを担保するということである。すなわち、BIS規制のように、国際業務に携わる銀行がBIS規制を満たしていない場合には、国際金融市場における当該銀行の格付けの引下げ等によって、当該銀行は国際金融市場からの資金調達が困難となり、実質的に市場から排除されることになるため、国際業務に携わろうとする各銀行は、市場での評価を重視してBIS規制に従った経営行動をとるようになる。国際会計基準についても同様で、各市場がこの会計基準を導入することで、これに従わない金融機関や企業はその市場から排除されることになろう。その結果、民間セクターの基準であっても、事実上「市場」がその実効性を担保することになるのである。

以上のように、現代の国際金融資本市場においては、金融取引のグローバル化に伴って「組織化」が進み、新たに形成された民間部門の基準によって企業行動や規制当局の行動が規定され、基準の作成や規制・ルールの国際的ハーモナイゼーションが促されてきているのである。

5.　国際的な金融規制の現状

2008年9月15日のリーマン・ショックに端を発するグローバル金融危機に対して、先進各国は連携して対応することが求められるようになったが、このグローバル金融危機は、一方では、ある国での金融機関の破綻に伴う信用不安が他国を巻き込んだクレジット・クランチの発生と信用収縮を引き起こし、他方では、自国の金融システムの崩壊を回避するための国債発行が財政赤字を拡大させることでソブリン危機[15)]を引き起こすという二面性があった。このソブリン危機に陥ってしまうと、当該国は自力での脱出は難しく、国際通貨基金(IMF)やEUなどの国際組織等、国外からの資金援助によりソブリン・リスクを低下させる必要がある。つまり、グローバル金融危機が起きると、これを収束させるためには国家間の連携が不可欠なのである。また、現代社会は新興国の台頭により経済の多極化が進展しているため、先進諸国だけの連携では不十分であり、新興国を含めた枠組みの構築が求められている。そこで、従来のG7またはG8の枠組みに対して、新興国も含むG20首脳会議のもとでグローバル金融危機に対する枠組み作りが行われている。

図2-1は、リーマン・ショック以後に構築された、金融規制の国際的枠組みの概念図である。ここで、金融安定化理事会（Financial Stability Board: FSB）は1999年に設立された金融安定化フォーラム（Financial Stability Forum: FSF）を拡大・強化して2009年に設立された機関であり、事務局はBIS内に置かれている。2013年時点で主要25カ国・地域の中央銀行、金融規制監督当局、財務省、国際組織であるIMF、世界銀行、BIS、OECD等の代表が参加している。また、その役割は、国際金融システムの安定性確保、各国、各国際組織の連携・協調の促進、規制監督を行うことである。また、その下に、銀行・証券・保険の各

図2-1　金融規制の国際的枠組み

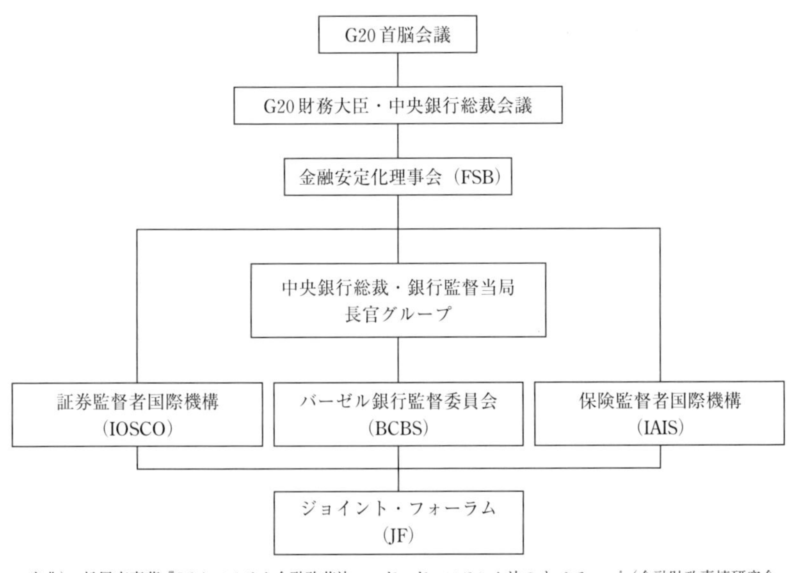

出典）　松尾直彦著『Q&Aアメリカ金融改革法――ドッド＝フランク法のすべて――』（金融財政事情研究会、2010年）、4頁。

金融分野の国際組織が置かれ、国際金融市場の安定化に努めている。

6.　むすび――国際的な金融規制の課題――

上述のように、今日の先進国経済は「後期金融経済」の段階にあると考えられ、この「後期金融経済」においては、巨大化した国際間資本移動をいかにコントロールするのか、また国際金融市場で発生するリスクをいかに管理・監視するのかが重要なテーマになる。そこで、一方では、私法的な国際金融組織である国際決済銀行などによる統一基準の導入や、公法的な国際金融機関である国際通貨基金や国際復興開発銀行などによる国家に対する支援など、経済活動のグローバル化やグローバル化する金融資本市場に対応した統一的なルール作りが進められており、他方では、個々の国家レベルで銀行・証券・保険の各分野を横断的に監視する規制監督体制の整備と強化が進められている。また、そこには、「国際社会の組織化」の問題や各国の金融規制監督制度の再編の問題があった。

まず、「国際社会の組織化」の問題としては、公法的な国際金融機関の組織化と私法的な国際金融組織の組織化があり、そこには国際金融機関や国際金融組織の活動と国家主権との抵触の問題があった。公法的な国際金融機関と国家主権との問題については、1997年のアジア通貨危機の際に、国際通貨基金によるコンディショナリティーのあり方がインドネシアの混乱やマレーシアの資産凍結などの問題を引き起こしており、国際金融機関の活動のあり方が問われている。また、私法的な国際金融組織と国家主権の問題としては、国際決済銀行による自己資本比率に関する規制（BIS規制）が先進各国において国内法化され、私法的な国際組織による規制のハーモナイゼーションが進んでおり、現状では私法的な国際金融組織の組織化が顕著になってきている。すなわち、今後はこのような私法的な国際金融組織が導入する国際的統一基準と各国の国内基準との抵触問題が表面化してくると考えられるのである。

次に、各国の金融規制監督制度の再編問題については、一方で、欧州連合諸国では単一規制監督当局による一元的な監視体制の構築が進められているが、他方で、米国のように複数の規制監督当局による複眼的な監視体制を維持している国もあり、現状では各国の国内事情を反映した監視体制が構築されている。しかしながら、経済のグローバル化、資本市場のグローバル化は英国でのバンク・オブ・クレジット・アンド・コマース・インターナショナル（Bank of Credit and Commerce International: BCCI）事件やベアリング事件のように、一国では監視が難しい事案も現れてきており、各国の規制監督当局の連携強化のあり方が問われてきている。そこで、国家主権との関係で現状ではその設立は難しいものの、今後の課題としては、公法的な国際金融規制監督機関を設立し、国際金融市場で活動する金融機関等に対してはこの単一の国際金融規制監督機関が一元的に監視する体制についても議論する価値はあろう。

このように見てくると、「後期金融経済」においては、国際間資本移動の巨大化に伴って金融規制監督体制も一国では困難となり、各国の規制監督当局の連携を強化するとともに国際統一基準を導入することで様々なリスクの管理を徹底し、リスクの顕在化を防止する必要が出てくる。そして、今後は、リスクが表面化して世界に波及し、世界的な金融危機に発展した場合のコストよりも、国際的な単一規制監督機関を創設してこの機関による一元的な監視の方が国際金融の安定性が確保され、各国の実体経済に対するベネフィットが大きいと判断される場合には、このような公法的な国際金融規制監督機関の創設も想定されることになろう。したがって、現状の金融規制監督体制の課題としては、様々なリスクを把握し、その管理のあり方を検討するとともに、各国の規制監督当局が“できること”と“できないこと”、すなわち管轄権を明確にする必要がある。また、そのためには規制監督の効果やノウハウを各国の規制監督当局が共有し、規制監督の質的平準化を図っていくことが不可欠である。さらに、「国際社会の組織化」の進展は今後さらに加速すると考えられるため、より多くの国が私法的な国際金融組織の活動に参加して、導入された国際基準を市場が支持することによってその実効性を確保することが求められよう。

1)　花輪俊哉編著『金融システムの構造変化と日本経済』（中央大学出版部、1999年）第1章を参照。ただし、本章での政府貨幣経済、銀行貨幣経済、金融経済の特徴の整理は、貨幣の機能的側面から整理した貨幣数量説の理論的発展に即して考察しているので、花輪氏の整理とは若干異なる。
2)　このプラザ合意以後、わが国は国際金融に国内金融が引きずられることによって、急激な円高や低金利の長期化によるバブルの発生等の問題に直面することになる。したがって、当時の国際的政策協調体制は、米国のドルの下落を防止してドル価値の安定を確保するために、米国が他の国々の経済政策を利用したという側面もある。
3)　マネタリストは、「期待インフレ率」を貨幣需要理論に導入し、自然失業率仮説やインフレ型総需給曲線分析等を通して、裁量的な財政金融政策が長期的には産出量の増加をもたらさず、インフレを惹起させることによって実体経済にとっては有害であると結論づけている。
4)　国際金融機関については、IMFやWTOのような国家レベルで設立された国際金融機関（公法的国際金融機関）と、BISのような民間レベルで設立された国際金融機関（私法的国際金融機関）に大別することが可能であろう。

5)　経済のグローバル化の観点から、今日の国際的な金融規制監督体制を整理し、規制監督制度の改革の必要性を説いた本としては、Howard Davies, David Green; *Global Financial Regulation: The Essential Guide*, Polity Press, 2008.（五味廣文監訳、野村総合研究所訳『金融監督規制の国際的潮流――変革の道標――』金融財政事情研究会、2009 年）がある。また、拙稿「金融規制監督体制の現状と課題」（『企業研究』第 19 号、2011 年）を参照。

6)　銀行監督委員会は、G10 諸国（ベルギー、カナダ、フランス、ドイツ、イタリア、日本、オランダ、スウェーデン、英国、米国）の中央銀行総裁により、金融機関監督における国際協力を目的に 1974 年に設置された。

7)　米国の規制監督体制については第 5 章参照。

8)　信用制度法 §10 に自己資本に関する規定、及び §11 に流動性に関する規定がある。

9)　保証自己資本の定義については、金融機関の種類別に異なっており、個別に規定されている。

10)　IOSCO のホームページ（http://www.iosco.org/about/?subsection=about_iosco（2015 年 12 月 26 日閲覧））参照。

11)　高野雄一「国家主権の今日的意義」（『国際法外交雑誌』第 89 巻第 5 号、1990 年）3 頁。

12)　高野、同上、3 頁。

13)　設立当時の理事会は 12 名の常勤理事と 2 名の非常勤理事の計 14 名で構成されており、出身国は、米国 5 名、英国 2 名、カナダ、オーストラリア、ドイツ、フランス、スイス、南アフリカ、日本の各 1 名となっている。また、常勤理事の内 7 名は主要国の基準設定団体と連絡を取り合って各国の実務と国際会計基準の調整にあたっている。

14)　森川氏は、各国の会計制度を「大陸型会計（Continental Accounting）」と「英米型会計（Anglo-Saxon Accounting）」の 2 系譜に類型化し、次のようにその特徴を整理している。「大陸型会計は、特に法規制の方法として成文法主義の採用、間接金融方式の優位を背景に会計目的として債権者保護のための保守主義的経理の要請、確定決算主義の採用による税務との結びつきなどにその主要な特徴が認められる。さらに、立法機関や政府機関のようなパブリック・セクターによる会計基準の設定という点もその特徴として挙げられる。…／一方、英米型会計は、法規制の方法として慣習法主義の採用、直接金融方式の優位を背景に会計目的として投資家保護のための適正開示の要請、企業会計の税務からの分離などにその主要な特質が見出される。さらに、職業会計士団体を中心としたプライベート・セクターに属する設定主体による会計基準の設定という点も注目される。」（森川八洲男編著『会計基準の国際的調和化』（白桃書房、1998 年）、4 頁）

15)　ソブリン（sovereign）とは、主権者、君主、統治者、国王などを意味するが、このソブリンが発行する債券をソブリン債という。また、近代国家では主権者は国民であり、政府・議会を通して国債が発行されるが、この国債がソブリン債である。ソブリン危機とは、国が発行した国債に対して、国が債務を返済できなくなるリスクが大きくなり、経済に悪影響が出ることである。国債がデフォルト（債務不履行）に陥る可能性が高くなるソブリン・リスクが高まると、資金調達に高い金利を設定する必要があり、この金利負担を含めて財政赤字が拡大するとさらにソブリン・リスクが高くなる。その結果、さらに高い金利を付けて資金調達をする必要があり、悪循環に陥ることになる。

参考文献

安部悦生編著（2003）『金融規制はなぜ始まったのか――大恐慌と金融制度の改革――』日本経済評論社。

天谷知子著（2012）『金機能と金融規制――プルーデンシャル規制の誕生と変化――』金融財政事情研究会。

糸井重夫著（1998）「金融持株会社解禁と規制監督制度の再構築――日米欧の金融機関規制の比較検討――」『企業研究所年報』第19号、中央大学企業研究所。

糸井重夫著（2004）『現代の金融と経済』中央大学出版部。

糸井重夫著（2011）「金融規制監督体制の現状と課題」『企業研究』第19号。

翁百合著（2010）『金融危機とプルーデンス政策』日本経済新聞出版社。

川口恭弘著（2012」『現代の金融機関と法［第4版］』中央経済社。

古城佳子著（1996）『経済的相互依存と国家：国際収支不均衡是正の政治経済学』木鐸社。

近藤健彦著（1999）『プラザ合意の研究』東洋経済新報社。

高野雄一著（1990）「国家主権の今日的意義」『国際法外交雑誌』第89巻第5号。

中空麻奈、川崎聖敬著（2013）『グローバル金融規制の潮流――ポスト金融危機の羅針盤――』きんざい。

花輪俊哉編著（1999）『金融システムの構造変化と日本経済』中央大学出版部。

淵田康之著（2009）『グローバル金融新秩序』日本経済新聞出版社。

藤田勉著（2015）『グローバル金融規制入門――厳格化する世界のルールとその影響――』中央経済社。

本間勝著（2002）『世界の預金保険と銀行破綻処理』東洋経済新報社。

松尾直彦著（2010）『Q&Aアメリカ金融改革法――ドッド＝フランク法のすべて――』金融財政事情研究会。

みずほ証券バーゼルⅢ研究会編（2012）『詳解　バーゼルⅢによる新国際金融規制』中央経済社。

森川八洲男編著（1998）『会計基準の国際的調和化』白桃書房。

Howard Davies, David Green (2008); *Global Financial Regulation: The Essential Guide*, Polity Press.（五味廣文監訳、野村総合研究所訳（2009）『金融監督規制の国際的潮流――変革の道標――』金融財政事情研究会）。

Barry Eichengreen (1996); *Globalizing Capital,* Princeton University Press.（髙屋定美訳『グローバル資本と国際通過システム』ミネルヴァ書房、1999年）。

第２部　金融規制監督制度の歴史的変遷

第3章
イギリスにおける金融規制監督制度[1)]

1. はじめに

20世紀における金融経済の進展は、貯蓄資金の急激な増加をもたらすとともに、その運用機関としての保険会社や年金基金等の機関投資家の飛躍的な発展をもたらした。そして、このような貯蓄資金が集中する機関投資家の活動が、国家間を移動する国際的な資金移動を増大させ、その急激な移動によって外国為替相場を不安定なものにしてきている。また、1980年代以降、先進各国で展開された金融規制の緩和・金融自由化は、金融機関の組織形態の多様化と業務範囲の拡大を促し、金融の技術革新と相まって新しい取引手法と新商品の開発競争を促している。その結果、銀行・証券・保険といった従来の棲み分けは曖昧なものになり、各金融分野にまたがる新たな金融商品の開発が進むことで、金融機関活動に対する規制監督をより困難なものにしている。

このような金融環境の大きな変化に対応して、超国家レベルでは、国際金融市場での金融機関間の競争条件の公平性・統一性を確保し、金融機関の健全経営を促す観点から、国際的な統一基準である国際決済銀行の自己資本比率規制（BIS規制）が導入されており、また個々の国家レベルでは、預金者及び投資家保護と金融システムの安定性維持の観点から、金融規制監督システムの再構築が行われているところである。特に、イギリスにおいては、証券市場における大幅な規制緩和を断行した1980年代の「ビッグ・バン」時に、投資家保護の観点から「1986年金融サービス法」を制定し、また預金銀行に対する規制監督強化の観点から「1987年銀行法」が制定されている。そして、ブレア政権では、金融政策決定権限と金融規制監督権限の分離、及び単一規制監督機関による一元的な金融規制監督体制の整備のために、「1998年イングランド銀行」と「2000年金融サービス・市場法」が制定され、世界最強と言われる金融規制監督機関、金融サービス機構（Financial Services Authority: FSA）を設置したのである。しかしながら、2008年のリーマン・ショックを契機として、金融システム全体の安定性確保のためのマクロ・プルーデンス政策を担うイングランド銀行（Bank of England: BOE）と、個々の金融機関の健全性確保のためのミクロ・プルーデンス政策や投資家保護を担うFSAの“溝”が指摘され、金融サービス機構（FSA）の解体とマクロ・プルーデンス政策をより重視する「2012年金融サービス法」が2012年末に制定されたのである。

このように、リーマン・ショックまでのイギリスにおける金融規制と監督体制の歴史は、金融政策と金融規制を分離し、金融規制の緩和に伴う総合金融サービス業の展開に対応した一元的な単一規制監督体制整備の歴史であったが、リーマン・ショック以後は、グローバル金融危機に対処するためのプルーデンス政策と預金者・投資家保護に力点を置いた規制監督体制の整備に移る。そこで、本章では、これまでのイギリスにおける金融規制監督体制について整理し、現在の金融改革やその方向性について検討することにする。

ところで、イギリスの金融規制監督システムは、1970年代以降の金融の自由化による弊害を是正するように改革されてきた。ここでは便宜的に、金融の自由化が始まる1970年代初頭からサッチャー政権が誕生するまでの時期、サッチャー政権による金融分野への競争原理を導入する改革期、金融機関活動の国際化と規制監督が困難に直面する時期、通貨統合に対応した金融規制監督システムを模索するブレア政権による改革期、そしてリーマン・ショック以後の5つの時期に分けて考察することにする。

2.　金融自由化と金融政策・金融規制

(1)　金融自由化と金融政策の転換

表3-1はイギリスにおける金融自由化と金融システム改革の流れを示してい

表3-1　イギリスにおける金融自由化と金融規制の流れ

年	立法措置等	事　件　等
1971年	「競争と信用調節（CCC）」の導入	
1973年	「コルセット（補足的特別預金制度）」の導入	第1次セカンダリー・バンク危機（ライフボート・オペレーション）
1979年	サッチャー政権誕生	
	「1979年銀行法」の制定	
	外国為替管理の規制緩和	
1980年	「コルセット」の廃止	
1981年	新金融調節方式の導入	
1984年		ジョンソン・マッセイ銀行事件
1986年	“ビッグ・バン”	
	「1986年金融サービス法」の制定	
	「1986年住宅金融組合法」の制定	
1987年	「1987年銀行法」の制定	
1990年	為替相場安定機構（ERM）への参加	
1992年		マックスウェル事件（年金資金不正流用）
		BCCI事件
1993年		第2次セカンダリー・バンク危機
		年金不正販売事件
1995年		ベアリング事件
1997年	ブレア政権誕生	
	金融サービス機構（FSA）が発足	
	銀行監督権限をFSAへ移管	
1998年	「1998年イングランド銀行法」の制定	
	公定歩合決定権をBOEへ移管	
2000年	「2000年金融サービス・市場法」の制定	
2007年		ノーザン・ロック銀行の破綻危機
2012年	「2012年金融サービス法」の制定	

出典）高木・黒田・渡辺著『金融システムの国際比較分析』（東洋経済新報社、1999年、126頁）を参考に作成。

るが、イギリスにおける金融の自由化は、1971年に導入された「競争と信用調節（Competition and Credit Control: CCC）」によってその端緒が開かれたと考えられる。また、イギリスの金融政策と金融規制監督システムは、この時期に大きく転換することになる。

それまでイングランド銀行の金融政策は、手形交換所加盟銀行であるクリアリング・バンクとディスカウント・ハウスを中心とした銀行団がカルテル同盟を形成し、割引市場を通して行われていた。したがって、預金金利や貸出金利も金利協定に基づき公定歩合に連動して決定されるしくみになっており、金融政策の波及経路は極めて閉鎖的なものであった。しかしながら、マーチャント・バンクや外国銀行、機関投資家が急速に成長して並行市場の規模が巨大化するのに伴って、イングランド銀行の政策スタンスを伝える割引市場の規模が相対的に縮小してくる。その結果、マーチャント・バンクや外国銀行は金融引締め期でも資金調達が可能になり、金融政策の有効性が低下するという弊害が出てきた。また、競争政策の観点からも、このような金融システムのカルテル的傾向を是正して、金利設定においても市場メカニズムを有効に機能させようという要請が出てくる。そこで、イングランド銀行は、金融機関間の競争を促し、市場メカニズムによる金利設定を目指して、この「競争と信用調節」を導入したのである。

「競争と信用調節」は、第1に、従来クリアリング・バンク等にのみ課されていた流動性比率規制や特別預金制度等の諸規制を、すべての金融機関に対して適用して金融機関間の競争条件を統一し、第2に、預金金利を公定歩合に連動させる金利協定を廃止して、金利を自由化するというものであった。その後、イングランド銀行は、市場金利に連動する基準貸出金利（Minimum Lending Rate: MLR）を導入することで、貸出金利の自由化も促していった。そして、この「競争と信用調節」の導入を契機として、イギリスにおける金融政策は市場重視型の政策へと転換していくのである。さらに、1973年のオイル・ショックは激しいインフレを引き起こしたが、これに対してイングランド銀行は金融引締めを強化するとともに、同年いわゆる“コルセット（補足的特別預金制度）”

を導入した。しかしながら、1979年の外国為替管理の撤廃や金融のグローバル化のなかで有効性を失い、以後インフレ抑制の手段としては、従来の金利重視の金融政策から、サッチャー政権下のマネタリズムに立脚した貨幣供給量重視の政策へと転換していくのである。

(2)　第1次セカンダリー・バンク危機と銀行規制の強化 ——「1979年銀行法」——

他方、このような「競争と信用調節」の導入に伴う金融の自由化は、金融機関の熾烈な貸出競争を引き起こすとともに、激しいインフレと景気停滞（スタグフレーション）のなかで投機ブームと重なり、中小金融機関を中心とした不動産バブルを生み出した。しかしながら、1973年にイングランド銀行が金融引締めに転じ、金利引上げやコルセットの導入等が実施されたことから不動産バブルは崩壊し、中小金融機関は不良債権を抱えて経営破綻する事態となった。これがいわゆる“セカンダリー・バンク危機”である。そして、このセカンダリー・バンク危機を契機として、市中銀行の規制監督システムの強化が図られ、1979年銀行法へと結実していくのである。

当時、市中銀行に対するイングランド銀行の規制監督権限については明文化されておらず、法的根拠が明確ではなかった。また、慣習的に通常の市中銀行はイングランド銀行の規制監督下にあったが、同行の規制監督外の中小の金融機関が多数存在していた。このようなイングランド銀行の規制監督外の銀行がセカンダリー・バンクと呼ばれており、これらの銀行は、大手行から資金を調達し、この資金を不動産部門へ回していた。すなわち、大手行は一般大衆から預金を集めてセカンダリー・バンクに融資し、セカンダリー・バンクは大手行から融資された資金で不動産貸付を拡大させていたのである。したがって、そこには、短期の預金資金を長期の不動産融資に振り向けているという点と、バブルの崩壊に伴うセカンダリー・バンクによる不動産融資の不良債権化という点で2つの問題点があった。

1973年11月、セカンダリー・バンクの1つが経営困難に陥ったのを契機に、第1次セカンダリー・バンク危機が表面化する。オイル・ショック後の激しいインフレに対抗するため当局は急激な金融引締めに転換するが、当時の資産価格の急激な下落と相まって、大手行は貸倒れを防止するためセカンダリー・バンクへの融資資金を引揚げ始める。その結果、大手行から融資された資金を再融資という形で不動産部門に貸付けていたセカンダリー・バンクは、すぐに流動性危機に直面することになった。そして、この流動性危機はセカンダリー・バンク全般の問題であり、さらに、セカンダリー・バンクの経営破綻はそこに融資をしている大手行の経営も圧迫するため、金融的側面からイギリス経済を不安定化させると考えられたのである。

このような第1次セカンダリー・バンク危機に対して、イングランド銀行は迅速に対応し、他の大手行とともに流動性を補給するいわゆる“ライフボート・オペレーション（lifeboat operation）”を実施した。その結果、1975年初頭には金融危機の峠も越え、金融システム全体の危機への波及は未然に防止された。そして、このセカンダリー・バンク危機を契機として金融機関全般の規制監督システムを強化する必要性が高まり、1979年、銀行法が改正されることになったのである。

「1979年銀行法」は、それまでインフォーマルな形で行われていたイングランド銀行による銀行規制に、法的根拠を与えた点で重要である。また、同法は、イギリス内での預金業務を、一定の条件を満たす業者以外には原則禁止にした点でも重要である。同法はすべての金融機関に一定の基準を適用するのではなく、預金業務を行える金融機関を、イングランド銀行、承認銀行（recognized banks）、認可銀行（licensed deposit-takers）、許認可なしに預金業務の権限を持つ欧州共同体加盟国の中央銀行や住宅金融組合など、同法に規定された特定の金融機関の4つに分類している。そして、承認銀行と認可銀行のリスト決定権をイングランド銀行に与え、これを通して同法の運用と金融機関規制をイングランド銀行に委ねたのである。また、小口預金者保護の観点から預金保険機構が設立され、銀行が経営破綻した場合には預金1万ポンドの75%までを保証対象としている。

さらに、1970年代のイギリスの金融規制は、金融サービスにおいても単一市場の創設を追求する欧州経済共同体（European Economic Community: EEC）と、国際的な経済相互依存関係が深まるのに対応して世界規模での金融システムの安定を模索するバーゼル銀行監督委員会（the Basel Committee on Banking Supervision）の影響を強く受けていた[2)]。特に、最初の重要な基準は、1977年の欧州共同体（Europian Community: EC）の第1次銀行指令である。同指令は、進出する支店が当該国の認可を受け、当該国の条件を満たすことを強いる権限を支店受入れ国に残しながらも、加盟国の銀行が他の加盟国で支店を開設することを可能にしたものである。したがって、同指令は、一方では、銀行業認可の権限付与について一定の共通基準が規定されたことを意味し、また他方では、ローマ条約の重要な目的の1つである設立の自由を満たすものであり、欧州共同体加盟国内の規制基準のハーモナイゼーションを促していったのである。そして、イギリスにおいてもこの第1次銀行指令に基づいて法的整備を行い、国内の金融機関に対する規制監督を強化した「1979年銀行法」に関係項目を設けて国内法化していったのである[3)]。

3.　サッチャー政権下の金融改革

(1)　金融自由化の進展と銀行規制の強化――「1987年銀行法」――

サッチャー政権の経済政策は、金融政策上はマネタリズムに依拠しつつ、「小さな政府」を柱として市場競争原理を様々な分野に導入し、停滞しているイギリス経済を活性化させようとするものであった。当時のイギリス経済は、2度のオイル・ショックを引き金とする高いインフレ率が常態化し、いわゆる「英国病」の下で経済も停滞していた。1979年に発足したサッチャー政権は、一方では、マネーサプライの抑制的管理によってインフレを是正し、他方では、国営企業の民営化や大規模な規制緩和によってイギリス経済の再生を試みる。サッチャー政権を前期と後期に分けると、それぞれの時期の主要な政策目標が、前期においては常態化したインフレの是正、後期においては金融資本市場における規制緩和と市場競争原理の導入にあったと考えられる。したがって、表3-1に示されるように、前期においては、1979年の外国為替管理の規制緩和、1980年の「コルセット」の廃止、1981年の新金融調節方式の導入など、金融政策上の改革を相次いで打ち出している。また、1986年以降のサッチャー政権後期では、1986年に証券市場での大改革である「ビッグ・バン」の断行、同年の「金融サービス法」と「住宅金融組合法」の制定、翌1987年の「銀行法」改正と、金融分野での規制緩和と競争原理の導入を矢継ぎ早に行い、金融システムの抜本的改革に着手する。また、金融規制監督システムとの関係では、1979年に改正された銀行法が早くも改正され、より強力な金融規制監督システムが構築されている。この銀行法改正に強い影響を与えた事件が、1984年のジョンソン・マッセイ銀行（Johnson Matthey Bank: JMB）の経営破綻である。

ジョンソン・マッセイ銀行は、イギリスの科学メーカーであるジョンソン・マッセイ社が1950年代に設立した子会社で、「1979年銀行法」上の承認銀行であり、ロンドン金取引市場を運営している企業グループ「ロンドン・ゴールド・リング」のメンバーでもあった。同行は、親会社への過剰融資を含めて、自己資本比率規制や流動性比率規制を無視して貸付けを急拡大させ、また当局に対する報告義務やリスク管理を怠ったことから、1970年代に入って急速に不良債権を増加させ経営困難に陥っていった。そこで、イングランド銀行は、同行の破綻が金取引市場の崩壊を招き、ひいてはイギリスの金融システム不安、さらにはイギリス経済全体に悪い影響を与えかねないとして、同行の救済を決定した。しかし、このイングランド銀行の救済行動が厳しく批判されるとともに、イングランド銀行による金融機関に対する規制監督権限を強化する契機となったのである。

イギリスでは、バジョット（W. Bagehot）以来の伝統で、流動性不足が解消すれば経営再建が可能な銀行にのみ中央銀行の「最後の貸し手機能（Lender of Last Resort: LLR）」が向けられるべきである、という考え方がある。ところが、ジョンソン・マッセイ銀行は銀行法に基づく規制を無視した乱脈経営から経営破綻に追い込まれたのであり、中央銀行からの緊急融資を返済して再建できる可能性はほとんどなかった。したがって、イングランド銀行が救済すべきケースにはあたらず、金融機関の個別的救済と考えられたのである。また、このように金融機関を個別的に救済するのであれば、救済の基準・条件が明確にされなければならず、さらに、経営責任のあり方によっては、モラル・ハザードの問題を引き起こすことになると考えられたのである。そして、このジョンソン・マッセイ銀行の破綻とイングランド銀行の救済を契機として、金融機関に対する規制監督システムの不備が明らかとなり、「1987年銀行法」が制定されたのである。

「1987年銀行法」の主要な点は以下の4点である。第1に、「1979年銀行法」で規定されていた承認銀行と認可銀行という区別を廃止し、イングランド銀行の直接的な監督権限をすべての預金銀行にまで拡大する。第2に、一定額以上の特定グループへの集中的融資や大口融資、企業合併・買収については当局への報告義務を設ける。第3に、イングランド銀行内に銀行監督の部署を設けるとともに、経営上問題のある預金銀行に対する立入検査権を同行に認め、虚偽の報告をした場合の罰則を設ける。そして第4に、預金者保護を強化するため預金保護基金を創設し、付保対象預金を1万ポンドから2万ポンドに引き上げて預金保険制度の充実を図ったのである。ここで、第1の点は、イングランド銀行が預金銀行に対する一元的な監督機関であることを明確にしたものであり、第2と第3は、預金銀行の健全経営をイングランド銀行が普段から監視することを通して、預金銀行の破綻を未然に防止し、もって金融システムの安定を図ろうとしたものである。また、第4は競争原理の金融市場への導入に伴い、事後規制であるセーフティー・ネットの充実を図ったものである。

さらに、この前年の1986年には「住宅金融組合法」が改正され、住宅金融組合の業務に対する規制が大幅に緩和される一方で、同組合に対する規制監督の強化も図られた。住宅金融組合（Building Societies）は、19世紀初頭に共済組合形態で組織され、1836年の住宅金融組合法の対象であったが、戦後の住宅取得需要の高まりに応じて業務範囲を拡大し、クリアリング・バンクを上回る金融機関へと成長した。しかしながら、1980年代に入ると、住宅金融組合の主要業務である住宅資金の貸付業務をクリアリング・バンクが行うようになり、競争が激化してくる。そこで、組合組織形態から株式会社形態への転換を可能にし、住宅金融組合の業務範囲の制限を緩和することによって、クリアリング・バンクなどの他の金融機関との競争条件を是正する必要があり、また規制の緩和に伴う金融資本市場での競争激化に対応して、新たな規制監督制度の導入が議論され、1986年、住宅金融組合法が改正されることになったのである。このような銀行業での改革と並行して、証券市場においても抜本的改革である「ビッグ・バン」が断行され、証券市場における規制監督システムの大幅な改革が行われている。

⑵　証券市場改革と投資家保護――「1986年金融サービス法」――

イギリスの「ビッグ・バン」は、サッチャー政権後期の政策目標である金融資本市場における規制緩和と市場競争原理の導入の一環として行われたものであり、国際化と機関化の流れの中で、ニューヨーク市場の拡大に比べて閉塞感のあったロンドン市場の国際金融市場としての地位の向上を目指したものである。そして、その主要な改革点は、それまでシティーの取引慣行であったジョッバーとブローカーの兼営を禁止する「単一資格制度（single capacity）を廃止して、両者の兼営を認める「二重資格制度（dual capacity)」を導入し、単一資格制度を有効に機能させるために制度化した証券売買の固定手数料制を廃止してこれを自由化することであった。また、競争的で流動的な開かれた国際金融資本市場を構築するために、外国資本による証券取引所会員権取得条件の緩和と競争的なマーケット・メーカー制度を導入した。そして、これらの改革により、ロンドン市場は国際金融市場としての地位を見事に回復したのである。

このような証券市場改革とともに、証券不祥事を契機として、証券市場の規制監督システムについても検討され、政府はサザンプトン大学のジム・ガワー（Jim Gower）教授に投資家保護の観点からの法整備について意見を求めた[4)]。そして、1984年に提出された「ガワー・レポート」に示された新たな規制システムを尊重して、「英国における金融サービス―投資家保護の新しい枠組み（Financial Services in the United Kingdom: A New Framework for Investor Protection）」と題する白書を公表した。これに基づいて同年11月7日、「1986年金融サービス法」が制定され、2年後の1988年に施行されたのである[5)]。同法は、全212条からなり、第Ⅰ部　投資業の規制、第Ⅱ部　保険業、第Ⅲ部　友愛組合、第Ⅳ部　証券の正式上場、第Ⅴ部　非上場証券の申込、第Ⅵ部　公開買付の申込、第Ⅶ部　内部者取引、第Ⅷ部　情報公開に関する制限、第Ⅸ部　相互主義、第Ⅹ部　雑則及び附則、17の付属規程から構成されている。また、第Ⅰ部の投資業の規制が全体の半分以上の128条を占めており、同法が投資家保護の強化を意図して制定されたことを物語っている。

この「1986年金融サービス法」は、シティーの伝統である自主規制を基本としつつ、政府の日常的な監督権限の大部分を民間規制団体に移管し、投資業者や証券業者を直接監督する業務別・機能別の公認自主規制機関（recognized Self-Regulating Organization: SRO）に対する監督を、この民間規制団体が行うという重層的構造を持つ規制体系からなっていた。そして、政府の監督権限を移管する監視機関として前年の1985年には証券投資委員会（Securities and Investments Board: SIB）が設立されたが、この委員会は一種の民間団体（NGO）であり、金融サービス法に基づいて同法で明記された大蔵省からの移管業務を行うとともに、調査権、立入権、訴追権等の強力な権限を有していた。また、投資業者や証券業者に対する直接的な監督は依然として自主規制機関が行うが、証券投資委員会は、各機能別自主規制機関に対しての承認・取消、遵守命令の請求、規則改正の指示・変更を行い、投資・証券業者に対しての直接認可、認可の撤回・停止等も行った。さらに、不正行為の広告、差止命令・返還命令の請求、適用免除業者以外の業者の調査及び違反者の訴追等を行う権限も有しており、イギリスの規制制度は自主規制と政府規制の妥協的・折衷的なものとなった。したがって、証券投資委員会は広汎な強い権限を持つにもかかわらず、米国の証券取引委員会のように法律により直接設置された機関ではないので、大蔵省はいつでも証券投資委員会に移管した権限を取り戻すことができ

図3-1　1987年以降の金融規制監督制度

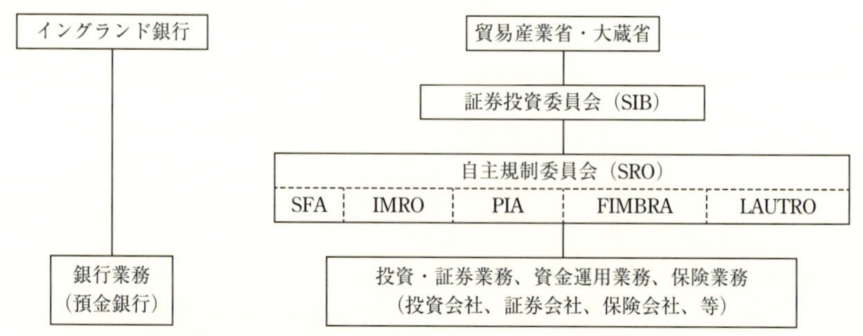

注）政府の監督機関としては当初貿易産業省が存在し、規制・監督権限を有していたが、1992年以降は大蔵省に規制・監督権限が移管された。
出典）高木・黒田・渡辺著『金融システムの国際比較分析』（東洋経済新報社、1999年、141頁）を参考に作成。

るしくみになっていたのである。

図3-1は、「1986年金融サービス法」と「1987年銀行法」に基づいた金融機関に対する規制監督制度の概念図である。ここで、証券投資委員会が規制監督する機能別自主規制機関としては、証券先物委員会（Securities and Futures Authority: SFA）、投資管理規制団体（Investment Management Regulatory Organization: IMRO）、個人投資委員会（Personal Investment Authority: PIA）、金融仲介・管理・ブローカー規制協会（Financial Intermediaries, Manegers and Brokers Regulatory Association: FIMBRA）、及び生命保険・投資信託規制団体（Life Assurance and Unit Trust Regulatory Organization: LAUTRO）がある。このうち金融仲介・管理・ブローカー規制協会と生命保険・投資信託規制団体は、1994年に個人投資委員会に統合されている。また、70年代以降の金融の自由化により、イギリスでは金融機関の合併・買収による金融コングロマリット化が促されているが、銀行が証券業等を営んでいる場合には、イングランド銀行の監督権限は基本的には当該銀行の証券子会社やマーチャント・バンク子会社にも及ぶことになる。

(3)　第2次銀行指令

上記のように「1986年金融サービス法」は、シティーの伝統である業界団体による自主規制を最大限に尊重しつつ投資家保護の強化を図ったものであり、複数の規制団体による法的枠内での自主規制を企図した法律であった。しかしながら、投資業者や証券業者は重複して複数の自主規制機関の規制・監督に服したため、膨大な規制コストがかかる一方、後述するように90年代には規制の合間を抜けた不正行為が表面化し、このような法的枠内での自主規制の問題点が指摘されるようになる。そして、単一規制監督機関による規制の一元化と、自主規制に代わる法規制を求める声が徐々に高まってくるのである。また、「1987年銀行法」は、イングランド銀行の規制監督権限の強化を図ったものであり、同行の預金銀行に対する一元的な規制監督機関としての位置づけを明確にした立法であった。しかしながら、このようなイングランド銀行と複数の規制団体による複数監視体制は、上述のような国内的な要因とともに欧州における通貨統合という外的要因によって崩されることになる。

欧州委員会は、通貨統合に向けて金融分野での環境整備を進めていたが、後述するように、一方では金融政策に関連して通貨統合参加国の中央銀行の独立性を高め、他方では金融システムと金融規制監督システムの域内ルールの統一化の観点から、単一免許制度、母国監督主義、及びユニバーサル・バンク制度を原則として、各国に金融規制監督システムの整備と預金者及び投資家保護体制の強化を促してきた。そして、この方針を示したのが1989年の「第2次銀行指令」である。ここで、単一免許制度とは、一度加盟国内で取得した金融業の免許（銀行免許）の域内の他の加盟国での有効性を認めた制度であり、また母国監督主義とは、域内の金融機関活動については免許を交付した母国が監督責任を負うというものである。したがって、多国籍金融機関を規制・監督する場合、各国の規制・監督当局との連携・協力が不可欠となり、また加盟国の金融規制・監督機関の窓口が1つに統一されていた方が効率的であるため、金融規制監督システムの協調・統一化が図られるようになってきたのである。また、ユニバーサル・バンク制度は、銀行業務（預金・貸出業務）と証券業務（投資銀行業務）を兼営する銀行制度であり、金融規制監督システムとしては、すべての金融業務をカバーする単一規制監督機関による監視の方が有効性が高いと考えられたのである。

このように、サッチャー政権下で確立された、預金銀行に対するイングランド銀行の規制監督と、投資証券会社に対する法的枠内での自主規制機関による規制監督という、業種別・機能別の二元的規制監督システムは、このような欧州共同体の動きにも強く影響を受けていたのであり、この外的要因からもイギリスにおける単一規制監督機関の設立が促されることになったのである。そして、この流れを決定づけたのが、90年代前半に起きた金融不祥事であり、また通貨統合に積極的なブレア政権の誕生だったのである。

4.　金融機関活動の国際化と金融不祥事

(1)　金融活動の多国籍化

上記のように、イギリスにおいては、法に裏打ちされたイングランド銀行と証券取引委員会による金融機関に対する規制監督システムが構築されたわけであるが、金融機関のコングロマリット化と金融機関活動の国際化に伴って、規制当局は多くの困難に直面することになる。すなわち、国際決済銀行での合意によれば、国際的に活動する金融機関は、本店のある本国と進出した現地国の両方の規制・監督に服することになるが、このことは規制監督システムが異なる国家間の事情を反映して、国外の金融機関に対する監督を極めて困難なものにする。このような多国籍銀行に対する規制・監督がいかに困難かを露呈した事件が、バンク・オブ・クレジット・アンド・コマース・インターナショナル（Bank of Credit and Commerce International: BCCI）事件とベアリング事件である。

BCCIはパキスタン人の実業家が1972年に設立した銀行であり、親会社である持株会社がルクセンブルクで登録された後、営業拠点をロンドンに置いて業務を拡大していった国際銀行である。同行は、オイル・マネーや政府資金の預託などの政治絡みの営業により急成長をとげるとともに、国際的テロ組織や麻薬密売組織のマネー・ロンダリング（資金洗浄）、不正な武器取引や銀行買収などの不正行為によって巨額の利益を得ていた。同行がこのような金融犯罪に手を染めていることは、20年余りの間明るみに出ることはなかった。しかし、80年代半ばの石油価格の暴落を機に慢性的な赤字経営となり、金融取引の失敗から巨額の損失を発生させて経営不振に陥る。そして、1990年以降、米国では同行による麻薬取引に絡むマネー・ロンダリング等の金融犯罪が明らかとなり、また米国の銀行3行を不正に所有した犯罪行為により同行の経営幹部が有罪判決を受けていた。さらに、ロンドンでも国際テロリストの口座発覚など、同行による数々の金融犯罪の実態が明らかになる。こうしたなか、同行の監査人が同行の不正行為や支払不能による経営状況を暴露するに及んで、1991年7月、イングランド銀行が同行に閉鎖命令を下したのがBCCI事件である。

この事件は、BCCIが金融犯罪に手を染めている銀行であることを、なぜ20年もの間規制・監督機関であるイングランド銀行は把握できなかったのか、また、把握していたのであればなぜ黙認してきたのか、というイングランド銀行の規制・監督機関としての責任問題と、そもそもどの国の金融当局に規制・監督の責任があるのかという責任の所在の問題、さらにはこれと関連して多国籍銀行に対する規制監督システムはどうあるべきなのか、という問題点を浮き彫りにした事件であった。また、金融機関活動が国際化・多国籍化するのに伴って、国外で営業を行う金融機関に対する規制・監督を当該国のみで行うことが極めて困難なことを示す事件でもあった。いずれにしても、イングランド銀行は厳しい非難を浴び、このような金融スキャンダルの防止策として、金融グループへの立ち入り調査を実施するとともに、多国籍銀行に対しては経営報告を義務づけて監督体制の強化を図ることとした。

BCCI事件から4年経った1995年1月、シンガポール市場でのデリバティブ取引による巨額な損失から名門マーチャント・バンクの1つであるベアリング社が破綻する。ベアリング・グループはシンガポールに現地法人ベアリングズ・フューチャーズを保有していたが、同社はシンガポール市場に上場されている日経平均先物取引で利益をあげていたが、デリバティブ取引の大半は1人のトレーダーにまかされていた。また、このトレーダーは営業部門と会計部門を兼務しており、指揮命令系統も複雑で同氏に対する指揮命令権は現地法人のトップにはなかった。その結果、このトレーダーは損失を埋め合わせるために投機的なデリバティブ取引をずるずると拡大させ、巨額の損失が発覚したときにはベアリング社は債務超過に追い込まれていたのである。イングランド銀行は、同社の経営破綻が国際的な金融不安を引き起こす可能性があるとして救済を模索したが、最終的にはモラル・ハザードの問題や、同行が、“流動性不足が解消すれば経営再建が可能な銀行”にはあたらないとして救済を見送った。その後、ベアリング社は、オランダの金融・保険会社に買収されることになる。

この事件の際も、イングランド銀行は、なぜベアリング社の経営実態を把握して早期に適切な処置をとらなかったのか、という同行の規制・監督のあり方が問題となり、厳しい批判にさらされることになった。また、この事件は、国際取引や複雑なデリバティブ取引を行う個々の金融機関に対する内部監査制度やリスク管理のあり方を問う事件でもあった。そして、この事件以後、複雑なデリバティブ取引に対する情報公開が促されるとともに、金融グループの全リスクが考慮されるように連結ベースでの評価やリスク計算方法の改訂など、複雑な金融取引の拡大に伴うリスクの増大に対応して、自己資本比率規制が漸次改善されるようになる。このようにベアリング事件は、多国籍で活動を行う国際的な金融機関に対する監督体制のあり方とともに、健全経営を促す健全性規制のあり方を問う事件でもあった。

(2)　第2次セカンダリー・バンク危機と金融不祥事

このように、金融システムを揺るがすような多国籍金融機関の不祥事が発覚する一方で、国内では上述した1991年のBCCI事件を引き金として、第2次セカンダリー・バンク危機に見舞われる。80年代のイギリス経済は、証券市場での「ビッグ・バン」や金融自由化の進展に伴うオフィス需要の増加、所得税減税の実施に伴う住宅需要の増加、1986年の「住宅金融組合法」改正に伴う住宅金融組合の業務範囲の拡大、欧州通貨制度（European Monetary System: EMS）の為替相場制度である為替相場安定機構（Exchange Rate Mechanism:

ERM）への参加を前にした外国為替相場重視の金融緩和政策など、規制緩和による供給面と拡張的財政金融政策による需要面を刺激する政策を行ったため、1986年頃から商業用不動産と住宅用不動産を中心に不動産バブルが再び膨張し始めていた。これに伴って、金融機関の不動産関連融資も急増し、地価も上昇し始める。このような資産バブルに対して、1988年6月、イングランド銀行が金融引締政策に転じたため一気にバブルが収縮し、資産価格の下落とともに機関投資家や大手金融機関が資金を回収し始めたため、多くの中小金融機関が流動性不足に陥り、BCCI事件を契機に第2次セカンダリー・バンク危機に発展していったのである。

イングランド銀行は、第1次セカンダリー・バンクの経験をふまえて素早く対応した。イングランド銀行のライフボート・オペレーションは、大手金融機関との協調の下、問題の金融機関に対する大手金融機関を通じての流動性の供給や融資に対する保証、金利の一部負担などからなり、この措置が功を奏してイングランド銀行は比較的早期に金融不安を収束させることができた。また、今回の救済では、バジョット以来の伝統を守り、流動性不足に陥ってはいるものの支払能力がある金融機関に限定してライフボート・オペレーションが実施されたのである。さらにこの時期、1992年のマックスウェル事件（年金資金不正流用事件）、1993年の年金不正販売事件など、分野別・機能別規制監督体制の問題点を浮き彫りにする事件が相次いで起き、金融規制監督システムの一元化に対する要請がさらに高まってくる。

1992年に発覚したマックスウェル事件は、ロバート・マックスウェル氏が自己の所有する会社の年金資金を流用したことで、退職者に対する年金が支払不能に陥った事件である。事件に関与した投資運用会社に多額の罰金が科せられることになったが、この事件で明らかになったことは、年金基金の受託者責任及び権限が不明確なこと、証券の保管・管理等の分別管理が不徹底であったこと、制度として年金監督機関や補償制度が存在しないことなど、法的・制度的な不備が存在しているということであった。

また、80年代後半以降、当時のサッチャー政権が確定拠出型個人年金を奨励したこともあり、銀行はグループの生保子会社などを通じて年金や生命保険、投資信託といった金融商品の販売を拡大させていった。そうした中、90年代になると、貯蓄資金をグループ内にとどめておきたいという金融グループの戦略もあって、十分な説明も行わずに企業年金から個人年金に切り替えさせて投資家に不当な損害を与えたケースが頻発するようになる。本来、年金や保険商品、投資信託等の専門知識を要する金融商品については、情報を十分に持つ金融業者は投資家に適切なアドバイスを行う義務を負っているはずであり、当該金融商品のメリットとデメリット、リターンとリスク等についても適切に指摘することが求められている。しかしながら、この時期には、情報開示等に関する制度的未整備も手伝って、この説明義務や適正なアドバイス義務を怠って個人年金を不正に販売するケースが多発し、1991年から1993年にかけて史上最大の年金不祥事に発展していったのである。その後、政府は委員会を設けてこの問題を検討し、これを受けて1994年に「企業年金改革白書」が公表され、翌1995年には「1995年年金法」が成立することになるのである。

以上のように、サッチャー政権崩壊からブレア政権が発足するまでの時期は、「1986年金融サービス法」によって構築された金融規制監督システムの問題点が表面化してくる時期であり、同システムの抜本的な改革の必要性が認識された時期でもあった。そして、先の金融自由化の要因や対外的要因とも相まって、合理的な規制監督システムの構築と投資家保護の強化の観点から、次のブレア政権においては、単一規制監督機関による一元的な監視体制の構築が断行されたのである。

5.　ブレア政権下の金融改革

(1)　通貨統合と金融システム改革――「1998年イングランド銀行法」――

1997年5月、ブレア党首率いる労働党が総選挙で勝利し、久々の労働党政権が発足する。当時のイギリス経済を取り巻く環境は、1999年1月1日の欧州単一通貨ユーロの登場と、2002年1月1日からのユーロ紙幣・コインの流通を控え、中央銀行の政府からの独立が要請されていた時期であり、また、上述のように多国籍で業務を展開する金融コングロマリットをいかに規制・監督していくのか、さらには分野別・機能別に分かれた複数の規制監督機関による監視の有効性が問われていた時期でもあった。そこで、ブレア政権は、発足と同時にイングランド銀行の政府からの独立性の確保と、金融機関に対する規制監督システムの再構築に着手する。

まず、イングランド銀行の独立性確保の点では、金融政策の最高意志決定機関として9名の委員からなる「金融政策委員会（Monetary Policy Committee）」を設置し、公定歩合の決定権限を大蔵省からイングランド銀行に移管する。そして、同委員会における公定歩合の決定は投票によって行われ、議事録及び投票結果は6週間後に公表することとし、金融政策の透明性を高めることにした。前政権であるサッチャー＝メイジャー保守党政権は、イギリスの国家主権が侵害されるとの政治的判断から、欧州通貨統合への参加は当初から消極的であった。しかしながら、ブレア政権は、通貨統合に伴う経済的メリットを考慮して当初から通貨統合に前向きな姿勢を示していたのである。

このように、イングランド銀行の独立性を高めた背景には欧州通貨統合の動きが強く影響していたが、この欧州通貨統合を推進した原動力としては、財政と金融を分離し、金融政策は通貨価値の安定を第1の政策目標とし、通貨供給量のコントロールによりこの目標を達成すべきであるとするマネタリズムの理論があった。すなわち、マネタリズムの理論に従えば、各国の財政と金融は分離可能であり、金融政策については国家から独立した単一機関によっても、金融政策の目標である通貨価値の安定を達成できることになる。それゆえ、欧州での通貨統合も可能であると考えられたのである。そして、1993年11月に発効したマーストリヒト条約に則って設立された欧州中央銀行（European Central Bank: ECB）は、欧州での単一金融政策機関としての業務を1998年に開始したのである。 単一通貨ユーロが流通し、欧州中央銀行による欧州域内での金融政策が行われるようになると、欧州中央銀行制度（European System of Central Bank: ESCB）に参加する各国の中央銀行は、自国レベルでの金融政策は維持するとはいえ様々な制限を受け入れることになる。特に、欧州中央銀行と欧州中央銀行制度は、欧州連合、加盟国政府、その他いかなる機関からも独立していることが求められているため、加盟各国の中央銀行は自国政府からの独立を保証されている必要がある。さらに、各国の中央銀行は国家から独立して金融政策を実施するため、金融機関に対する規制監督機関としての地位からも一歩後退させる必要があったのである。

ブレア政権が発足した時期は、まさに大陸の欧州連合加盟諸国がこのような通貨統合に向けて着々と準備を進めていた時期であった。そこで、ブレア政権は、1997年、個々の金融機関に対する規制監督機関として単一規制監督機関である「金融サービス機構（Financial Services Authorities: FSA）」を発足させるとともに、1998年にはイングランド銀行法を制定して金融政策と金融機関に対する規制監督の権限を分離し、イングランド銀行に金融政策の決定権を移管させたのである。この「1998年イングランド銀行法」により同行は、個々の金融機関に対する規制監督機関としてではなく、市場の監視、決済システムの監視、最後の貸手機能の発動等、マクロ・レベルでの規制監督機関として機能することになったのである。

このように、ブレア政権は、欧州単一通貨制度に参加するという観点からイングランド銀行を政府から独立させる必要があり、また金融機関に対する規制・監督についても同行の守備範囲をマクロ的な規制監督に限定させる必要があったのである。この意味で単一規制機関としての金融サービス機構の設置は重要な意味を持つが、さらにより本質的な視点からすれば、各国の金融規制の緩和・金融自由化が複雑な金融取引手法を発展させ、また金融のグローバル化が金融機関の多国籍化・コングロマリット化を促した結果、金融機関に対する規制・監督が一国レベルでは困難になってきたという事情がある。すなわち、上述のように金融機関活動がグローバル化して金融機関が金融コングロマリットを形成してくると、規制の網をくぐり抜けた犯罪が行われる懸念が出てくる。また、業務分野規制が緩和されてくると複数の金融分野にまたがる複雑な金融商品が開発され、業種別・機能別の規制監督システムでは監視しきれない部分が出てくる。そこで、このような複雑な組織形態と取引形態を監視するためには、金融グループ全体を監視する一元的な規制監督体制が必要になってくる。つまり、金融機関活動のグローバル化と金融取引の複雑化という金融環境の大きな変化によって、重層的な複数の機関による自主規制ではもはや対応しきれない状況になってきていたのであり、その意味で単一規制監督機関としての金融サービス機構の設置が不可欠と考えられたのである。加えて、金融機関活動が多国籍化するのに伴って、金融機関規制の平準化・統一化が要請されてこようが、金融機関に対する規制・監督当局が各国の規制・監督当局と相互に連携・協力して行動することも必要になる。その場合、各国の規制当局の窓口が１つであった方が規制コストは減少すると考えられるため、この点からも一元的な規制監督体制の整備が求められたのである[6)]。

⑵　預金者及び投資家保護の強化
――「2000年金融サービス・市場法」――

このような対外的な事情に加えて、上述のように、90年代初頭に頻発した国内での金融不祥事・金融犯罪に対応する観点からも、当時のイギリスは金融規制監督システムの抜本的な改革が求められていた。そこで、ブレア政権は、規制・監督の考え方を、それまでのシティーの伝統を重んじる法的枠内での自主規制から法的強制力を背景とした法規制に転換させるとともに、業界別・機能別の規制体系から一元的な規制体系に転換することを明確に打ち出したのである。そして、証券投資委員会を改組して金融サービス機構を一元的な単一規制監督機関に位置づけるとともに、投資家及び預金者保護の強化を意図しつつ、新しい金融規制監督システムの根拠法として「2000年金融サービス・市場法」を制定したのである。同法は、イングランド銀行に金融政策の決定権を委譲した「1998年イングランド銀行法」と並んで、法規制による金融機関に対する一元的規制監督システムを構築した立法として、イギリスにおける金融規制監督システムの歴史において極めて重要な意味を持つ法律である。

すでに見たように、「1986年金融サービス法」は、政府から権限を移譲された民間団体（SIB）に業界団体の自主規制機関（SRO）を監督させるという、重層的規制体系からなる規制監督システムを構築したが（図3-1）、同法による金融規制監督システムは、シティーの伝統である従来の業界団体による自主規制を尊重したシステムであった。しかしながら、この法的枠組みのなかでの自主規制は、数々の金融不祥事が表面化することによってその問題点が指摘されるようになる。そこで、ブレア政権発足直後の1997年5月20日、ブラウン蔵相は包括的な規制監督権限を持つ単一規制監督機関を設立し、自主規制から法規制への転換を表明する。これを受けて、証券投資委員会（SIB）、3つの自主規制団体（SFA, IMRO, PIA）、及びイングランド銀行の三者が協議し、新しい金融規制監督機関についての報告書を政府に提出した。この報告書に基づき、総合金融サービス業を展開する金融機関、及び金融資本市場を全面的に監視する単一規制監督機関として、証券投資委員会を改組する形で「金融サービス機構（Financial Services Authority: FSA）」が設立されたのである。そして、翌1998年にはイングランド銀行法を改正し、同行の預金銀行に対する規制監督権限をこの金融サービス機構に移管させることによって、金融機関に対する規制監督の一元化を図るとともに、その後、単一規制監督機関としての金融サービス機構による一元的監視体制移行への環境整備が漸次行われ、2000年6月には金融サービス機構の根拠法である「金融サービス・市場法（Financial Services and Markets Act 2000）」を成立させたのである[7)]。

同法は、全433条からなり、パート1　規制機関、パート2　規制業務及び禁止される活動、パート3　認可及び適用免除、パート4　規制業務の遂行許可、パート5　規制業務の遂行、パート6　公式上場、パート7　業務譲渡の統制、パート8　市場における不正行為に対する制裁、パート9　聴聞会及び不服申立、パート10　規則及びガイダンス、パート11　情報収集及び調査、パート12　認可業者に対する支配力、パート13　参入業者：機構による介入、パート14　懲戒措置、パート15　金融サービス補償制度、パート16　オンブズマン制度、パート17　集団投資スキーム、パート18　公認投資取引所と精算会社、パート19　ロイズ、パート20　専門職団体のメンバーによる金融サ

図3-2　イギリス金融規制監督制度の推移

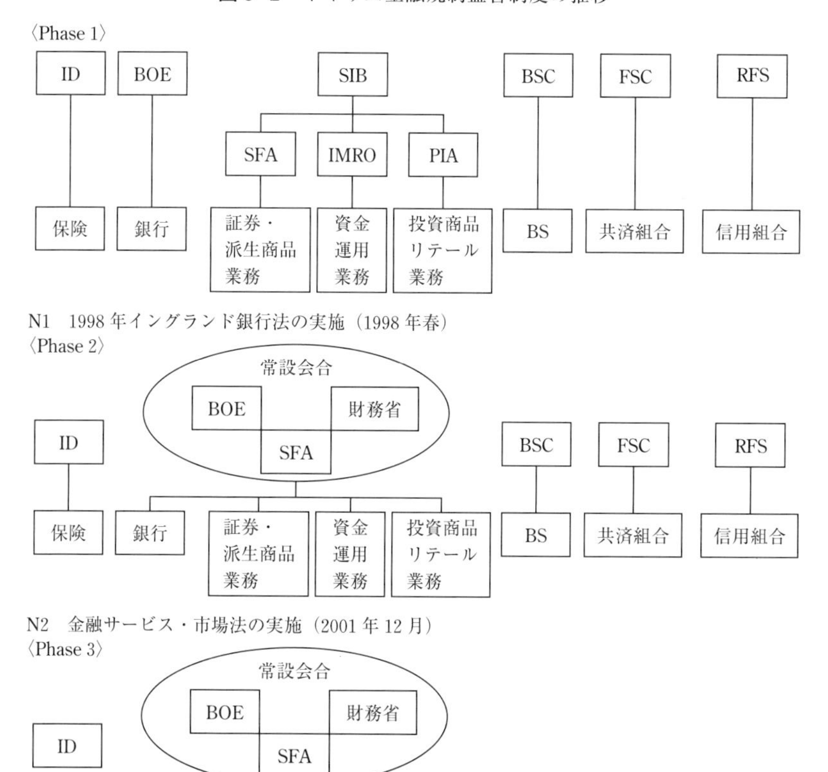

注）SIB: Securities and Investments Board（証券投資委員会）
ID: Insurance Directorate of the Department of Trade and Industry（貿易産業省保険監督機関）
BSC: Building Societies Commission（住宅金融組合委員会）
FSC: Friendly Societies Commission（共済組合委員会）
RFS: Registry of Friendly Societies（信用組合監督機関）
SFA*: Securities and Futures Authority（証券・先物委員会）：証券や先物、オプションなどのディーリング、ブローキング業務に携わる業者を規制
IMRO*: Investment Management Regulatory Organization（投資顧問規制団体）：投資信託や年金基金などの資金運用業務に従事する業者を規制
PIA*: Personal Investrment Authority（個人投資委員会）：年金・生保商品の仲介業者や個人投資顧問など、投資商品のリテール業務に携わる業者を規制
BS: Building Society（住宅金融組合）
＊印の3機関は、自主規制団体（SRO）と呼ばれる。
出典）中北徹「英国の金融監督制度の歴史―その2―」（『月刊資本市場』No. 207、2002年）43頁。

ービスの提供、パート21　相互組合、パート22　監査人及びアクチュアリー、パート23　公式記録、情報の開示及び協力、パート24　倒産、パート25　差止及び原状回復、パート26　通知、パート27　違反行為、パート28　雑則、パート29　解釈、パート30　補則、及び22の付属規定から構成されている。

同法によって、イギリスの金融規制監督制度は、**図3-2**のような体系に移行した。そのプロセスは、まず、「1986年金融サービス法」及び「1987年銀行法」時代の〈Phase 1〉から、イングランド銀行の規制監督権限を金融サービス機構に移管した「1998年イングランド銀行法」施行後の〈Phase 2〉に移行し、次に、すべての金融機関に対する一元的規制監督権限を金融サービス機構に集中させた「2000年金融サービス・市場法」施行後の〈Phase 3〉に移行させる。ここで、金融サービス機構は、金融機関すべてに対する包括的な規制監督権限を与えられているが、政府からの独立性が確保されている。また、この金融サービス・市場法では、政府・議会に対する説明責任、金融システム全体の安定維持を担当するイングランド銀行と制度的枠組みを担当する政府との役割分担、及び三者協議の場としての常設委員会（Standing Committee）の設置、情報交換や三者の連携等についての配慮などが規定されている。

6.　リーマン・ショック以後の金融規制監督制度

「2000年金融サービス・市場法」は、金融システム全体の安定性確保のためのマクロ・プルーデンス政策をイングランド銀行に、また個々の金融機関の健全性確保のためのミクロ・プルーデンス政策を単一規制監督機関である金融サービス機構に担わせたが、同法によりイギリスにおける金融システムの安定は確保されるはずであった。しかしながら、リーマン・ショック以後のグローバル金融危機に直面して、金融サービス機構による一元的な単一規制監督体制の問題点が明らかになってくる。すなわち、金融サービス機構には預金者保護や投資家保護、金融犯罪の防止など、単一規制監督機関として広範な守備範囲を求めたが、そのことが逆に金融機関への規制監督を通じた金融システムの安定性確保の面に焦点が絞られない、という状況を作り出したと考えられた。金融サービス機構による一元的な単一規制監督体制は、金融規制の緩和に伴って展開され始めた総合金融サービス業に対応して、銀行、証券、保険という各金融分野を横断的に規制監督する必要性が出てきたために整備された体制であった。それゆえ、金融サービス機構は各金融分野に対する監視・監督に加えて、公衆への啓発や金融犯罪の防止など様々な業務に対応する法的責任があったため、また金融システム全体の安定性確保のための情報はイングランド銀行が持っており、縦割りの弊害としてこの情報を有効に活用することができなかったため、金融危機の際には効果的に活動することができなかったと考えられたのである。そこで、2012年の「2012年金融サービス法」では、金融サービス機構が持つプルーデンス規制と預金者・投資家保護という2つの機能を分離することにしたのである。

2012年の金融サービス法では金融サービス機構を機能別に解体するが、金融システムの安定性確保に関するプルーデンス政策についてはイングランド銀行に一元化し、イングランド銀行内にマクロ・プルーデンス政策を担う「金融安定政策委員会（Financial Policy Committee: FPC）」を設置するとともに、個々の金融機関の健全性確保に関するミクロ・プルーデンス政策を担う「プルーデンス規制機構（Prudential Regulatory Authority: PRA）」をイングランド銀行の子会社として設置することにしたのである。これにより、プルーデンス政策についてはマクロ・レベルでもミクロ・レベルでもイングランド銀行が一元的に担当することになったのである。また、預金者保護・投資家保護を担う機関としては「金融行為監督機構（Financial Conduct Authority: FCA）」を設置し、金融システムの信頼性向上と金融サービスの効率化を図っている。**図3-3**は、このような2013年4月以降のイギリスにおける金融規制監督体制について整理した図である。

また、破綻処理システムについては、2007年のノーザン・ロックの破綻危機を受けて整備された「2009年銀行法」で、銀行を対象とした特別破綻処理制度（Special Resolution Regime: SRR）が設けられ、イングランド銀行が同制度の

図3-3　2013年4月以降のイギリスの金融規制監督体制

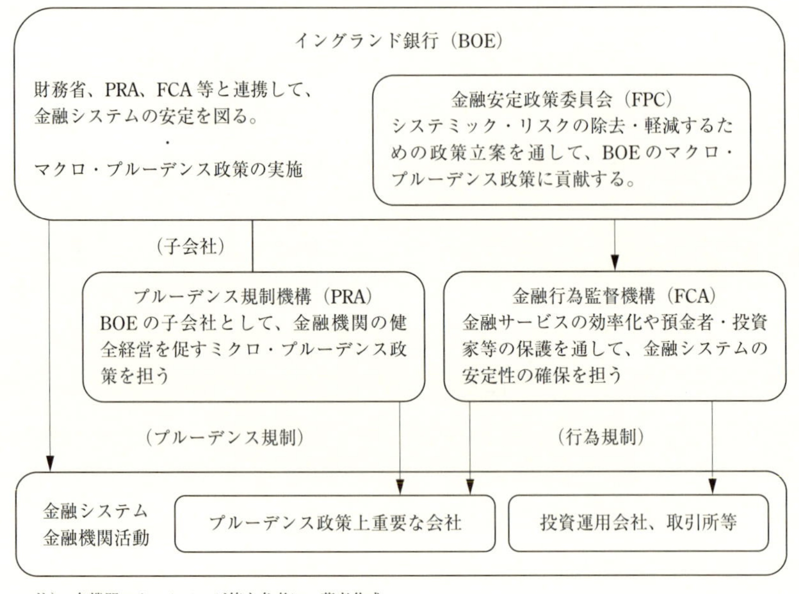

注）　各機関のホームページ等を参考に、著者作成。

運営にあたることになった。さらに、イングランド銀行は、金融システムの安定化のためのその他の主要な組織に対しても責任を持つ機関として位置づけられ、リーマン・ショック以後の金融危機のなかでその責任と権限が強化されたのである。そして、金融危機が深刻化した場合には公的資金の利用等が求められるようになるため、財務省との連携についてもその手続きが整備されることになったのである。

このように、イギリスにおいては、総合金融サービス業に対応するために整備された金融サービス機構がミクロ・プルーデンス規制と預金者・投資家保護を担ったが、グローバルな金融危機には対応できないとの判断から同機構を解体し、金融システム安定のためのマクロとミクロのプルーデンス政策と預金者・投資家保護のそれぞれに対応した規制監督機関の整備が行われてきているのである。

7. むすび

上記のように、イギリスにおける金融規制監督制度の歴史は、第1に、自主規制から法規制への歴史であり、第2に、業界別・機能別の複数規制監督制度から一元的な単一規制監督制度への歴史であり、第3に、金融政策と金融規制監督体制の分離の歴史、さらにはプルーデンス政策と預金者・投資家保護行政の分離の歴史であった。そして、その背景には、以下のようなイギリスの金融機関及び金融市場を取り巻く環境の変化があったと考えられる。

まず第1に、金融の自由化により促された金融技術革新の進展と、これに伴う新しい取引手法・新商品の開発競争によって、一方では、銀行・証券・保険といった縦割りの規制・監督では金融機関活動の全体を把握するのが困難になってきていた。また、他方では、金融機関の不正行為によって十分な金融知識と情報を持たない預金者や投資家が不利益を得る金融不祥事が頻発する状況になってきていた。それゆえ、金融技術革新の進展に対応して、金融機関活動の全体を把握し、預金者と投資家の保護を強化する必要が出てきた。第2に、これに関連して、業界別・機能別の自主規制体制では、このような金融分野の激変に迅速に対応することが難しく、また金融不祥事や金融犯罪に対する預金者及び投資家保護の強化が叫ばれていた。そして、第3に、金融機関活動のグローバル化とコングロマリット化が急速に進むのに伴って、グループとしての金融機関活動の把握が不可欠になってきており、また各国の金融規制監督当局との協力・連携が重要になってきていた。さらに、第4として、欧州連合（EU）が通貨統合を押し進めるなかで、EUの一員として国内の金融政策と金融規制監督体制を見直し、金融政策決定権限の中央銀行への集中、金融規制監督権限の単一規制監督機関への一元化という、金融政策と金融規制監督体制を分離する外圧が常に存在していたのであり、加えて、グローバル金融危機に対応したプルーデンス政策の重要性が各国で指摘され、金融システムの安定性確保のために中央銀行であるイングランド銀行に金融政策とプルーデンス政策の両者に対しての責任が求められ、それに応じた権限を与えることが望まれていた。以上のような環境の変化があったのである。

1)　本章は、拙稿「英国における金融規制監督制度の歴史」(『企業研究』第4号、2004年、中央大学企業研究所）に加筆、修正して掲載した。

2)　EECは、1957年のローマ条約で設立されたが、1967年にはブリュッセル条約の発効により、欧州石炭鉄鋼共同体と欧州原子力共同体とを合わせた3共同体の総称として欧州共同体が発足している。

3)　欧州共同体は、財やサービス（金融サービスを含む）の単一市場の創設に向けて、経済的な側面でのシステムの平準化・同質化を積極的に推進しており、金融分野においても数々の指令（Directive）を出している。本章との関係では、第1次銀行指令（1977年）と第2次銀行指令（1989年）が重要であるが、他にも、第1次生命保険指令（1979年)、第2次生命保険指令（1990年)、第3次生命保険指令（1992年)、第1次損害保険指令（1973年)、第2次損害保険指令（1988年)、第3次損害保険指令（1992年)、銀行会計指令（1986年)、インサイダー取引指令（1989年)、投資サービス指令（1993年）などがある。また、バーゼル銀行監督委員会で検討された自己資本比率規制等も、イギリスの預金銀行に対する規制に強い影響を与えている。

4)　投資家保護に関する立法としては、1958年制定の「1958年詐欺防止（インベストメント）法（Prevention of Fraud (Investment) Act 1958)」が存在していたが、適用除外が多く、規制対象が明確ではないなどの問題があった。

5)　「1986年金融サービス法」の邦訳としては、財団法人日本証券経済研究所編『外国証券関係法令集・イギリス（改訂版)』(1996年）があり、翻訳はこれに従った。

6)　さらに、先進各国における金融機関のコングロマリット化・巨大化と、金融の技術革新（金融イノベーション）の急速な発展により、金融機関の破綻に伴う国民的コストは一国の中央銀行では対応しきれないほどに甚大なものになってこよう。その結果、税金の投入額も、金融機関の破綻の規模の拡大に応じてますます巨大化してくるものと考えられ、破綻に伴う国民のコストは今後さらに拡大することが懸念される。

7)　「2000年金融サービス・市場法」の邦訳としては、財団法人日本証券経済研究所編『外国証券関係法令集・イギリス・金融サービス市場法』(2001年）があり、翻訳はこれに従った。

参考文献

牛越博文著（2000)『日本版金融サービス法』日本経済新聞社。

小林襄治（2013）「英国の新金融監督体制とマクロプルーデンス政策手段」『証券経済研究』第82号。

近藤光男、川口恭弘、上嶌一高、楠本くに代著（2001）『金融サービスと投資者保護法』中央経済社。

高木仁、黒田晁生、渡辺良夫著（1999）『金融システムの国際比較分析』東洋経済新報社。

中北徹著（2002）「英国の金融監督制度の歴史―その1―」『月刊　資本市場』No. 206。

中北徹著（2002）「英国の金融監督制度の歴史―その2―：金融サービス（FSA）機構を中心に」『月刊　資本市場』No. 207。

中北徹著（2002）「英国の金融監督制度の歴史―その3―：単一規制機関設置への奔流――日本への教訓――」『月刊　資本市場』No. 208。

日本証券経済研究所編（2002）『図説　イギリスの証券市場　2002年版』財団法人日本証券経済研究所。

藤原英郎著（1998）『総合金融サービスの時代』中央経済社。

森田章著（2001）『金融サービス法の理論』有斐閣。

Andreas Busch (2009), *Banking Regulation and Globalization*, Oxford University Press.

Cranston, R. (1997), *Principles of Banking Law*, Oxford University Press.

Goodhart, C.A.E. (1998), *Financial Regulation: why, how, and where now ?*, Routledge.

Goodhart, C.A.E. (1995), *The Central Bank and the Financial System*, Macmillan Press Ltd.

Ellinger, E.P., Lomnicka, E. and C.V.M. Hare (2011), *Ellinger's Modern Banking Law,* Fifth edition, Oxford University Press.

Healey, J. and Sinclair, P. (2001), *Financial Stability and Central Banks*, Routledge.

Lewis, A. and Pescetto, G. (1996), *EU and US Banking in the 1990s*, Academic Press.

第4章
ドイツにおける金融規制監督制度[1)]

1. はじめに

2002年5月、ドイツにおいても単一金融規制監督システムが確立する。欧州域内でのアルフィナンツ（Allfinannz）の展開、米国やわが国での総合金融サービスの展開等、先進各国は銀行・証券・保険といった従来の垣根を越えた相互参入や業務分野の拡大を図ってきた。このような金融分野における規制緩和は、金融機関活動のグローバル化と国際的資本移動の巨大化、金融取引のIT化や取引手法の複雑化などを背景として、自国の金融規制が自国金融機関の国際競争力を低下させ、自国の金融資本市場の国際競争力をも低下させてしまうという認識があったために行われてきた。しかしながら、このような金融分野での規制緩和に伴って、銀行・証券・保険の各金融分野にまたがるような金融商品や金融取引の開発が促され、これまでのような各分野の規制監督体制では対応しきれない分野が登場してきている。すなわち、多国籍な金融コングロマリット（Finanzkonglomerate）やアルフィナンツ・コンツェルン（Allfinannzkonzerne）の形成が急速に進んできており、これら内部での取引の実体を把握するためにはすべての金融分野を包括的に監視する必要があり、また、他国の金融当局と連携して監督していく必要性が出てきたのである。

このような国際金融の変容を背景として、ドイツにおいてはアルフィナンツ監督と国際金融犯罪の防止を意図して、単一規制監督機関として包括的に金融分野を規制・監督する連邦金融サービス監督局（Die Bundesanstalt für Finanzdienstleistungsaufsicht: BaFin）が設立されることになったのである[2)]。このような、単一規制監督機関設立の傾向は1980年代以降顕著になってきており、第3章で考察したように、イギリスにおいても一元的な単一規制監督機関として金融サービス機構（Financial Supervisory Authority: FSA）が設立されている。

また、2008年のリーマン・ショックを受けて、ドイツにおいても欧州連合（EU）の動きと同調しつつ、マクロ・プルーデンス政策と破綻処理システムに関して強化が図られている。そこで本章では、ドイツにおける単一規制監督システムが確立するまでの、銀行・証券・保険の各分野における規制・監督の歴史を整理するとともに、今日の金融規制監督体制について考察する。

2. 金融制度

(1) ユニバーサル・バンキングの発展

30年戦争後、中部ヨーロッパに位置するドイツは深刻な被害を受け、およそ300もの小国に分裂し、19世紀に至るまで領邦国家が乱立する状態にあった。その結果、国家統一は遅れ、1971年、プロイセン王が皇帝を兼ねる形でドイツ帝国が成立するまでこの状態が続いた。そして、このドイツ帝国が連邦制国家形態をとったことから、その後も地方の権力が強い状態が続き現在に至っている。他方、中世以来のマイスター制度など個人を中心とした職業制度が残存していたため、株式会社制度はなかなか発展せず有限会社制度が中心となった。その結果、資本市場の発達は遅れ、預金貸付業務を行う銀行が金融業の主役となり、銀行が証券業務を兼営するユニバーサル・バンキングが発達したのである。すなわち、ドイツにおいては、資本市場の規模が小さかったことから証券業務のみで収益を確保するのが難しく、銀行が短期資金と長期資金の両方を供給してきたのである。

1930年代の金融恐慌期には、多くの国が銀行業務と証券業務を分離して分業銀行制度へ転換したが、ドイツはユニバーサル・バンキングを維持した[3)]。また、第2次世界大戦後の分割統治時代にも、米国の主張により分業銀行制度への転換を模索した時期はあったが、このときもユニバーサル・バンキングはその命脈を保った。その後、1970年代のヘルシュタット銀行（Kölner Bankhauses Herstatt）の破綻後に設置された調査委員会（通称「ゲスラー委員会」）において、ユニバーサル・バンク制度の是非について検討されたが、同制度に対する様々な批判と、この批判に対する反批判をふまえたうえで、同調査委員会報告書はユニバーサル・バンク制度の維持を支持し、懸念された銀行の産業支配・経済力の過度の集中問題については、銀行行動に一定の制限を設けることで対処することにしたのである[4)]。

ところで、ユニバーサル・バンキングの長所としては、① 多様な金融商品の開発と金融サービスの提供が可能である、② 多様な業務を展開することによりリスク分散が可能になる、③ 業務範囲が広いことで内部補完が可能となり収益の安定化が期待できる、④ 幅広い顧客に様々な金融サービスを提供できることからより多くの顧客情報の収集が可能であり、またその効率的な利用が可能である、⑤ 銀行としては、需要の変動に応じて金融サービス各部門の人的資源の移動が可能になり、経営資源の効率的活用が期待できる、⑥ これら ④ と ⑤ を通して費用削減が可能になる、さらには ⑦ 金融市場・金融システムの安定化に寄与する[5)]、⑧ 金融政策の有効性に寄与する、などが挙げられる。他方、ユニバーサル・バンキングの短所としては、ゲスラー委員会で指摘されたように、① 銀行内部での利益相反の問題、② インサイダー取引の問題、③ 産業支配や銀行集中の問題、の他に、④ 金融サービスの質が専門銀行より低下する、⑤ 多様な金融サービスの提供を適正に管理するのは難しく、様々な金融分野を視野に入れた銀行経営は専門銀行よりも困難を伴う、したがって、⑥ 多様な金融業務に必要とされる経営資源や資金の適正配分が難しくなる、などが挙げられる。

このように、ユニバーサル・バンキングは様々な長所と短所を持っているが、ドイツの特徴的な金融制度として発展してきたシステムである。そして、金融自由化を背景とした規制緩和が先進各国で進展するなかで、預金者、投資者の利便性を高め、国際金融市場における金融機関間の競争条件を統一する観

図 4-1　ドイツの銀行制度

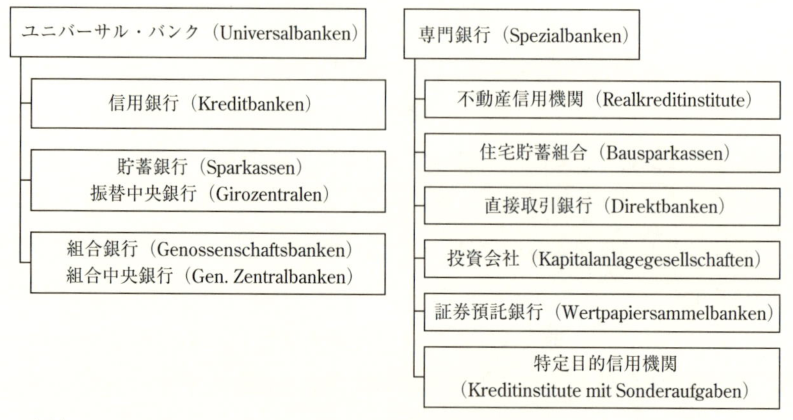

出典）　Thomas Hartmann-Wendels (2010) Bankbetriebslehre (Springer), p. 31.

点から、現在では欧州連合共通の金融システムとして定着している。ところで、**図 4-1** は1980年代のドイツの銀行制度を示したものであるが、ドイツの銀行制度は、このような銀行業務と証券業務を兼営するユニバーサル・バンクと、不動産等各種抵当や住宅貯蓄金融、投資信託等の専門分野に特化して業務を展開する専門金融機関とに二分することができる。しかしながら、1980年代以降の国際的な金融自由化の流れと金融のグローバル化に伴う金融機関間の国際金融市場での競争の激化に伴って、保険業などの他の金融分野のサービスも提供できる総合金融サービスの展開が加速してきており、現在では子会社などを通じて様々な金融サービスを提供するアルフィナンツが主流になってきている[6)]。したがって、ドイツにおいては、このアルフィナンツを軸としてアルフィナンツ・コンツェルンの形成と金融再編が進められている。

(2)　金融組織と業務

ユニバーサル・バンキングは銀行業務と証券業務を兼営するものであるが、ユニバーサル・バンキングを行う主体については、信用制度法（Gesetz über das Kreditwesen）で定義されている。同法は、金融業を営む組織として、金融機関（Kreditinstitute）、金融サービス機関（Finanzdienstleistungsinstitute）、金融持株会社（Finanzholding-Gesellschaften）、金融会社（Finanzunternehmen）の4つを挙げ、それぞれの業務を次のように明確化している。

まず、金融機関を、「銀行業務を商売として営む企業、ないしは商業的な経営を必要とする一定の範囲内での銀行業務を営む企業」[7]と定義し、銀行業務を次のように規定している。

1．利子の支払いの有無に関係なく、返済請求が債務証書で文書により保証されていない限りにおいて、公衆の預金として、ないしはその他の返済金としての他人の貨幣の受入れ（預金業務（Einlagengeschäft））
2．貨幣貸付と引受信用の供与（信用業務（Kreditgeschäft））
3．手形、小切手の買取（割引業務（Diskontgeschäft））
4．他人の勘定のために自己の名前での金融商品の買入及び売却（売買委託業務（Finanzkommissionsgeschäft））
5．他人のための有価証券の保管及び管理（寄託業務（Depotgeschäft））
6．投資法（Investmentgesetz）の第7条第2項に示された業務（投資業務（Investmentgeschäft））
7．満期前の貸付債権を取得する債務の引受け
8．他人のための担保、保証、その他の担保責任の引受け（保証業務（Garantiegeschäft））
9．手形決済と精算取引の実施（振替業務（Girogeschäft））
10．投資に対する固有のリスクないしは等価保証の引受けのための金融商品の引受け（発行業務（Emissionsgeschäft））
11．電子マネーの発行と管理（電子マネー業務（E-Geld-Geschäft））

このように、ドイツにおいては、金融機関が銀行業務と証券業務を本体で兼営することが認められ、ユニバーサル・バンキングが可能になっている。

次に、信用制度法は、金融サービス機関を、「他人のために金融サービスを

商売として提供する企業、ないしは商業的な経営を必要とする、一定の範囲内での金融サービスの提供を行う企業」[8]と定義し、金融サービスの内容を次のように提示している。

1．金融商品の購入と売却に関する業務の仲介（投資仲介（Anlagevermittlung））
2．他人の勘定のために他人の名義で行われた金融商品の購入と売却（売買契約仲介（Abschlussvermittlung））
3．決定余地を持つ他人のための金融商品に投資された個々の資産の管理（金融資産管理（Finanzportfolioverwaltung））
4．他人のために行われる自己売買方法での金融商品の購入と売却（自己売買（Eigenhandel））
5．欧州経済圏外に所在地を持つ企業の預金業務の仲介（第三国預金仲介（Drittstaateneinlagenvermittlung））
6．支払注文の処理（振替送金業務（Finanztransfergeschäft））
7．外貨の取扱（両替業務（Sortengeschäft））
8．クレジットカードと旅行小切手の発行及び管理（クレジットカード業務（Kreditkartengeschäft））。ここで、カード発行者は支払いという現象の基礎になっている能力の提供者でもある。

また、金融会社は、金融機関や金融サービス機関のような機関（Institut）ではなく、その主要な活動も以下のような業務となっている[9]。

1．出資の獲得
2．金銭債権の有償での獲得
3．リース契約の締結
4．自己勘定での金融商品取引
5．金融商品に投資する際の他人への助言（投資コンサルタント（Anlageberatung））

6．資本構造、産業戦略、及びこれに結びつく問題について、並びに、企業の提携と譲渡の際の企業に対する助言とサービスの提供

7．金融機関間のローンの仲介（金融仲介業（Geldmaklergeschaefte））

さらに、金融持株会社は、「その子会社は専ら機関ないしは金融会社であり、少なくとも1つの預金金融機関（預金銀行）か有価証券取扱会社（証券会社）を子会社に持っている金融会社」とされている[10)]。したがって、金融持株会社は、傘下の銀行業務と証券業務を兼営する金融機関（ユニバーサル・バンク）や金融サービス機関を通して、グループでの総合金融サービスの提供が可能になっている。

3.　金融規制監督制度の歴史

(1)　銀　　　行

a．包括的な銀行監督システムの成立

ドイツにおける銀行監督の始まりは、他の先進諸国に比べると比較的遅い。また、当初は銀行全体に対する包括的な法整備や監督は行われておらず、個々の専門に応じた金融グループに対する個別立法により規制されていた。すなわち、抵当銀行（Die Hypothekenbank）は1899年の抵当銀行法（Hypothekenbankgesetz）、銀行券発行機関（Die Banknoten emittierenden Institute）は1875年の銀行法（Bankengesetz）、協同組合銀行（Die Genossenschaftsbanken）は1899年の協同組合法（Genossenschaftsgesetz）、その他、公法的な貯蓄金庫（Die öffentlichen Sparkassen）は各州の貯蓄金庫法（Sparkassengesetz）など、業務内容や組織形態等の相違により個別に立法措置をとって規制していたのである。

このように、19世紀後半のドイツにおける金融規制監督は、資本主義化の過程で発生してくる個々の金融に対応して個別に対応した結果、数多くの立法措置が講じられたと考えられる。しかしながら、金融取引とその規模が拡大し、国際金融市場の結びつきが強くなる20世紀になると、ドイツにおいても

金融機関に対する国家による規制・監督が要請されるようになる。そして、1930年代の金融恐慌時、米国その他の先進諸国同様、ドイツにおいても国家による包括的な銀行監督が定着してくるのである。

1929年、ニューヨーク証券取引所で始まった株価の大暴落は世界恐慌へと発展し、1931年5月にはオーストリアの銀行クレディット・アンシュタルト（Creditanstalt）が支払不能に陥り、ドイツにおいても取付騒ぎが起きた。ドイツ国内では急激な外国資本の流出が発生し、数週間で実に2億9千万ライヒスマルクに達するとともに、同時に中央銀行であるライヒスバンク（Die Reichsbank）[11]が持つ外貨も急激に減少した。この状況は、大手銀行であるダナート・バンク（Danatbank）が、繊維コンツェルンのノルドヴォール（Nordwolle）の破産によって巨額の損失を被り、7月13日に閉鎖に追い込まれるに及んで最悪となった。ライヒスバンクとしては、流動性不足に陥ったダナート・バンクを救済するために、またその他の多くの銀行を救済するために、ヤング案[12]を放棄するか国内で無制限の流動性供与を行うかの2つの対応策しかなかった。しかしながら、ライヒスバンクがどちらの対策も講じず対策が後手に回ったことから、1931年6月には金融恐慌が起き、ダナート・バンクも閉鎖に追い込まれたのである。他の銀行においても投資家の信用はみるみるうちに低下し、なかでもダナート・バンクと密接な関係にあったドレスナー・バンク（Dresdner Bank）は深刻な影響を受けた。最終的には、預金の5分の1が流出する段階で政府が介入し、すべての銀行の2日間の営業停止、ダナート・バンクの預金保証、資本強化のためのドレスナー・バンクへの3億ライヒスマルクの資金提供、ドレスナー・バンクとダナート・バンクの合併命令等の施策を講じ、結局、帝国は、銀行のバランスシートの健全化資金として130億ライヒスマルクを調達しなければならなかったのである。

このような、金融システムの安定性確保のために実施された1931年の一連の緊急措置は、すべての銀行に対する国家による一元的な監督システムを導入する契機となった。それまでは、本質的には1869年の営業法（Gewerbeordnung）の核心であった営業の自由が銀行部門においても原則であり、若干の金融機関

（1838年以来のプロイセンの貯蓄銀行や1899年以来の抵当銀行）と一定の銀行業務（1896年の預金法や証券法による業務）のみが監督に服しているにすぎなかった。しかしながら、この30年代初頭の金融恐慌を契機として、1934年12月5日、信用制度法（Kreditwesengesetz: KWG）が成立し、ドイツにおける公法的な、また包括的な金融機関に対する規制・監督が始まることになったのである。また、同法に基づいてライヒスバンク内に新しい監督機関（Aufsichtsamt）が設置され、銀行監督体制が整備されたのである。しかしながら、全体主義の台頭という国情のなかで、1937年と1939年の立法措置によって徐々にライヒスバンクの独立性が確保されなくなると、この監督機関も解散させられてしまう。そして、その権限は、帝国経済省（Reichswirtschaftsministerium）に移管され、後に帝国監督庁（Reichsaufsichtsamt）がその下に設置されることになる。さらに、1944年9月の命令によって、信用制度に対するこの帝国監督庁も結局は解散されることになる。

このように、世界恐慌を契機として成立した信用制度法は、一般的な成文化された銀行監督の始まりを示すものであり、その基本原則は今日においても部分的に保持されている。銀行業務に対する認可、流動性保有に関する基本原則、そしてすべての銀行の報告義務という銀行監督における中央銀行との協力がその例である（信用制度法第7条）。そして、第2次世界大戦後は、同法を時代時代に応じて改正しつつ今日にまで至っている。

b．「1961年信用制度法」以後の展開

第2次世界大戦終結後、西側占領政府は銀行監督を分散させ、新たに形成された連邦の州政府に銀行監督権限を移譲した。そして、その調整のために、すべての銀行監督官庁やドイツ内の銀行、後にドイツ連邦銀行の代表、そして1949年からは所轄連邦大臣の代表が属する銀行監督特別委員会（Sonderausschuss Bankenaufsicht）が設けられた。また、信用制度法の包括的な改訂の努力がなされ、数年にわたる事前協議の末、1961年7月10日、改正信用制度法が成立し、1962年1月1日に施行された。そして、この「1961年信用制度法」は、戦後のドイツにおける金融制度の根本法に位置づけられたのである。ま

た、同法により、国家レベルでの中央監督官庁として連邦信用制度監督庁（Bundesaufsichtsamt für das Kreditwesen: BAKred）がベルリンに創設され、金融機関に対する規制・監督にあたることになったのである。このような国家による銀行監督の動きに対して、州政府レベルでは銀行監督の中央官庁への権限の集中を懸念し、この新信用制度法は複数の州政府により拒否された。結局、この対立は法廷にまで持ち出され、1962年6月24日、連邦憲法裁判所は信用制度法の規定が基本法に合致すると解釈し、これによって銀行監督の集中に関する永年の議論に終止符が打たれたのである。

連邦信用制度監督庁（BAKred）は、1962年に業務を開始し、およそ18,000の支店を持つ約13,000の金融機関を監督した。そして、2002年5月1日に連邦金融サービス監督局（BaFin）に統合される頃には、約2,600の機関が存在するのみになったが、その支店は総計約51,000に達した。これは、信用経済（Die Kreditwirtschaft）における集中過程の反映であり、過去40年にわたる銀行の支店網の拡がりの反映であった。信用制度法は、1961年から今日までの間に幾度となく基本的な改正（いわゆる追加条項）が行われた。これらの改正を通して、ドイツにおける銀行監督は、国内金融市場に対しても、また国際金融市場に対しても実施されるようになったのである。

ところで、第1次改正が、限定的な変更であったのに対して、その後の改正は、銀行に対する監督上の要求の拡大と洗練化であった。すなわち、監督下にある企業グループと監督権限を拡大させるものであった。1976年5月1日に発効した第2次改正により、銀行監督は、困難に直面した銀行に一時的なモラトリアム（支払猶予）を決定することに関する権限（信用制度法第46条a）や、特段の理由なしに特別検査を実施する権限（信用制度法第44条第1項）を与えられた。さらに、信用制度法第13条の大口融資規定（Grosskreditvorchrift）の強化と第33条の許可の拒絶（Versagung der Erlaubnis）規定がこの改革に盛り込まれた。これら、いわゆる“緊急の改正（Sofort-Novelle）”は、1974年にヘルシュタット銀行が閉鎖に追い込まれた際明らかとなった監督の不備を埋め合わせるのに限定された。

信用制度法の包括的な改訂作業は、1985年に発効した第3次改正によって行われた。その基本姿勢は、ヘルシュタット銀行の破綻以後に設置された調査委員会の報告書である“金融経済の基本問題（Grundsatzfragen der Kreditwirtschaft）”に示されている。この改正は、とりわけ、保証自己資本（Das haftende Eigenkapital）の新たな割り当ての提案と、銀行監督の強化についての提案を考慮するとともに、いわゆる“信用ピラミッド（Kreditpyramiden）”[13]が形成されるのを阻止するものであった。

それ以後の改正においては、欧州連合の方針が着実にドイツの国内法に置き換えられていった。そして、これら欧州連合の方針という共通ルールの導入は、欧州域内市場に金融サービスの自由な流れを創造することになった。また、欧州連合による共通ルールは、国家による監督を原則としており、合意した監督上の最小限の基準の遵守を条件に、加盟国による監督の相互承認を前提としていた[14]。1992年末の第4次改正によって、第2次銀行指令[15]の調整基準と預金金融機関に対する自己資産基準（Eigenmittelrichtlinie）が国内法化された。また、支払能力基準（Solvabilitätsrichtlinie）についても国内法化されている。さらに同第4次改正は、自己資本概念のかなりの拡大、持分所有者管理（Anteilseignerkontrolle）の導入、及びノンバンク出資財産（Nichtbanken-Beteiligungsbesitzes）の制限をも考慮していた。

大口融資基準（Grosskreditrichitlinie）と第2次連結基準（Zweite Konsolidierungsrichtlinie）については、2年後の1994年9月の第5次改正でドイツ国内法に取り入れられた。1998年1月には、資本妥当性基準（Kapitaladäquanzrichtlinie: KAD）と有価証券サービス基準（Wertpapierdienstleistungsrichtlinie: WDR）の国内法化に伴う第6次改正が発効した。この両基準によって、証券会社と銀行の監督が統一化されることになったのである。また、信用制度法第1条第1項aで定義された金融サービス機関が初めて国家の監視下に置かれた。加えて、資本妥当性基準（KAD）と有価証券サービス基準（WDR）の国内法化により、発行業務が銀行業務の一覧（信用制度法第1条第1項）に加えられた。同時に、連邦信用制度監督庁（BAKred）は、信用制度法第44条cにより、拡大する管轄領域の枠内で、許可されていない不正な銀行業務や金融サービスを有効に防止することができるよう、必要な手段を自由に使うことが可能になった。ここで、資本妥当性基準（KAD）は、銀行に対してすでに有効に機能している4つの基準（自己資産基準（Eigenmittelrichtlinie）、支払能力基準（Solvabilitätsrichtlinie）、連結基準（Konsolidierungsrichtlinie）、大口融資基準（Grosskreditrichitlinie））を補うとともに、特に証券取引や為替取引から発生するリスクに対して、自己資産要求（Eigenmittel-Anforderung）を固定するという目的を持っていた。

さらに、2002年夏には、第4次金融市場育成法（Finanzmarktförderungsgesetz）によって連邦金融サービス監督局（BaFin）に移された銀行監督上の情報と介入に関する権限は、再び拡大された。そして、2002年5月、連邦信用制度監督庁（BAKred）は、証券取引と保険業に対する当時の連邦監督官庁とともに、連邦金融サービス監督局（BaFin）に再編され、国家による一元的な規制監督システムが確立することになったのである。

(2) 証　　券

ドイツにおける証券監督は、銀行・証券・保険という金融分野のなかで最も新しい監督分野である。その成立は、1994年7月26日に可決された第2次金融市場育成法である。同法により、証券市場に対するドイツの監督制度の再編がもたらされた。同法の目的は、ドイツの金融市場の効率性・利便性等の機能を強化し、国際的競争力を確保することであり、また、再編の中心は、フランクフルトに連邦証券取引監督庁（Bundesaufsichtsamtes für den Wertpapierhandel: BAWe）の設立であった。同監督庁は1995年1月1日に業務を開始し、これによってドイツ証券市場を監視する際の管轄権を、初めて1つの連邦官庁に委ねることになった。

この証券監督の基本原則は、本質的には、第2次金融市場育成法の重要な関連法として、1995年1月1日に発効した証券取引法（Wertpapierhandelsgesetz: WpHG）に基づいている。同法により、連邦証券取引監督庁（BAWe）は、インサイダー取引の予防と防止を通して、また、上場企業や証券サービス会社の監視を通して、資本市場の安全性と透明性を確保するという任務を持つことになったのである。そして、証券取引法のほとんどの規定は、欧州基準にその起源を持つとともに、これまで何度も修正され、証券市場の発展に対応したものとして形成されてきた。また、銀行及び証券監督規定のハーモナイゼーションに向けた欧州連合基準（EG-Richtlinien）を同法により国内法化することによって、証券監督機関に監視される金融機関のグループは拡大されてきている。さらに、1998年に施行された第3次金融市場育成法は、内部調査の際の情報要求権を強化し、上場企業の届出義務を拡大した。そして、2002年1月、証券取得及び引受法（Wertpapiererwerbs- und Übernahmegesetz: WpÜG）により、証券監督は企業引受を監視するという新たな任務も委ねられることになったのである。

2002年1月の第4次金融市場育成法によって、市場の効率性・透明性確保への対応がなされた。同法の主要目的は、第1に、市場の安全性と透明性を高めることを通して投資者保護を強化すること、第2に、市場参加者の活動範囲を広め、フレキシビリティーを高めること、そして、第3に、マネー・ロンダリングやテロ資金に対する予防システム上の欠陥を是正することである。また、同年5月、連邦証券取引監督庁（BAWe）は、銀行分野と保険分野の両監督庁とともに連邦金融サービス監督機関（BaFin）に統合されている。

(3)　保　　険

ドイツにおいて統一的な国家による保険監督が開始されるのは、20世紀に入ってからのことである。その起源は、1901年5月12日に発布された保険監督法（Versicherungsaufsichtsgesetz: VAG）である。同法により、帝国保険監督庁（Das Kaiserliche Aufsichtsamt für Privatversicherung）がベルリンに創設され、7月1日に業務を開始した。同庁は、まず初めに、監督原則の作成と、管轄下の保険に対する監督のすべてを把握することに着手した。また、1908年5月30日には、保険契約法（Das Gesetz über den Versicherungsvertrag）が発布され、1910年1月1日から施行された。

この一元的な保険監督の発展は、第1次世界大戦によって中断するが、大戦後の激しいインフレーションなどの経済的崩壊の状態にあっても、その保険監督の介入権限を拡大する方向に進んだ。ワイマール共和国の初期において、“私的保険のための帝国監督庁（Reichsaufsichtsamt für Privatversicherung）”と呼ばれた当局は、再び監督体制の整備に復帰した。1929年夏には、フランクフルト・アルゲマイネ保険株式会社（Frankfurter Allgemeine Versicherungsaktiengesellschaft: FAVAG）が倒産し、監督強化の声が高まった。1931年5月30日の保険監督法を改正する法律によって、私的保険会社に関する監督法が作成し直された。また、“実利主義的な国家監督（materielle Staatsaufsicht）”は拡大され、住宅貯蓄金庫監督（Bausparkassenaufsicht）も導入された。それ以後、監督当局は、“保険制度及び住宅貯蓄制度に関する帝国監督庁（Reichsaufsichtsamt für das Versicherung- und Bausparwesen）”と呼ばれた。

1933年の国家社会主義の台頭は、保険監督に対しても大きな変化をもたらした。1939年から監督当局は、完全に国家社会主義の影響下に置かれ、1943年には、すべての私的保険会社についての監督と、公的保険機関についての専門的監督は当局に委ねられた。そこから、同監督当局は“帝国保険制度監督庁（Reichsaufsichtsamt für das Versicherungswesen）”の名がついている。

第2次世界大戦の終結とともに一元的保険監督は崩壊する。これは、占領国が、保険監督を行うことになったためである。しかしながら、1945年にはすでに保険監督の再構築が模索され、監督の基礎となったのは、差し当たって旧来の保険監督法であった。生命保険は戦争のために最も強い打撃を受け、また財産的な被害もはなはだしかった。そして、物的保険は、戦争による甚大なる損害に対処することになったのである。

ドイツ経済に大きな変革をもたらした次の出来事は、1948年6月20日の通貨改革である。すでに、1922年から23年のインフレーションは国民の大きな部分で生活基盤を破壊していたので、同世代の人々はほとんどの貯蓄を失った。すなわち、保険会社に対するライヒスマルクの要求はすべて10対1の割合で価値を低下させ、保険者に残された資産額は、切り替えられた保険契約ですべての債務をカバーするのにはほど遠く不十分であった。

このように、ドイツの保険監督は第2次大戦後崩壊したわけであるが、新たなルールについての議論のなかで、1901年の保険監督法が依然として有効であった。しかしながら、公的保険会社が監督下に置かれるべきかどうかについては、それまで意見の一致を見なかった。結局、1951年8月4日、保険制度及び住宅貯蓄制度についての連邦監督庁（連邦保険・住宅貯蓄監督庁（Das Bundesaufsichtsamt für das Versicherungs- und Bausparwesen: BAV)）の設置に関する法律が施行され、すべての保険会社が監督に服することになったのである。同庁は、1952年4月1日、ベルリンで業務を開始し、州を超えて活動する私的保険会社及び公法的保険会社の両者の監督を行った。

連邦保険・住宅貯蓄監督庁（BAV）の設置以後は、戦後間もない頃と比べると平穏な時期であった。保険監督の第一義的な目的である保険者の保護という基本構想は維持された。その後の50年代と60年代の立法措置は、保険監督について重要な変更を含むものではなかった。1958年1月の競争制限に関する立法措置は、保険者側のカルテル協定に対する管轄をカルテル庁に委ねたため、連邦保険・住宅貯蓄監督庁（BAV）の業務に一定の影響をもたらした。

また、私的及び公法的住宅貯蓄金庫（Bausparkassen）に対する最初の一元的な監督は、1973年1月1日施行の住宅貯蓄金庫法（Das Bausparkassengesetz）によって行われることになった。それまで、私的住宅貯蓄金庫は、連邦保険・住宅貯蓄監督庁（BAV）による専門監督（Fachaufsicht）下にあり、また公的金庫は、各州の所轄官庁による機関監督（Anstaltsaufsicht）下にあった。しかしながら、この住宅貯蓄金庫法により、すべての住宅貯蓄金庫は、連邦信用制度監督庁（BAKred）による一元的な監督下に置かれた。その際、公的住宅貯蓄金庫に対する特別監督は残された。

今日の監督権限の多くの部分は、欧州レベルでの監督権限の発展に基づいている。この欧州レベルでの発展は、1970年代中頃以降のドイツの国内基準を特徴付けており、これによって連邦保険・住宅貯蓄監督庁（BAV）の任務と監督手法も特徴付けられている。また、70年代から80年代にかけての欧州連合の損害保険指令と生命保険指令によって、根本的な変更が行われた。国家ごとに異なる監督規定の部分的なハーモナイゼーションの動きが、欧州連合域内国に本拠を置く企業にとって、支店設立のための前提条件を緩和することになったのである。さらに、1991年の保険業バランスシート指令、1992年の損害保険と生命保険についての第3次指令によって、欧州レベルでの監督法はほぼ一元化されることになった。このような欧州連合との関係で最も重要な変更は、母国主義の導入である。欧州連合の構成国内に、ないしは欧州経済圏のその他の締約国に本拠を置く企業は、欧州経済圏におけるすべての業務について母国当局の監督に服すのであり、母国当局は許可を与え、自己の責任において持続的な監督も行うことになったのである。そして、その後の保険監督法の改定で重要な出来事としては、一般的な保険条件と料金の事前認可の廃止と、保険会社の株主監視の義務付けであった。

1994年のボン・ベルリン法（Bonn-Berlin-Gesetz）によって、連邦保険・住宅貯蓄監督庁（BAV）の新首都からボンへの移転が決定された。同庁は、1999年の夏にボンへの移転を開始し、2000年の10月終わりには、最終的にライン河畔に本拠を移した。そして、2002年5月、同庁は、当時の連邦信用制度監督庁（BAKred）と連邦証券取引監督庁（BAWe）とともに、銀行・証券・保険等の各金融分野を横断的に規制・監督する機関である連邦金融サービス監督局（BaFin）に再編されたのである。

4.　連邦金融サービス監督局

(1)　一元的金融規制監督の背景

上記のように、連邦金融サービス監督局は、2002年5月1日に設立された。その根拠法は、2002年4月22日に成立した「連邦金融サービス監督局法（Das Gesetz über die Bundesanstalt für Finanzdienstleistungsaufsicht (Finanzdienstleistungsaufsichtsgesetz: FinDAG))」である。同局は、以前の連邦信用制度監督庁（BAKred）、連邦保険・住宅貯蓄監督庁（BAV）、連邦証券取引監督庁（BAWe）

を統合して設立された。これにより、ドイツにおいて初めて、信用会社、金融サービス会社、保険会社、そして証券取引等のすべての金融機関に対する国家による一元的なアルフィナンツ監督（総合金融監督）が実施されることになったのである。また、このような単一機関による一元的・包括的な監督を通して、金融資本市場の結合（連携）、企業関係、そしてリスクの把握と処理が可能になると考えられる。したがって、同局は、ドイツの金融的立場の安定やその競争力の強化に対しても極めて重要な貢献をすることになると考えられる。

連邦金融サービス監督局（BaFin）は、連邦直属の権利能力のある公法上の機関であり、連邦大蔵省（Das Bundesministerium der Finanz）の管轄下にある[16)]。同局は、その本拠をボンとフランクフルトに置いており、約1,300名の職員が働いている。財政的には、監督対象の機関や企業からの割当金と手数料によって賄われており、連邦予算からは独立したものとなっている。また、同局は、以前の銀行・証券・保険の各分野の規制監督機関の任務を継承しており、約2,400の金融機関、800を超える金融サービス機関、そして約700の保険会社を監督下に置いている。

ところで、アルフィナンツ監督を実施する連邦金融サービス監督局（BaFin）創設の背景には、金融資本市場の大きな変化に対応するという意図があった。

第1に、銀行、金融サービス機関、保険会社が金融コングロマリットに一体化したことがある。監督当局は、コングロマリット内部での、資本結合や相互の連携行為によって発生するリスクを適切に把握する必要があったのである。

第2に、資本市場における業務と競争関係を通して、銀行・保険会社・金融サービス会社などは、国際金融市場なども活用しつつ、資本関係なしにお互いの間でリスクを移転させる。したがって、分野ごとの、また国ごとの自己資本要求及び会計規則の相違は、競争を歪める可能性がある。加えて、増加する資本市場の統合は、多様な組織に対応した包括的なアルフィナンツ監督という視点を必要としたのである。

第3に、銀行・証券・保険という3つの金融分野に棲み分けされた企業グループは、類似商品や同一の商品で民間部門の貯蓄資金を奪い合うという状況に直面していたのであり、この3分野を包括的に監督する必要性が増加してきていたのである。

このような急激な金融資本市場の発展を前にして、3つの分野ごとに分離して監督する手法では、現実の状況を的確にとらえることが困難になってきていたのである。そこでドイツにおいては、金融という1つの専門領域に対してそのすべてを監視するアルフィナンツ監督によってのみ、同一ないしは類似の金融商品や金融取引に対する監督が可能であり、また金融立国ドイツの持続的安定性が確保されると考えられたのである。

ところで、このような銀行・証券・保険の3分野にまたがるアルフィナンツ監督は、すでに多くの国で採用されている。すなわち、ノルウェーでは1986年からアルフィナンツ監督を実施しており、デンマークでは1988年から、スウェーデンでは1991年から、そしてフィンランドにおいても1993年からアルフィナンツ監督を実施している。また、英国では、1997年に金融サービス機構を創設し、一元的な監視体制の整備が行われたのであり、さらに、オーストリアやアイルランドにおいても、同様のアルフィナンツ監督機関が設置されている。

(2) 組　　　織

連邦金融サービス監督局（BaFin）は、従来の銀行業務と証券業務、保険業務の違いを考慮し、業界特有の規制や監督習慣を基本的には認めている。それゆえ、連邦金融サービス監督局（BaFin）を創設する際、それまでの銀行・証券・保険分野における監督の根拠法である信用制度法や証券取引法、保険法の実質的な面は変更せず、それぞれの分野の特徴・特殊性を考慮して監督を行うことにした。したがって、連邦金融サービス監督局（BaFin）の組織も、これら3分野の相違を反映したものとなっている。

図4-2は、連邦金融サービス監督局（BaFin）の設置当時の組織図であるが、同局は、総裁（Präsident）、副総裁（Vizepräsident）、銀行監督局（Bankenaufsicht）、保険監督局（Versicherungsaufsicht）、証券監督局（Wertpapieraufsicht/Asset-

図４-２　連邦金融サービス監督局（BaFin）の組織図（設置当時）

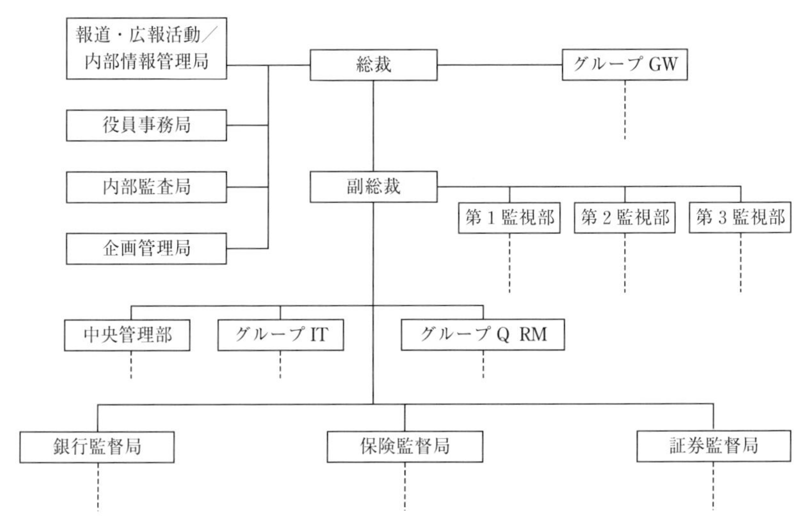

注）「グループ GW」の下に４つの課（Referat）、「中央管理部」、「グループ IT」、「グループ Q RM」、「第１監視部」、「第２監視部」、「第３監視部」の下にそれぞれ複数の課（Referat）、「銀行監督局」、「保険監督局」、「証券監督局」の下にそれぞれ複数の部（Abteilung）とその下に複数の課（Referat）が設置されている。

出典）連邦金融サービス監督局（BaFin）のホームページ（http://www.bafin.de/cgi-bin/bafin_p1）を参考に作成。

Management）からなり、17の部（Abteilung）、３つのグループ（Gruppen）、約130の課（Referate）、４つの事務局（Stabsstellen）に分かれている。また、同局は、フランクフルトに本部を置く証券監督局と一部の課を除いて、ボンに本拠を置いている。この組織図で注目されるのは、副総裁に属する部局である。図4-2の組織図に示されるように、銀行監督局、保険監督局、証券監督局の３局が、これまで同様３分野の直接の監督者であるが、副総裁の下に３分野の横断的な監督組織として３つの「監視部（Querschnittsabteilungen: Abteilung Q1・Q2・Q3）」が設置されている。これは、上記のように、連邦金融サービス監督局が、３分野の特徴や独自性を考慮して従来の監督スタイルを維持しつつ、３分野にまたがるアルフィナンツ監督をも実施する観点から、これまでの３分野の監督当局の上部組織として設置された監督組織である。これにより、連邦金融サービス監督局は、各分野の専門的監督を強化しつつアルフィナンツ監督が可能になっているのである。

この連邦金融サービス監督局は2002年5月に設立されたが、2001年9月11日の同時多発テロの発生によって、マネー・ロンダリングやテロ資金の監視が特別な意味を持つようになる。そこで、総裁直属の機関としてこれらを取り扱う「グループGW（Gruppe Geldwäsche）が設置されたのである。このような国際テロ組織等への資金の流れを防止する観点は今日その重要性を増してきており、他の国々の監督機関との連携が不可欠になってきている。

それ以外の総裁直属の組織としては、事務局として「報道・広報活動／内部情報管理局（Presse-und Öffentlichkeitsarbeit/Internes Informationsmanagement）」、「役員事務局（Büro der Leitung）」、「内部監査局（Innenrevision）」、「企画管理局（Projektmanagement）」が設置されている。また、副総裁直属の組織としては、連邦金融サービス監督局の予算等を担当する「中央管理部（Abteilung Z）」、情報技術を担当する「グループIT」、市場リスク、信用リスク、流動性リスク、オペレーション・リスク等の数量モデル分析と検証を担当する「グループQ RM」が設置されている。ここで、「グループQ RM」は、中期的にも、保険会社や投資会社を監督する際に有効に機能している。

以上のように、連邦金融サービス監督局は、従来の銀行・証券・保険の各分野における監督を踏襲しつつ、リスクの分析や金融分野のIT研究を行うとともに、国際金融犯罪の防止をも視野に入れたアルフィナンツ監督を行っている。そして、2002年の設置以後必要な再編を行いつつ現在に至っている。

(3)　任　　務

連邦金融サービス監督局（BaFin）は公的な利益のためにのみ活動しており、その主要な任務はドイツの金融システムの効率性、安定性、透明性の確保である。この任務を通して、ドイツ経済に対してより良い影響をもたらすことができると考えられている。また、同局は、連邦信用制度監督庁（BAKred）、連邦証券取引監督庁（BAWe）、連邦保険監督庁（BAV）に委ねられてきた任務を継承し、内外の他の関係機関と連携して任務を遂行する[17]。特に、ドイツ連邦銀行との連携は重要で、信用制度法第 7 条で、両者による日常的な規制・監督を規定している[18]。

連邦金融サービス監督局は、資産価値の安全性をそこね、銀行業務ないしは金融サービス業務の規定通りの実施を妨げ、あるいは経済に対してかなりの不利益をもたらすような、信用制度及び金融サービス制度における悪い状態を是正しなければならない。また、同局は、与えられた任務の枠内で、金融機関とその営業者に対して命令を発する。この命令は、規定違反を防止するために、また資産価値の安全性をそこね、銀行業務ないしは金融サービス業務の規定通りの実施を妨げ、あるいは経済に対してかなりの不利益をもたらすような悪い状態を未然に防ぎ、除去するために必要と考えられている[19]。さらに、刑法 129 条 a と 129 条 b によるテロ集団の資金調達上の金融取引を行い、または行う可能性があると推測される事実がある場合などには、連邦金融サービス監督局は、金融機関の経営に命令を与え（行政指導）たり、取引を禁止する権限を有している[20]。

以上のように、連邦金融サービス監督局は、従来、銀行・証券・保険の 3 分野で展開されてきた規制・監督に加えて、横断的なアルフィナンツ監督を行うとともに、国際的な金融犯罪に対応することも視野に入れている。それゆえ、アルフィナンツ監督を担当する「監視部」が、他の組織と連携して国際金融犯罪を摘発・防止できるかが問われている。また、これまで銀行監督を連携してきたドイツ連邦銀行との監督についても踏襲されている。したがって、両者による監督の棲分けと連携分野の強化が期待される。

5. グローバル金融危機への対応

米国でのサブプライム・ローン問題やリーマン・ショック、その後のグローバル金融危機を受けて、ドイツにおいても 2013 年、マクロ・プルーデンス政策重視の観点から「金融安定監督法（Gesetz zur Überwachung der Finanzstabilität）」

が発行した。同法では、金融安定化委員会（Ausschuss für Finanzstabilität）を設置し、この委員会が連邦政府、連邦金融サービス監督局、ドイツ連邦銀行と協働して金融危機対応にあたることになった。また、同委員会は、2011年に設置された欧州システミック・リスク理事会（Eurpoean Systemic Risk Board: ESRB）のドイツ国内レベルで対応する機関となっている。

また、第5章で考察する米国のボルガー・ルールなどと同様に、ドイツにおいても預金銀行が行うリスクの高い業務に制限を加える改革案が議論されており、EUレベルでは預金業務と証券業務等の投資銀行業務を分離し、両業務を兼営することから生じるリスクをなくすことが検討されている。またドイツの銀行制度は、伝統的に両業務を兼営するユニバーサル・バンキングであるが、2013年には、通称「分離銀行法（Trennbankengesetz）」と呼ばれる「金融機関と金融グループのリスクからの保護と清算・再建計画のための法律（Gesetz zur Abschirmung von Risiken und zur Planung der Sanierung und Abwicklung von Kreditinstituten und Finanzgruppen）」が成立し、リスクの高い金融業務からの預金業務の分離が規定されるとともに、破綻金融機関の整然清算と再建計画の透明性が確保されることになったのである。

このように、ドイツにおいてもマクロ・プルーデンス政策の導入と、預金者・投資家保護の観点から金融規制監督制度の再構築が進められている。さらに、銀行の整然清算の観点から破綻処理手続を定めた「金融機関のリストラと秩序ある清算、金融機関のための再編成ファンドの設立、並びに株式会社法の機関責任の時効期間延長のための法律（Gesetz zur Restrukturierung und geordneten Abwicklung von Kreditinstituten, zur Errichtung eines Restrukturierungsfonds für Kreditinstitute und zur Verlängerung der Verjährungsfrist der aktienrechtlichen Organhaftung）」、通称「金融機関再建・清算法（Restrukturierungsgesetz）」が2011年から施行されている。この法律では、各銀行が資金を事前に積み立て、公的資金を使用しなくても整然清算が可能な体制を整備した。そして、この積立ファンドは、2009年に設置された「金融市場安定化連邦庁（Bundesanstalt für Finanzmarktstabilisierung: FMSA）」が管理運営することになっている。

6. む　す　び

本章で考察したように、ドイツにおける金融規制監督制度の歴史は、一方では、金融機関活動のグローバル化と金融取引の複雑化のなかでドイツの金融システムの安定性確保を図り、併せてドイツの金融資本市場の育成を図ることを意図して展開されたものであり、他方では、欧州通貨統合に対応しつつ、欧州域内での共通ルールの導入に対応して展開されたものであった。また、連邦金融サービス監督局の設立に伴う単一規制監督システムへの移行は、金融機関活動のグローバル化とそれに伴う国際間資本移動の巨大化・金融取引の複雑化を反映して、欧州域内共通の原則であるユニバーサル・バンキング・システムに対応した規制監督体制の整備と、他の国々との連携の強化の必要性から実施されたものであり、1980年代後半以降の北欧諸国や英国などの動向も反映していると考えられる。このように単一規制監督機関によって、一元的に銀行・証券・保険の各分野、さらにはその他の金融関連業務を監視するという傾向は、欧州域内でのユニバーサル・バンキングをさらに発展させたアルフィナンツの展開、米国におけるグラム・リーチ・ブライリー法の成立に伴う銀行持株会社方式による総合金融サービスの展開、わが国の金融持株会社方式による総合金融サービスの展開等を考慮すると、2008年のリーマン・ショック前までの大きな潮流であったと考えられる。

しかしながら、リーマン・ショック以後は、グローバル金融危機が実体経済や国家財政に与える影響の大きさから、英独ではマクロ・プルーデンス政策や破綻処理システムの構築が重要視されるようになる。そして、金融規制監督制度は、中央銀行を中心としたマクロとミクロのプルーデンス政策と、預金者や投資家に対する保護政策が分離されるようになる。ドイツにおいても、連邦金融サービス監督局（BaFin）による一元的な単一規制監督体制は維持しつつも、ドイツ連銀によるプルーデンス政策の強化や破綻処理システムの構築が行われ、グローバル金融危機に対応した体制作りが進められているのである。

1）本章は、拙稿「ドイツにおける金融規制監督制度の歴史」（『企業研究』第6号、2005年、中央大学企業研究所）に加筆、修正して掲載した。

2）金融庁のホームページでは、「連邦金融監督局」と訳されているが、本章では「サービス」という意味の「Dienstleistung」を重視して「連邦金融サービス監督局」と訳出した。本章で明らかにされるように、1990年代以降の先進各国の金融規制監督制度改革は、金融機関規制の緩和や市場の透明性・公平性確保に加えて、預金者や投資家保護の視点が強い。つまり、今日の金融行政では、金融規制の緩和により事前規制から事後規制中心に規制の在り方が変化してきているため、市場参加者に対する目配りが必要になってきており、金融行政の概念も、金融機関に対しての規制・監督だけではなく、金融サービスの対象である預金者や投資家も含んだ概念に拡大されてきている。それゆえ、自由な競争が行われる「金融サービス」業の提供者と受け手を含む意味合いを出すために「連邦金融サービス監督局」と訳した。

3）たとえば、銀行業務と証券業務の分離を規定した米国の「1933年銀行法（通称：グラス・スティーガル法）」やわが国の証券取引法第65条に基づく銀証分離規制など、世界恐慌後は、恐慌発生の原因の1つとして銀行業務と証券業務の兼営問題が指摘され、多くの国で両業務の分離が検討された。

4）ドイツにおいては、株式会社に対して有限会社が圧倒的に多かったこともあって、企業の資金調達に占める金融機関借り入れの割合が極めて高い状態にあった。また、1990年代後半には、総資産ベースでユニバーサル・バンクが銀行全体に占める割合は70%を越えていた。それゆえ、株式保有等による銀行の産業支配が懸念されていた。さらに、BIS規制下で株価が暴落した場合には、わが国で見られた“貸し渋り”や“貸し剝がし”などの問題も内在させていた。

5）ユニバーサル・バンクが金融市場の安定に寄与しているという点については、ドイツ連邦銀行は次のように指摘している。「ドイツの金融市場が高い安定性を保っているということについては、主として、ドイツのユニバーサル・バンキング・システムによる全ての金融サービスの効率的な提供、早くから実施された金融市場の時自由化と規制緩和、物価の安定を目的とした金融政策の維持というものがその原因になっていると考えられる」（Die Deutsche Bundesbank, *Geldpolitische Aufgaben und Insturumente, Sonderdruecke der Deutschen Bundesbank,* Nr. 7, 1989, S. 96-97（葛見・石井訳『ドイツ連邦銀行』学陽書房、1992年、112頁）。

6）ユアヒム・ズュヒティング著、飯野由美子訳「アルフィナンツ・サービス機構について」（日本証券経済研究所、証券資料No. 116、1992年、所収）を参照。

7）信用制度法第1条第1項。

8）信用制度法第1条第1項a。

9）信用制度法第1条第3項。法文では、8つの活動が規定されていたが、そのうち1つが削除されて7つの規定となっている。

10)　信用制度法第1条第3項a。さらに、信用制度法第1条第3項bには、「混合企業（Gemischte Unternehmen）」の規程が有り、これを「金融持株会社や機関ではないが、少なくとも1つの預金金融機関（預金銀行）か有価証券取扱会社（証券会社）を子会社に持っている会社」と定義している。

11)　ドイツが統一されて間もない1876年1月1日に業務を開始したプロシアの中央銀行。戦後、1957年にドイツ連邦銀行が設立されるまで中央銀行として機能した。

12)　第1次世界大戦後のドーズ案に示されたドイツに対する賠償は、事実上返済不可能な額であったが、1929年、この賠償問題を解決するための米国のヤングを委員長として作成された返済案。翌1930年から実施されたが、同時期に発生した世界恐慌の広がりの中で、この案も現実的ではなくなり、1932年のローザンヌ会議でさらに減額されたものの、ナチス政権はこれを一方的に放棄してしまう。

13)　銀行の保証自己資本を強化する際、銀行同士が互いの資本参加により重複しながら形成する場合がある。これを“信用ピラミッド”と呼ぶ。

14)　ヨーロッパ・パス（Europäischen Passes）と呼ばれている。

15)　80年代後半、欧州委員会は通貨統合に向けて金融分野での環境整備を進めていたが、1989年、同委員会は金融システムと金融規制監督システムの域内統一化の観点から第2次銀行指令を出した。この第2次銀行指令は、加盟国内で取得した銀行免許の域内全域での有効性を確保した単一免許制度、域内の金融機関活動については免許交付国が監督責任を負う母国監督主義、欧州域内の金融システムとしては銀行業と証券業を兼営するユニバーサル・バンキング制度を認めるという3つを主要な原則としている。そして、この第2次銀行指令が、その後の欧州連合の金融システムと金融規制監督システムの共通化を促すことになる。

16)　連邦金融サービス監督局法第2条。

17)　連邦金融サービス監督局法第4条は、任務と他の関係機関との連携について規定している。

18)　信用制度法第8条は他の機関との連携について規定している。

19)　信用制度法第6条。

20)　信用制度法第6条a。

参考文献

相沢幸悦著（1997）『ユニバーサル・バンクと金融持株会社』日本評論社。

糸井重夫（2004）『現代の金融と経済』中央大学出版部。

日本証券経済研究所編（1984）『西ドイツの金融・証券制度：「銀行構造委員会報告」を中心に』財団法人日本証券経済研究所。

Andreas Busch (2009), *Banking Regulation and Globalization*, Oxford University Press.

Dietmar K. R. Klein (1992), *Die Bankensysteme der EG-Laender*, Fritz Knapp Verlag.

E. P. Ellinger, Eva Lomnicka and Richard Hooley (2002), *Modern Banking Law,* Oxford University Press.

Henner Schierenbeck (1987), *Institutionelle Bankbetriebslehre*, Carl Ernst Poeschel Verlag.

Institut für bankhistorische Forschung (Hrsg.) (1983), *Deutsche Bankengeschichte Band 1–3*, Fritz Knapp Verlag.

Institut für bankhistorische Forschung (Hrsg.) (1992), *Deutsche Börsengeschichte,* Fritz Knapp Verlag.

Manfred Pohl (1976), *Einführung in die Deutsche Bankengeschichte*, Fritz Knapp Verlag.

インターネット版資料

連邦金融サービス監督局（ドイツ）：BaFin Homepage（http://www.bafin.de/cgi-bin/bafin.pl）

第5章

アメリカ合衆国における金融規制監督制度[1)]

1. はじめに

2008年9月の米国の投資銀行リーマン・ブラザーズ（Lehman Brothers）の破綻以後、世界経済は信用不安に伴う景気後退局面に入ったが、このようなシステミック・リスクを回避するために先進各国は様々な施策をとり始める。特に、第2章で考察したように、現代の金融規制と監督体制の改革は、一方で、国際的な統一基準を導入することにより、国際金融市場における金融機関間の公平な競争を促進させ、他方では、多国籍化する金融機関行動に対して各国の規制監督当局が連携して対応するという、2つの方向に向いている。また、リーマン・ショック以後の欧州信用不安や欧州ソブリン危機で明らかになったように、現代社会は、一国の金融危機が他国の信用システムにも悪影響を与え、国際金融市場を経由してグローバルな金融危機に発展するリスクを増大させている。そのため、G20のような国家間の連携による危機対応が不可欠となっているのである。

従来、英米においては、金融分野の規制は自主規制の考え方が強かった。しかしながら、1990年代以降は、政府規制を中心として、規制監督制度の国際的なハーモナイゼーションが進んでいる。これは、信用不安や金融危機が一国内で収束可能な時代が終わり、自主規制では対応できない国家をまたいだ大規模な信用不安や金融危機のリスクが増大したために、超国家レベルでの規制が必要となり、国家間で連携した監視・監督が不可欠になってきたためである。

さらには、金融機関活動が多国籍化し、一国内での規制監督体制では不十分であり、他国の規制監督当局との連携が不可欠になってきている。そのために、第3章、第4章で考察したように、欧州においては単一規制監督体制の整備が進められてきたのである。しかしながら、最終的に国家がリスクを引き受けることは、モラル・ハザードの発生等により市場の自由で公平な競争を歪めることになる。そこで、財政負担をできるだけ軽減しながら、潰れるべくして潰れる金融機関については市場に対する悪影響を最小限にとどめながら精算するシステムの構築が必要であり、欧州においては銀行危機とソブリン危機に対処するため、域内の金融機関に対する公正、公平な単一規制監督システムの構築を目指した"銀行同盟"について議論されたのである。この銀行同盟により、欧州における金融規制監督体制のハーモナイゼーションがさらに進むことになったのである。

米国においても、銀行の行動規制を伴うドッド・フランク法が2010年に成立し、国家による厳格な規制の段階に入った。米国の200年の銀行規制監督制度の歴史を見ると、各州の法律により設立される州法銀行（State Bank）と連邦法により設立される国法銀行（National Bank）の二元銀行制度の下で、銀行業への参入が容易な時期から規制が厳しい時期、規制緩和から再規制の時期へと、規制強化と規制緩和を繰り返している。また、監督制度は、国と州による二元銀行制度を反映して、監督機関も複数存在する複眼的な監督制度となっている。そこで、本章では、まず、米国の銀行制度の歴史について簡単に整理し、その大きな歴史の中で今回のドッド・フランク法の位置付けや特徴について検討することにする。

2.　世界恐慌以前の銀行業

米国の銀行制度は、合衆国建国当初から国法銀行と州法銀行が勢力を競っていたが、1836年から1863年までは州のみが銀行業の免許を付与する権限を有していた。この期間は、多くの州で少額の最低資本金の要件を満たせば銀行業への参入が可能になるなど、州ごとに規制は異なるものの多くの州で規制が緩和されたことから銀行設立が増加した[2)]。しかしながら、このように規制が緩和されると破綻に追い込まれる州法銀行も多く、1930年代まで銀行制度は不安定なままであった。

国法銀行制度は1860年代の南北戦争時に整備される。南北戦争によって南部の11の州が離脱したため、連邦政府による強力な指導力の下、1863年に国法通貨法（National Currency Act of 1863）が、また翌1864年に国法銀行法（National Bank Act of 1864）制定された。この2つの法の成立により、米国では州と連邦の2つの認可・規制体制となり、最低資本金を要件として、州法銀行にも連邦免許を付与するものの、預金準備率規制や銀行券発行規制を課すもので、両法の成立は米国の銀行制度を特徴づける二元銀行制度の成立を意味していた。また、州法銀行の銀行券に対して連邦税を引き上げたため、州法銀行の流通は激減し、国法銀行の銀行券流通が相対的に増加した。この国法銀行の銀行券流通が主流になることで、連邦レベルでの統一通貨の発行という後の中央銀行としての連邦準備制度創設への環境を整備することになる。もっとも、この時期、預金に対して振り出される小切手の利用による資金決済が行われていたため、州法銀行券流通の減少や国法銀行券流通の増加はあまり重要ではなかった。また、州法銀行自体は、1873年恐慌以降、国法銀行よりも多く破綻したが、各州が免許要件を緩和することで銀行業への参入を促したため、州法銀行は、1929年の世界恐慌前までに国法銀行の倍以上の銀行数と国法銀行を超える預金額を保有するまでに成長している。

他方、1913年、連邦準備法（Federal Reserve Act of 1913）が制定された。20世紀初頭の関心事は、銀行業への参入が容易な状況にあって、欧州における中央銀行制度のような中央集権化した準備預金制度と法規制を連邦内にいかに構築するか、ということであった。同法の成立当時、共和党は銀行業界による自主規制を主張したのに対して、民主党は政府による法規制を主張し、結局両者の妥協案として同法が成立する。同法の成立により、米国は中央銀行による法規制の段階に入ることになる。

新たな連邦準備制度理事会（Federal Reserve Board: FRB）は、財務長官、通貨監督局（Office of the Comptroller of Currency: OCC）を含む7人の理事、並びに大統領任命の任期10年の5人の理事（そのうち2人は銀行業務等経験者）から構成される。また、連邦準備区ごとに連邦準備銀行が設立され、理事会は、銀行界・産業界・公益の3分野の代表各3人の計9人の理事で構成された。国法銀行はすべて加盟銀行であるが、州法銀行は任意加盟銀行とされ、加盟銀行は、自行の資本金等の6％まで、自行が属する連邦準備銀行の株式を購入することが求められた。そして、これが各連邦準備銀行の資本金となったのである。また、通貨発行量については、金本位制下にある他の欧州諸国同様に、通貨の過剰発行を防止するために金の裏付けが必要であったが、若干の裁量も認められていた。

1917年に米国が第1次世界大戦に参戦すると、急激な金融緩和と信用膨張が進んだが、参戦前からの金輸入の急拡大のためにさらに金融は緩和され、物価上昇率も急上昇した。戦後は、このインフレ傾向に歯止めをかけるため、公定歩合を引上げるなどの金融引締めを行った。しかしながら、この金融引締めは、戦後の景気後退をさらに悪化させたため、これに対処するための公定歩合の引下げによる金融緩和に加えて、政府証券の購入による小規模な公開市場操作も行われた。そして、1923年には、公開市場操作を調整するために、今日の連邦公開市場委員会（Federal Open Market Committee: FOMC）の前身となる公開市場投資委員会（Open Market Investment Committee）が創設されている。この金融緩和は1920年代を通じて行われたが、銀行業への新規参入も相次ぎ、地方の小規模銀行を中心に銀行破綻も増加していった。そして、このような容易な銀行業参入と金融緩和傾向の下で、1929年の大恐慌を迎えることになるのである。

3.　世界恐慌以後の金融規制監督制度

(1)　二元銀行制度と規制監督制度

米国の預金金融機関には、商業銀行（Commercial Banks）、貯蓄金融機関である貯蓄貸付組合（Saving and Loans Associations）と貯蓄銀行（Mutual Saving Banks）、そして信用組合（Credit Union）の4類型がある。また、商業銀行は、上記のように二元銀行制度（dual banking）がとられているため、まず連邦政府の免許による国法銀行と州政府の免許による州法銀行に大別され、さらに連邦準備制度（Federal Reserve System: FRS）への加盟の有無及び連邦預金保険公社（Federal Deposit Insurance Corporation: FDIC）への加入の有無により、**図5-1**のように4類型に分類される。

米国の銀行業の歴史を見ると、1864年に連邦議会が国法銀行を認めるまでは、州が銀行の免許付与の唯一の機関であった。また、この州法銀行の形態も、当時は店舗がただ1つの「単店舗銀行業（unit banking）」が中心であり、1920年代までは、支店ネットワークを展開した州法銀行はあまりなかった。しかしながら、1920年代以降、州法銀行の支店設置の増大により、国法銀行にも支店設置の自由を求める要求が増加したため、1927年のマクファーデン

図5-1　米国の商業銀行の4類型

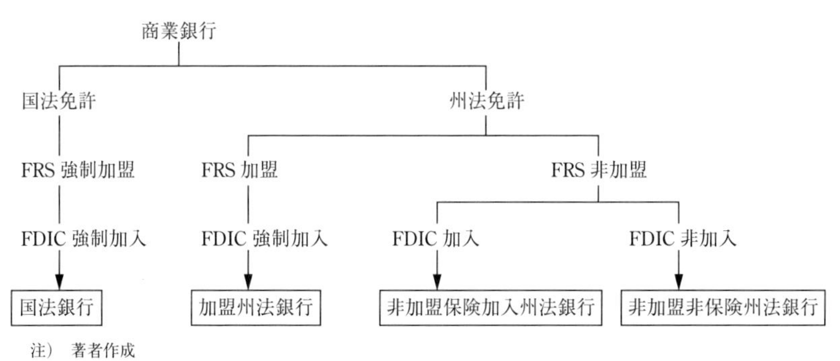

注）　著者作成

法（McFadden Act of 1927）は州法銀行の他州への進出を禁止し、国法銀行に競争相手の州法銀行が州法上認められているのと同程度の範囲で支店開設を認めることとした。それ以後、支店ネットワークを展開しようとする国法銀行にとって、州法銀行を監督する各州政府の支店開設の方針が重要な意味を持つことになったのである[3)]。

他方で、商業銀行に対する主要な銀行規制監督機関としては、連邦レベルでの連邦準備制度理事会、通貨監督局及び連邦預金保険公社の3機関と、州レベルでの各州の銀行局又は各州の銀行委員会があり、互いに連携・協力して銀行に対する規制・監督にあたっている[4)]。したがって、米国の商業銀行は、複数の機関から規制監督を受けることになり、米国の銀行規制監督体制は**図5-2**のように複雑な構造を持っている[5)]。

特に、米国における金融政策と銀行に対する規制監督で中心的な役割を担う連邦準備制度は、上記のように1913年に創設されていたが、世界恐慌以後の

図5-2　米国における銀行規制監督体制

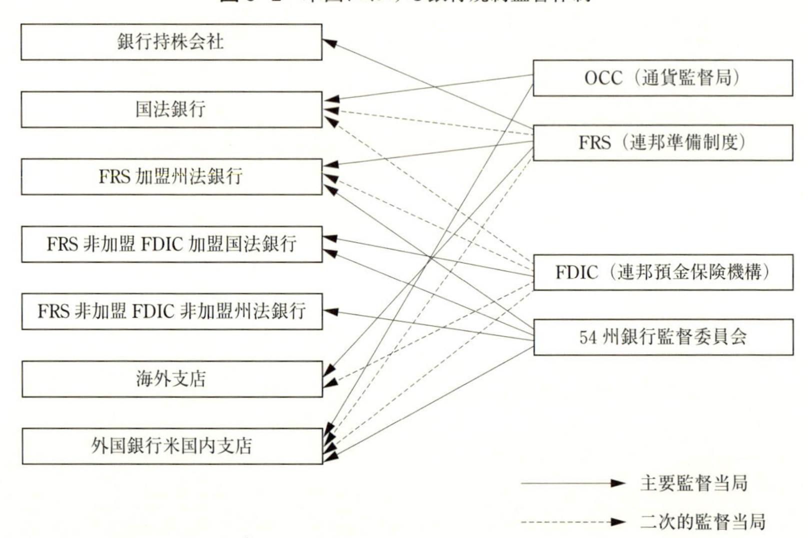

出典）　Andreas Busch (2009), *Banking Regulation and Globalization* (Oxford University Press), p. 54.

1930年代に権限強化が行われ、通貨発行に係る権限、政府債券を担保にして通貨発行を行う権限の拡大、過度の信用拡大を制限する権限等が付与された。さらに、1935年銀行法（Banking Act of 1935）により連邦準備制度理事会が強化され、任期14年の任命構成員（理事）が7人に増員されるとともに、大統領が任期4年の議長と副議長を任命構成員のなかから指名する等現在の形となった。この措置により、連邦準備制度理事会は、独立性と自立性の高い中央銀行としての地位を確立したのである。また、同法により、7人の連邦準備制度理事会理事及び5人の地区連邦準備銀行総裁から構成される連邦公開市場委員会（FOMC）が設置され、連邦準備銀行の貸出権限が拡大された。そして、同理事会は、経済情勢に応じて裁量で預金準備率を決定する権限を有するとともに、定期性預金金利の上限規制の権限を付与され、レギュレーションQにより実施した。さらに、1933年銀行法（Banking Act of 1933）の制定により連邦預金保険公社（FDIC）が創設され、事実上すべての銀行の預金勘定について一定限度の額を保証するとともに、検査・監督及び財産保全処分等の権限を与えられた。また、証券市場規制については、1934年証券取引所法により証券取引委員会（Securities and Exchange Commission: SEC）が設置されている。

ところで、上記のような二元銀行制度や複眼的な銀行規制監督体制に加えて、米国の金融制度の特徴としては、銀行規制の歴史のなかで発展してきた業務分野規制下の銀行持株会社制度が挙げられる。米国の規制監督当局はこれまで、1933年銀行法の「グラス・スティーガル法の壁（Glass=Steagall Wall）」による商業銀行業務と投資銀行業務の分離及び証券子会社の分離等の業務分野規制と、金融市場の集中防止を目的とする1956年の銀行持株会社法（Bank Holding Company Act: BHCA）による企業結合規制を中心として金融機関の行動を規制してきたが、現在のような規制監督システムが構築されたのは、1929年の世界恐慌以後の30年代のニューディール改革期である。

世界恐慌以後、米国は関税に関する1930年のホーリー・スムート法（Hawley-Smoot Tariff Act of 1930）の制定等により、外国為替管理を強化して保護貿易主義的な対外政策を打ち出す一方で、国内的には、上記のように連邦準備制度理事会の権限強化、連邦預金保険公社の創設、商業銀行業務からの投資銀行業務（株式及び債券発行の引受業務等）の分離、証券取引委員会の創設、連邦公開市場委員会の創設等の重要な規制監督機関の創設や権限強化を行い、複数の規制監督機関による複眼的銀行規制監督システムを構築した。そして、このような複数の規制監督機関による二重三重の規制システムと強力な権限付与の背景には、当時の金融機関による産業支配に対する警戒感と世界恐慌の原因の一端が金融機関の野放しの行動にあったとの反省があった。その結果、金融機関に対しては、州際業務規制やグラス・スティーガル法による業務分野規制などが課されるとともに、企業結合規制・経済力集中規制として銀行持株会社に対する規制についてもこの時期盛んに議論されたのである。

当時、一般の事業会社に対する結合規制としては、1890年のシャーマン法（Sherman Act of 1890）や1914年のクレイトン法（Clayton Antitrust Act of 1914）が制定されており、持株会社に対する規制が強化されていた[6)]。また、銀行持株会社に対する規制としては、1933年銀行法が連邦準備制度理事会加盟銀行を傘下に置く銀行持株会社を当局の監督下に置くことを企図し、また1933年及び1934年の証券関係法が証券取引委員会の銀行持株会社に対する権限を強化させるものであった。しかしながら、これらは銀行持株会社を直接規制対象としていたわけではなかったため、その後も銀行持株会社を規制する法律の制定が試みられた。連邦準備制度理事会自身も銀行持株会社に対する一層強化された規制のための立法措置を積極的に求め、ようやく1956年、銀行業の系列化による競争の過度の制限を防止する目的で銀行持株会社法が制定されたのである。

(2)　銀行持株会社と企業結合規制

国法銀行にしろ、州法銀行にしろ、米国においては支店設置規制や州際銀行業務規制が強く、銀行持株会社も単一銀行持株会社を中心として発展してきた。しかしながら、このような強い規制にもかかわらず、他の州への進出手段として、持株会社形態による進出は有効であると考えられた[7)]。また、1970年代以降連邦最高裁判所及び連邦準備制度理事会の同法の解釈の変化によって銀行持株会社は州内全域に業務を拡大することが可能になるとともに、多くの州で州際銀行持株会社による銀行の買収を認めたことから、多くの種類の銀行業務が州境を越えて認められるようになってきている。さらに、1956年銀行持株会社法が単一銀行持株会社を規制対象から外していたので、単一銀行持株会社は持株会社形態で非銀行業務に進出するようになる。しかしながら、銀行持株会社が持株会社形態で銀行業務と非銀行業務を行うことにより反競争的行為の発生が懸念され、これを規制する目的で1970年の銀行持株会社法の改正により単一銀行持株会社も銀行持株会社法の規制対象となった。その結果、州際銀行業務の規制緩和も手伝って、単一銀行持株会社の複数銀行持株会社への転換が進み、現在では合併・吸収を通して金融分野での系列化が進展している[8)]。

このように米国においては、銀行の支店を本拠州以外の州で設立することは1927年のマクファーデン法により禁止されてきたが、持株会社形態による複数州への進出は大幅に緩和されてきている。また、このような銀行持株会社による支店ネットワークの拡大に対する規制の緩和とともに、銀行持株会社法上銀行持株会社が進出できる非銀行業務の範囲が問題となるが、1970年銀行持株会社修正法は銀行持株会社とその子会社の業務を、銀行業務とそれに付随する業務に限定している[9)]。そして、連邦準備制度理事会はレギュレーションYにおいて以下のような業務を銀行持株会社及びその子会社に認めている。すなわち、① 消費社金融会社、クレジット・カード会社、商業金融会社、抵当会社、債券買取会社等が行うのと同等の貸付業務、② 信託会社の業務、③ 投資顧問の業務、④ ファイナンス・リース業務、⑤ 金融上の情報処理及びデータ提供業務、⑥ 預金金融機関の経営コンサルタント業務、⑦ 外国為替及び金銀の売買業務、⑧ 公債の引受・売買業務、⑨ 信用生命保険の引受業務、⑩ 不動産及び動産の鑑定業務、である。その後、連邦準備制度理事会は、⑪ 顧客の勘定による証券ブローカー業務を認め、通貨監督局とともに一部の大手銀行持株会社の系列会社に ⑫ コマーシャル・ペーパーやモーゲージ担保証券、社債や株式の引受業務を認めている。

このように銀行持株会社及びその子会社が参入できる業務は多岐にわたり、グラス・スティーガル法により禁止されている有価証券の分売以外については、この引受業務にも参加することができるため銀行業務と投資銀行業務（証券業務）が重複、混合し、1990年代までにグラス・スティーガル法による業務分野規制は形骸化してきていた。その結果、このグラス・スティーガル法の改正問題や、銀行業務を預金業務と貸付業務に分離する等の金融機関改革、さらには金融機関に対する業務分野規制の緩和や銀行組織自体の構造改革等が議論されたのである。

ところで、企業合併については1914年クレイトン法第7条により実質的に競争制限となる可能性のある合併を禁止していたが、同法が金融分野を直接対象としていなかったため、銀行持株会社が関係する合併については銀行持株会社法で規制し、競争制限的な影響の可能性や財産状況及び経営管理、さらには営業しようとする地域での利便性及び必要性等については連邦準備理事会の評価を受けることを義務づけていた。したがって、銀行持株会社が関係しない銀行合併は規制されないか、クレイトン法第7条の基準に服すかの明確な基準が存在しなかった。そこで、1960年代、連邦預金保険公社法の修正に伴って、国法銀行による買収については通貨監督局の認可、州法加盟銀行による買収には連邦準備制度理事会の認可、州法非加盟銀行による買収には連邦預金保険公社の認可が必要とされるとともに、最終的な認可はこのような主務規制機関当局が行うとしても司法省の反トラスト局による協議及び報告が必要とされるようになった。また、破綻しそうな銀行の吸収合併についてはその必要性が認められている。

さらに、1966年の銀行合併法（Bank Merger Act: BMA）は、シャーマン法第2条やクレイトン法第7条の基準を採用して銀行合併を規制しており、利便性や必要性が競争制限的な効果を上回るというような競争促進上の不利益よりも銀行合併の利益の方が明らかに大きい場合には銀行合併を認める可能性があるといった例外も考慮している。また、同法は、規制監督機関の許可を得た銀行合併であっても、競争を制限するとの理由により当該銀行合併を裁判所に訴追する権限を司法省に与えている。したがって、銀行合併については規制監督機関だけではなく司法省の意向も極めて重要となるが、現状では銀行の水平的合併は銀行合併法に基づく司法省のガイドラインによって規制され、市場拡大型合併は銀行持株会社法に基づき連邦準備制度理事会によって規制されている。しかしながら、1980年代に入って司法省の水平的合併に関する規制の大幅な緩和に伴って、同省の合併ガイドラインは緩和されてきている。また、金融サービスの多様化に伴い、市場の集中度ないしは市場占有率といった場合の「市場」の範囲及び定義が、規制監督上重要な意味を持つようになってきている[10)]。

以上のように、これまでの米国の規制監督機関の金融規制のあり方は、州際銀行業務規制・州際支店設置規制やグラス・スティーガル法の商業銀行業務と投資銀行業務の分離規制を基本的には維持しつつも、実際的には金融革新及び経済情勢を考慮して連邦準備制度理事会の裁量と立法により機動的に対応してきた。また、銀行持株会社及びその子会社が進出できる非銀行業務の範囲を拡大してきており、金融システムの効率化のために、銀行持株会社及びその子会社の活動範囲を拡大することによって、競争を促進させるという業務分野規制緩和の方向に向いてきていると考えられる[11)]。さらに、企業結合規制についても、複数銀行持株会社の支店ネットワークの拡大や金融会社の業務の多様化・多角化のための非銀行業務への進出に伴って、司法省の合併ガイドライン等、緩和されてきている。そして、1999年11月にはグラス・スティーガル法（1933年銀行法におけるグラス・スティーガル条項）を改正して、金融持株会社設立を容認する「金融サービス現代化法（Financial Services Modernization Act of 1999）」、通称「グラム・リーチ・ブライリー法（Gramm-Leach-Bliley Act: GLB）」を成立させたのである。

4.　金融規制の緩和と国際金融の不安定性

(1)　金融サービス現代化法

1980年代後半以降、冷戦構造の雪解けが進むのに伴って、金融分野においても規制緩和が進むことになる。当時、ロンドンや香港の金融資本市場は規制緩和により国際競争力を高め、米国の金融資本市場の国際競争力は相対的に低下していた[12)]。この追い上げに対応して、米国内の金融資本市場の国際競争力を高め、国内の経済成長と雇用促進を図るため、金融規制の緩和による効率化が求められていた。当時のレーガン（Ronald Wilson Reagan）政権の経済政策は、“レーガノミックス”と呼ばれるサプライサイド・エコノミクスとマネタリズムを柱としており、従来の需要を重視するケインズ経済学に対して供給サイドを重視していた。金融分野においても規制を緩和することで、金融資本市場の効率性を高め、供給サイドの資本コストを引き下げることによって経済成長と雇用促進が可能であると考えられていたのである。

このような、米国の金融資本市場の国際競争力を高める金融規制改革は、レーガン政権後のブッシュ（George Herbert Walker Bush）政権でも進められ、クリントン（William Jefferson Clinton）政権下の1999年、銀行、証券、保険の金融3分野にまたがる総合金融サービス業の展開を視野に入れた「金融サービス現代化法」が成立することになったのである。当時、欧州大陸では銀行業務と証券業務を兼営するユニバーサル・バンキングが主流であったが、これに子会社を通じて保険業務にも参入できる総合金融サービス業（アルフィナンツ）の展開が進められていた。米国においても1980年代の金融規制緩和の流れが加速し、1990年代には他国の金融資本市場の急速な追い上げを背景として米国内の金融資本市場の国際競争力の強化を求める声が高まっていた。そして、国際競争力強化の観点から問題視されたのは、連邦政府と州政府による二元的規制監督体制と、複数の規制監督機関による複眼的な規制監督制度であり、複雑な規制と組織体系が高いコストを必要とし、金融資本市場参加者のコストも高めていると考えられた。したがって、この新法による規制緩和によって、規制監督コストと市場参加コストが削減され、米国内の金融資本市場の効率化と活性化を通して、新たな取引手法や金融商品の開発が期待されたのである。

すでに見たように、米国においては、1933年銀行法のいわゆる「グラス・スティーガル法の壁」により、商業銀行業務と投資銀行業務（証券業務）の分離が行われていたが、連邦準備制度理事会はレギュレーションYの非銀行業務の範囲を拡大することで金融環境の変化に対応してきた。しかしながら、1998年春、シティー・バンクを傘下に置くシティーコープと、証券会社のソロモン・スミス・バーニー社、保険会社のトラベラーズ社を傘下に持つトラベラーズ・グループ社が合併の意向を公表し、同年9月、条件付きとはいえ承認されたことは、単に銀行業務と投資銀行業務・証券業務の分離行政の転換にとどまらず、保険業務を含めた総合金融サービス業の本格的な展開を示唆していたという点で、戦後の米国の金融行政の大転換を意味していたと考えられる。

このような合併を認めた背景には、米国金融機関の活動範囲・市場範囲がグローバル化し、競争相手が米国金融機関にとどまらずに外国の金融機関をも考慮しなければならなくなってきたことがある。特に競争相手として、総合金融サービスを提供する欧州大陸のユニバーサル・バンクや、わが国における金融持株会社形態による総合金融サービスの提供等を想定した場合には、米国においてもなんらかの形で総合金融サービスを提供していかなければ国際競争に勝ち残れないという危機感があったものと思われる。その意味では、1999年以降のわが国の都市銀行の合併・業務提携・経営統合の動き、また、2000年3月に公表されたドイツ銀行とドレスナー銀行の合併等は、国際金融市場を視野に入れた先進各国の金融機関の世界戦略と考えられ、21世紀の金融機関活動がますますグローバル化するものと考えられる。また、このような各国の規制緩和の流れに対して、国際金融市場での円滑な金融機関活動を確保するために、各国の金融システムも統一化・同質化が求められ、国際統一基準の導入等の国際的な金融機関規制の整備が不可欠になってきているといえよう。

さて、このような先進各国における金融再編や金融システム改革の動きに対して、米国でも10年以上も前から金融制度改革が議論されていた。そして、成立した金融サービス現代化法により、米国においても金融持株会社制度が解禁となり、銀行・証券・保険を含むすべての金融サービスの提供が、子会社を通じて可能になったのである。

1999年11月12日にクリントン大統領が署名して成立した「金融サービス現代化法」は、法案の成立に尽力した3人の議員の名をとり、「グラム・リーチ・ブライリー法」と呼ばれている。このグラム・リーチ・ブライリー法の特徴としては、第1に、一般に「グラス・スティーガル条項の壁」と呼ばれる1933年銀行法中の第16条、第20条、第21条、第32条の4条のうち、預金銀行と投資銀行（証券会社）との相互関連を原則禁止とする第20条、及び預金銀行と投資銀行（証券会社）相互間の役員の兼任を原則禁止とする第32条を撤廃したことである。また、同法第16条及び第21条は証券会社の業務範囲を定めているが、このグラム・リーチ・ブライリー法により「金融持株会社」（Financial Holding Company: FHC）が認められたため、実質的な意味はなくなっている。第2に、この「金融持株会社」の設立を認めて、銀行・証券会社・生命保険会社・損害保険会社等のすべての金融業態の子会社を傘下に持つことを通して、各事業体間の相互関連を許容し、総体として総合金融サービス業の展開を認めたことである。「金融持株会社」に対する規制監督当局としては、通貨監督局との調整の結果、連邦準備制度理事会が中心となることが決まったが、金融持株会社が行う金融業務は多岐にわたるため、証券取引委員会や州の保険規制当局等が業務の内容に応じて適宜規制するという機能別規制体制が確立された。また、連邦準備制度理事会は、「金融業務の判断」基準及び「本質的に金融業務である業務の定義」について例示している。第3に、「金融持株会社」は、傘下の子会社を通じて顧客の様々な個人情報を入手できるようになるため、顧客情報の保護及びプライバシー保護の規定を相当程度盛り込むとともに、今後も検討することにした。そして、第4に、米国の「金融持株会社」は、わが国の「金融持株会社」とは異なり、金融業を営む金融機関と非金融機関間の相互関連については、原則禁止している。すなわち、わが国の場合、第

6章で考察するように、産業と金融の分離規制を一挙に撤廃し、非金融業を営む業態からの金融業への参入を認めることにしたが、米国においては、依然として産業と金融の分離が厳格に行われているのである。

以上のように、米国においては、金融市場規制及び金融機関規制の緩和とともに、金融持株会社形態による銀行・証券・保険の相互参入が可能になったことにより、総合金融サービスの提供による利便性の向上が期待され、国際金融市場を視野に入れたハイブリッド型の金融新商品の開発競争にも拍車がかかることになった。しかしながら、規制監督体制については、連邦準備制度理事会の権限を若干強化するものの、基本的に従来の複眼的な規制監督体制を維持している。そして、このような状況下で起きたのが“サブプライム・ローン”問題であり、その後のリーマン・ショックである。

(2)　金融危機のグローバル化

2000年代前半の金融緩和により、米国内では住宅の購入促進に加えて住宅投資のブームが起き、いわゆる住宅バブルが進行するとともに、低金利によるカネ余りを背景として、金融機関の貸出競争が激化し、信用力の低い低所得者層を対象とした高金利・高リスクの貸出し（サブプライム・ローン）も積極的に行われた。当時は住宅価格が上昇するのに伴って担保価値も高くなるので、低所得者が金利の高いサブプライム・ローンを組んでも、担保価値の上昇に伴って低金利のローンに借り換えることで金利負担を引き下げることができると考えられた。また、総合金融サービス業の展開に伴って、金融機関が持つ低所得者への貸出債権を証券化して販売することで、銀行は資金を早期に回収することが可能であった。そして、このようなサブプライム・ローン等を担保にしたハイリスク・ハイリターンの住宅ローン担保証券と、ローリスク・ローリターンの優良証券とを組み合わせることでリスクを軽減させ、デリバティブを駆使してローリスク・ハイリターンの金融商品に仕立て、この複雑な証券化商品を世界中に販売したのである。そして、この複雑な証券化商品のリスクが米国の住宅バブルの崩壊に伴って表面化したときには世界中に拡散し、世界的な金融危機に陥ったのである。2007年8月にはフランスの巨大金融グループBNPパリバ傘下のミューチュアル・ファンドが、投資家からの解約を凍結すると発表したことから各国の市場は一時大混乱に陥り（パリバショック）、翌2008年9月には米国の名門投資銀行であるリーマン・ブラザーズが経営破綻し、その後のグローバル金融危機の引き金になったのである。

このように、1980年代以降の金融規制の緩和による銀行業務と証券業務にまたがるような総合金融サービス業の展開は、新たな金融商品の開発を促す一方で、グローバル化した金融資本市場の規制監督体制の再構築をも促すことになったわけであるが、国際的に業務を行う金融機関に対する統一基準の導入については、第2章で考察したように、国際決済銀行の自己資本比率規制（BIS規制）が1988年に導入されている。このBIS規制は、国内の金融機関の破綻が他国の金融機関経営に強い影響を与え、国際金融市場を不安定化させた1970年代の経験から、金融機関の体力強化と健全経営を促すために導入されたわけであるが、2008年9月15日のリーマン・ショックは、各国の金融市場がボーダレスでつながっており、一国の金融危機はグローバルな金融危機を引き起こすことを各国に再認識させる契機となった。さらに、このグローバル金融危機に対応するため、従来のG7またはG8の枠組みを、急激な経済発展を遂げている新興国を含むG20にまで拡大し、このG20首脳会議の下で国際金融市場の安定化に向けた取組みを行う体制が構築されることになったのである[13)]。そして、このG20首脳会議では、①BIS規制の枠組みで進められている自己資本の質と量の充実、②金融システム上重要で影響力の大きい金融機関に対する規制監督の強化と国境を越えた破綻処理対応、③金融資本市場や金融商品等への規制監督の範囲の拡充、④巨額な報酬を得る金融機関関係者への報酬慣行の健全化、などの取組みでの合意が形成されている。

5. ドッド・フランク法

(1) ドッド・フランク法の成立とマクロ・プルーデンス政策

このような国際的な枠組みの形成とともに、各国での金融機関に対する規制監督体制の再構築も進められており、リーマン・ショックの震源地である米国においても1980年代から続いた規制緩和を転換し、再規制のあり方が議論された。そして、2010年7月21日、オバマ政権の下で「ドッド・フランク・ウォール・ストリート改革及び消費者保護法（Dodd-Frank Wall Street Reform and Consumer Protection Act）」が成立したのである。このドッド・フランク法は、連邦議会上院の「銀行・住宅・都市問題委員会（Senate Committee on Banking, Housing and Urban Affairs）」のドッド（Christopher J. Dodd）委員長、及び下院の「金融サービス委員会（House Committee on Financial Services）」のフランク（Barney Frank）委員長にちなんでつけられたものであるが、上記のG20での合意の枠組みを実施することを大きな目的としている。以下、このドッド・フランク法について考察することにしよう[14]。

ドッド・フランク法の構成は以下のようになっている。

第1編　金融安定（Financial Stability）

第2編　整然精算権限（Orderly Liquidation Authority）

第3編　通貨監督官、連邦預金保険公社及び連邦準備制度理事会への権限移管（Transfer of Powers to the Comptroller of the Currency, the Corporation, and the Board of Governors）

第4編　ヘッジ・ファンドその他のアドバイザーに関する規制（Regulation of Advisers to Hedge Funds and Others）

第5編　保険（Insurance）

第6編　銀行、貯蓄金融機関の持株会社、預金金融機関の規制の改善（Improvements to Regulation of Bank and Savings Association Holding Companies and Depository Institutions）

第7編　ウォール・ストリートの透明性及び説明責任（Wall Street Transparency and Accountability）

第8編　資金、清算、決済監督（Payment, Clearing, and Settlement Supervision）

第9編　投資者保護及び証券規制の改善（Investor Protections and Improvements to the Regulation of Securities）

第10編　消費者金融保護局（Bureau of Consumer Financial Protection）

第11編　連邦準備制度に関する諸規定（Federal Reserve System Provisions）

第12編　メインストリーム金融機関へのアクセスの改善（Improving Access to Mainstream Financial Institutions）

第13編　返済法（Pay it Back Act）

第14編　抵当貸付改革並びに反略奪貸付法（Mortgage Reform and Anti-Predatory Lending Act）

第15編　雑則（Miscellaneous Provisions）

第16編　1256条契約（Section 1256 Contracts）

上記のように、ドッド・フランク法の正式名称は、「ウォール・ストリート改革及び消費者保護法」である。つまり、金融業界の改革と消費者保護を2つの柱とした法律になっている。まず、前者については、規制監督機関の権限強化やマクロ・プルーデンス政策の導入、デリバティブやヘッジ・ファンドを含めるなど規制対象の拡大、「大きすぎて潰せない（Too Big to fail）」金融会社への対応と整然精算制度の構築、さらには金融業務の改革（ボルカー・ルールの導入）などが含まれている。また、後者に関しては、不公正な金融サービスからの消費者保護と、財政を用いた救済（Bailout）からの納税者保護が中心になっており、消費者金融保護局（Consumer Financial Protection Bureau: CFPB）を設置している。

ドッド・フランク法では、従来の個々の金融機関の分析・評価を通して金融システムの安定性や健全性を確保する“ミクロ・プルーデンス政策”に加えて、金融システム全体のリスクを分析・評価し、その結果に応じた政策対応を通して金融システム全体の安定性と健全性を確保する“マクロ・プルーデンス政策”を導入することにした。これは、リーマン・ショック後のグローバル金融危機を体験し、一金融機関の破綻が他の金融機関の経営に強い影響を与え、連鎖的な破綻を引き起こすことによって金融システム全体が不安定化するシステミック・リスクを常時低下させておくことが重要であり、そのためには個々の金融機関の健全経営に加えて金融システム全体のリスクを把握し、それに対する対策を普段から講じておくことが、今日のグローバル化した金融市場の安定性の確保には不可欠であるとの判断があったためである。そこで、同法では、このマクロ・プルーデンス政策を担う機関として、金融安定監督評議会（Financial Stability Oversight Council: FSOC）を設置するとともに、金融市場や金融機関の情報収集及びリスク分析と評価、さらにはリスク管理手法の開発などを担当する部署として、財務省内に金融調査局（Office of Financial Research: OFR）を設置している。そして、金融安定監督評議会のメンバーである連邦準備制度理事会の権限を強化し、マクロ・プルーデンス政策を実効性のあるものとしたのである。

以下、ドッド・フランク法で新たに設置された機関や権限が強化された機関等について見ていくことにしよう。

(2)　各組織の役割

金融安定監督評議会のメンバー15名は、決議権を有する10名と、決議権のない5名のメンバーで構成される。決議権を有する10名は、財務長官を議長として、連邦準備制度理事会議長、通貨監督局長、消費者金融保護局長、証券取引委員会委員長、連邦預金保険公社総裁、米国商品先物取引委員会（U.S. Commodity Futures Trading Commission: CFTC）委員長、連邦住宅金融庁長官、全国信用組合管理機構（National Credit Union Administration: NCUA）総裁、及び保険専門の任期6年のメンバーで構成される。また、決議権を有しないメンバーは、財務省の金融調査局長と連邦保険局長、並びに州の保険委員会、銀行監督当局、証券委員会の各代表１名の計５名で構成されている。そして、金融安定監督評議会の目的・任務は、大規模な金融持株会社並びにノンバンク金融会社のリスクの特定と対策、並びに金融システム全体の安定性の確保、さらには市場規律の促進などとされている。

また、消費者保護の観点からは、サブプライム・ローン問題が表面化した当時、専門的な知識が不十分な消費者に対して複雑な金融商品や金融サービスが販売されたとの判断から、ドッド・フランク法では、消費者の金融商品や金融サービスへのアクセス、市場の透明性や公平性を確保するために消費者金融保護局を連邦準備制度理事会内に設置し、分散していた消費者保護行政の一元化を図っている。この消費者金融保護局は、連邦準備制度理事会の一部局ではあるが、独立性を確保されており、その局長（Director）は上記のように連邦準備制度理事会議長と同等の金融安定監督評議会の構成メンバーとなっている。

⑶　ボルカー・ルール

さらに、マクロ・プルーデンス政策の担い手として権限を強化された連邦準備制度理事会は、金融機関に対する行為規制としてのボルカー・ルールの実施についても中心的な機関とし位置づけられている。ボルカー・ルールの名称は、ポール・ボルカー元FRB議長の主張を実現したものであるが、ボルカー・ルールでは、銀行の業務として、ヘッジ・ファンドやプライベート・エクイティ・ファンドの保有、これらへの投資等を制限し、自己利益のための自己勘定取引が禁止される。このように、銀行の業務に対して制限を加えた背景には、第１に、大手銀行と傘下のヘッジ・ファンド等との関係が不透明であったこと、第２に、預金保険などのセーフティ・ネットを持つ商業銀行がリスクの高い取引を行うことへの批判、第３に、「大きすぎて潰せない（Too Big To Fail）」と呼ばれるように大きな金融機関が特別視され、その救済に公的資金が注入されたこと、などがあったと考えられる。また、このように金融システムに強い影響を与える金融機関が複雑で高度な業務を行うことを制限することは、金融システムの安定性を高めるだけではなく、経営破綻時の精算を容易にし、金融危機の波及を抑制させ公的資金の投入等のコストを軽減させる効果があると考えられている。

以上のように、ドッド・フランク法では、金融システム全体を監視するマクロ・プルーデンス政策を重視し、金融システム全体に目配りをする体制を構築するとともに、規制監督当局の金融機関に対する規制監督権限を強化している。また、ボルガー・ルールに見られるように、金融機関に対する行為規制を強化することで、金融システムの安定化と破綻処理の簡素化を図ろうとしているのである。

6. む す び

米国における金融規制監督制度の特徴は、国と州で二元的に規制監督が行われ、複眼的な規制監督構造になっている点である。また、独立後の歴史を整理してみると、19 世紀の比較的自由な時代、20 世紀前半の世界恐慌を契機とした規制強化の時代、20 世後半の新自由主義の台頭に伴う規制緩和の時代、そしてグローバル金融危機に直面した 21 世紀初頭の再規制の時代、の 4 期に大別することができよう。また、20 世紀前半の規制強化の時代と 21 世紀の現代における規制強化の時代の背景を整理すると、20 世紀前半は、銀行業務と証券業務（投資銀行業務）の兼営による弊害を是正し、金融機関に対する規制と監督体制を整備する時代であったが、今日の状況は国際間の資本移動の巨大化と金融機関活動のグローバル化に伴って、グローバル金融危機の引き金になるような複雑化した金融取引や金融商品に対する規制と監督を、各国の金融当局が連携して実施する時代になったという点で異なっている。つまり、今日の金融分野での再規制は、金融資本市場の規模の点で大きな違いがあるとともに、複雑化・多様化する金融取引や金融商品も対象としつつ、一体化する国際金融市場を対象とした規制と監督へと変化してきているのである。さらには、一国の金融危機がグローバル金融危機につながるとの認識の下、自国の金融システムの安定に加えてグローバルな視点での金融システムの安定性確保、さらには、預金者や投資家保護を重視した規制監督体制の整備へと移ってきているのである。

このように、米国の金融規制監督制度の再編は、複眼的な規制監督体制は維持しつつ、金融システム全体の安定性確保と各金融機関の健全経営確保のための制度改革、預金者や投資家保護に資する規制監督体制の整備の2方向で進められている。前者は、2008年のリーマン・ショック以後の米国発グローバル金融危機の流れの中で、個々の金融機関に対する伝統的なミクロ・プルーデンス政策に加えて金融システム全体の目配りを行うマクロ・プルーデンス政策の重要性が認識されたことを背景としている。また、後者は、1980年代以降の金融緩和期に、銀行、証券、保険の分野横断的な総合金融サービス業の展開が可能になったことによって、積極的な情報開示を中心とした預金者・投資家保護の必要性が重視されてきたことが背景となっている。このように、米国の金融規制監督体制再編の視点は2方向あるものの、預金者や投資家に対しては“ワンストップ・ショッピング”が可能になるような総合金融サービスの提供を進めつつ、国際金融市場を含めた金融システムの安定と、その前提となる個別金融機関の健全経営を促すような規制監督体制の構築に向かうものと考えられる。

1)　本章は、拙稿「金融持株会社解禁と規制監督制度の再構築――日米欧の金融機関規制の比較検討――」(『企業研究所年報』中央大学企業研究所、1998年)の一部に加筆・修正して掲載した。

2)　この時期、各州は、正貨準備による兌換の確保、自己資本の充実、監督体制の整備等を原則として銀行業への参入規制を緩和したが、ニューヨーク州では自由銀行業法(New York Free Banking Act of 1838)を1838年に制定し、同法が他の州に広まったこともあり、“自由銀行業の時代”と呼ばれている。

3)　1956年銀行持株会社法は、付随するダグラス修正条項により銀行持株会社の州際銀行業務を規制している。

4)　商業銀行に対する連邦預金保険公社に対して、貯蓄金融機関に対しては連邦貯蓄貸付保険公社(FSLIC)が、また信用組合に対しては全国信用組合出資金保険基金(NCUSIF)が存在するが、連邦貯蓄貸付保険公社は1989年金融機関改革救済執行法（FIRREA）の制定により連邦預金保険公社に吸収された。金融機関に対する規制監督機関については、連邦レベルでは、1863年以来規制監督機関で最古の通貨監督局（OCC）が国法銀行の免許付与及び検査・監督を第一次的に行い、二次的な監督機関としては1933年以降連邦預金保険公社がその役割を担ってきた。また州レベルでは、各州の銀行局又は銀行委員会が州法銀行の免許付与権限を有しその検査・監督を行っている。しかし、最近では1913年に創設された連邦準備制度理事会が国法銀行及び州法銀行の一般的な規制監督機関になっている。そして、貯蓄金融機関及び貯蓄貸付組合に対する連邦銀行規制監督機関としては貯蓄金融機関監督局（OTS）がある。また現在、破綻した貯蓄金融機関の資産の管理・売却のために整理信託公社（RTC）が設立されている。

5）　このような複数の銀行規制監督機関による米国の銀行規制監督制度については、複数の規制当局が独自に検査・監督を行うことにより、規制当局間及び銀行に対して適度の緊張と公正性が保たれるとともに、二重、三重のチェックが可能になるため複雑ではあるが極めて有効に機能していると考えられている。

6）　米国では、1888年にニュージャージー州の会社法改正により認められるまでは、事業持株会社や純粋持株会社の設立は禁止されていた。その後、反トラスト政策により制定された1890年のシャーマン法を逃れるため、ニュージャージーを中心として持株会社の設立が増加していった。しかしながら、このような企業の持株会社形態による反競争的行為に対して反トラスト政策の強化の観点から1914年クレイトン法が制定され、1920年代以降持株会社方式は全体としては衰退してきている。

7）　米国において銀行持株会社が相対的に多い理由は、このような複数州銀行支店開設規制の存在によるものであり、資本節約による支配権の拡大といった企業経営上の利点からではないと考えられる。持株会社設立の利点については、税制上のメリットの享受等の理由が主で、他にはグループ各企業の信用格付けの独立性確保、各種ライアビリティーの特定会社への限定、事業活動のフレキシビリティーの確保、海外における統合された事業活動や外国法制への対応等との調査結果がある。（鵜瀞恵子編『新しい持株会社規制』商事法務研究会、No. 197、1997年、参照）

8）　銀行持株会社規制については本書第3部を参照されたい。

9）　したがって、銀行持株会社は他の産業へ進出することができず、産業と金融の分離が堅持されている。

10）　平成9年の米国航空機産業におけるボーイング社とマクナデル・ダグラス社の合併のように、米国においては、規制対象としての企業が合併する場合に考慮される「市場」の意味は、州の市場や国内市場のような地理的・形式的な市場ではなく規制対象企業が活動する実質的な市場を意味している。その意味では、合併により国内市場では独占的なシェアを獲得することになっても、グローバルな国際市場を考慮した場合には、自国の企業が競争上不利にならないように合併を許可することも出てくる。また、このように国際市場を考慮した合併の場合には、当該合併は、関係各国の規制当局に対する届出と関係国間の協議により処理されることになるが、このようなグローバル市場への対応体制の整備も今後は検討されなければならないであろう。

11）1990年代半ばまでの連邦準備制度理事会の立場としては、グラス・スティーガル条項による分離規制を堅持しつつ、金融環境の変化に対してはレギュレーションYの規定を見直すことで対応するということを考えていた。しかしながら、連邦準備制度理事会がレギュレーションYの非銀行業務の範囲を拡大することは、事実上分離規制の解除を意味することになり、1990年代後半の連邦準備制度理事会は、各国の規制緩和による総合金融サービス業の展開も視野に入れながら、分離規制の解除時期を見据えるという状況にあったものと推測される。

12）1980年代のイギリスでは、保守党のサッチャー政権の下で、低下傾向にあったロンドン市場の国際競争力を高めるため、“ビッグ・バン”と称される金融セクターの大改革が行われていた。これにより、ロンドン市場は、国際金融市場での復権を着実に進めていたのである。

13）第2章を参照。

14）ドッド・フランク法が成立する前にオバマ政権が提示した包括的な金融規制改革では、「① システミック・リスクへの取組み、② 消費者ならびに投資家の保護、③ 規制構造に存在する隙間の除去、④ 国際的協調の推進」の4つが重要な論点であった（若園智明「米国における規制改革議論と包括的金融改革法の成立」『証券経済研究』（第84号、証券経済研究所、2013年12月）9頁）。

参考文献

糸井重夫（2004）『現代の金融と経済』中央大学出版部。

鵜瀞恵子編（1997）『新しい持株会社規制』商事法務研究会、No. 197。

高月昭年著（2001）『米国銀行法』金融財政事情研究会。

野村重明著（2011）『アメリカの連邦預金保険制度』日本経済評論社。

松尾直彦著（2010）『Q&Aアメリカ金融改革法――ドッド＝フランク法のすべて――』金融財政事情研究会。

馬淵紀壽著（1987）『アメリカの銀行持株会社』東洋経済新報社。

若園智明（2013a）「米国におけるマクロ・プルーデンス体制の構築」『証券経済研究』第83号、19-35頁。

若園智明（2013b）「米国における包括的金融規制改革法の全体像」『証券経済研究』第84号、19-41頁。

Andreas Busch (2009), *Banking Regulation and Globalization*, Oxford University Press.

Gary A. Dymski, Gerald Eqstein, Robert Pollin (1993), *Transforming the U.S Financial*

System: Equity and Efficiency for the 21st Century, M. E. Sharpe, Inc.（原田善教監訳（2001）『アメリカ金融システムの転換：21 世紀に公正と効率を求めて』日本経済評論社）。

William Lovett, Michael Malloy (2014), *Banking and Financial Institutions Law in a nutshell*, 8th Edition, West Publishing Co.（翻訳書としては、松尾直彦訳（1992）『アメリカ金融機関法（アメリカ・ビジネス法シリーズ）』（木鐸社）がある。ただし、本訳書は第2版の翻訳なので 1980 年代までの記述である）。

第6章
日本における金融規制監督制度

1. はじめに

戦後のわが国の金融は“間接金融優位”を特徴としていた。しかしながら、1970年代以降、一方では、オイル・ショックを引き金とするスタグフレーションに対する拡張的な財政金融政策によって大量の国債が発行され、他方では、円高の進行による日本企業の海外進出の加速と資本市場での資金調達の増加により、資金の流れは“市場”を経由した流れに変化してくる。これに対して、資金の供給主体である家計部門は一貫して銀行依存度が高い状態にあり、企業や政府の市場での資金調達の増加との間でミスマッチが生じてきていた。つまり、家計部門は依然として銀行に預金するのに対して、企業は銀行借入れよりも社債等の債券を発行して市場で資金調達を行うようになり、政府も積極的な財政政策を行うための資金調達を市場で行うため、銀行に集まる資金を社債や国債に振り向ける必要性が出てきたのである。そこで、1990年代以降は、“市場型間接金融”のような金融の新しい流れを模索し始めることになる。

このように、わが国の金融は、銀行を中心とした間接金融から、市場を中心とした市場型間接金融への転換期にあり、これをリスク分散型の投資信託等の金融商品を活用して行おうとしているのである。また、先進各国では、1980年代以降金融規制の緩和が進み、銀行・証券・保険の各金融分野を横断する新たな金融取引や金融商品の開発を進めることで、金融分野を牽引役とした経済成長を期待するようになる。わが国においても、総合金融サービス業の展開が可能になるように、金融持株会社の解禁や、競争制限的な事前規制から競争促進的な事後規制への転換など、従来の“護送船団方式”に代表される金融保護行政を転換し、英米のように自由な競争を促し、問題が発生したときの対応を重視する監督体制の整備を進めることになったのである。そして、市場競争を重視する競争促進型の金融行政への転換に伴って、財政と金融の両者を担っていた大蔵省を解体し、日々の金融機関活動を監視する金融庁と財政を担当する財務省に分離したのである。本章においては、わが国の金融規制監督制度の歴史的変遷を中心に整理し、グローバル化に対応したわが国の金融規制監督システムの再構築の方向性について整理する。

2.　戦後のわが国の金融構造

(1)　高度経済成長期の金融構造

戦後のわが国は、太平洋戦争の経済的な要因と考えられた財閥制度や大土地所有制度を見直す観点から、GHQの支配下で財閥解体と農地改革が行われ、経済の民主化を推し進めた。その結果、富裕層が減少し、相対的に少額の資産家が増加したため、その少額の資金を集めて貸出す銀行の役割が重要になった。また、経済成長の観点からは、輸出の拡大とその輸出品を生産するための投資の拡大が求められ、わが国においては、銀行に加えて全国に散らばる郵便局を活用して投資資金が集められ、前者は民間投資の増加を通して経済成長に寄与し、また後者は第2の予算として政策的に活用されて高度経済成長の原動力になったのである。さらに、戦後のわが国の経済成長は、1940年代後半の「傾斜生産方式」とその後の特定産業育成支援、これを金融面からサポートする「規制金利下の低金利政策」、並びに信用システム安定化のための「護送船団方式」を特徴としており、このような競争制限的な規制の下で輸出投資主導の経済成長を遂げることができたのである。また、金融構造の面では、少額の民間資金を銀行が吸収し、旺盛な企業の資金需要に対して低利で貸付けることによって、銀行中心の間接金融優位の金融構造を作りあげた。その結果、規制金利下での恒常的な民間部門の資金不足を日銀貸出により賄う状態が恒常化し、わが国の金融構造は、「オーバー・ボロウィング」と「オーバー・ローン」、それに加えて「資金偏在」という特徴を示すとともに、「メインバンク・システム」といったわが国に特有の銀行を中心とした金融構造を作り上げたのである。

ここで、「オーバー・ボロウィング」は、大企業を中心とする法人企業部門の資金調達において、民間銀行からの借入れ依存度が極めて高い状態のことをいい、「オーバー・ローン」は、恒常的に与信超過の状態にある民間銀行がその資金不足を日銀借入れに依存している状況をいう。また、「資金偏在」は、恒常的に与信超過の状態にある都市銀行と、通常は受信超過の状態にあるその他の金融機関とに民間金融機関が分かれ、両者がインターバンク市場で恒常的な借り手と貸し手となって一方通行的な資金の流れを形成していた状態をいう。そして、この高度経済成長期には、このような間接金融優位の下で、銀行と企業の融資関係や株式持合を特徴とする「メインバンク・システム」が形成され、旧大蔵省による金融保護行政と相まって、「政府―銀行―企業」という相互の協力・依存関係を構築することで、傾斜生産方式による戦後復興から高度成長が終わる1970年代後半まで、このメインバンク・システムが金融の面からわが国の高度経済成長をサポートしていたのである。

図6-1は、1990年代前半までのわが国の金融組織を示したものであるが、わが国の金融制度はイギリス流の商業銀行主義の理念と分業主義に基づいて構築されていた。また、1920年代の金融恐慌を体験したわが国は、金融システムの安定性確保の観点から戦後は金融機関の破綻を未然に防止し、信用制度の保護育成を優先させた。そのために、資金需要者の規模や地域性に応じて取引金融機関を決めることで競争を抑制し、また預金金利を規制することで預金金利の引下げ競争を防止し、小規模零細な金融機関でも一定の利鞘を得ることができる体制を整備したのである。この護送船団方式による金融保護行政の下で、戦後のわが国は、米国への“集中豪雨”的な輸出と国内での投資拡大によって高度経済成長が可能になっていたのである。

図6-1　わが国の金融組織（1990年代前半まで）

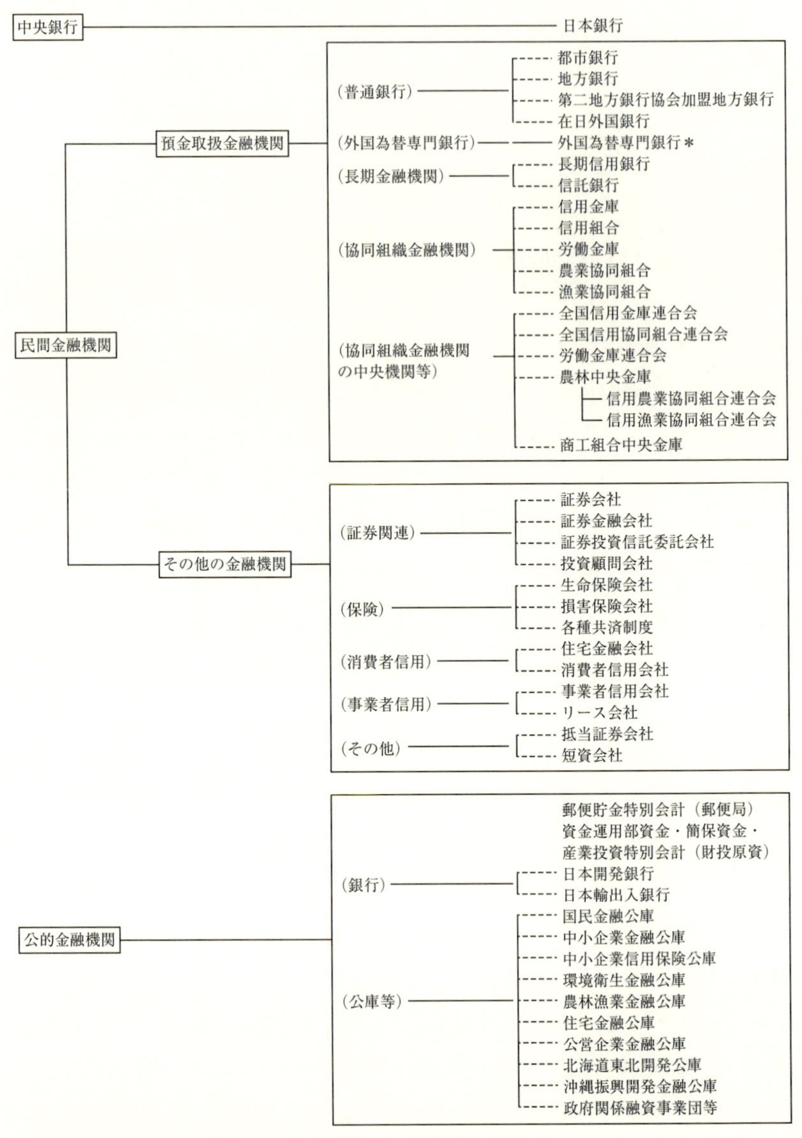

＊外国為替専門銀行は，業態区分に際し、慣行として都市銀行に含まれる。
出典）　日本銀行金融研究所『新版　わが国の金融制度』日本銀行金融研究所、1995年、11頁。

このように、金融分野で競争制限的な規制が構築されると、その下での資金循環が規定されてくる。通常、資金余剰主体は家計部門であり、資金不足主体は好景気では法人企業部門であり不景気では政府部門である。わが国の場合、預金金利に対する規制が行われた結果、預金金利はどこの銀行でも同利率であるため、家計部門は地元の金融機関への預金を増加させる。また、高度経済成長期には、輸出拡大のための投資資金調達を法人企業部門では銀行借入れによって賄おうとするために、銀行借入れの状態が長く続くことになる。その結果、輸出企業を中心として法人企業部門では「オーバー・ボロウィング」の状態が続いたのであり、民間銀行も旺盛な法人企業部門の資金需要に対応するために、日銀借入れが常態化する「オーバー・ローン」の状態が続くことになったのである。また、銀行システム内部では、貯蓄資金が集中する地元の金融機関と銀行借入れを増加させる都市銀行の間で「資金偏在」が常態化し、インターバンク市場を経由して地域金融機関から都市銀行への資金の流れが形成されていったのである。さらに、短期資金も長期資金も銀行借入れに依存する間接金融優位の金融構造の下では、銀行と企業の融資関係や取引関係が長期化することによって人的関係や資本関係も形成され、様々な側面で密接な関係を構築する「メインバンク・システム」が形成される。そして、このメインバンク・システムが、資金の安定供給による経済成長を可能にしたのである。しかしながら、このような高度経済成長期に見られた資金の流れは、1973年の第1次オイル・ショック以降大きく変化する。

(2)　オイル・ショック以後の金融構造

1973年10月、アラブ諸国とイスラエルとの間で第4次中東戦争が勃発すると、アラブ諸国はイスラエルを支援する国々に対する原油輸出を禁止する。その結果、原油価格は一挙に4倍に跳ね上がり、米英をはじめとして先進諸国は輸入インフレと景気後退（いわゆるスタグフレーション）に直面する。わが国経済も景気後退と激しいインフレを経験し、1973年の変動相場制以降と相まって高度経済成長は終わり、安定成長期に移行することになる。その結果、法人企業部門での設備投資は手控えられ、資金不足が解消するのに伴って「オーバー・ボロウィング」や「オーバー・ローン」は見られなくなり、代わって不況対策として積極的な財政金融政策が展開されることで公共部門の資金不足が顕著になってくる。この変化を示したのが**図6-2**であるが、オイル・ショック以後の1970年代後半は法人企業部門が資金不足を解消させるのに対して、公共部門の資金不足は増加し、1980年代後半のバブル期には再び法人企業部門で資金不足が顕著になるのに対して、公共部門の資金不足は解消に向かっていることがよく分かる。

日本経済全体での資金の流れは図6-2のように変化したわけであるが、間接金融優位の金融構造にも1970年代以降大きな変化が見え始める。すなわち、輸出を中心とする大企業は、スタグフレーションの進行により米国等の経済が悪化してきたため、銀行借入れを減少させ、資金調達手段を徐々に市場調達へとシフトさせていった。他方で、家計部門は依然として銀行預金を行っている

図6-2　部門別資金過不足の推移（対GDP比率）

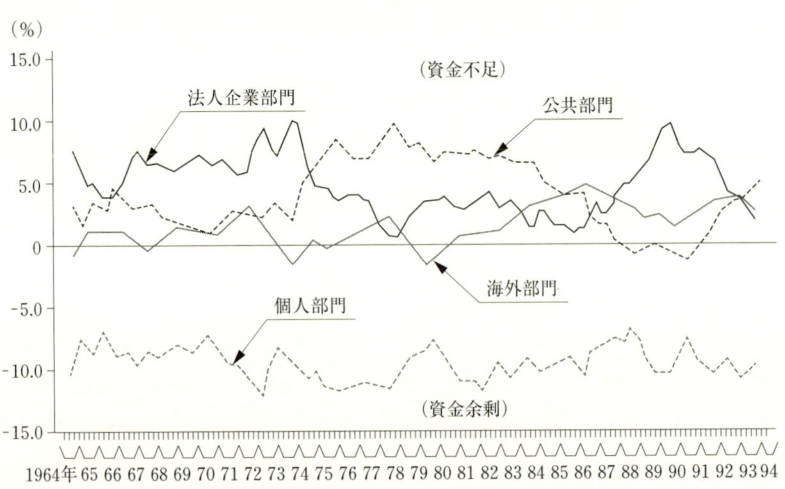

注）季節調整済み、3期加重移動平均（ウエイト　1：2：1）。
資料）日本銀行調査統計局『経済統計年報』、経済企画庁『国民経済計算年報』
出典）日本銀行金融研究所『新版 わが国の金融制度』日本銀行金融研究所、1995年、33頁。

ため、銀行は企業貸付に代わる貸出先を探す必要が出てきたのである。そこで、1970年代後半以降はラテン・アメリカ等の海外諸国への貸出し、1980年代後半は、わが国の不動産関連企業への貸出しを増加させていったのである。しかしながら、前者のラテン・アメリカ諸国への貸出しはデフォルトの発生等により不良債権化し、後者の不動産関連企業への貸出しは地価と株価の上昇によるバブルの膨張と崩壊により不良債権化する結果となる。そこで問題視されたのは、法人企業部門の資金調達手段が市場調達（直接金融）にシフトしてきているのにもかかわらず、貯蓄資金の受入れが依然として銀行であるという点である。そこで、1990年代後半以降は、間接金融優位の金融構造を是正し、投資信託商品等を活用して銀行に集まる資金を市場経由で法人企業部門に流す「市場型間接金融」の流れを構築することが求められたのである。そして、短期資金も長期資金も銀行により供給されるわが国の間接金融優位の金融構造は是正され、長期金融の担い手であった金融機関は破綻に追い込まれ、13あった都市銀行も3つのグループに収斂されてくるのである。また、1980年代の英米での金融規制緩和を受けて、わが国においても金融分野での規制が緩和され、金融資本の産業支配や財閥の復活につながるとの懸念から戦後一貫して規制されてきた純粋金融持株会社についても解禁され、子会社形態での総合金融サービス業の展開が可能になったのである。

また、1970年代の2度のオイル・ショックによる景気後退局面では、景気刺激策として積極的な財政金融政策がとられたが、この財政出動のための国債の大量発行は、わが国の金融構造を間接金融優位から直接金融の割合を増加させる転機となった。さらに、わが国の金融機関に対する規制監督体制については、行政指導等による事前規制から市場競争を重視した事後規制へと転換させる契機となったのである。そして、銀行以外の金融機関での国債の販売は、銀行と証券の分離規制の緩和を意味するとともに、1980年代後半の企業のエクイティー・ファイナンスによる資金調達手段の多様化と相まって、間接金融の相対的地位の低下を意味していたのである。このような、1980年代の間接金融から直接金融への転換過程において、「護送船団方式」により保護された金融機関は、わが国の膨大な貯蓄資金を株式・債券市場や不動産市場で運用することによって、また国内の規制金利体系下で調達した低コストの資金を自由金利市場である国際金融市場で運用することによって大きな利益をあげていた。そして、「地価は下がらない」という土地神話と「銀行は潰れない」という銀行不倒神話が相まって、金融機関の乱脈経営がバブル膨張に一役買うことになったのである。しかしながら、このような金融保護行政が温床となっていたと考えられる金融機関の放漫経営や、わが国特有の金融機関の閉鎖的取引慣行が、モラル・ハザードや金融機関活動の不透明性の問題を表面化させ、90年代に入ってからは、バブルの崩壊に伴う不良債権問題とその処理をめぐる対応の遅れから金融システム不安を惹起させたのである。そして、国内的には、金融機関の破綻やインターバンク市場でのデフォルトの発生等によって銀行の貸し渋りの問題が、また国際的には、ジャパン・プレミアムに見られるようなわが国の金融機関に対する不信、金融行政の不透明性等による金融機関及びわが国の金融資本市場の国際競争力の低下の問題が表面化してきていたのである。

このように、1980年代後半から90年代にかけてのバブルの発生とその崩壊の過程で、わが国金融システムの閉鎖性・不透明性と硬直性が表面化し、金融機関の膨大な不良債権の発生に伴う不良債権処理システムの整備、及び金融機関に対する規制監督システムのあり方が問われたのである。また、現状の金融分野における諸規制が、ボーダレス化した国際金融市場でのわが国金融機関の自由な活動を制限するとともに、諸外国の金融制度・金融規制監督システムとの整合性がとれなくなるという懸念が生じてきていた。そこで、1997年には、金融機関の効率的な企業組織形態の多様化とこれによる国際競争力の向上のために、企業結合規制の緩和に伴って金融持株会社の解禁及び独占禁止法第11条の運用緩和が行われたのである。このことは、日本銀行の独立性の確保と検査・監督権限の強化を狙った先の日銀法改正、政府系金融機関再編や郵政民営化等を含めて、戦後のわが国の金融システムを形成してきた枠組みを見直すことを意味していたのである。

3.　金融規制の変容

(1)　金融規制の変容——事前規制から事後規制重視へ——

わが国の金融制度の根幹をなすのは銀行法であるが、1927年制定の旧銀行法においては政策当局に行政指導等の裁量権を大幅に認めていた。第1次世界大戦後の1920年代、大蔵省は、金融制度調査準備委員会を設置して金融制度の抜本的な改革に関する検討を開始し、1927年には営業所の配置、役員の兼職、合併・廃業・解散等を認可制としつつ、自己資本比率や大口融資等の定量的な規制については規定せず、政策当局の行政指導に多くの事項を委ねた銀行法を成立させた。そして、戦後の経済民主化措置の一環として銀行法改正案の検討がなされた時期もあったが実現せず、旧銀行法は、半世紀余にわたってわが国の金融制度の根幹を担ってきたのである。

また、わが国の金融制度は、金融環境の変化に対して、独占禁止法（昭和22年）、証券取引法（同23年）、協同組合による金融事業に関する法律（同24年）、相互銀行法（同26年）、信用金庫法（同26年）、長期信用銀行法（同27年）、外国為替銀行法（同29年）等の関係業法の整備によって弾力的に対応してきた。しかしながら、1970年代以降のわが国の金融・経済の急激な変化への対応が従来の銀行法の枠組みでは対応するのが困難な状況になってきたため、1981年（同56年）に改正銀行法が成立し現在に至っている[1)]。

この間一貫して「預金者保護」、「信用秩序の安定」を確保する観点から、金融機関間の過当競争を防止し、金融機関の健全経営を促進させるために、大蔵省による営業免許や店舗の設置許可等を通して積極的に行政指導を展開するなど、競争制限的な規制がとられた[2)]。競争制限的な規制としては、参入規制、民間金融機関に対する業務分野規制、金利規制、内外市場分断規制等が重要である。このうち、金利規制については、1980年代以降漸次自由化が進展し現在では預金金利等完全自由化されており、内外市場分断規制についても1998年4月以降、外国為替管理法の改正によって自由化されている。そして、バブル崩壊後の1990年代に問題になっていたのが、長短金融の分離、銀行・証券分離、信託分離等の業務分野規制等についてであるが、これらについては、市場を中心とする資金の新しい流れの増大に伴って直接金融の比重が相対的に高まっているため、公社債投信等の市場型間接金融商品の開発や販売が銀行等で行えるようにするなど、漸次その緩和が行われた[3)]。また、巨大銀行の出現による独占の弊害を回避するための合併規制や株式保有制限等については、1997年の独占禁止法の一部改正に伴って、金融機関の効率性確保の観点から金融持株会社が解禁されるなど大幅に緩和されてきている。このような規制緩和の背景には、欧米の金融規制緩和による総合金融サービス業の展開も考慮し、わが国の金融機関が国際金融市場での業務展開の円滑化を図る視点があったものと考えられる[4)]。

ところで、金融規制は、企業結合規制のように金融機関の行動を規制するもの（金融機関行動規制）と、コーポレート・ガバナンス（企業統治）のように金融機関の内部組織の検査・監督機能の強化により株式会社としての金融機関の行動を規制しようとするもの（金融機関内部組織規制）、さらには市場の暴走を是正し、動揺を緩和するためのサーキット・ブレーカーの整備やインサイダー取引規制等、市場取引の制限や公正な市場取引のあり方等で規制しようとするもの（金融市場取引規制）などに分けることができる[5)]。そして、1990年代のわが国の金融規制の緩和問題の中心は、業務分野規制と企業結合規制の緩和によって金融機関の自由で効率的な活動を確保し、これによりわが国の金融機関が競争的な国際金融市場で活躍できるようにするとともに、従来の金融保護行政下の護送船団方式を見直し、公正な競争環境の整備を通して金融資本市場の活性化を図ることであったと考えられる。その場合、自由な競争による金融機関の破綻も想定されるため、セーフティーネットのあり方や破綻処理システムの整備についても活発に議論されたのである。すなわち、国内的にも、また国際的にも、金融機関間競争を促す事前的な金融機関行動規制の緩和と、国際的な金融市場間競争に対応して公正で効率的な市場を育成するための金融市場取引規制の再構築が主要な論点となっていたのである。ここではまず、前者の金融機関行動規制の緩和問題について簡単に整理しておくことにしよう。

図 6-3 は金融機関行動規制を事前的なものと事後的な破綻処理・整然清算に分けて分類したものであるが、1990年代当時、金融機関行動規制の緩和に関して議論されていたのは、競争制限的な参入規制や業務分野規制と、合併規制や株式保有制限等の企業結合規制などの事前規制についてである。そして、これらは銀行・証券・保険の各金融分野の業法と独占禁止法の改正問題に関係していた。政府はすでに、業務分野規制の緩和について、日本版ビッグ・バン（金融制度の抜本改革）に伴う銀行・証券・保険の各金融分野における規制緩和策等を定める金融システム改革法の制定を企図し、また企業結合規制の緩和については、1997年12月に金融持株会社関連法により金融機関による持株会社の設立を解禁した。それゆえ、企業結合規制の緩和による金融機関の企業組織形態の多様化と、業務分野規制の緩和に伴う金融分野における競争原理の導入とが相まって、金融機関は独自の判断によって組織形態を決定し、業務の多様化による様々な金融サービスの提供が可能になったのである。そして、このよ

図 6-3　金融規制の分類

手段／目的	事前規制			破綻処理 整然清算	監督機関
	金融機関行動規制		企業結合規制		
	競争制限的規制	健全性規制	独占禁止規制		
金融システムの安定の維持	・価格規制 ・内外市場分断規制 ・業務分野規制 ・参入規制	・自己資本比率規制 ・バランスシート規制		・各種のセーフティーネット	・金融庁 ・業界団体
システムの効率性促進			・合弁規制 ・株式保有制限		・公正取引委員会
経済的公平性の保護と市場の育成		・情報開示			・業界団体 ・金融庁 ・証券取引等監視委員会
利用者（預金者・投資家）保護		・情報開示		・預金保険制度 ・最終的な貸手	・預金保険機構 ・中央銀行

注）著者作成

うな金融機関の自由な活動を促すことによってわが国の金融構造の変化に対応した新たな金融システムの構築が期待されたのである。またこのことは、これまでのような行政当局の裁量による行政指導と「護送船団方式」を特徴とする競争制限的な金融行政から、市場取引を中心とする競争促進型の金融行政への転換を意味していた。つまり、不透明な行政指導をできるだけ排除しつつ、事前的な競争制限的規制や企業結合規制等を緩和させ、国際金融市場で業務展開するわが国の金融機関に対する健全性規制等を強化することにより、競争促進型の金融行政を進めることを意図していたのである。さらに、各種のセーフティーネットの整備による預金者並びに投資家等、市場利用者の保護を確保し、これらを通して金融システムの安定維持を図るとともに、破綻処理システムの構築等の事後的規制の整備を中心とした金融行政の推進が期待されていたのである[6)]。

⑵　業務分野規制と企業結合規制

金融分野は大きく銀行、証券、保険の3分野に分かれているが、1990年代の金融制度改革では子会社を通じての相互参入が可能となり、それ以前に実施された金利自由化や外国為替管理法改正による内外市場分断規制の緩和と相まって総合金融サービスの展開が期待されている。また、戦後のわが国の金融システムを特徴づけてきた競争制限的な「護送船団方式」による保護行政と決別し、市場の競争メカニズムを活用した金融資本市場の活性化の動きが進展してきている。さらに、1997年（平成9年）6月に成立した「私的独占の禁止及び公正取引の確保に関する法律の一部を改正する法律」により純粋持株会社が解禁されたのに伴って、金融界においても世界的な金融自由化の流れに対応した経営の効率化を図るために金融持株会社の解禁が必要であるとして、同年12月12日に成立した「持株会社の設立等の禁止の解除に伴う金融関係法律の整備等に関する法律」により金融持株会社が解禁されるとともに、同日成立した「銀行持株会社の創設のための銀行等に係る合併手続の特例等に関する法律」により銀行等が銀行持株会社を円滑に創設できる環境の整備が行われ、わが国においても金融分野における企業結合規制の緩和が本格的に行われることとなったのである。

戦後の財閥解体に伴って、1947年制定の原始独占禁止法は、第9条で持株会社を全面的に禁止していた。また、第10条は、金融業を除く事業会社の他社株式の所得・所有を原則禁止し、第11条は、金融会社の競争関係にある同種金融会社の株式所得の禁止と事業会社の株式総数の5％以上の取得を禁止していた。当時の状況からすれば、この第9条は象徴的・宣言的な意味のものであり、実質的には第10条と第11条の株式取得制限によって企業結合規制を行っていたといえる。しかしながら、早くも1947年の第1次改正によって、第10条の事業会社による他社株式の取得の原則禁止は基本的に原則自由へと転換され、さらに1953年の第2次改正においてはさらに緩和の方向が明確に打ち出された。また、第9条にいう「持株会社」の意味も「事業持株会社」と「純粋持株会社」に区別され、これまで「事業持株会社」については認められていたが、1997年の改正によりさらに「純粋持株会社」も設立が認められるようになった。そして、このような産業界の動きを踏まえて、先の金融制度改革で案としては検討されていたが独禁法との関係で認められなかった金融持株会社の解禁も議論され、金融界においても企業結合規制の本格的な緩和が行われることになったのである。

ところで、持株会社規制は株式保有による事業支配力の過度の集中を防止するためのものであり、純粋持株会社は、戦前の財閥復活につながるとして1947年制定の原始独占禁止法第9条でその設立が全面的に禁止された。また、株式の分散化が進んだ近代株式会社制度の下では企業支配が株式の所有により行われるので、実質的には同法第10条によって事業会社の株式取得を、また同法第11条で金融会社の株式取得を制限することによって事業支配の過度の集中を防止してきた。すなわち、金融会社の株式保有制限については、保険業を営む会社の場合は10％、それ以外の金融会社については5％を超えて株式を保有することを原則禁止し、金融持株会社の設立を禁止してきたのである。このような持株会社（純粋持株会社）規制・株式保有制限規制は、企業結合規制ないしは企業集団規制の一環としてとらえることができ、1997年（平成9年）6月の独占禁止法第9条の改正は、この意味において企業結合規制の緩和としてとらえることができる。

これに対して、銀行と証券の業務分野を規制する証券取引法第65条は、第1次世界大戦後の金融恐慌を経験して、米国の1933年銀行法における商業銀行業と投資銀行業の分離に関する規定（いわゆるグラス・スティーガル法）をモデルとして、銀行業と証券業の分離を規定したものであり、他の長期信用銀行法や信託業法による長短金融の分離規制、外国為替管理法による内外市場分断規制、保険業法その他の業法による各分野に対応する規制と同様、戦後の分離行政に基づく業務分野規制の一環ととらえることができる。したがって、企業組織に係わる企業結合規制の緩和による金融持株会社解禁問題と、金融サービスの多様化に係わる業務分野規制の緩和による総合金融サービスの問題は区別されるべき問題であり、規制の意味も目的も、また規制のあり方も異なる問題である。このことは、金融持株会社解禁に続いて業務分野規制の緩和が促進されれば、ドイツにおけるアルフィナンツのように金融持株会社の金融子会社が銀行業務、証券業務、信託業務さらには保険業務を行うことも可能であることを意味している。すなわち、金融業と独占禁止法との関係では、保険業を除いて特別な適用除外規定はないが、旧独占禁止法第22条が「特定の事業について特別の法律がある場合において、事業者又は事業者団体が、その法律又はその法律に基づく命令によって行う正当な行為には適用しない」と定めていたため、金融業においては、銀行法、証券取引法、保険業法、臨時金利規制法等の事業統制法が金融会社の活動を直接規制しているので、銀行と証券会社の業務の多様化や金融業における業務分野の垣根撤廃問題等は、銀行法、証券取引法、保険業法等の各事業統制法間の業務範囲の拡大問題である。

このように、金融分野における規制緩和の側面は、企業結合規制の緩和と業務分野規制の緩和の2つの側面があるが、両者とも金融機関の行動規制という意味においては同様の規制であり、またこれらの規制を緩和するということは企業の経営組織形態及び経営活動の多様化を促すことになり、効率的な金融機関経営が可能になると期待されている。もっともわが国の場合、独占禁止法第 9 条の改正によって純粋持株会社設立が可能になるとともに、金融持株会社の設立も可能となったが、米国の「銀行持株会社法」のように金融持株会社自体を特に規制する法律はなく、また各事業統制法自体の緩和も積極的には行われていない。しかしながら、米国が銀行持株会社制の下で銀行と証券が互いにその業務範囲を拡大してきているという点を考慮すると、わが国の場合、当面は金融持株会社による経営組織形態の効率化・多様化を図りつつ、業務の多様化・多角化はこれと平行して漸進的に行われることになると考えられる。

他方で、銀行法が預金者の保護を、また証券取引法が投資者の保護を、さらに独占禁止法が一般消費者の利益の確保を目的として制定されたことを考えると、金融機関の利便性・透明性を高めるとともに、預金者や投資家等の公衆が安心して利用できる金融システムの構築が望まれる。このような包括的な金融規制・投資家保護の流れに対応して、2006 年には証券取引法を改正した金融商品取引法が制定されている。そして、利用者保護が確保されるのであれば、多様な金融商品を幅広く顧客に提供できるユニバーサル・バンキングのような総合金融サービスが可能になることは、金融機関の利用者に多くの利益をもたらすことになると思われる。しかしながら実際には、ユニバーサル・バンキングは様々な問題を抱えており、現状では金融持株会社制度下での業務分野規制の緩和が賢明であろう。したがって今後は、金融持株会社制の下での業務分野規制の緩和による業務の多様化と利便性の高い金融サービスの提供が金融機関に求められることになる。

(3)　国際的統一基準としての BIS 規制

ところで、このような金融機関規制変容の背景としては、1970 年代のオイル・ショック以降の世界的な景気後退と、これに伴うわが国の企業行動の変化及び財政赤字の拡大等による金融構造の変質とともに、1988 年に導入された国際決済銀行（Bank for International Settlement: BIS）による自己資本比率規制（BIS 規制）の強化に伴う銀行行動の変化が考えられる。わが国の銀行は、この

BIS 規制の下で効率的な銀行経営を行うために、これまでの薄利多売的な経営方針から、限られた資金の効率的運用への方針転換を迫られることになった。そして、そのことが、1990 年代のわが国経済の景気回復の足枷になっていたとも考えられる。すなわち、バブル崩壊以降のわが国の株式市場の低迷は、巨額の不良債権を抱えた金融機関の財務内容を悪化させるとともに、株式相互保有の下でその含み益に依存してきた銀行の自己資本比率をさらに低下させ、BIS 規制や銀行法等の規制に基づく自己資本比率を満たすことが困難な状況を作り出したのである。

わが国の銀行が BIS 規制に基づく８％基準を維持し、国内の銀行法等に基づく早期是正措置や営業停止措置を回避するためには、株価の下落で減少した分子の自己資本に対応して分母の総資産を小さくする必要があり、分母の総資産を構成する貸出債権の回収等を行うことが求められた。それゆえ、1990 年代のわが国の銀行は、株価の低迷による自己資本の低下に対応して貸出資産を圧縮するために、新規の貸出しを抑制して貸出先からの資金回収を進め、いわゆる“貸し渋り”や“貸し剥がし”という現象を引き起こしたのである。また、この株価の低迷に伴う金融機関の体力の低下と自己資本比率規制に対応した銀行行動のあり方が、戦後のわが国の特徴であった株式相互持合を解消に向かわせることになったのである。つまり、戦後のわが国は、銀行を中心に株式の持合いによりグループ化を進め、金融機関が日本企業の株式の約半数を保有していたが、株式を大量に保有しているわが国の金融機関にとっては、自己資本に株式が組み込まれているために、株価の変動により銀行経営が大きく変化することを意味していた。たとえば、株価の変動は自己資本比率規制の分子の変動を意味し、株価が上昇しているときには分子の自己資本が拡大するのに伴って分母の貸出しを増加させるが、株価が下落して分子が小さくなるときには分母の貸出しを減らすように銀行は行動をとる。その結果、株価が低下して景気が悪く、企業が銀行借入れを増やしたいときに、銀行は株価の下落による分子の低下から貸出しを増やさないのであり、株価が上昇して銀行借入れが必要ないときに、銀行は株価の上昇による分子の上昇から分母の貸出しを増やそうとするのである。そして、このような銀行行動が、“貸し渋り”や“貸し剝がし”という現象を引き起こしたのであり、わが国の長期不況の1つの原因になっていたと考えられるのである。

このように、国際決済銀行の自己資本比率規制は、わが国の銀行行動に大きな影響を与えたと考えられる。また、第2章で考察したように、国際的に業務を展開する金融機関に対するこのBIS規制は、信用リスクに対して十分な自己資本を確保することで銀行の体力を強化する観点からリスク・アセット・レシオを採用し、オン・バランスとオフ・バランスの両者を含む分母のリスク・アセットに対する分子の比率である自己資本比率が8％以上であること要求する。自己資本比率を8％としたのは政治的な産物であるが、国際決済銀行の銀行監督委員会は、金利変動や為替の変化により発生する「マーケット・リスク」も考慮した自己資本比率規制についても検討を重ね、この1988年の第1次規制にマーケット・リスクを付加した「BIS第2次規制」を策定した。そして、2001年1月、BIS規制の見直しに関する第2次市中協議案「自己資本に関する新しいバーゼル合意」を公表し、2004年6月末にはこの「バーゼルⅡ」の枠組みに関する文章を作成して実施に移している。さらに、2010年9月には、リーマン・ショック以後の世界的な金融危機に対応して、自己資本をこれまで以上に充実させる観点から、国際的に業務を展開している金融機関の自己資本の質と量の見直しがなされた。これは「バーゼルⅢ」と呼ばれており、2012年末から段階的に導入され、2019年には全面適用が予定されている。

ところで、1988年の自己資本に関する合意が国際統一基準の導入という記念碑的意味を持っていたのに対して、2001年1月に公表された「バーゼルⅡ」は、金融機関活動の実態に即した規制の枠組みを目指したものであった。この新たな枠組みは、最低所要自己資本、監督上の検証プロセス、及び実効性のある市場規律、の3つの柱から成り立っており、金融システムのより高い安全性と健全性を確保するためには、この3つの柱が完全に実施される必要があり、またこの3つの柱は相互に補強し合う1つのパッケージであると理解されている。

この「バーゼルⅡ」では、信用リスクに関する手法の改善、オペレーション・リスクに対する明示的な自己資本賦課を含めるとともに、銀行グループの全リスクが考慮されるように連結ベースでグループの持株会社を含むように拡張されている。また、合意された提案では、自己資本の定義は従来と同様であるが、リスク・アセット算定におけるリスク計算方法とこれに関連する基準が取扱われている。監督上の検証プロセスは、最低所要自己資本と市場規律を補完するものとして理解されており、銀行の経営者が自行のリスクを適切に判断しているか、リスクに対して自己資本の見積を適切に行っているかを、監督当局が評価するのと同時に、銀行と監督当局の積極的な対話の促進を意図したものである。そして、市場規律は、自己資本比率規制や監督上の検証プロセスを補強する潜在的能力があると考えられており、この市場規律を実効性のあるものとするためには情報の開示が不可欠であるとされている。それゆえ、第2章で考察した国際会計基準委員会等の会計当局との連携が重要であり、国際的な統一基準による積極的な情報開示が期待されているのである。

このように、「バーゼルⅡ」は、従来の自己資本比率規制を実態に合わせて修正するとともに、BIS規制を実効性のある規制とするために、監督プロセスや情報開示等の環境整備を行ったものであり、事実上国際的に業務を展開する各国の銀行規制のガイドラインとして機能し、国内法化されることによって、金融機関の健全経営に対する規制の国際的なハーモナイゼーションが進展してきているのである。

(4)　BIS規制の国内法化

わが国におけるBIS規制の導入は、1996年の金融機関健全性確保法による銀行法改正を契機として、1998年4月から導入された早期是正措置に盛り込まれた。1990年代後半は、“護送船団方式”による金融保護行政が見直され、1997年の旧都銀の北海道拓殖銀行の経営破綻や四大証券会社の1つであった山一証券の自己廃業、1999年の東邦生命保険の経営破綻などが相次ぎ、健全経営とともに破綻処理のあり方が盛んに議論された時代である。この早期是正措置は、債務超過に陥る前の段階での対処についてのルールを明示し、健全経営を促すとともに破綻処理のルールについても整備するものである。**図6-4**は、そのルールを示した図であるが、国際業務を行う金融機関（国際基準適用行）は最低自己資本比率を8％とし、BIS規制に準拠させ、国内業務のみを行う金融機関（国内基準適用行）に対してはこれを4％としており、規制監督当局である金融庁はこのルールに従って透明性の高い金融行政を行うことになった。また、自己資本比率がこの基準以下に低下した場合には、3段階に区分された基準に応じて金融当局が早期是正措置を発動し、最終的には業務停止についても命令できることになっている。

このような金融機関に対する健全性確保のための自己資本比率規制の導入は、銀行経営を変質させるとともに、国際会計基準の整備や積極的な企業情報の開示（ディスクロージャー）を通して、透明性の高い銀行経営を促している。すなわち、銀行は、自己資本比率8％以上を維持したまま、分母である貸出資産を増加させて利益を増やすためには、分子である自己資本を増やす増資も検討する必要がある。それゆえ、自己資本比率規制の国際基準適用行は、増資環境を良好に保つため国際金融市場での自行の評価を高める必要があり、そのために積極的に企業情報を開示することが重要となる。さらに、国際金融市場で

図6-4　早期是正措置の概要

区分	自己資本比率		措置の概要
	国際統一基準	修正国内基準	
1	8％未満	4％未満	経営改善計画の作成・実施命令
2	4％未満	2％未満	増資計画の策定、総資産の増加抑制・圧縮、新規業務への進出禁止、既存業務の縮小、店舗の新設禁止・既存店舗の縮小等
3	0％未満	0％未満	業務の一部・全部の停止命令（ただし、金融機関の含み益を加えた純資産価値が正の値である場合等には、第2区分の措置を講ずることができる。）

注）1　大蔵省令、農林水産省令及び労働省令等を当庁が整理したものである。
2　国際統一基準は、海外営業拠点を有する金融機関の基準であり、修正国内基準は、海外営業拠点を有しない金融機関の基準である。

出典）総務庁行政監察局編『金融行政を考える』金融庁、1998年、34頁。

様々な国籍の金融機関との比較可能性を高めるためには、企業評価の尺度となる国際会計基準の役割が重要となる。加えて、自己資本比率規制に関係しない分野での収益、たとえば手数料収入等の確保も求められる。他方で、国内基準適用行においても、金融機関の健全性の指標としての自己資本比率規制が重要視されるため、結果として国際会計基準に従って自己の評価が行われるようになる。また、自己資本比率規制の導入は、預金者や投資家が常に銀行の自己資本比率を把握できるよう、自己資本や不良債権等の定義の明確化や会計基準の明確化も要求するようになり、その結果、金融当局による不透明な介入等は排除され、金融行政の透明性も確保されてくると考えられる。

わが国の場合、銀行・証券・保険の各分野の金融機関は、“護送船団方式”による金融保護行政によって手厚い保護を受けていた。この金融保護行政の下での大蔵省の行政指導により、金融機関経営の透明性が失われ、ディスクロージャーも積極的に行われることはなかった。しかしながら、わが国の金融機関が海外での業務展開をするようになると、進出先の国での基準を満たす必要があり、当該国での情報開示がわが国より進んでいる場合には、開示された情報量に差が出てくるため、わが国の投資家や預金者は不利益を被る場合も出てくる。それゆえ、各国の金融機関がグローバル化し、他国での業務を展開することで国際金融市場が一体化するようになると、会計基準やディスクロージャーの重要性が高まり、統一化・平準化されるようになるのである。さらに、BIS規制等の国際的統一基準を導入した場合には、透明性の高い有用な企業情報の積極的な開示が求められるとともに、不透明な金融当局の行政指導は実質的に不可能となる。したがって、金融行政のあり方も、国際的に統一されたルールの下での自由な経営を確保し、市場を重視した業務規制や事後的な規制へと変質せざるを得ないのである。また、金融当局による監督についても、日々の業務に対する監督・監視が重要となり、破綻処理システムについてもその整備が不可欠になる。それゆえ、護送船団方式と決別した1990年代後半以降の金融行政は、金融機関の自由な営業活動を尊重して規制緩和を促進させ、事後的に市場に悪影響を与えるような状況が発生した場合に当局が介入するという、事後処理的な体制の整備とセーフティーネットの強化を中心に展開されたのである。

さらに、今日の金融機関規制は、金融機関活動のグローバル化とボーダレス化に伴って、BIS規制や国際会計基準の導入など、国際的な統一基準作りが進んでいる。また、BIS規制のような国際的な統一基準が導入されるようになると、自国の基準が国際基準より緩やかな国では、当該国の金融機関が国際金融市場で業務を行う場合、国際基準を満たしていなければ事実上国際金融市場から排除されることになり、国際統一基準の実効性が担保されることになる。したがって、各国は、好むと好まざるとにかかわらず、国際統一基準に従わざるを得ない。そして、このように事前規制としての国際統一基準が導入され、国内法化されることによって、当局の金融行政のあり方も事前の規制から日々の監督・監視へと変化してくるわけであるから、わが国の金融行政についても見直しが必要になる。それゆえ、戦後の金融保護行政の担い手であった大蔵省は解体させられ、金融機関活動に対する日常的な監視・監督機関としての金融庁が設置されたのである。また、このような個々の金融機関に対するミクロ・プルーデンス政策の強化に加えて、金融システム全体に対するマクロ・プルーデンス政策については日本銀行が担当することになり、1997（平成9）年、日本銀行の独立性を確保し、信用秩序の保持の観点から、1942（昭和17）年制定の旧日本銀行法が改正されたのである。

4.　金融規制監督制度の再構築

(1)　金融行政の転換と行政組織の再編

上記のように、金融機関活動のグローバル化や金融機関に対する国際統一基準の導入に伴って、わが国の護送船団方式による金融保護行政も変容を迫られることになった。すなわち、それまでの業務分野規制や企業結合規制等の競争制限的な事前規制から、市場競争を前提とした自己資本比率規制やこれに対応した早期是正措置の明確化、さらには金融機関が破綻した場合の処理手続きやセーフティーネットの充実などへと金融行政の重心が移ってきている。そして、このような金融機関を取り巻く環境が大きく変化するなかで、市場規律と自己責任の原則に則った、明確なルールに基づく透明性の高い公平な金融行政を目指して、「金融再生委員会」が1998年に設置され、見直しが本格化するのである。

図6-5は、金融行政機構の推移であるが、1990年代後半までは、間接金融と直接金融の担い手である銀行と証券の各金融分野に応じて銀行局と証券局が設置されており、保険関係の規制監督組織として銀行局内に保険部が設置されていた。また、証券会社に対する規制監督は証券局が行うものの、証券市場における監視や証券取引上の犯罪調査などのために証券取引等監視委員会が設置され、証券会社の経営等に対する規制監督と金融資本市場に対する規制監督を区別して対応していた。しかしながら、1998（平成10）年以降は、大蔵省内の国家財政を扱う業務と、民間金融機関を対象とした金融行政についての業務が分けられ、前者は現行の財務省に、また後者は内閣府内の金融庁に徐々に業務を移管し現在に至っている。これに先立つ1997年、金融システムの安定を担う日本銀行に関して、旧日本銀行法を改正して日本銀行の独立性と透明性の確保を図っているが、これと併せて現在では、国家財政の健全性確保は財務省、金融機関の健全性確保のためのミクロ・プルーデンス政策は金融庁、金融システム全体の安定性確保のためのマクロ・プルーデンス政策は日本銀行という三極体制が構築されているのである。以下、現在までの流れを簡単に整理しておこう。

1998（平成10）年から2001（平成13）年までの3年間が省庁再編期であるが、省庁再編によって内閣府の下に置かれた金融庁が、2001年1月からは銀行・証券・保険の各分野の金融機関に対する検査・監督等を一元的に行うようになった。また、それまで都道府県が委任事務として行ってきた信用組合に対する検査・監督は国の直接執行事務として同年4月からは金融庁の所管になっている。さらに、金融危機対応や金融機関の破綻処理に対しては、金融庁とともに「最後の貸し手」機能を持つ日本銀行、預金保険の支払い・資金援助・預金債

図6-5　金融行政の推移

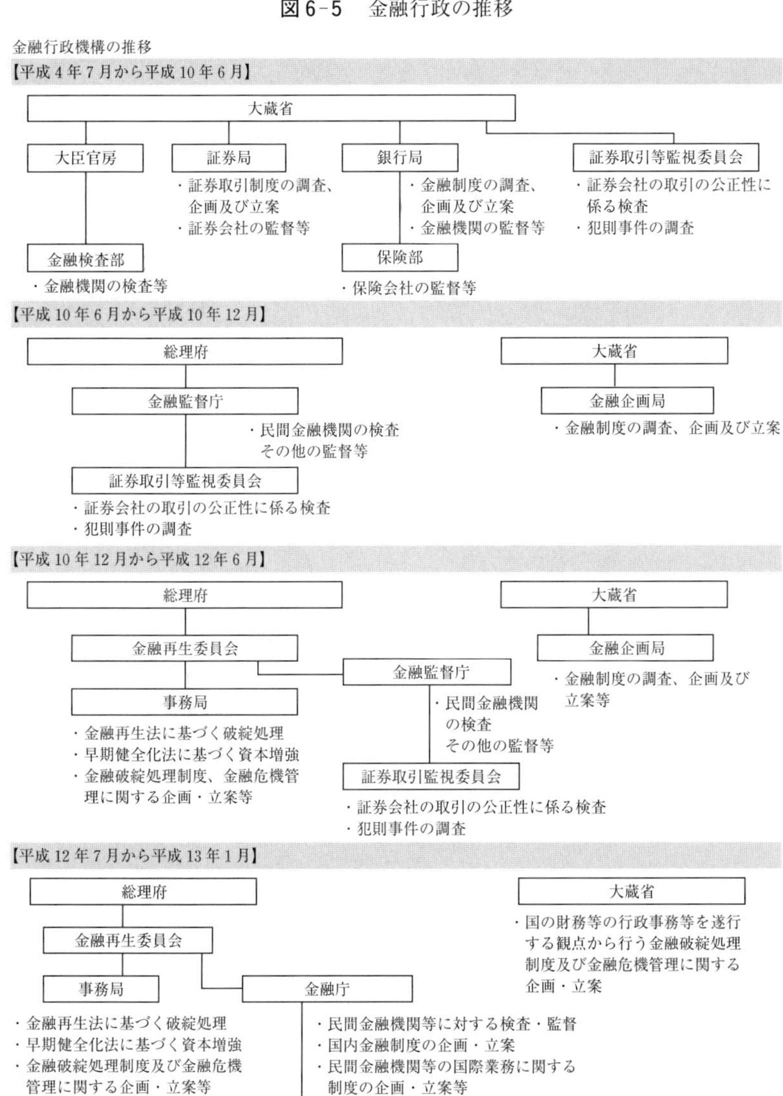
金融行政機構の推移
【平成4年7月から平成10年6月】
大蔵省
大臣官房
証券局
銀行局
証券取引等監視委員会
・証券取引制度の調査、企画及び立案
・証券会社の監督等
・金融制度の調査、企画及び立案
・金融機関の監督等
・証券会社の取引の公正性に係る検査
・犯則事件の調査
金融検査部
・金融機関の検査等
保険部
・保険会社の監督等
【平成10年6月から平成10年12月】
総理府
大蔵省
金融監督庁
金融企画局
・民間金融機関の検査その他の監督等
・金融制度の調査、企画及び立案
証券取引等監視委員会
・証券会社の取引の公正性に係る検査
・犯則事件の調査
【平成10年12月から平成12年6月】
総理府
大蔵省
金融再生委員会
金融企画局
金融監督庁
・金融制度の調査、企画及び立案等
事務局
・民間金融機関の検査その他の監督等
・金融再生法に基づく破綻処理
・早期健全化法に基づく資本増強
・金融破綻処理制度、金融危機管理に関する企画・立案等
証券取引監視委員会
・証券会社の取引の公正性に係る検査
・犯則事件の調査
【平成12年7月から平成13年1月】
総理府
大蔵省
金融再生委員会
・国の財務等の行政事務等を遂行する観点から行う金融破綻処理制度及び金融危機管理に関する企画・立案
事務局
金融庁
・金融再生法に基づく破綻処理
・早期健全化法に基づく資本増強
・金融破綻処理制度及び金融危機管理に関する企画・立案等
・民間金融機関等に対する検査・監督
・国内金融制度の企画・立案
・民間金融機関等の国際業務に関する制度の企画・立案等
（但し、金融破綻処理制度及び金融危機管理に関する企画・立案等を除く）
証券取引等監視委員会
・証券会社の取引の公正性に係る検査
・犯則事件の調査

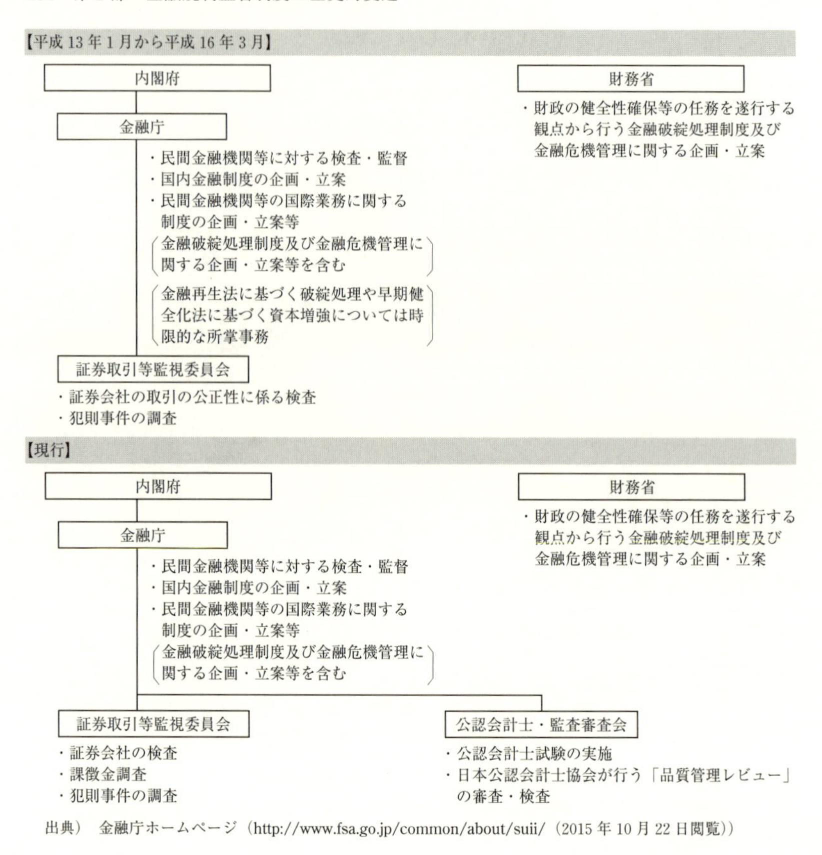

出典）　金融庁ホームページ（http://www.fsa.go.jp/common/about/suii/（2015年10月22日閲覧））

権の買取等を行う預金保険機構（認可法人）、及び同機構の業務を委託される債権回収機構（株式会社）が、事後的なセーフティーネットを構成することになった。加えて、金融危機が大規模かつ連鎖的な場合には、重要事項を審議する機関として、内閣総理大臣、財務大臣、金融庁所管の担当大臣、金融庁長官、日本銀行総裁等で構成される合議制機関として、「金融危機対応会議」が内閣府に設置されることになっている。これは、金融危機が最終的に公的資金の注入等の国家財政にも影響を与えることを考慮したものであり、リーマン・ショック以後のグローバル金融危機等にも対応できる制度として理解することができる。また、市場に対する監視・監督行政を担う機関として、1992年に旧大蔵省内に設置された「証券取引等監視委員会」が金融庁の下に置かれ、「内閣府―金融庁―証券取引等監視委員会」を通じた金融機関・金融資本市場に対する一元的な金融行政体制が構築されることになったのである。

(2)「護送船団方式」と高度経済成長

ところで、1990年代までの「護送船団方式」による金融保護行政の下では、結果として政府がリスクを引き受けており、政府・大蔵省が最終的なセーフティーネットとして機能していた。その結果、1980年代後半のバブル期には、安易な貸出しや事実上無担保での貸出しなどモラル・ハザードの問題を引き起こしたと考えられる。このようなリスクを行政サイドで引き受ける金融行政のあり方が行き詰まったことも、金融行政の転換や省庁再編の原動力になっていたと考えられる。そこで以下、旧大蔵省の金融行政と戦後の高度経済成長を支えたわが国独特の金融システムについて簡単に整理しておこう。

戦後の間接金融優位の下で、銀行に対する大蔵省の行政指導と、銀行と企業間のメインバンク・システムを背景として、政府は大蔵省と銀行を通してわが国の産業全体に目配りが可能になっていた。すなわち、「政府（大蔵省）―銀行」間の金融保護行政と、「銀行―企業」間のメインバンク・システムによって、「政府―銀行―産業」の密接な関係が構築され、政策当局はわが国の産業全体に対する金融的側面からの目配りが可能だったのである。そして、この関係を背景として、政府と民間が一丸となって輸出振興策をとったことで、戦後の高度経済成長が可能になっていたと考えられるのである。つまり、メインバンク・システムの下で銀行は、企業に短期と長期の両資金を供給していたため、安定的な資金の供給者、経営難に際しての貸し手、安定株主としての経営のチェック役、銀行を中心とした企業グループのまとめ役など、長期的な取引関係から形成される様々な役割を担っていた。これに対して大蔵省は、これら銀行のリスクを引き受けてくれる最後のよりどころとして機能し、金融の面からわが国の経済成長を支えていたのである。それゆえ、大蔵省はリスクを引き受ける代わりに、競争制限的な規制体系のなかで、店舗行政などを通して銀行をコントロールすることができたのであり、銀行を通して企業・産業界への目配りが可能になっていたと考えられるのである。

また、わが国の高度経済成長は、このような「政府―銀行―企業」が一丸となって、外貨であるドルを稼ぐために米国に対する“集中豪雨”的な輸出を行う一方で、その輸出品を生産するための国内投資を積極的に進めることで実現された。このような“輸出投資主導”の経済成長は、官民が一体となることで合理的に進めることが可能になっていたのであり、資源のないわが国にとっては、外貨の枯渇による国家破綻を防止し、安定した経済成長を遂げるために、“輸出投資主導”により外貨を獲得することが不可欠であったのである。そして、固定相場制下では、“安くて良い製品”を生産し、技術革新等により生産コストを引き下げることによって輸出は増加し、経済の拡大とともに外貨準備が積増されるわけであるから、わが国の高度経済成長は、このような固定相場制という外国為替制度のあり方にも強く依存していたのである。

このように、1970年代までのわが国は、政府・大蔵省と民間銀行、企業・産業界が密接に関係し合っており、この官民一体での対応が固定相場制下での高度経済成長を可能にさせたと整理できる。しかしながら、大蔵省と銀行のこの相互依存関係が1980年代のバブル期のモラル・ハザードの温床になっていたことも事実であろう。それゆえ、普段の経営活動を監視するようなコーポレート・ガバナンスの構築や金融機関行動の健全性規制の強化が求められ、1990年代以降、商法改正や会計制度の見直しが漸次進められるようになってきたのである。また、上述のように、国際統一基準であるBIS規制の国内法化や積極的なディスクロージャーの拡充などグローバル化に対応した改革や、破綻処理に対するガイドラインの整備等の整然清算手続きと制度の構築、さらには金融行政の透明性と公正性を高めるような改革がその後も進められているのである。そして、このような流れのなかで、図6-5のように、財政と金融の分離の観点から旧大蔵省が解体され、国家財政を担当する財務省と金融行政を担当する金融庁に分離されたのである。その結果、財政の健全化や金融危機の際の公的資金を活用した破綻処理対応は財務省、各金融機関に対するミクロ・プルーデンス政策や金融資本市場の規制監督は金融庁、金融システムの安定化に向けたマクロ・プルーデンス政策は日本銀行というように、三者が明確な役割を持って規制監督を行う体制が構築されたのである。

5. む　す　び

戦後のわが国の金融システムを概観すると、「護送船団方式」による金融保護行政の下で、「政府―銀行―企業」が一丸となって“輸出投資主導”の高度経済成長を実現した 1970 年代までの時期、企業活動のグローバル化に伴って金融機関活動もグローバル化し、わが国の企業や金融機関が国際的なルールに従うことが求められるようになる 1980 年代以降の時期に大別することができよう。1985 年のプラザ合意や 1988 年の BIS 規制の導入等は、わが国の金融政策や金融機関行動が国際社会の中で協調して行うことが求められ、また国際社会のルールに従うことが求められた事例として理解できる。

加えて、リーマン・ショック以後、世界はグローバル金融危機に対して協調して対応することが求められるようになってきており、世界各国はますます経済的相互依存関係を深化させ、国際的な統一ルールの策定・導入や規制・監督の連携を進めている。したがって、わが国においても、一方ではわが国の企業や金融機関が国際社会のなかで競争上の不利益を被らないために会計基準や規制を国際標準に対応して再構築し、他方で海外の企業や金融機関を含めたプレイヤーがわが国の市場を安心して活用できるように整備していく必要がある。また、本章で考察した大蔵省の解体についても、国際標準に対応した金融規制監督体制の再構築という視点で整理するならば、第 3 章で考察したイギリスの事例や第 5 章で考察したアメリカ合衆国同様、財政と金融の分離、プルーデンス政策のマクロとミクロの分離という国際的な流れのなかでとらえることも可能であろう。

さらに、第 2 章で考察したように、金融経済の発展過程で整理するならば、今日の金融経済は、巨大化する国際間の資本移動をいかにコントロールするのかという後期金融経済にある。したがって、各国は連携して統一ルールを導入するなど、規制監督体制の共通化・平準化を図ることが必要となるのであり、わが国においても、他国の金融機関や金融資本市場におけるのと同様の水準での規制と監督・監視が求められているのである。このように整理するならば、各国の経済事情に応じて個別に“発展”してきた金融市場や金融規制監督制度は、各国の経済的な相互依存関係が進化するのに伴って徐々に平準化し、“調和”に向かっているのであり、このような調和のなかでさらに“発展”していくものと考えられるのである。

1)　戦後のわが国の金融規制及び金融行政の変遷については、氏兼・仲編著（1994)、日本銀行百年史編纂委員会編（1986)、伊藤修著（1995）等を参照。

2)　大蔵省による行政指導として特に注目すべきは、参入規制といわゆる店舗行政であろう。また、金融機関行動に対する明示的な行政指導としては、経常収支率規制、不動産比率規制、預貸率規制、自己資本比率規制、流動性資産比率規制、大口融資規制のような経営諸比率指導が行われた。

3)　「新しい金融の流れに関する懇談会」（座長：蝋山昌一高岡短期大学長）は、1998年6月「論点整理」をとりまとめて公表したが、ここでは、わが国の金融を巡る基礎的な環境の変化を踏まえれば、新しい金融の流れとしては、特に投資信託のような投資者の資金によりファンドを作り、リスク分散を図りつつ専門家による管理・運用を行う、いわゆる「集団投資スキーム」（「市場型の間接金融」・「ビークル金融」）が重要な役割を果たすことによって、経済全体の円滑な資金調達と運用が図られることが望ましいとしている。（「商事法務」商事法務研究会、No. 1496、1998年、41-42頁）

4)　わが国の金融持株会社解禁は、独占禁止法上大きな問題点を残していると考えられるが、この点については、伊従寛監修（1998）第1章参照。また、これまでのわが国の金融業と独占禁止法との関係については、伊従寛（1997）第7章を参照。

5)　ここでは便宜上、外部的な金融機関行動を規定するような規制の枠組みを金融機関行動規制とし、主に企業統治の側面から見た金融機関の内部組織のあり方を規定する規制の枠組みを金融機関内部組織規制、市場における金融機関と相手方の行動を規制する枠組みを金融市場取引規制としておく。

6)　事後処理システムの構築については、バブルの崩壊による金融機関の破綻に伴なって、債権買取機構の設置やブリッジ・バンク構想等により徐々に整備されてきている。

参考文献

糸井重夫著（2004）『現代の金融と経済』中央大学出版部。
伊藤修著（1995）『日本型金融の歴史的構造』東京大学出版会。
伊従寛監修（1998）『持株会社の法律実務』新日本法規。
伊従寛著（1997）『独占禁止政策と独占禁止法』中央大学出版部。
氏兼裕之・仲浩史編著（1994）『銀行法の解説』金融財政事情研究会。
建部正義編著（2002）『21世紀の金融システム』中央大学出版部。
日本銀行金融研究所（1995）『わが国の金融制度』日本銀行金融研究所。
日本銀行百年史編纂委員会編（1986）『日本銀行百年史』日本銀行。
みずほ証券バーゼルⅢ研究会編（2012）『詳解　バーゼルⅢによる新国際金融規制』中央経済社。
目黒謙一、栗原俊典著（2014）『金融規制・監督と経営管理』日本経済新聞出版社。
花輪俊哉編著（1999）『金融システムの構造変化と日本経済』中央大学出版部。

第３部　アメリカ合衆国における
金融規制監督と競争法

第7章
構造規制

1. はじめに

この章では、アメリカ金融規制における構造規制に関して、競争法的な観点からの規制措置を取り上げる。通常、金融分野は銀行業と証券業、保険業によって構成されるが、ここでは銀行業を中心に議論を展開する。銀行の証券業務への参入が2008年世界金融危機までのアメリカ金融業の中心問題だったからである。

アメリカにおける金融業の発展・変容は80年代以降特に著しく、しかも、90年代のグローバル化を通じて広く世界に強力に影響を及ぼしている。アメリカは第1次大戦後の覇権国であり、その経済力は当然のように世界の産業をリードしてきた。そして、「百年に一回」と言われた1929年大恐慌も、2008年世界金融危機も、アメリカのウォール・ストリートから発して、世界中を巻き込んでいった。アメリカ金融業の発展・変容をトレースする必要性は明らかだろう。

しかし、アメリカの金融業というが、銀行業と証券業では、その置かれている規制環境が大きく異なる。1933年のグラス・スティーガル法は、銀行が証券業務に大きく関与したことから大恐慌において大きな損害を預金者に与えてしまったとの反省から、徹底的に銀行業と証券業を分離して、商業銀行には預金保険というセーフティネットと競争制限を、投資銀行（＝証券会社）には投資家の自己責任と自由競争をベースとしたビジネス環境の棲み分けを強制することになった。そのため1933年以降のアメリカ銀行業のビジネス環境は、政府の規制・監督が基本的で、競争の余地はそれほど大きくなかったのである。

したがって、銀行業の場合、競争法の観点からの構造規制としては、まずその業務規模に関する構造規制が問題となる。その中心は市場集中規制である。ただ、この分野は、銀行業固有の競争制限的規制と競争法的な競争促進的規制とが対立しせめぎあっている領域なので、それぞれの規制場面ごとに、競争制限的規制と競争促進的規制の力関係を整理しておく必要があるだろう。この章では、具体的に、⑴銀行免許と参入規制、⑵支店設置規制、⑶銀行持株会社、⑷銀行合併、そして近年発展著しい⑸電子資金取引、というビジネスシーンを取り上げて、どこまで競争促進的な力が働いているかを確認していくことにする。

そして、競争法的な観点から問題となる構造規制の2つめが、銀行の業務範囲に関する構造規制である。

グラス・スティーガル法にはじまる銀行業と証券業の分離の壁は、1970年代以降の証券市場の発展を契機として、大きく揺らぐことになった。証券業では、MMFや証券化、CDSを中心とした新商品の開発や金融工学を駆使したトレーディング技術などのイノベーションによって、投資銀行や投資ファンドが大きくその業態を拡大して行った。そのため、伝統的に事業会社に対する産業融資を中心的な収益源としていた銀行業は、事業会社が直接証券市場で資金調達するディスインターミディエーション（disintermediation：銀行離れ）によって窮地に陥る。以後銀行業は、証券市場への参入機会を拡大することによって、その収益源を拡大しようと試みることになった。それは当然に1933年グラス・スティーガル法が設けた銀証の垣根を小さくすることを意味する。1980年DIDCMA（金融制度改革法）にはじまり1999年グラム・リーチ・ブライリー法まで続く一連の銀行制度改革は、グラス・スティーガル法の設けた預金者のためのセーフティネットはそのままに、その競争制限的な側面を大きく後退させ競争促進的な方向へと舵を切って行った。そして、その競争促進の主戦場は銀行の証券業務への参入であった。

したがって、米国における銀行の業務範囲に関する構造規制の変容は、(1) 1933年グラス・スティーガル法から、(2) 1980年金融制度改革法（DIDMCA)、(3) 1982年ガーン・セイントジャーメイン法、(4) 1986年以降のFRBの連邦準備制度理事会指令（Fed order)、(5) 1999年グラム・リーチ・ブライリー金融サービス現代化法までの競争促進的局面と、2008年世界金融危機を契機とした、(6) 2010年ドッド・フランク法による競争制限的局面への方向転換をトレースすることによって確認される。

最後に、グラス・スティーガル法にはじまりドッド・フランク法に至る米国の金融＝銀行規制改革の方向は、いわば「振り出しに戻」った観を示している。「振り出し」という表現が大げさならば、「バックギアが入った」と言い換えても良い。この現状を最後に総括しておく必要があるだろう。この章では、Hyman Minskyの金融不安定性仮説を取り上げて銀行規制のあり方を総括する。

2. 業務規模に関する構造規制

先に競争法的（競争促進的）規制と銀行固有の規制があると述べた。もとより競争法的な規制は、市場構造の問題としては、競争単位の減少と集中度の拡大に対する警戒と、過度の集中の防止と排除として現れる。具体的には、合併規制、支店及び電子資金取引の規制、（事業会社支配目的の）株式保有制限が争点となるビジネスシーンである。これに対して、銀行固有の規制とは何か。なぜ、銀行業への参入が制限されるだけでなく、銀行間の競争や、銀行の証券業への参入が規制されているのだろうか。まずは、この基本問題から明らかにしておく必要があるだろう。

米国の商業銀行は発券銀行としてはじまった。そのため米国最初期の銀行は、発券業務という「公権力の行使」に与ることから、(1) 銀行「免許」によって設立され、(2)「商品（goods, wares, merchandise, or commodities)」を取引することを禁止された。

まず、米国独立戦争時代に商業銀行が実業化した時点では、一般に銀行は一行で十分だと考えられており、連邦議会も1781年にBank of North Americaに独占免許を与えて、戦争中他の銀行には免許を与えないことを約束していた。しかしながら、連邦制度の下では、銀行の国家独占は不可能だった。州が4行に銀行免許を与え、その後1791年にはFirst Bank of the United Statesが営業を開始することになった。それにもかかわらず、一般には地域独占が望ましいと考えられていた。州ははっきりと独占政策を採用したわけではなかったが、州議会による銀行免許では、銀行業に厳しい参入障壁が設けられるとともに、厳しい監督規制が行われることになった。19世紀に入って30年間は、州議会が「制限立法」を制定して参入統制権を保持し、コモンロー上の権利であった個人による手形振出権を無効にした。

だが、銀行業の参入制限は、政府の専権的な会社設立免許を巡る数世紀にわたる論争の記憶を甦らせた。特定の事業に参入する機会を他の者に与えない事業免許制は、「特権的」商人階級を設けるものであって、過剰な「権力の集中」に当たると受けとめられた。そのため、1830年代まで銀行免許手続は強力な反対と対峙することになった。

中央銀行ではなく、複数の、一定の要件を満たした商業銀行が発券機能を担う、「自由銀行業」時代には、州は、議会ではなく行政機関の手によって、若干の条件付きではあるが、銀行数を制限しないことで、引き続き銀行免許を行うことができることになった。要するに、各州は、法的な銀行業への参入障壁を低くする一方で、銀行免許と銀行監督規制という特殊性を維持したのだった。これは連邦レベルでも同様だった。連邦議会が国法銀行法を制定したときには、ニューヨーク州自由銀行法が同法のモデルとなった。

19世紀に入って銀行が普及するに伴って、銀行が倒産し銀行券の償還ができなくなる事態が発生しはじめた。そのため銀行券の安全性確保の問題は、アメリカにおいて、イギリスの自由主義的銀行制度とは違って、政府機関による規制色の強い銀行制度に道を開くことになった。そして19世紀後半には、こうした米国型銀行制度が全米に拡大していった。

1913年に連邦準備法が制定され、連邦準備制度が創設されて、自由銀行業制度が幕を閉じた後も、銀行規制を巡る状況は基本的に変わらなかった。銀行規制を支持するもう1つの理由が顕在化したためであった。

1933年銀行法では、連邦及び各州の新規免許付与の基準が引き上げられた結果、国法銀行・州法銀行とも、銀行業への参入はずっと困難になった。大恐慌がこうした免許基準引上げの契機となった。では、大恐慌は何を明らかにしたのか。もともと銀行は経済社会において、(1)決済システムの担い手であり、(2)預金者から貯蓄手段である預金を受け入れ、(3)金融仲介に重要な役割を果たしている。ところが、大恐慌で顕らかになったのは、ひとたび銀行が破綻した場合、上記(1)から(3)の役割が果たせなくなるだけでなく、それが他の銀行に対する信用不安を生じた場合には、その信用ネットワークを通じて急速な金融恐慌と産業崩壊を引き起こし失業者を大量に発生させるなど、社会に与える影響が極めて大きいということであった。いわゆるシステミック・リスクである。

そのため、1933年グラス・スティーガル法は、1つには予防措置として銀行の健全性の強化を目的に、銀行の自己資本規制、預金準備率規制、競争制限、規制機関による監督を定めるとともに、不幸にして銀行破綻が生じてそれが金融危機へと発展しそうな場合には、政府による緊急貸付、顧客への支払い停止、銀行の自己資本規制強化を行うことを定めた。このように、グラス・スティーガル法の認識では、銀行は事業会社とは異なり、経済社会を巻き込んだ被害を発生させるシステミック・リスクを抱えているがゆえに、他の事業会社にはない固有の規制を行う必要が認められるのである。

グラス・スティーガル法が銀行の免許基準を厳格化して、銀行業への新規参入が大きく減少した結果、1930年代以降、銀行は、他行の吸収合併や持株会社の設立、新設合併、支店開設の拡大によって事業規模の拡大を目指す方向に進んだ。これに対して連邦政府は、1958年銀行持株会社法によって銀行業の系列化を制限し、1960年及び1966年銀行合併法と1963年のU.S. v. Philadelphia Bank事件最高裁判決によって同一都市又は大都市圏における大規模銀行合併に一定の歯止めをかけ、1970年銀行持株会社法改正によって銀行が他の産業に進出する業務多角化を一定の業務分野に制限した。規制と競争制限が維持・強化されたのである。

しかし事態は、最大手銀行が同一州内の他の都市の大手銀行を買収することを認めた1974年のMarine Bancorporation事件最高裁判決を契機に大きく旋回する。1980年に大統領委員会が支店開設の自由化と州際取引の許可を答申した。これを受けて1980年代には、多くの州が州際銀行持株会社を許可するとともに、銀行破綻による救済合併が増大した。また、1990年代に入ると、支店開設と金融市場の相互乗り入れが一層拡大した。規制緩和と競争促進が銀行業の主流となったのである。その意味では、銀行業の規制緩和と自由化の拡大によって競争法の重要性が増したということもできる。この流れは1999年グラム・リーチ・ブライリー法で最高潮に達した。

⑴　銀行免許と参入規制

1933年グラス・スティーガル法は、第17条[1)]で国法銀行の最低資本金を以下のように定めていた。

人口6千人以下　　　……資本金5万ドル以上
人口6千～5万人　　……資本金10万ドル以上
人口5万人以上　　　……資本金20万ドル以上

当時の物価水準とインフレ状況を考慮すると、この金額は現在では現実的とはいえないだろう。

国法銀行免許は通貨監督官（Comptroller of the Currency: OCC）が与えるが、その行政規則で国法銀行免許基準として資本金100万ドルを定める[2)]。州法銀行免許は州銀行局又は州銀行委員会が与えるが、それが要求する最低資本金は州ごとに異なる。最低資本金は、銀行破綻に備えた払戻準備金としての性質を持つが、同時に現在では、過剰な銀行の貸付を制限する意味でも重要である。

さらに、連邦準備制度と連邦預金保険公社への新規加盟基準はいずれも資本金100万ドルを要求している。これらは銀行免許の基準そのものではないが、

OCCが銀行免許の際の考慮事項として援用していること、連邦準備制度や連邦預金保険公社に加入せずに銀行としての信用が維持できないことを考えれば、事実上、銀行免許基準に近い重要性を持っているといえる。

1981年12月17日連邦準備制度理事会及び通貨監督局（Office of the Comptroller of the Currency）は「自己資本の充実度に関するガイドライン」において、貸出残高自己資本比率について、

リージョナル・バンク　最低5.0%　6.5%超を奨励　5.5%未満で監督対象

コミュニティ・バンク　最低6.0%　7.0%超を奨励　6.0%未満で監督対象

というガイドを示している。

1984年から1985年のFRB・OCCの自己資本規制基準は、その規模に関係なく、第1次資本については総資産の5.5%、総資本については総資産の6%を要求している。

また、国法銀行の免許にあたって、OCCは、政策的考慮事項として、(1) 当該銀行が国法銀行に関する法令に精通した発起人を備えているか、(2) 提供するタイプのサービスに関する能力と経験を有する適性のある取締役会を含む経営者を備えているか、(3) 当該事業企画の規模とタイプを支持するに足る資本金を備えているか、(4) 利益を実現しそれを維持する十分な見込みがあるか、及び、(5) 安全かつ健全な方法で事業が運営されると考えられるか、を考慮することができ[3]、さらに、追加的考慮事項として、(1) 当該預金機関の財務履歴及び財務状況、(2) 当該預金機関の資本構成の充実度、(3) 当該預金機関の将来の収益見通し、(4) 当該預金機関の経営陣の一般的性質及び適性、(5) 当該預金機関が預金保険公社に開示したリスク、(6) 当該預金機関が営まれる地域の利便性及び必要性、及び、(7) 当該預金機関の権能がこの章の目的と抵触しないこと、を考慮できるとしている[4]。このうち特に、(6) 当該預金機関が営まれる地域における「利便性及び必要性（convenience and needs)」が含まれている点は、競争法上注目に値する[5]。

バーゼル合意による自己資本比率規制

1984年から1985年に、連邦銀行規制監督機関は、（その規模に拘わりなく）すべての銀行に関して、「第1次資本（primary capital）」については総資産の5.5%、総資本（total capital）については総資産（adjusted total assets）の6.0%という、新しい自己資本の充実度の基準を公布した[6]。その後1987年に、12の主要な銀行国（米国、カナダ、日本、英国、西ドイツ、スイス、フランス、イタリア、オランダ、ベルギー、ルクセンブルク、スウェーデン：G12）の中央銀行及び規制監督当局が、スイスのバーゼルにある国際決済銀行（Bank of International Settlements：BIS）の会合で、銀行の自己資本比率規制につき、1990年12月31日までにリスクウェイト資産（risk-weighted assets）の7.25%に、1992年12月31日までにリスクウェイト資産の8%に、統一・強化することで合意した[7]。この合意は、当時、BIS規制と呼ばれ、後にバーゼル合意、そしていまではバーゼルⅠと呼ばれている。

バーゼルⅠにおいて自己資本比率規制が問題となった背景には、1980年代米国におけるS&L危機の経験があった。1980年代の半ばから後半に連邦貯蓄貸付保険公社（FSLIC）が巨額の損失を被ったため、米国の銀行規制監督機関は自己資本規制への関心を高めることになった。まず、1989年金融機関改革救済執行法（FIRREA）によって、貯蓄金融機関について、緩やかであった会計基準及び自己資本規制が強化された。貯蓄貸付組合（S&L）の破綻続出の事態から得られた大きな教訓として、規制監督機関は自己資本の不十分な金融機関に対して経営を是正させるために早期に介入することが望ましいということについては、専門家の大半の意見が一致していたのである。次に、連邦議会は、1991年連邦預金保険公社改善法（FDICIA）によって、連邦預金保険公社（FDIC）（同様に1988年から1992年の間に多額の損失を被っていた）の資金基盤強化を行うために、連邦預金保険公社（FDIC）に対して700億ドルの借入権限を認めるとともに、自己資本規制の強化及び規制監督当局による監督の裁量権の制限を図った[8]。

しかし1990年代になると、バーゼルⅠの自己資本要件は、制限が強すぎるとの批判が一部銀行を中心に寄せられることになった。これを受けて、「バーゼルⅡ」の改定条項は、いくぶん緩やかな最低自己資本を許容する結果となった。大手銀行が担保保証やヘッジ、証券化商品、デリバティブ証券によって自らのリスクを軽減することが可能であれば、多少低い自己資本でも十分かもしれない。だが、銀行規制監督機関はそれでも実質的な監督を行うことが求められる。米国の銀行規制監督機関は、こうした緩やかな最低自己資本のフレームワークを、2008年から2009年ころに実施することを予定していた。しかし、少なくとも当面の問題としては、米系多国籍銀行最大手12ないし25行だけにこの緩やかな要件を適用することにした。EUの銀行規制監督機関もまた、事態がこうした方向に動くことを望んでいたようである。

米国の規制監督機関は2005年の夏にバーゼルⅡの施行規則案に対するコメントを募集する予定だったが、新たな定量研究から明らかになったのは、新規則を採用した銀行は結局以前考えていたよりずっと少ない自己資本しか持たないということだった。このデータはまた、改正バーゼルⅠ（いわゆるバーゼルⅠA）に委ねられたTier 2銀行の、バーゼルⅡの方法論を採用することが認められている銀行と競争する能力に関して、疑問を提起した。これによって、バーゼルⅡ銀行は、バーゼルⅠA銀行に対する実質的な競争優位を得て、後者を前者による買収に脆弱な状態にとどまることになる。その結果、規制監督機関は、この定量的な結果を分析する時間をもっと取るために、2005年5月にこの計画を延期した。

2007年12月まで、OCCとFRB、FDIC、OTSは共同で、最大手の国際的に活動している米国銀行に関するバーゼルⅡの最終的な施行規則を公示し、それらの最終規則は2008年4月1日に施行された。この新しい基準は、2009年1月1日に始まり3年の期間をかけて段階的に実施される予定だった。2008年7月に、これら行政機関は、バーゼルⅡの適用がない銀行や貯蓄機関に対して、新たなもっとリスク感応度の高い（risk sensitive）自己資本のフレームワーク（バーゼルⅠA）を提案した。バーゼルⅠA規則案に対するコメント募集期限は2008年10月27日だったが、このときまでには、金融サービス産業は、

2008年9月にはじまった金融危機の結果、完全な混乱状態にあった。バーゼル・アプローチとその改定が、簿外保有（off-balance-sheet exposures）やトレーディング勘定資産の処理（the treatment of trading book asset）の、様々なリスクを考慮しなかったことを理由に、一部の専門家から批判されたことは理解できる。必然的に、この継続する危機に対応する新しいアプローチが求められることになった。

そして世界金融危機に対する対応策として、新たに「バーゼルⅢ」アプローチが登場することになった。これは、市場リスク・フレームワークの改定、当該機関のトレーディング勘定のインクリメンタル・リスクに関するガイドライン、銀行のトレーディング勘定における証券化商品の保有に関する新たな規則、及び株式の保有に関する自己資本賦課の改定を内容とするものであった。銀行破綻における証券化商品の重要性を考慮して、そのフレームワークの拡大は、銀行のトレーディング勘定に含まれる再証券化商品に関するリスクウェイトの改定を含むこととなった。

2012年8月に、OCCとFRB、FDIC（金融危機の結果、OTSはOCCに吸収された）は、新バーゼルⅢに対応して、そのリスクベースとレバレッジの自己資本要件の改定を提案した。提案された改定案は、新たに設けられた普通株式等Tier 1の最低自己資本要件の実施、その他Tier 1自己資本要件、そして先進的アプローチの自己資本ルールに服する銀行機関に関しては、分母に広い範囲のアセット・リスク保有をとった、補充的なレバレッジ比率を内容としている。加えて、バーゼルⅢに従って行政機関は、銀行機関がその最低リスクベース自己資本要件を履践するのに必要な額に加えて、特定額の普通株等Tier 1自己資本を保有していないときには、当該銀行機関の資本配分と一定の裁量的ボーナスに対して、制限を適用することを提案した。

国際決済銀行（BIS）バーゼル委員会2011年10月報告書によれば、米国は、バーゼルⅢアプローチを支持した他の諸国と比較する限り、既存のバーゼルⅡと新バーゼルⅢによる規制要件の採用が遅れていた。2012年4月に出された第2の報告書は、米国が補充改定を行わなかったことで、米国にレッドカードを突きつけた。それにもかかわらず、米国の規制監督機関の動きは依然として鈍いものだった。

たとえば、2013年7月、FRBは市場リスク自己資本規則の改定を提案した。同月、他の規制監督機関が採用した改定自己資本規則において、OCCとFRB、FDICは、3%の最低補充レバレッジ比率を定めたが、これは、バーゼルⅢのリスクベース自己資本要件の最も先進的なバージョンに服する銀行機関に関して、バーゼル委員会が採用した最低レバレッジ比率と一致するものであった。2013年8月には、3つの銀行規制監督機関が、大手の相互に連結した米国銀行機関のためのレバレッジ比率基準を強化する共同提案を発表した。この提案は、その連結総資産額が最低7千億ドル以上、又は保有資産最低10兆ドル以上の米国の一流銀行、及び当該持株会社の被保険預金機関子会社に適用されることになる。この規則案は、適用対象となる銀行持株会社の被保険預金機関子会社の補充的なレバレッジ比率に関して、6%という「自己資本が優良な」要件を定めることになっている。

FRBはまた、3%という最低補充的レバレッジ比率要件を上回って適用対象となる銀行持株会社に関して、新たなレバレッジ・バッファーを提案した。このレバレッジ・バッファーは、適用対象となる会社に、その総レバレッジ保有の2%を上回る額の範囲内にTier 1自己資本のレバレッジ・バッファーを維持するよう義務付けることで、自己資本を保護する上で有用であると考えられている。このバッファーを維持する会社は、配当金や裁量的ボーナスに対する制限に服さない。もし採用されるにしても、この案が施行されるのは、2018年1月1日となる。

最後に、2013年9月に、FDICは、規制自己資本を改定し、FDICが監督する金融機関に関するリスクベースのレバレッジ自己資本要件を改定し、FDIC被保険州法銀行と同様に州の貯蓄団体に適用される自己資本規則を改定する暫定最終規則を発表して、バーゼルⅢの実施にいっそう近づいた。とりわけこの規則は、⑴普通株等Tier 1自己資本のリスクウェイト・アセットに対する比率に関する新しい要件として4.5%、⑵Tier 1自己資本のリスクウェイト・アセットに対する比率要件として（4％から引き上げて）6％、(3)総自己資本のリスクウェイト・アセットに対する比率要件として8％、(4)Tier 1自己資本の平均総連結資産額に対する比率（レバレッジ比率）として4％、そして、(5)大手銀行に適用のある「補充的レバレッジ比率」、すなわち総レバレッジ保有に対するTier 1自己資本の比率として最低3％、を求めている。この規則はまた、当該金融機関が最低リスクベース自己資本要件を満たすのに必要な額に加えて特定額の普通株等Tier 1自己資本を保有していない場合に、FDICが監督する金融機関の資本分売（capital distributions）と裁量的ボーナスに対して制限を定めている。これらの規則は、2015年1月1日にはじめて、FDICが監督する金融機関すべてについて、完全に施行される。OCCとFRBは、このFDICの改革に対応して、2013年10月に最終規則を採用した。

(2)　支店設置規制と銀行持株会社法

支店設置を規制する根拠も、基本的には銀行免許の場合と同様である。支店設置を通じた銀行同士の競争の激化は、それが過度にわたるときには、銀行の利益を削って財務状況を悪化させ、銀行を破綻させる可能性を持っている。通常の事業会社であれば市場から退出して終わりであるが、金融機関、とりわけ銀行の場合には周辺社会に与える影響が大きい。アメリカでもこの間の事情は同様であって、国法銀行についてはOCCが[9]、州法銀行については州銀行局又は州銀行委員会が支店設置を許可する権限を有している。

アメリカでは1920年代まで州法銀行が一般的であって、この自由銀行時代の一般的な州法銀行はいずれもユニット・バンキング（unit banking：単店舗銀行業）であった。南北戦争前まではブランチ・バンキング（branch banking：支店銀行業）も存在した。たとえば1791年から1811年まで活動した第1合衆国銀行は8支店を開設し、1816年から1836年まで活動した第2合衆国銀行は25支店を開設している。いずれの銀行も法律によってアメリカのどこにでも手形の割引と預金に限って営業所を設ける権限を与えられていた。1860年時点で13州の39銀行が合計222支店を開設・営業していたことが知られている[10]。

しかし南北戦争によって南部の銀行がほとんど壊滅したことが契機となって、1863年国法銀行法が制定されると、銀行を監督するOCCは方針を変更して、支店を持つ州法銀行のほとんどをユニット・バンキングに転換させた。この措置によってブランチ・バンキングは衰退していった。そのためこの時代の銀行は、預金獲得地域を1つの町や都市に限定され、ほとんどが小規模なままにとどまる傾向があった。例外は、ニューヨーク市ウォール街の金融センターに属する比較的規模の大きい銀行だけだった。そうした銀行は、広い地域に及ぶ大企業から、相当な額の預金を集めることができた。

第1次世界大戦後の繁栄の20年代には、銀行を取り巻く事情が大きく変化した。戦後の景気拡大のなかで、銀行は産業発展のための資金調達に力を入れることになった。後述のチェーン・バンキング（chain banking：連鎖銀行業）ないしグループ・バンキング（group banking：系列銀行業）を手段としたブランチ・バンキング（branch banking：支店銀行経営）が銀行による預金獲得のための手段となった。州は、支店設置の法律に関して、ほぼ3通りの対応を行った。(1)ユニット・バンキングのみを認め支店設置を全く認めない州、(2)同一郡内での支店設置に限って認める州（county-wide branching）、(3)州内全域にわたる支店設置を認める州（state-wide branching）が並立した。一部の州法銀行による支店設置が拡大するに従って、国法銀行からも支店設置の自由化を求める声が上がった。それに応えて連邦議会は1927年マクファーデン法を制定して、国法銀行に対して競争相手である州法銀行が州法上認められているのと同じ範囲の支店設置を認めることにした[11)]。こうして、銀行の支店設置に関する問題は各州議会の判断に委ねられることになった。

1956年銀行持株会社法[12)]は、まず、グループ・バンキングによる支店銀行業を規制する手段として制定された。

同法は、銀行持株会社とは1行以上の銀行を所有又は支配する持株会社であると定義する。この場合の「支配」は銀行子会社の議決権ある株式の5％を所有又は支配すればよく、FRBが持株会社の支配的影響が及んでいると判断した場合には、25%を若干割り込んでいてもよい。また逆に、持株会社による銀行子会社の株式の所有が5%に満たないときには、当該銀行を支配していないと推定される[13]。

銀行持株会社の原則的規制機関は、連邦準備制度理事会（FRB）である。銀行持株会社はFRBの管轄に属し、その設立にはFRBの承認を必要とし、その活動の一部はFRBの監督に服する。具体的には、⑴銀行持株会社となること、⑵銀行持株会社の子会社となること、⑶銀行持株会社が銀行株式の5%超を取得すること、⑷銀行持株会社又はその子会社が実質的に銀行の全資産を取得すること、⑸銀行持株会社間の合併には、FRBの承認が必要とされている[14]。上記⑴〜⑸の合併・買収・結合の承認について決定するにあたってFRBは、考慮事項として、⑴関係する会社及び銀行の財務の履歴及び状況、⑵その見通し、⑶その経営陣の性質、⑷関係するコミュニティ及び地域の利便性、必要性及び福祉、並びに、⑸当該合併・買収・結合の効果が、十分かつ健全な銀行業務、公益、銀行業の分野における競争の維持と抵触しない限度を超えて、関係銀行持株会社の規模又は範囲を拡大することになるかどうかを考慮しなければならない[15]。

持株会社においては、事業部制の場合とは異なり、傘下の子会社はそれぞれ独立した法人である。このため、法律の銀行に対する業務範囲規制を、持株会社組織を利用することで回避できた。この規制回避に対処するために、銀行持株会社法が制定されたのだった。

しかし、銀行持株会社法の銀行持株会社に対する業務範囲規制は、1933年銀行法の独立銀行に対する多角化規制に比べて格段に緩いものであった。これは、持株会社組織の各企業は別々の法人であるため、法律上の責任も独立している点が考慮されているためである。

たとえば、銀行持株会社の証券子会社が経営破綻して多額の負債を抱えることになった場合でも、事業部制の下では、銀行本体がその証券部門の負債の弁済責任を負担しなければならないのに対して，親会社である銀行持株会社はその証券子会社を倒産させることで損失を限定することができる。このように、組織内の各企業が独立していることは企業経営上のリスク管理の観点からも利点がある。

また、アメリカでは、税制面においても、事業部制組織の場合と同様に、持株会社を連結した損益をもとに税金を納める合算納税制度（consolidated tax returns）が認められている。これによって1つの子会社の損失を他の子会社の利益から差し引くことができるため、節税の利点が得られるのである。

こうした持株会社制の利点と引き換えに、むしろそれゆえに、銀行とその関連会社の間には、ファイア・ウォールの設置が求められる。たとえば、1933年グラス・スティーガル法第13条は、連邦準備法第23A条を新設して、加盟銀行、系列会社、及び系列持株会社に関わる系列会社間取引の規制を定めていた。その規制内容は、⑴加盟銀行と関連会社1社当たりの取引額を資本金の10％以下にすること、⑵関連会社全体との取引額を資本金の20％以下にすること、⑶関連会社への融資は110％以上の担保の裏付けがあること、という3原則によって銀行と関連会社の取引を制限するものであった。しかしこのファイア・ウォールは、同じ銀行の事業部組織には適用されていない制限なのである。

もともと1956年銀行持株会社法が制定された目的は、それ以前から存在した、チェーン・バンキングやグループ・バンキングを規制することにあった。両者はいずれも1920年代に国法銀行や州法銀行には認められなかったブランチ・バンキング（branch banking：支店銀行経営）を行うために考案されたもので、チェーン・バンキング（chain banking：連鎖銀行経営）とは、単数又は複数の自然人が複数の銀行を所有するしくみであり、グループ・バンキング（group banking：系列銀行経営）は、自然人に代わって会社が複数の銀行を所有するしくみであった。特にグループ・バンキングに関していえば、1929年当時最大の資産額を有していたTransamerica社は、その傘下の銀行持株会社がカリフォルニア州で17行とニューヨーク州で1行の銀行を支配しており、その他にも保険持株会社、住宅抵当持株会社や非銀行事業会社を傘下に置いていた。このように、はじめは多店舗経営と州際銀行支店設置のための工夫であったグループ・バンキングであったが、20世紀に入ると業務多角化のための手段としても用いられるようになっていた。

そのため、すでに1933年に、グラス・スティーガル銀行法は第2条において、連邦準備制度加盟銀行の「系列会社（affiliate）」を、「会社、事業信託、団体又はそれらに類似する組織であって、(1)加盟銀行が、直接又は間接に、その議決権付株式の過半数、又は、前回の投票において、その取締役、受託者若しくはそれと同等の権限を行使するその他の者の選任を支持して投票した株式の50％以上、のいずれかを所有又は支配する者、若しくはその他の方法で、その取締役、受託者若しくはそれと同等の権限を行使するその他の者の過半数の選任を支配する者、又は、(2)株式所有又は他のいずれかの方法によって、当該銀行の株式の過半数、又は、前回の投票において当該銀行の取締役の選任を支持して投票した株式数の50％以上を所有又は支配する加盟銀行の株主によって、若しくは、いずれかの当該銀行の株主を代理する受託者によって、直接又は間接に、支配権が保有されている者、又は、(3)その取締役、受託者若しくはそれと同等の権限を行使するその他の者の過半数が、いずれか1つの加盟銀行の取締役である者」（第2条(b)項）を含むと定義し、また、加盟銀行の「系列持株会社（holding company affiliate）」を、「会社、事業信託、団体又はそれらに類似する組織であって、(1)直接又は間接に、加盟銀行の資本株式の過半数、又は、前回の投票においてその取締役、受託者若しくはそれと同等の権限を行使するその他の者の選任を支持して投票した株式数の50％以上を所有又は支配し、若しくは、いずれか1つの銀行の取締役の過半数の選出をなんらかの方法で支配する者、又は、(2)その株主又は構成員のために、1つの加盟銀行の全資本株式の全部又は相当数が受託者によって保有されている者」（第2条(c)項）と定義している。要するに、系列会社とは、加盟銀行が直接又は間接的に支配している子会社であり、系列持株会社とは、加盟銀行を直接又は間接的に支配している持株会社ということになる。

1970年代以降、銀行持株会社の利用は、こうした支店設置に関する法律の制限を回避する、もう1つの重要な手段となっている。1956年銀行持株会社法は、銀行業の系列化によって競争が過度に制限されることを防止する目的で制定された。しかし1970年代に入って、連邦最高裁判所（United States v. Marine Bancorporation, 418 U.S. 602 (1974)）とFRBが銀行持株会社法（Bank Holding Company Act: BHCA）を緩やかに解釈してきた結果、州内全域にわたる大規模な銀行の系列化と持株会社が認められるに至った。州が独自に銀行持株会社の拡大を制限する法律を制定している場合は別だが、ほとんど大手銀行は持株会社の機能を通じて独立した銀行を買収することができるため、その業務を州内の全域に拡大することが容易にできるようになったのである。

残った問題は州境をまたいだ州際支店開設であった。これについては、1956年BHCAのダグラス修正条項[16]がネックとなっていた。ダグラス修正条項は州際支店開設を事実上禁止していた。同条項によれば、FRBは、買収対象銀行が所在地を置く州の州法が州外銀行による銀行買収を明文で認めているのでなければ、銀行持株会社が所在地である州以外の銀行を買収することを許可してはならない。このダグラス修正条項によって、同条項の制定当時すでに存在した若干の州際銀行持株会社を例外として、銀行持株会社を利用した州際支店開設は阻止されてきた。

しかしダグラス修正条項をうまく回避する迂回路はすでに存在していた。ダグラス修正条項では、州法で州外銀行による買収を明文で認めさえすれば、州外の銀行持株会社が州内の銀行を買収することが可能だった。長引く70年代から80年代の景気後退のなかで、銀行持株会社を州内に誘致することで州内の経済発展と雇用の増加を期待して、州外銀行持株会社による州内銀行の買収を認める州が登場しはじめた。最初に1975年にメイン州が、その後にアラスカ州とサウスダコタ州が、州外銀行持株会社による銀行買収を認める州法を制定した。以後、ダグラス修正条項を迂回する州法が次々と成立したが、これには2つの類型があった。まず、(1)相互主義的な留保を付さずに、つまり買収する側の州外銀行持株会社が所在地を置く州の州法が他州の銀行持株会社による州内銀行の買収を認めていることを条件とせずに、州外の銀行持株会社による州内銀行の買収を認めるもの[17]がある。いま1つは、マサチューセッツ州がはじめたやり方で、(2)一定の州に範囲を限定した上で相互主義的な制限を付して、州外銀行持株会社による州内銀行の買収を認めるもの[18]があった。これは、州内へのマネーセンター大手銀行の参入を阻止するとともに、近隣の複数州による広域の地域州際銀行業を可能にした。残りの州は、銀行持株会社によるダグラス修正条項の回避を拒否して、州外の銀行持株会社による銀行買収を認めなかった。こうした孤立主義的な傾向は、プレーンズ諸州とロッキー山脈の諸州に見られた。

1994年になって、銀行の支店開設をめぐる法律状況はさらなる展開を見せることになった。連邦議会は、1994年リーグル・ニール州際銀行業務及び支店開設効率化法[19]を制定した。同法は、1956年銀行持株会社法のダグラス修正条項を廃止し、十分に資本が充実しかつ健全に経営されている州際銀行持株会社が1996年以降、州法の規定にかかわらずすべての州で銀行を買収することを認めた。

ただし、これにはいくつかの例外が設けられていた。まず、(1)州は、新設後5年未満の銀行については、その買収を制限することができる。また、(2)州外の銀行持株会社に対しては、その支店開設活動を相当程度制限することができる。さらに、(3)買収後の銀行が、全米被保険預金金融機関の預金総額の10%以上を支配するか、いずれかの州の被保険預金金融機関の預金総額の30%以上を支配する場合には、当該買収は禁止される。これは集中制限的な観点からの規制である。(4)また事前に「地域再投資法」[20]に基づく検査を受けることが求められる。

(3)　銀行合併規制

銀行の業務規模に関する規制の2つ目は、銀行同士の水平的な合併規制である。もともと米国銀行は極端な分権主義と連邦主義の結果、その事業規模が大きくなかった。そのため、成長期の米国企業の旺盛な資金需要に対応しきれず、資本市場の発達を許してしまったことは否定できない。それに対応して、投資銀行が発達するに従って、銀行もまた、その規模の拡大を図っていくことになった。

米国の銀行合併規制には、規制機関として、集中規制の観点から規制を行う司法省反トラスト局と、健全性監督を担任する連邦準備制度理事会（FRB）の2つの機関が関与している。両機関は、その時代的な空気を反映して、時代ごとにこの問題に関するイニシアティブを主導していった。

Lovettによれば、戦後の銀行合併規制は大きく次の3期に分けることができるという。

⑴ 1950年から74年まで　銀行合併制限期、

⑵ 1974年から1993年まで　銀行合併緩和期、

⑶ 1994年以降　銀行合併自由化である。

これら期間のエポック・メイキングとなった出来事は、

・1950年セラー・キーフォーバー法制定によるクレイトン法7条の改正、

・1974年United States v. Marine Bancorporation, Inc. 事件最高裁判決、

・1994年リーグル・ニール州際銀行業及び支店効率法の制定である。

ここでは、便宜的にLovettの時期区分を用いて、それぞれの時代の銀行合併規制を概観していくことにしたい。

a．1950年から74年まで　銀行合併制限期

合併制限は1950年のセラー・キーフォーバー法[21)]制定によって動き出した。原始クレイトン法7条は、それらが「米国のいずれかの地域における通商のいずれかの分野において、競争を実質的に減殺するおそれがある」場合に、他の会社の「株式」の取得を違法としていたが、この規定は会社「資産」の買収を適用対象としていなかった。そのため大型合併は、「資産」というループホールを利用して、「資産」買収として実行可能だった。その意味で、原始クレイトン法7条は実質的にその牙を抜かれていたも同然だった。1920年代には相当数の合併が起こったし、何件か銀行合併さえ行われたが、原始第7条は制限として効力をもたなかった。その後、1929年の株式市場の崩壊と大恐慌が合

併活動を抑制したが、合併は1940年代後半になると、実質的にもとどおりに回復した。「経済集中の趨勢が強まること」を恐れた連邦議会は、実質的に競争を減殺するおそれのある大型合併を制限する目的で、1950年にセラー・キーフォーバー法の立法によってクレイトン法7条を改正して、その集中排除政策強化の要とした。新クレイトン法7条は、経済のほとんどの分野の合併を対象としたが、銀行合併に対するその適用ははっきりしていなかった。

1960年以前には、米国の合併規制機関のうち司法省反トラスト局は必ずしも銀行の合併規制には積極的ではなかった。シャーマン法及びクレイトン法は、商業銀行には適用されないとする考え方が一般的であったからである。その根拠は主に、(1)商業銀行業は、シャーマン法又はクレイトン法の適用対象である「通商」にあたらないこと、及び、(2)銀行業は、1933年銀行法によって規律される規制産業であるから、反トラスト法の適用を免除されること、に求められていた。

そのため、戦後最初の銀行合併訴訟は、司法省反トラスト局ではなく連邦準備制度（FRB）によって提起されることになった。

(a)　Transamerica Corp. 事件第3巡回区控訴裁判決（1953年）[22]

1948年、FRBは銀行持株会社Transamerica社をクレイトン法4条及び11条違反の疑いで審判に付す決定をした。その容疑事実は、同社とその旧会社が5州の単店舗銀行の株式を継続的かつ組織的に取得したことであった。この行政審判に先立ち、司法省反トラスト局は、FRBに対してシャーマン法による反トラスト訴訟は権限の濫用に当たる恐れがある旨を通知していた。聴聞審判官がTransamerica社のクレイトン法違反を認定したため、1952年3月27日、FRBは、同社に対して、その過半数支配銀行47行の全株式を処分するよう命じた。同社はこの決定を不服として、連邦控訴裁判所に控訴した。

1953年7月16日、第3巡回区控訴裁判所はFRBの決定を破棄した。

その理由として控訴裁判所は、FRBは地理的市場として（アリゾナ、カリフォルニア、オレゴン、ネバダ、ワシントンの）5州で構成される地域を指定したが、個別被買収銀行が所在する地域社会ではなく、広く5州で構成される地域を選んだ正当な根拠を示していなかった点を指摘し、「FRBの5州地域における独占に至る傾向があるとの結論は、これら5州が商業銀行間で実効的競争が行われる単一の地域であるとの有効な事実認定を欠いており、地域社会こそ銀行の真の競争区域であるとの自らの事実認定にも反している」と判示した。FRBは上告したが、最高裁は裁量上告を退けた。

(b)　Firstamerica Corp. 事件カリフォルニア州北部地区地裁判決（1959年）[23]

Transamerica事件判決後、FRBに代わって銀行合併規制に乗り出したのは、それまでこの分野の管轄権限に疑念を抱いていた司法省反トラスト局であった。セラー・キーフォーバー法の成立によって、資産買収のループホールはすでにふさがれていた。

1958年7月1日、1956年銀行持株会社法の規定を履践すべく、Transamerica社は同社が直接所有する過半数支配銀行の全株式と現金2,000万ドルをFirstamerica社に譲渡し、それと交換に1,100万株強のFirstamerica社の株式を譲り受け、直ちにそれを自社の株主に配分した。これにより、2社の直接的な資本関係はなくなることとなった。営業開始からしばらくして、Firstamerica社はロサンゼルスのCalifornia Bank（預金残高10億ドル、州第5位）買収計画の承認をFRBに申請した。Firstamerica社はすでに、サンフランシスコにあるFirst Western Bank and Trust社（州第6位）の支配権を有しており、このCalifornia Bankの買収が承認されれば、California BankとFirst Western Bank and Trust社の合併が行われると予想されていた。1959年3月30日までに、California Bankの発行済株式の大部分がFirstamerica社の株式交換のオファーに応じていた。同日、反トラスト局は、この株式交換オファーの根拠となった契約はシャーマン法1条に違反しており、Firstamerica社による株式取得はクレイトン法7条を侵害するとして、連邦地裁に民事執行訴訟を提起した。

本件で問題となったのは、銀行合併問題に関する反トラスト局の管轄権であった。クレイトン法11条は明文で、同法2条、3条、7条、8条の各条の遵守を確保する権限を、それが「銀行、銀行団体及び信託会社に対して適用があるときには、FRB」に与えていた。したがって、これがFRBの専権事項であれば、反トラスト局の権限は否定されることになる。しかし、これがFRBと反トラスト局との競管事項と解釈されるなら、反トラスト局もこの問題で権限行使が許されるはずであった。

事件が係属したカリフォルニア州北部地区連邦地方裁判所は、被告Firstamerica社による訴え却下の申立てを退けた。しかし同社の申立ては、同一問題、同一事実、同一当事者に関するFRBの優先管轄権を根拠としたもので、クレイトン法11条を援用したものではなかった。また事件そのものも、Firstamerica社と反トラスト局との間で和解が成立して、実体審理に入らないまま終結した。

翌年、連邦預金保険法18条(c)を改正する1960年銀行合併法[24]が成立した。同法は、国法銀行であればOCCが、加盟州法銀行であればFRBが、被保険州法銀行であればFDICが、その合併の事前承認を行うことを定めていた。そして事前承認にあたって各規制機関は、当該銀行の(1)財務状態、(2)資本構成、(3)将来の利益見通し、(4)経営管理、(5)営業地域の便益と必要性の充足、(6)銀行の権能と預金保険制度との斉合性、という6項目の「銀行要因」に加えて、当該合併が「競争に及ぼす効果」を考慮しなければならないとされ、この問題に関して規制機関の意見の統一を図るため、司法長官（実質的には、司法省反トラスト局）の助言を得るべきものとされた。この条項はコメンテータからは、銀行合併における司法省反トラスト局の位置付けをはっきりと助言者的地位へと後退させたものだ、と評された。だが、司法省の考えでは、銀行合併法の成立は、クレイトン法を含む反トラスト法を執行する同省の権限をいささかなりとも制限するものではなかった。

また、合併承認の実体基準に関しては、すでに1956年銀行持株会社法が、「競争の実質的な減殺」を防止する一方で、同じく地域の「利便性及び必要性」を考慮しなければならないと定めていた。この合併承認基準は、1960年銀行合併法によって補充されることになった。1960年銀行合併法は、「競争の実質的な減殺」が「利便性と必要性」によって相殺されるという二重の基準を採用した。

(c) Philadelphia National Bank 事件最高裁判決 (1963年)[25]

1962年2月、OCCはPhiladelphia National BankとGirard Trust and Corn Exchange Bankとの合併を承認した。両行は、フィラデルフィア市を中心とするフィラデルフィア大都市圏に拠点を置き、それぞれ同地域において第2位と第3位のシェアを有していた。両行の合併が成立すれば、フィラデルフィア大都市圏における商業銀行総資産の36%、総預金額の36%、総融資額の34%のシェアを持つ大銀行が誕生することになる。この合併計画には、司法省のみならず、FRBとFDICも競争に及ぼす影響が無視できないとする意見書を事前にOCCに提出していた。

ここに至って司法省反トラスト局は、この合併が同地域における競争を実質的に減殺するおそれがあるとして、クレイトン法7条違反を理由にこの合併の差止めを求める民事執行訴訟を連邦地裁に提起した。連邦地裁は、クレイトン法は銀行合併に適用されないとする通説的見解に立つとともに、仮に同法が銀行合併に適用されるとしても、当該合併計画には競争を実質的に減殺するおそれは認められないとして、司法省の主張を退けた。これについて司法省が上告した。

連邦最高裁判所は、まずクレイトン法7条の銀行への適用問題について、銀行が「反トラスト法の適用を除外されていると安易にみなしてはならない……第7条の1950年改正の立法資料には、連邦議会が銀行業界に特別の適用免除を与えることを望んでいたことを示すものは何もない。仮に連邦議会がそう望んでいたとしたら、確実に銀行業を資産買収 (asset-acquisition) の規定からのみならず、株式買収 (stock-acquisition) の規定からも適用除外していたはずである」と述べて、1950年のクレイトン法改正及び1960年の銀行合併法はいずれもクレイトン法7条の銀行合併への適用を排除するものではないと判示した。そのうえで実体問題については、フィラデルフィアの第2・3位行の、当該市場におけるすでに高い集中度と両行のシェアの大きさを勘案すると、合併が当該市場の競争を実質的に減殺する相当の蓋然性があると判断されると認定して、この合併計画がクレイトン法7条に違反するとの判決を下した。ただし、最高裁判所は、銀行が破綻しそうな状況の場合の吸収合併の必要性をはっきりと認め、さらに、合併に関する「破綻会社の抗弁（failing company defense）」について、傍論ながら、「銀行破綻は、通常の会社の破綻と比べて国民に及ぼす影響が大きいため、銀行に対する適用の幅は多少大きいと考えられる」と判示したことを付け加えておく。

このPhiladelphia National Bank事件判決は、従来の銀行に対するクレイトン法の適用に関する通説を覆し、銀行合併の違法性認定にマーケットシェアを基礎とした厳しい基準を適用したことから、銀行業界と銀行規制監督機関、議会関係者に大きな衝撃を与えた。

こうした状況のなかで、1966年に連邦議会は銀行合併法を改正した。1966年改正銀行合併法は、⑴銀行監督機関が承認した合併に関して、承認後30日以内に司法省は当該合併を訴追するか否かの決定を行うが、この期間経過後は当該合併を訴追できないこと、⑵競争の実質的な減殺を引き起こすと予想される合併については、その効果を明らかに上回る公衆の利益が地域の便益と必要性の充足によってもたらされると予想されるのでない限り、承認してはならないことを規定した。

(d)　Philipsburg National Bank & Trust Co.事件最高裁判決（1970年）[26)]

地理的市場における高い市場シェアという客観的な基準を用いた銀行合併の制限は、Philadelphia National Bank判決と1966年銀行合併法による支持を受けて、その後の数年間、比較的小規模な銀行合併に対しても適用されていった。そして、同一地域における大規模な水平的合併を認めない原則は、United States v. Philipsburg National Bank & Trust Co.事件最高裁判決（1970年）においてほぼ確立した。

この事件の当事者はPhilipsburg National Bank & Trust社とSecond National Bank of Philipsburgであった。両行はニュージャージー州フィリップスバーグを所在地とするが、同市はデラウェア川を挟んだ対岸のペンシルヴェニア州イーストンと双子都市地域を構成していた。両行はフィリップスバーグ市に3行ある銀行のうちの第1位行と第2位行で、同市の預金総額の76％を占めていた。また、双子都市地域で見ると、その全7行の銀行のうち第3位と第4位の銀行であり、その預金総額の23.4％を占めていた。1967年12月、OCCは両行の合併計画を承認したが、司法省は競争を実質的に減殺するおそれがあるとして、ニュージャージー地区連邦地裁に合併の差止めを求める民事執行訴訟を提起した。地裁が請求棄却判決を行ったので、司法省が最高裁に上告した。

連邦最高裁は、1966年銀行合併法に基づく司法省の訴追を支持した。連邦最高裁判所の意見は、通りを挟んで本店が互いに向かい合っているこれらフィリップスバーグの銀行が、直接の競争関係にあることを強調した。連邦最高裁判所は、連邦地方裁判所が使ったより広い市場の定義、つまり、人口21万6,000人と銀行16行が存在する東部リーハイ・ヴァレー（Lehigh Valley）を関連市場とすることを拒否した。Philipsburg判決において、大きな市場占有をもたらす合併を認めない原則が、比較的小さな都市の地理的市場に対しても適用されたのだった。

一方で1968年に、連邦の競争政策を担う司法省は、はじめて合併ガイドライン（Merger Guidelines）を発表した。このガイドラインは銀行を含む、ほとんどの産業分野に適用されるものだった。この1968年合併ガイドラインは、マーケットシェアを競争に対する影響を測る基準の中心にとらえたもので、現在までで最も厳正なものであった[27)]。司法省は、同一市場地域における大規模な水平的合併に対しては、クレイトン法7条違反で訴追する方針を明らかにしていた。特に、銀行業で典型的なように、市場の集中度が高い場合には、市場シェアが相当に大きくなる合併は特に積極的に阻止することとしていた。

単店舗銀行業や郡内全域にわたる支店設置等、支店設置に厳しい制限を設けていた一部の州では、支店設置に関する法律によって市場拡大型合併（market extension merger）が規制されていた。しかし、こうした州の多くでは、銀行持株会社の制度が、間接的に支店設置を行なう重要なループホールを提供し、市場拡大型合併による成長を促すこととなった。1856年銀行持株会社法によって、銀行持株会社による合併にFRBの認可が必要となったため、FRBの政策が、市場拡大型合併を認める範囲を決定する上で重要な影響を持つようになった。そして、1963年のPhiladelphia National Bank事件最高裁判決とその後の1966年銀行合併法以降は、反トラスト当局が、競争制限的な効果をもたらす合併に対して訴追する役割を果たすようになった。

したがって、クレイトン法7条、1966年銀行合併法のいずれの下でも、いずれかの州の最大手の銀行が買収する側の会社として関係する市場拡大型合併は、当該州の別の地区の大手銀行を買収する場合には、潜在的な競争力を過度に弱める可能性があることとなる[28]。それに対して、小規模な銀行を「足がかり（toe-hold）」として買収したり、また、銀行を新規に設立して参入する場合は、競争上の問題はほとんどなにもないし、また、当該市場地域内の競争を強化する可能性さえあった。こうして、銀行の合併運動は、小規模銀行との合併買収の方向に振れるかに見えた。

b．1974年から1993年まで　銀行合併緩和期

しかし、1974年のMarine Bancorporation, Inc.事件最高裁判決[29]が、こうしたそれまでの銀行合併を巡る事情を大きく変えることになった。

(a)　Marine Bancorporation, Inc.事件最高裁判決（1974年）

1971年2月、単一銀行持株会社であるMarine Bancorporation社は、その銀行子会社でシャトルを本拠とするNational Bank of Commerceと、スポケーンに所在するWashington Trust Bankとの合併計画をOCCに申請した。National Bank of Commerceは預金残高16億ドルを持つワシントン州第2位の銀行であり、Washington Trust Bankは預金残高9,600万ドルの同州第8位の商業銀行で、地域的市場における預金残高シェアではスポケーン地域で第3位であった。また、National Bank of Commerceは同州に107店舗を有していたが、スポケーンへの新規出店は州法で禁じられていた。Washington Trust Bankはスポケーンに7店舗、その近郊に1店舗を持っていたが、National Bank of Commerceはスポケーン郡の小村に2店舗を置いており、そのいずれもWashington Trust Bankの店舗からは最低でも15マイル離れていた。同年9月24日、OCCは、この合併計画を承認した。司法省は連邦地裁に差止め訴訟を提起したが、敗訴したため、連邦最高裁に上告した。

この訴訟で司法省は、この合併が認められないならば、National Bank of Commerceはスポケーン郡に進出するため新規店舗開設をするか他の銀行の買収を足がかりとするかしなければならず、そうなれば、同地域における競争はいっそう促進されるはずである、とする潜在的競争論を展開した。これに対して、Marine Bancorporation社は、ワシントン州法の下では当該買収会社による新規参入はほとんど困難であり、このため、潜在的競争が減退させられることはほとんどないと主張し、また、買収対象となっている銀行に吸収されることにより、スポケーンの顧客の利便性及び必要性は増大して、むしろ公衆の利益に適うと反論した。最高裁判所はBurger長官の法廷意見でMarine Bancorporation社の主張を容れ、司法省の上告を棄却した。

1966年銀行合併法で確認された、地域の便益と必要性の充足による公衆の利益と競争減殺効果とを比較考量して、前者が後者を上回るときには、合併を承認してよいとする原則がはじめて現実に適用されたことは、銀行合併運動とその承認のあり方に大きな影響を与えずにはおかなかった。

次の大きな銀行合併政策の緩和は、1982年及び1984年の司法省合併ガイドラインにおける、合併基準の緩和だった。1980年に発足したレーガン政権は、アメリカ企業の競争力を重視し、企業の合併戦略を制約する反トラスト法の運用を大幅に緩和した。これら合併ガイドラインの最大の変更点は、1968年合併ガイドラインの4社集中比率と市場シェアに代えて、ハーフィンダール・ハーシュマン指数（Herfindahl-Hirschman Index: HHI）の採用によって集中度の再定義が行われたことである。合併後のHHIが1800を超え、かつ、合併によるHHIの上昇が100を上回る場合には、民事執行訴訟の可能性は高いことが宣言された。同時に訴追判断にあたっては、市場集中率のみならず、合併の効率性効果を考慮に入れることを明らかにした[30)]。

この新しい合併ガイドラインは、水平的合併に関する政策の大幅な緩和を反映したものであった。主に緩和されたのは、まず集中度の低い市場における買収、そして集中度が並の市場における小規模な買収である。集中度の高い市場においては、破綻しそうな会社が被買収企業として関与する場合は別として、大規模な合併は依然、司法省によって訴追される可能性があった[31)]。しかし、レーガン政権の時代に、市場がより広く定義されたため、銀行の集中度が高いとみなされる場合はあまり頻繁に起こらなくなった。典型的には、地域預金残高が、1980年代初頭まで支配的だったPhiladelphia National Bank事件最高裁判決における地域市場の定義のための「指標」だったのに対して、1984年以降は商業貸付残高が地理的市場の「指標」として利用されるようになった。

c．1994年以降　銀行合併自由化

実質的な銀行結合合併運動は1982年から83年までにはじまった。それは、地域市場における比較的大きな銀行同士の合併（当時銀行は積極的に売却された）と、銀行持株会社チェーンを拡大する目的での地方＝郊外地域の銀行買収を特徴としていた。1980年代から90年代初めにかけての銀行、貯蓄銀行及び貯蓄貸付組合の破綻ブームもまたこれに拍車をかけた。州際リージョナル銀行業は合併活動の範囲を拡大したが、これは1994年リーグル・ニール州際銀行業及び支店効率化法（Riegle-Neal Interstate Banking and Branching Efficiency Act of 1994）[32)]によって全国へと拡大した。

1994年リーグル・ニール法は、⑴成立後1年間の移行期間を置いて、銀行持株会社法のダグラス修正条項を廃止し、その時点でなお州外銀行による銀行買収を禁止している州法が存続している場合には、それらを失効させ、⑵

1997年6月1日付で1927年マクファーデン法を廃止し、州際的な銀行合併を可能にして、銀行持株会社による銀行子会社の取得だけでなく、銀行同士の合併によってどちらかの銀行をもう一方の銀行の支店にすること、若しくは、銀行間での支店売買を可能にするものであった[33)][34)]。

1997年から98年にかけては、たとえば、BankAmericaとNationsBankの合併に見られるように、一連の大型合併が全米で最大の銀行持株会社チェーンのいくつかを結合した。最後に、1999年グラム・リーチ・ブライリー法によって、金融持株会社が銀行、保険会社、証券会社を結合することが可能となった[35)]。

この結合活動の大幅増のうち、どれだけが必要ないし望ましいといえるかについては、対立がある。結合の支持者は合併の自由の拡大に賛成する主張をする。これには規模又は統合の経済が関係していると思われる。とりわけ占有率当り利得のプレミアムが合併相手に共有されうる場合には、コンピュータ化の不安のせいで多くの銀行が売却へと走った。だが反対論者は、効率的経営は大型合併を必要としないし、完全に効率的であるためには、大型リージョナル・バンクで十分であると主張する。消費者グループと小規模事業者は、多くの分野で（預金及び貸付の両方に関して）金利競争が減退して銀行の利益幅が拡大している、また、フリーダイヤルにかかる銀行業務でしばしばサービスが低下している、と主張する。特権的地位にあぐらをかくと向上は望めない。いくつかの分野では、信用組合やMMMFを含む、十分な銀行業の競争相手が残っている。だが他の分野は、銀行サービスの競争が十分でない弊害が生じている。困難の1つは、伝統的な預金機関が最近では以前ほど成長していないように見えること、そして、比較的大きな会社がその資本金を内部で、あるいは投資銀行を通じて、低い手数料でコマーシャル・ペーパーを発行することで、増加させるに従って、大きな銀行がしばしば比較的少数の「良い」ローンを販売することである。もし商業銀行のパイが大きくなっていないか、パイが小さくなってさえいるときには、結合の増大は不思議ではない。一方、過剰な銀行の結合を認めることは、消費者や中小企業に損害を与え、金融サービスを利用する選択肢を小さくする。また、「トゥー・ビッグ・トゥ・フェイル（too big to fail)」問題は、2007年から2009年の銀行金融危機において見られたように、さらに深刻になってきている。

たとえば、すでに2007年までに、証券会社上位12社が（SIA会員企業従業員を除いて）証券産業協会（SIA）会員企業が所有する資本金の88％を保有していた。ミューチュアル・ファンド上位25社はミューチュアル・ファンド全体が管理・運用している全資産の63％を保有している。生命医療保険会社はそこからその産業の収入の88％を得ており、損害災害保険会社上位25社はその産業全体の収入の94％を得ている。1990年代後半、米国銀行上位25行は、この方向でその市場占有率を増大させていた[36)]。現在では1999年GLB法によって金融持株会社がこうした境界を越えることが可能になったので、BankAmericaとNationsbank、CiticorpとTravelers以上に大型の結合が予想される。巨大金融コングロマリットでは、どれだけ効率性や良識、賢明な投資が期待できるだろうか。金融規制機関にとって、その破綻処理は政治的により難しくなっている。監督は一層困難である。外国の経験が示唆するところによれば、政府による救済と「モラル・ハザード」の危険は、メガ金融機関に関して、実質的に増大している。金融の巨大化傾向が耐えがたい負担であって、リスクや損失、サービスの低下を拡大することがはっきりした場合には、銀行、証券、保険の規制機関はどうやって事態を変えることができるのだろうか。より分権化した競争を求める命令をどうしたら執行できるだろうか。

(4)　電子資金取引

a．ATMネットワークと支店設置規制

だが、近年の電子資金取引の発達は、伝統的な支店設置による銀行業務の地理的拡大に新たな問題を持ち込んだ。現金の預入れ、引出し、残高照会が可能なATM（Automated Teller Machine：現金自動預払機）の登場である。裁判所の1927年マクファーデン法解釈に従えば[37)]、ATMも通常の支店と同じであるから、支店設置許可と同様の基準でその設置許可を判断しなければならないこと

になる。だが、ほとんどの州はこの問題に立法的な対処をした。特別法を制定して、銀行及び貯蓄金融機関がATMを設置できるようにしたのである。これとは対照的に、多数の金融機関が参加する統合EFTネットワークを通じた複数の異なる銀行が発行するバンクカードの利用は、支店活動とは考えられていない。そのため、加盟金融機関を結ぶバンクカードなどのための統合ネットワークは、それが州際業務に該当する場合であっても、法律上は認められている。だが、このような統合ネットワークに参加している銀行は、業務を行おうとする州の支店設置に関する法律に従うのでなければ、ATMの設置を認められないという、極めておかしな事態になっている。

b．ATMネットワークの反トラスト法問題

1980年代後半以降、大規模で成功したATMネットワークが創設されてきた。MACやNYCE、STAR、HONORという名称は米国のいろいろな場所でなじみのあるランドマークとなった。一方で、どこか特定の地域だけで利用できるATMネットワークの代替サービスは、ますます少なくなってきている。ネットワーク間の合併が米国の様々な地域で支配的なATMネットワークを形成してきたわけだが、これに関して反トラスト政策の果たした役割はどのようなものだったろうか。否定的な見解が一般的である。つまり、反トラスト機関はこうしたネットワーク間の合併についてはほぼ、職権によって介入することなく、民事訴訟の原告に委ねてきたのだった。

新たなネットワークの創造は、提案メンバー間の多大の協力を必要とする。ATMネットワークは必然的に、カード発行と機械設置、相互のカードの自己の機械への受入・取引結果としての支払いに参加する人々による相互主義的関与なのである。

新しいネットワークは、メンバー間の取引をスイッチするための設備へのアクセス、メンバーが相互の取引を受け入れる条件を規律するルール、そして、消費者にネットワーク取引ができる場所を知らせるわかりやすい商標を必要とする。

貯蓄機関がその取組みに従事してそのようなネットワークに参加する主要な

理由は、競争優位、あるいは少なくとも、支払金交換市場（changing payments marketplace）で遅れをとる恐怖である。顧客の利便性は、リテイル・バンキングにおける競争上の成功にとって依然重要なのである。

ATMネットワークの共有は、競争者が関与する是正措置を必要とする。これは、⑴参加金融機関の合弁企業、又は、⑵単一システム運営者その他のそのネットワークへの参加者の間の一連の契約、という形式をとる場合がある。どちらにしても、ネットワーク契約は、外観上、シャーマン法1条の「取引を制限する……契約、結合、又は共謀」という規定に該当する。したがって、競争に関するビジネス上の疑問をめぐるネットワーク・メンバー間の議論は、何れにせよ反トラスト法事件の枠に収まることになる。そして、反トラスト法の原告はしばしば、連邦裁判所に提訴すること、また、クレイトン法の自動的三倍額賠償請求の報奨金を手にすることの優位を理解しているので、特に、被告が地域的に支配的なネットワークであることを証明できて原告の手札が強いときには、反トラスト民事訴訟が起こりがちなのである。

c．ATMネットワーク・サービス市場の定義

合弁企業もまた反トラスト法上の論点であるが、⑴現在の反トラスト法ルールでは、合弁企業の創設とその規則は、市場力及び関連市場の評価を含む状況において審査される。そして、⑵ATMネットワークの合併や主要なATMネットワークが課している規則の競争上の効果を評価する上で、関連市場として正確に何を用いることができるかについては、必ずしもはっきりしていない。狭い市場は高いマーケットシェアの（そして独占力の推定さえ）原因となることがあるが、一方で、広い市場はどんな活動も良性に思えるようにする。しかし、研究者と銀行規制監督機関、反トラスト法執行機関、裁判所は、ATMネットワークの、あるいは実際には、一般的にネットワークの市場を定義する一貫した方法を開発してこなかった。一般に関連市場は、顧客が利用可能な現実の代替物についての事実調査をもとに決定される。ATMネットワーク事業では、顧客は、金融機関か又はその預金者を意味する可能性が高い。

ATMネットワーク関連市場に関する各種機関の判断は多岐に分かれた。銀行持株会社による共有EFTネットワークの議決権付株式の買収を承認したその初期の命令において、FRBは概して関連市場を、「その系列会社でない金融機関に対するデータ処理サービスの提供」と定義した[38]。だが、1980年代半ばまでに、FRBは消費者支払いネットワークに関して市場を定義しはじめた(だが、FRBは合併が市場力を作り出すと思われる事件は認定しなかった)[39]。同じく、The Treasurer, Inc. v. Philadelphia National Bank事件判決で[40]、地方裁判所は、当時独占所有権をもっていたMACネットワークの所有者と運営者によるMellon Cashstreamネットワークの買収を争う民事訴訟を退けるにあたって、広い関連市場の定義を採用した。裁判所は、「すべてのATMプラスすべての系列会社でないATMシステムを所有するそれら機関及び現在ATMをもっていないがそれらを導入しその最大限まで市場テクノロジーを利用する能力があるそれら機関に対する電子データ処理」と関連市場を定義した[41]。

そして、1994年のElectronic Payments Services社に関する複数の決定において、司法省反トラスト局は、2つの関連市場の定義を行った。第1は、その預金者に「自分の口座への遍在的なアクセス」を提供する「地域ブランドATMアクセス」の市場で、司法省によれば、「共有ATMネットワークによって銀行が受けもとうとしている地域は、その預金者が生活し働き眠る地域と預金者が定期的に移動するもう少し広い地域を含んでいる。その預金者に他行のATMへのアクセスを提供し、それによってその預金者に自分の口座にアクセスする便益を提供する銀行の能力は、ほとんどの銀行家の見解では、預金を誘引し維持するうえで必要なのである。……他のサービスは地域ATMネットワークのよく似た代替物とはならないから、地域ATMネットワークが製品市場となる」のである[42]。第2の市場は「ATM処理」市場であった。これには、「データ処理サービスと電気通信設備そして」リージョナルATMアクセスを提供する際に「利用されるサービスの提供」が含まれることになった[43]。

さらにFRBも、Electronic Payments Services社に関する決定の中で、「ATMネットワークは個別の製品市場を包含するものと理解されてきた……これらの考慮事項とその他の記録上の事実を基に、FRBは、ネットワーク・アクセスとネットワーク・サービス、ATM 処理がこの計画の競争上の効果を評価するための関連製品市場を構成するとの結論を下した」と述べた[44]。

また、地理的市場の問題に関して、FRB は、「ネットワーク・アクセスの地理的市場は地域銀行市場よりも著しく大きな地域であることを示唆する」FRB スタッフの研究を指摘した。そして FRB は、「ネットワーク・サービスと ATM 処理の市場は、少なくともリージョナル（regional）である」旨を付け加えた。

最終的に、事実認定権者がどのように銀行ネットワークに関わる事件の関連製品市場を分析するかは、１つには、ネットワークの商標にどれだけのウェイトが与えられるかにかかっている。共有 ATM ネットワークのデータ処理機能にだけ注目するならば、FRB が過去にそうしたように、データ処理産業は集中していない、また、参入障壁は低い、金融機関がそのデータ処理を行うのに利用可能な多数の代替物がある、さらに、ネットワークは（支配的な地域ネットワークでさえ）市場力を持たない、と結論するのは妥当かもしれない。他方で、ATM ネットワークがネットワーク・ロゴによって市場で取引されるユニークなブランド製品の供給者と見なされる場合には、事実認定当局はおそらく、製品市場について異なる結論に到達すると思われる。

d．合併とボイコットの訴えによる ATM ネットワークの結合

多くの ATM ネットワークは、自らの競争者に対する競争優位を追求する人々がはじめた。そして、現在の ATM ネットワークの拡大は、主としてネットワークの結合によって生じている。その結合の原因となったのは、⑴ ATM ネットワーク合併に対する政府の反トラスト法執行がないこと、及び、⑵ 一部銀行による、競合するネットワークへの参入を強制することを目的とした、反トラスト法のボイコットの主張を利用する手法がもたらした事実上のネットワーク合併であった。

1980 年代半ば以降、膨大な数の ATM ネットワーク間の結合があった。司法省と FRB はこれまで、その結果がたとえ地域独占となる場合であっても、彼らが審査したすべての ATM ネットワーク合併を承認してきた。最も顕著な例

は、(Philadelphia National Bank が Mellon ブランドの ATM ネットワークを買収した) 1988年の MAC-Cashstream 買収であった。これら2つのネットワークは併せて Pennsylvania 州のすべてのブランド ATM を事実上統制していた。同州ではこの2つのネットワークが会員数と取引額を巡って活発に競争していた。結局は MAC に売却されてしまった第三者のネットワークが、New Jersey 州南部地区のほとんどの競争を排除するとして、この合併の差止めを求める民事訴訟を提起したが、裁判所はこれを退けた[45)]。

その後も FRB は、引き続き大手ネットワークの合併を承認してきた。FRB と司法省のスタッフが慎重に精査したが、1994年の重要な事例は、ニューイングランドの様々な地域で競合しており Citibank のネットワークがそれに加わっていた、NYCE と Yankee 24 の合併だった。この合併を承認するにあたって、FRB は「たくさんの要因が……独立競争者としての……Yankee 24 の穴を埋めるだろう」と述べた[46)]。とりわけ、FRB は当該ネットワークの業務規則を根拠としていた。同業務規則は、(1) サードパーティー・データ処理業者の参加、(2) 会員の他のネットワークへの参加、(3) カード発行者のルーティングの決定、及び、(4) 金融機関の無差別ベースでの参加を認めていた。とりわけ重要なことは、カード発行者のルーティングに関する業務規則だったと思われる。これは、合併後のネットワークが価格を引き上げた場合には、銀行がよりコストの安いネットワークを選択できるようにしていた。

さらに、同じく1994年の EPS/National City 命令では、FRB は、たとえネットワーク規則がもっと重大な競争問題を提起していた場合であっても、重要な要素としてのリージョナル・ネットワーク競争を放棄したようである。FRB によれば、

「中西部地区の特定の州の ATM ネットワーク・アクセス・サービスにおいて MAC が重要な地位を占めることが認められてきた。だが、ある地域の ATM ネットワークの重要な地位は、それだけでは、公共の利益に反しているとは言えない。ネットワークの外部性は、偏在の経済のように、地

域ATMネットワークの結合を促進しがちである。その結果、中西部地区のように、様々な地理的地域で、支配的なATMネットワークがEFT産業を通じて登場してきた。ある最近の研究が示すところによれば、現在地域ネットワーク上位10社が米国の全ての地域ATMネットワークの取引高の80％を占めている。この点では、経済状況や市場構造の状況の結果として、地域はひとつの支配的ATMネットワークを持つ傾向にあるとFRBは考えている」(page 17, footnotes omitted)。

ネットワークの結合を促進したもう1つの要因は、「ボイコット」理論に基づく民事訴訟のおそれであった。あるネットワークの会員が、おそらくはある種の競争優位を得るために、競合するネットワークへの参加を試みることがある。もしこうしたことが自由に認められるならば、その結果は2つのネットワークの事実上の合併であり、付随的にはシステム間競争の喪失を結果することになる。この問題に関して反トラスト基準はこれまで決して明確ではなかったし、また民事訴訟の当事者は三倍額賠償請求のおそれを抱えているため、これらの事件は通常、請求してきた非会員に対する加盟許可（と同様の状況にある競争者の追随）に終わってきた。

まず、1982年にテキサス州で起きたFirst Texas Savings and Loan Association事件から紹介しよう。

当時、PULSEとMPACTという、2つの極めて競争的なATMネットワークがテキサス州に存在していた。PULSEは非営利の合弁企業で、MPACTはMercantile Texas Corporationが所有する共同所有ネットワークであった。大手の貯蓄機関であるFirst Texas Savings and Loan AssociationはMPACTの会員であったが、専属会員規則を有するPULSEに加入したいと望んでいた。PULSEはこれに抵抗したが、両当事者の弁護士は最終的にこの問題を司法省のビジネス・レビュー・レター手続によって解決することに合意した。PULSEは、同ネットワークが(1)First Texasを会員として許可した場合、(2)競合するネットワークの会員を一般に許可した場合、又は、(3)MPACTのような競合ネットワークに加入することを会員に対して禁止した場合に、反トラスト局が反トラスト法執行訴訟を起こすかどうか相談した。William F. Baxter司法次官補は、第1問目にだけ回答を寄せて、現時点では、貯蓄貸付機関を許可した結果としての消費者便益の増大が、2つの競合するネットワーク間に生じるはずの競合関係への制限を上回っているように思える、と述べた[47]。司法省が審査の成熟性を認めなかったため、残りの2つの質問には回答されなかった。その後、PULSEはテキサス州のすべての貯蓄貸付機関に事実上会員資格を認めたが、司法省がそれに関して何らかの措置に出ることはなかった。そのため、PULSEはテキサス州内でユニバーサル・ネットワークとなり、MPACTはそのなかの実質的な競争的参加者となった。

同じく1986年に、当時全米で最大の所有ATMネットワークの1つであったBayBanksは、Yankee 24ネットワークへのアクセスを拒否されて、新規の合弁企業ATMネットワークであったYankee 24を訴えた。当時、既成のBayBanksと発生期の共有ネットワークとの競争はきわめて活発であった。Yankee 24は銀行を誘引するために攻撃的な価格メニュー設定を提供しており、両ネットワークはその口座を魅力的にするために消費者に低料金を提示していた。両当事者は和解して、BayBanksはアクセスを認められ、Yankee 24はそのインセンティブとなる価格メニュー設定をやめた[48]。

さらに、その後に出された第10巡回区控訴裁のDean Witter/Visa判決[49]は、この分野でニーズの高いガイダンスを提供していると思われる。この事件は、Discoverカード、American Expressカード、「及びFRBが競合すると考えるその他のカード」を発行するいずれかの機関の会員の加盟を拒否するVisaの業務規則に対するボイコットの異議にかかるものであった。長いプリトライアルでの論争を経て、事件は1992年の秋に事実審理へと進み、原告が勝訴した。1995年秋に、VISAが適正に定義された市場（そこではVISAはMasterCardとは別個のものとして扱われた）において市場力を欠いており、VISAの規則はカード発行におけるシステム間競争を促進していると判断して、控訴審は原判決を破棄した。この論理に従えば、この判決は、競合するネットワークの自らを差別化する能力を減少させるために、競争者がボイコットのおそれという主張を用いる可能性を減らすことになると思われる。

e．独占的ネットワークの登場と反トラスト法執行

1994年に司法省反トラスト局が、およそ30年ぶりに、米国最大のATMネットワークであるMACに対する訴訟を通じて「EFTネットワーク市場」の法執行に参戦したとき[50]、市場力を持たない小規模なネットワークと市場力を持つ巨大ネットワークでは、法律上許容される行為の範囲に違いがあるべきだとの議論が再燃した。

MACブランドは、もともとはPhiladelphia National Bankの1部門からスタートしたElectronic Payments Services社のATMネットワークである。同社は1994年当時、ペンシルベニア州とオハイオ州の4大銀行持株会社から成る合弁企業となっていた。MACは、（1つには、司法省がそれまで争わなかった事前合併の結果として、）ペンシルベニア州でおよそ90%のマーケットシェアを持っており、近隣の中部大西洋諸州では強力な地位を占めていた。司法省の訴状によれば、MACはそのネットワークに属する銀行に第三者からデータ処理サービスを購入することを禁止するとともに、そのATM処理に対するコントロールを利用してネットワークの会員銀行が競合するネットワークと接続することを阻止していた。司法省はシャーマン法1条及び2条違反を主張した。その抱合せ違反の主張によれば、「リージョナルATMネットワーク・アクセス」と「ATM処理」は別個の製品であり、MACの規則はその顧客がMACからATM処理を購入するよう強制していた。独占化の主張によれば、MACは「排他的慣行によって、影響力の及ぶ諸州において、地域ATMネットワーク・アクセスの市場における自社の独占力を故意に維持してきた」のだった。

司法省の同意命令は、MACに対して、そのネットワークを独立のATM処理業者に、無差別に解放するよう義務付けた。MACは、処理に数量割引を提供することを認められたが、これらは無差別に提供されなければならなかった。またMACは、そのネットワーク・サービスを「選択された処理業者と異ならない価格で」販売するとともに、第三者である処理業者にもっとオープンな環境で提供するよう義務付けられた。このATM運用規則は、第三者である処理業者及び全国ネットワークを含む他のネットワークが提供する競争に対する明確な制限であると思われる、EPS規則の1つにすぎなかった。争われた規則のEastman Kodak v. Image Technical Services, Inc. 事件最高裁判決[51)]に対する類似は明らかである。同判決では、Kodakは設備サービスをその新たな設備の販売と抱き合わせていたが、内部で自己サービスを実施する者を例外としていた。最高裁は、被告の略式手続の申立てを退け、原告の抱合せの主張を支持した。そのため、EPSにおいて私たちが目にするのは、司法省が1つの特定の制限を選択して、政府が主張した「ブランド力のあるATMネットワーク・アクセス」市場における実質的な独占力という環境で、同意命令によってその排除を保証したことである。

司法省、私人当事者、そしておそらくは州司法長官に対して、この種の訴訟をもっと多く期待することができるかもしれない。特定クラスに属する市場参加者（たとえば、第三者であるデータ処理業者）を差別している支配的ネットワークの業務規則はどれも、独占ネットワークによる競合ネットワークを利用している参加者に対する価格差別と制限と同様に、はっきりとターゲットになりうる。これらはどれも、支配的企業によって行われるときには、シャーマン法1条及び2条により刑罰の対象となるタイプの古典的訴訟であるように思える。

(1)支配的ネットワークと(2)ネットワーク参加者、ネットワーク競争者、ネットワーク利用者、又は政府執行機関の間の対立の可能性には様々なカテゴリーがあるが、それには以下のものが含まれると考えられる。

1．インターチェンジ料金とルーティング規則
2．ネットワーク取引の顧客直接手数料、買収者サーチャージと発行者外国料金
3．ルーティング規則
4．営利目的ネットワークにおけるスイッチ料金
5．商標の利用規則と料金
6．データ処理規則（第三者である処理業者に関するデータ処理規則を含む）

7．ネット上でのノンバンク・カードとATMの利用、及び

8．ネットワーク・サービスの範囲

これについては、単に問題圏の射程を指摘するにとどめておく。

3.　業務範囲に関する構造規制
——銀行業務と証券業務の分離問題——

この節では、銀行の業務範囲に関する構造規制を扱う。

1929年の大恐慌は、20年代に急成長した米国の証券市場を崩壊させ、やがて多数の銀行を破綻させることになった。その後のペコラ委員会の調査の結果、ウォール街の指導的役割を果たしていた銀行を含む一部の商業銀行が、不成功の新規発行証券のダンピングや、さらには価格の下落した自己保有の証券の一部を、無防備な顧客の信託勘定に付け替えしたことが明らかとなると、こうした利益相反を含む信託義務違反行為は、国民の証券、証券業者、アンダーライターに対する不信を大きくした。こうした状況の下で、連邦議会は、1933年グラス・スティーガル銀行法を制定して、銀行業務を証券販売業務や引受業務、分売業務から分離することになった。

1933年銀行法が銀行による有価証券の取扱いを大きく制限した結果、商業銀行と投資銀行はグラス・スィーガル法の壁によって、ほぼお互いの業務分野に参入することができなくなった。だが、1980年代に入って大恐慌についての人々の記憶が薄れるにつれて、このグラス・スティーガル法の壁に対する異議が聞かれるようになった。

背景にあったのは、商業銀行の収益構造の変化だった。ややミクロな視点ではあるが、ここで簡単に、投資銀行によって商業銀行の収益が圧迫されていった事情を説明しておこう。

まず、伝統的な商業銀行の収益源であった大規模事業会社に対する投資資金の融資業務は、1960年代後半から、欧州諸国や日本との競争のなかでより安い労働力コストを求めて、顧客である事業会社が海外移転したことで、その成

長に陰りが見えてきた。そして1980年代に入って、大企業が銀行融資によって資金を調達するのではなしに、大衆向けにコマーシャル・ペーパーを発行することで直接資本市場を通じて資金を調達するようになると、インターミディエーション（intermediation：銀行離れ）が顕在化しはじめた。

また、銀行は1933年銀行法により長年にわたって、発行人の完全な信頼と信用が債券発行を保証していると認められることを条件に、政府債券（連邦、州及び地方自治体）の引受けと売買を認められたし、信託勘定の兼営とクローズ・エンド型の投資会社への出資、系列会社を通じた投資顧問業務が許されていた。だが、Investment Co. Institute v. Camp 事件最高裁判決（1971年）[52]の結果、銀行は1980年代半ばまで、ミューチュアル・ファンドの取扱いを認められていなかった。商業銀行や貯蓄金融機関がレギュレーションQによって預金金利の上限を規制されていた一方で、投資銀行が提供するMMMF（Money Market Mutual Fund：マネー・マーケット・ミューチュアル・ファンド）は、1970年代に預金金利を上回る有利な利回りを武器に、急成長していった。そしてしだいに銀行預金と大差ない使い勝手を買い手に提供するようになっていった[53]。商業銀行と貯蓄金融機関は、さらにミューチュアル・ファンドを通じて、投資銀行との競合を深めることになった。

こうした事情から、銀行が、1980年金融制度改革法（DIDCMA）の立法による預金金利規制の撤廃と証券業務への参入拡大を通じて、その収益構造を改善しようと試みたことは、ある意味で当然ではあった。そして実際に、その後、1982年ガーン・セイントジャーメイン預金金融機関法（Depositary Institutions Act of 1982）によって、銀行及び（クレジット・ユニオン以外の）貯蓄金融機関は、高金利の新たなMMDA（Money Market Deposit Account：市場金利連動型普通預金）の提供が認められ、MMMFに対応できるようになった。

そして、銀行の証券業務への参入の1つの大きな契機となったのは、1982年から1984年にかけて起こったBank of Americaによる最大手ディスカウント・ブローカー、Charles Schwab社の買収であった。規制監督機関と裁判所が買収を承認したため、大手銀行の多くが業務提携契約その他を通じて、同様のサービスを提供する道が開かれた。

連邦議会は15年間にわたってグラス・スティーガルの壁を完全に廃止することを拒否してきたが、1987年から96年までの間に大手銀行持株会社について重要な侵食行為が行われた。連邦準備制度（FRB）及び通貨監督局（OCC）による一連の決定によって、多くの大手銀行は、グラス・スティーガル法20条によって銀行本体が扱うことのできない「非適格証券」の取扱いを認められることになった。ブッシュ政権は（銀行業務、保険業務及び証券業務を行う）金融サービス持株会社を提案したが、連邦議会は1991年の段階においても、なお銀行持株会社による一般的な引受業務を認める法律を拒否した。

金融サービス持株会社が広範な業務を行うこと（ドイツのユニバーサル・バンキング（universal banking）と同様な業務を行うこと）に賛成する者は多かったが、反対は依然強かった。また、仮に連邦議会によって広範な金融サービスを行う持株会社が認められることになれば、弊害防止措置として、連邦準備法第23A条及び23B条のような、もっと強力な「ファイア・ウォール」の監督が必要だと考える者も多かった。グラス・スティーガル法の廃止に反対する人々は、ファイア・ウォールを維持・監督することは、元来困難だと考えていた。とりわけ経営危機の企業がその金融子会社から多額の借入を行い、当該子会社の加入するFDICやSIPC、PBGC並びに保険保証基金に不当な損害を与えるのではないかと考えた。

最終的に、1999年グラム・リーチ・ブライリー金融サービス近代化法が、新たな金融持株会社（FHC）を認可することで、この対立に解決を与えた。だが金融持株会社は、主として、銀行業務、証券業務又は保険活動に限定された。他の商業活動のための限定的な例外は、主に困難を容易にするための取引規則として認められた。GLB法の中心的テーマは、金融持株会社に関して、銀行は銀行監督機関、証券はSEC、保険は州の保険省及び保険委員会という、分離規制を維持することであった。しかし、すでに銀行の系列子会社（第20条子会社）に関して設けられていた抜け穴は、親会社である銀行資産の45％又は500億ドルの、いずれか小さい方にまで拡大した。こうしたやり方で、第20

条子会社を持つ銀行は、以前よりも広い活動の自由を与えられたので、自らを金融持株会社に転換することを余儀なくされるということはない。

残念ながら、2007年から2009年にかけて、重大な金融上の危機が発生した。それは、融資証券化、債務担保証券及び多くのタイプの金融派生商品と連動して、世界の巨大な投資銀行と商業銀行に影響を与えた。過剰なレバレッジと不十分な監督が問題だった。専門家の中にはグラス・スティーガル法の分離壁が再び設けられるべきだと提案する者もいたが、ドッド・フランク法制定における最終的な政治的妥協は、銀行による所有証券の売買の、排除ではなく制限に、対応を限定した。

(1)　1933年グラス・スティーガル法[54)]

1933年グラス・スティーガル法は、その後の米国の銀行業の基礎的なフレームワークを提供しただけでなく、その成立から70年近くにわたって米国の金融業界の構造を規制する上で多大な影響を及ぼした。その意味で、同法が成立した経緯とその内容をやや詳しく概観することは、その後の銀証問題の展開を理解するためにも重要なことだろう。

もちろんグラス・スティーガル法は、1929年大恐慌による銀行破綻の多発を背景に、その反省に基づいて、商業銀行をはじめとする預金金融機関が証券業務に携わることを制限する業務範囲規制法として成立したことは間違いない。では、大恐慌前の銀行は、なぜ証券業務に参入することになったのだろうか。その原因として、しばしば指摘されるのは、

(1) 銀行が、第1次世界大戦中に政府発行の戦争公債の分売を手掛けたことにより、証券についての販売技術を向上させると同時に、多数の顧客層を開拓することができたこと、

(2) 企業が資本市場からの資金調達に転換していった結果、銀行の本業である商業貸付の低迷により，銀行は自己防衛的に収益源としての新分野を開拓する必要に迫られていたこと、

(3) 証券ブームの到来により、証券業務を行うことによる巨額の利得獲得の

機会が銀行に提供されたこと、そして、

(4) 銀行の証券業務についての規制が緩やかであったこと、である[55]。

このような状況の下で、国法銀行法8条は、「……取締役会は、以下の銀行業務を遂行する上で必要であるところのすべての付随的権限を行使することができるものとする。約束手形、為替手形その他の債務証書の割引及び取引、預金の受入れ、為替、鋳貨及び地金の売買、人的担保による金銭の貸付並びに本法の規定による銀行券の取得、発行及び流通……」と定めており、国法銀行の業務内容を厳しく制限していた。しかし国法銀行は、この条文の解釈や法改正を梃子に、しだいに証券業務への参入を拡大していった。まずはじめに、1877年のYerkes v. National Bank of Port Jervis事件判決[56]を根拠に、公社債の引受・自己売買業務は、国法銀行法第8条の「その他の債務証書の……取引」にあたることが確認された。次いで、1927年マクファーデン法（McFadden Act）[57]2条(a)項(7)号による国法銀行法8条改正によって、銀行が扱える「債務証書」に「市場性ある債務証書」を追加することに成功した。こうして銀行本体による証券業務への参入が本格化していった。

1929年10月24日のBlack Thursdayと同29日のTragic Tuesdayに端を発した大恐慌は、当初こそ、株式市場は混乱させたが、銀行業界には決定的な打撃となっていなかった。しかし、1931年5月に、オーストリア最大の銀行であったCreditanstaltが倒産すると、事態はヨーロッパ金融恐慌に発展し、これが米国銀行業界にも波及することとなった。全米で銀行破綻と取付け騒ぎが頻発して、ついに1933年2月14日には、ミシガン州で「銀行休日（Bank Holiday）」が宣言されるに至った。

そして、大恐慌後の上院銀行・通貨委員会で実施された「ペコラ委員会」調査は、1929年大恐慌に至る1920年代の銀行による証券業務がどのような問題を孕んでいたか、白日の下に晒すことになった。ペコラ委員会の指摘した問題行為は、大きく、(1) 証券系列会社の問題行為、(2) 銀行の問題行為、及び、(3) 銀行の役員及び取締役の問題行為、の3つに分けることができる。

(1) 証券系列会社の問題行為は、不健全証券の発行と株価操作が主なものであった。

① National City Bankの系列子会社National City Companyは、1927年3月から28年10月にかけて、ペルー政府の財政破綻及び国内情勢の危機から極めて危険性の高いものであることを知りつつ、それを一般投資家には公表せずに、計9,000万ドルのペルー政府債を発行した。

② Chaise National Bankが設立したChaise Securities Corporationは、1928年10月、Sinclair Consolidated Oil Corporationの資金調達のため113万株の株式発行を引き受けるシンジケートに加わった。シンジケートは、Sinclair社の既発行株式を頻繁に売買することで株価をつり上げ、新規発行株式の分売を完了するとともに、巨額の利益を上げることに成功した。

③ 1928年から32年にかけて、Chaise Securities Corporationは、その系列会社であるMetropolitan Security Corporationとともに親会社であるChaise National Bank株式の株価操作を行い、利益を上げていた。

(2) 銀行の問題行為は、次のようなものであった。

① 地方政府債は、合衆国公債と異なり、必ずしも健全なものばかりではなく、地方の自治体債券を中心として不健全なものが少なからず存在していた。これらの債券の債務不履行により、それらを保有していた多くの中小地方銀行が後日、多大な損害を被ることになった。

② 各種の外国債券にも問題があった。国際資本市場としてのウォール街の重要性が高まるに従い、膨大な量の外国証券が米国内で発行された。国法銀行は，それらの外国債券の引受・分売を手がけただけでなく、投資対象としてその保有も増大させていった。それらのなかには，銀行の投資物件としては不適切な、極めて不健全な証券が多数含まれていた。

③ 証券系列会社の経営悪化が銀行の信頼喪失につながる危険性を持つため、(a) 証券系列会社が売却しきれずに保有する証券を銀行が肩代わりして保有することにより、(b) 経営困難に陥っている証券系列会社に銀行が直接信用供与を行うことによって、又は、(c) 証券決裂会社が関与する証券発行者に信用供与することで間接的に、銀行が証券系列会社を救済する

ことが行われた。これらの信用供与は当然不良貸付となった。

④ また銀行は，積極的に利益追求を目的に、広く投資家、証券業者に対して、証券担保貸付という形で信用供与を行った。こうした銀行の信用供与によるレバレッジが、証券ブームをさらに投機的なものにした。

⑶ 銀行の役員及び取締役の問題行為も指摘された。

① 銀行及びその証券系列会社の役員・取締役が、個人的投機目的で、資金を自らの又は系列の銀行から借り入れたこと、及び

② 役員・取締役が投機の結果被った損失を救済するため、銀行から無担保又は無利子の融資が行われたことが指摘された。

こうした銀行の証券業務に関する問題行為がペコラ委員会の調査によって明らかになると、銀行から証券業務を切り離すことが大恐慌のような銀行破綻を回避するための唯一の方策であるという主張が説得力を持つようになった。このような国民世論と連邦議会の雰囲気のなかで、1933年に成立したグラス・スティーガル銀行法は、連邦預金保険公社（FDIC）による預金保険制度の創設と並んで、証券市場への関与の制限を含む徹底的な銀行業務と証券業務の分離を定めることになった。

⑴ 銀証分離規定は、第16条、21条、20条及び32条からなっていた。グラス・スティーガル法は、第16条によって、国法銀行の行うことのできる証券業務を規定して、① 証券引受業務は禁止され、② 証券売買業務は、顧客の注文及び顧客の計算によるものに限定され、自己売買業務は禁止された。また、③ 投資業務は、銀行資本の10%及び剰余金の10%以内に制限されるとともに、「投資証券」への投資に限定されることになった。

第21条では、証券業務を営む者が預金の受入業務を行うことが禁止された。

第20条では、銀行と証券会社の系列関係を規制した。

第32条で、銀行と証券会社の役員又は取締役などの兼任関係が制限された。

⑵ 信用供与による銀行の証券市場への関与が以下の条項によって規制され

た。

第3条(a)項では、貸付、投資の種類及び金額に関して、加盟銀行に連邦準備銀行に対する報告義務を課している。また、各連邦準備銀行は、その報告中に不当な信用供与（証券取引等における投機行為に対する銀行の信用供与能力の利用）を認めたときには、連邦準備制度理事会に報告を上げることが義務付けられ、連邦準備制度理事会はこれに対して、連邦準備信用の供与停止というペナルティを課す権限を行使することができた。

第7条は、連邦準備区ごとにその区内の各加盟銀行が行うことのできる証券担保貸付額と当該銀行の資本金及び剰余金の比率を定める権限を連邦準備制度理事会に認めた。

第11条(a)項では、銀行以外の者が証券を担保に証券業者に信用供与を行う際に，加盟銀行が仲介又は代理機関として行動することを禁止した。

第12条は、加盟銀行の役員が自己の勤務する銀行から信用供与を受けることを禁止し、銀行役員が自己の勤務する銀行以外の加盟銀行から信用供与を受けるときは，当該役員に自己が勤務する銀行の取締役会議長に書面による詳細な報告を行う義務を課した。

(3) 銀行持株会社による証券業務が規制された。

前述したように、チェーン・バンキングやグループ・バンキングは、多店舗経営と州際銀行支店設置のための工夫だったが、20世紀に入ると業務多様化の手段としても利用されはじめた。たとえば当時、国法銀行は信託業務へ従事できなかったが、州法銀行なら許されるのが普通だったから、一部の国法銀行が州法銀行を事実上の信託子会社として保有し、これを通じて保険業務を行っていた。

これに対して、グラス・スティーガル法は、

第19条において、加盟銀行を所有している持株会社が、当該銀行の取締役の選任決議において議決権を行使する場合、連邦準備制度理事会の承認を受けなければならないが、当該銀行持株会社が証券会社との関係を否

定するのでなければ、連邦準備制度理事会は承認を与えないことを規定した。

そして、承認にあたっての考慮事項として、

① FRB は、系列持株会社への参加の加盟銀行に対する議決権行使許可証の交付又は撤回を決めるにあたり、公益の求めるところに従うこと、

② FRB は、申請した系列持ち株会社の財務状態、経営陣の全般的な特色、及び許可証の交付が加盟銀行の業務に与える見込みを考慮することとし、また、

③ FRB は以下の条件が満たされない限り、許可証を交付しないとした。

議決権行使許可書の交付条件は、以下の7項目である。

①′ 許可書の交付を申請した系列持株会社は、傘下の加盟銀行および非加盟銀行とともに、FRB の検査を受けなければならず、FRB 検査官はその検査に基づき報告書を作成する。

②′ FRB 検査官は、系列持株会社によって所有ないし支配されている傘下銀行を検査できる。それらの銀行の個別貸借対照表及び連結貸借対照表は、公表を求められることがある。

③′ 資産運用に一定の制約がある。

④′ 系列持株会社の役員、幹部、使用人などが、帳簿、財務諸表、及び報告書への虚偽の記載をした場合には、加盟銀行のそれらの地位にある者と同等の罰則が適用される。

⑤′ 系列持株会社は証券子会社の保有又は経営への参加を許されず、すでに証券子会社の保有又は経営への参加を行っている場合は、証券子会社の所有権は売却し、それらの経営への参加も中止しなければならない。

⑥′ 系列持株会社が1933年銀行法に違反したとき、FRB は許可書をいつでも無効にできる。

⑦′ 許可書が無効にされると、系列持株会社傘下の加盟銀行には、罰則が適用される。

しかし、Fischerによれば、このグラス・スティーガル法19条の規制は、一見極めて厳重に見えるが、そこにはループホールの可能性が存在した。Fischer[58]は、次の問題点を指摘している。

① この規制では、州法非加盟銀行だけを支配するグループは適用外となるし、一部の系列持株会社は議決権行使許可書がなくとも、実質的に傘下の加盟銀行を支配できた。

② 系列持株会社の成長ないし膨張に対して、連邦反トラスト法の有効性は疑問視されていた。

③ 系列持株会社は非銀行会社への投資を継続しても構わなかった。

④ FRBは系列持株会社と傘下加盟銀行の経営の健全性をチェックはするが、同一地域で営業する他の金融機関との競争状態は何ら考慮しなかった。

そのため、1956年持株会社法は、このループホールをふさぐべく、次のような規定を設けることになった。

第4条(a)項(1)号は、銀行持株会社が銀行以外の会社の議決権付株式を所有することを禁止して、銀行持株会社による証券業務への関与を規制した。

第2条(a)項(2)号では、「銀行持株会社」を広く定義して、「銀行の議決権付株式の25%以上を支配する会社」とした。

また、グラス・スティーガル法13条により、連邦準備法23A条を新設した。これにより、連邦準備制度加盟銀行による系列銀行に対する信用供与が制限されることになった。この制限には、量的制限と質的制限があった。

量的制限は、系列会社に対する信用供与の総額を制限するものであって、1系列会社に対しては銀行の資本及び準備金合計の10%以内、全系列会社の合計では銀行の資本及び準備金合計の20%とされた。一方、質的制限は、担保となる証券の種類に応じて与信担保比率を定めるもので、(1)合衆国公債、政府保証債等については取引額の100%、(2)州又はその下部組織の債務証券については取引額の110%、(3)その他の債務証書は取引額の120%、(4)株式、借地権、不動産等は取引額の130%とされた。

さらに、銀行と系列会社間の取引は、「安全かつ健全な銀行業務に沿った条件において」行われなければならないものとし、銀行の財務状況に悪影響を及ぼすような取引を禁止した[59]。

このように、1933年グラス・スティーガル法は、1920年代の野放図な証券業務への参入が利益相反を含む不適切な融資行動を招き、その結果として銀行の預金資産を毀損の危険に曝したとの反省から、上述のような厳重な銀行業務と証券業務の分離を定めることとなった。だが、1970年代後半に至り、この節の最初で述べたような銀行業を取り巻く収益環境の悪化によってその収益性の改善を迫られると、再び証券業務に参入して新たな収益源を得たいとの欲求が銀行業界全体に広がっていった。

(2)　1980年金融制度改革法（DIDMCA）

1970年代に入って、アメリカは、２度にわたる石油危機に端を発した経済停滞とインフレによるスタグフレーションに苦しんでいた。財政赤字と国際収支の赤字という双子の赤字を前に、アメリカはそれ以上財政出動を中心とするケインズ政策に頼ることができない状況に置かれていた。この苦境を脱するために残された手段は、経済規制の緩和を通じた競争の強化によって、経済を活性化させることだけであった。当時意図された規制緩和の主な対象分野は、通信・放送、運輸、とりわけ航空輸送と、そして金融であった。1980年金融機関規制緩和及び通貨量管理法（Dipository Institutions Deregulation and Monetary Control Act of 1980: DIDMCA）[60]は、このような銀行を中心とした金融規制緩和を中心目的として、カーター政権下の1980年3月31日に成立したのだった。

1980年金融制度改革法（DIDCMA）の主要内容を列挙していくと、まず第1は、新しい必要準備金制度[61]を定めて銀行の必要準備を広く浅くしたことが挙げられる。これは、従来の要求払い預金、NOW勘定、及びこれらと同等の預金をまとめて「取引勘定（transactions accounts）」とし、一方で自然人以外の者が保有する定期預金を「非個人定期預金（non-personal time deposits）」と名付けて、2種類の預金区分を新たに定義するとともに、2桁インフレの下での政策手段を拡大するため、加盟銀行のほか非加盟銀行、（相互）貯蓄銀行、S&L、及びクレジット・ユニオンからなる、すべての預金金融機関に必要準備を賦課するものであった。

DIDCMAの主要内容の2番目は、預金金利の自由化[62]であった。1933年銀行法の制定後、最大級の自由化となった預金金利上限規制の撤廃は、銀行離れ（disintermediation）対策と高金利期の預金吸収に成果を上げた。金利上限規制は当初、1986年3月末までの6年間で段階的に緩和を行い、最終的に撤廃することが予定されていたが、激しい金利引上げ競争が行われた結果、予定よりも早く1982年にはすべて自由化が完了することになった。

第3は、商業銀行の業務範囲の自由化[63]である。具体的には、NOW勘定はじめ、各種預金種目の提供が自由化され、銀行が独占してきた小切手勘定提供の特権は消滅し、業務の同質化がいっそう進むことになった。貸出し・投資面では、連邦法免許S&Lへ、資産の20%まで消費者ローン、商業用不動産貸出、社債の保有などを認め、クレジット・カード業務を許し、国法銀行と同一条件で信託業務も認めるなど、自由化路線を強化することになった。

第4は、州法による金利規制の変更[64]である。2桁インフレと高金利によって市場金利が暴騰した。貸出金利上限規制があるため、銀行は貸し渋りに走ることになった。これに対処するため、DIDCMAは連邦法を優先適用することによって、各州の金利規制を無効化することに成功した。

第5は、ディスクロージャー規制の変更[65]である。従来の1968年貸出条件明示法は消費者保護に大きな役割を果たしてきたが、DIDCMAは、複雑になった1968年法のレギュレーションの厳格化と簡素化を実施した[66]。

最後に第6番目として、預金保険金支払上限の引上げ[67]が挙げられる。インフレによる貨幣価値の下落に対応する措置として、預金保険金の支払上限は預金者1人当たり4万ドルから10万ドルへと引き上げられた。

DIDMCAは、すべての金融機関を事実上連邦準備制度（FRS）へ強制加盟させ、FRBへ制限付きだが必要準備の変更で大幅な権限を与えるなど、通貨管理にも深い関心を寄せていた。同法制定の主因は、やはり2桁インフレと高金利だった。インフレに対抗して目減りする預金の価値を守ることが国民と政権の主たる関心事であった。銀行離れの影響もあったが、どちらかといえば、二次的な関心にとどまった。大恐慌のときほどではなかったとしても、預金者にも銀行側にも、こうした改革を求める動機が存在した。

この改革で、銀証問題の観点から注目すべき点は、預金金利の自由化と業務範囲の自由化、州法による金利規制の変更である。これによって、国法銀行と州法銀行のどちらについても、証券会社が提供する高利回りのMMMFとの預金獲得競争で、固定金利という一方的なハンディキャップは解消される可能性が生じたし、預金金融機関に対しても商業用不動産貸出と社債の保有、信託業務について業務の拡大を認めたことは、一部とはいえ業務範囲の規制を緩和させたという意味で、銀行側の得点だったといえよう。

(3)　1982年ガーン・セイントジャーメイン預金金融機関法

1982年ガーン・セイントジャーメイン預金金融機関法（Garn-St. Germain Depository Institutions Act of 1982: DIA）[68]は、1980年以降の歴史的高金利の継続によって生じた貯蓄金融機関の経営危機に対処することを主眼に、1982年8月に制定された。

ガーン・セイントジャーメイン法の主要内容は以下の通りである。第1に、FDICとFSLICの権限を強化した[69]。第2に、3年間を限度として州境越えを含む金融機関の同種・異種合併を許した[70]。第3に、州法免許株式会社S&Lを連邦レベルでも認めた。第4に、DIDMCAにおいて連邦法免許S&Lに認められた正味資金証書（net worth certificates）の発行を、3年間に限って貯蓄金融機関に対しても認めて、FDICとFSLICにこれを手形で購入させ、その手形を自己資本とすることを認めた[71]。第5に、貯蓄金融機関に対して、総資産の合計50%まで、商業用不動産担保貸出とジャンク・ボンド投資を認めた。第

6に、大成功を遂げた証券会社のMMF（短期金融資産投資信託）に対抗する小口自由金利の「短期金融市場金利預金（MMDA又はMMA）」[72]の提供をすべての金融機関に認めた[73]。第7に、国法銀行にバンカーズ・バンクの設立又は買収を認めた。

ガーン・セイントジャーメイン法が貯蓄金融機関にその総資産の50％まで投資の自由化を許したことは、業務範囲の拡大という観点からは大きな前進ではあったが、後にこれがS&L破綻の原因の1つとなったといわれている。また、正味資産証書の仕組は帳簿操作にしか過ぎず実効はなかったといわれる。ただし、ガーン・セイントジャーメイン法によって自由化の趨勢がいっそう強化されたことは事実であった。

しかし銀証問題から見た場合、何といっても重要なのは、商業銀行を含むすべての金融機関にMMDAの取り扱いを認めたことであった。これによって銀行は、証券会社が提供するMMFに対抗する手段を手にすることになった。1982年法施行規則によって連邦預金保険公社（FDIC）（及び連邦貯蓄貸付保険公社（FSLIC））が保険対象としているMMDAは、銀行（及び貯蓄金融機関）が提供することができるが、次のような特徴を持っていた。(1)当初預入額が2,500ドル、(2)要求される平均残高が2,500ドル、(3)再短預入期間の制限がないこと、(4)引き出しには少なくとも7日前の通知が必要であること、(5)当初預入額及び平均残高の要件を満たす預金には金利の上限規制がないこと、(6)すべての預金者が利用可能であることである。Lovettは、この証券ブローカー業界とMMMFによる外部からの競争がなければ、銀行（及び貯蓄金融機関）が、預金者に支払う金利、預金勘定の資金コストを、MMDAと同じ程度まで引き上げたかどうかは疑問であるとしている[74]。

(4)　FRBによる非適格証券業務の解釈変更

1987年，FRBは大手BHCの証券子会社による、地方債とCPの業務範囲拡大を条件付きで認め、続いて証券営業分野の拡大を認め、1990年には株式の取扱いすら許した。こうした証券子会社は、業務拡張がグラス・スティーガル法20条の棚上げになることから，20条子会社（Section 20 subsidiary）と呼ばれた。このように、1987年から1990年にかけての時期に、米国商業銀行の証券業務への業務範囲拡大を主導したのは、連邦議会でも最高裁判所でもなく、FRBのFed orderであった。これは、1988年金融制度改革法案が成立を見なかったため、FRBが議会に先行して行政処分を通じて、証券業務制限の緩和を行ったものであった。

a．1956年銀行持株会社法による業務範囲の規定

すでに述べたように、銀行持株会社の監督官庁であるFRBは、そのレギュレーションYにより銀行持株会社の子会社の業務範囲を定めることができる。より具体的には、銀行持株会社がその子会社を利用して、銀行本体には認められていない業務に進出しようとする場合には、FRBにその業務の申請を行うことになる。FRBは「銀行業務に密接に関連し」かつ「正当に付随する業務」という基準に基づき認可を与えることになっている。

これまで銀行が証券業務に進出してきたのは、以下に述べるようにFRBの認可に基づくものである。議会において業態間の相互乗り入れを認める抜本的な金融制度改革法が成立しない状況にあって、FRBの行政立法（レギュレーション）により銀行持株会社の子会社に証券業務が徐々に認められてきた。グラス・スティーガル法が定めた銀行・証券間の分業体制の垣根は、法律改正ではなくFRBのレギュレーションにより取り除かれてきた。

b．銀行持株会社（20条証券子会社）による非適格証券業務の拡大

1933年グラス・スティーガル法の20条では、銀行本体が行うことができない証券業務（株式や社債の引受けやディーリングなどで「非適格証券」と呼ばれる）に、「主として従事している（engaged principally in）」証券会社と系列関係になることを禁止している。このためFRBは、銀行持株会社のフレームワークのなかで、銀行持株会社が「非適格証券業務」を行う場合には、その子会社（グラス・スティーガル法20条の規定から20条子会社と呼ばれる）が証券業務を「主としない」と解釈することで、銀行と証券の系列関係を認めるという判断を下した[75]。

c．FRBによるBankAmerica CorporationのCharles Schwab & Co.買収の認可[76)]

Bank of America, N.A.の持株会社であるBankAmerica Corporationは、1982年3月8日、銀行持株会社法に基づきディスカウント・ブローカーのCharles Schwab & Co.の買収をFRBに申請し、FRBは1983年1月7日に、これを認可した[77)]。さらに、1983年2月22日にFRBは、ディスカウント・ブローカー活動を「銀行業務に密接に関連する」業務のリストに追加するレギュレーションYの改正案を発表し、同年8月10日にこれを採択した[78)]。

この認可処分はその後の銀行による非適格証券業務の拡大を認めた一連のFed orderの先駆けとなった。それというのも、この認可処分が裁判所で争われることになり、最終的に連邦最高裁が本件合併を認可したFRBの措置の適法を宣言したからであった。その最高裁判決を紹介しておこう。

d．SIA v. FRB事件最高裁判決（1984）[79)]

【事実の概要】

本件は、このFRBによるBankAmerica CorporationのCharles Schwab & Co.買収の認可に対して、証券業協会（Securities Industry Association: SIA）がN.Y.の第2巡回区控訴裁判所に当該認可処分の取消を求めて訴訟を提起したものである。1983年7月15日第2巡回区控訴裁判所はFRBを支持したが、SIAが上告した。

【判旨】上告棄却

最高裁は、FRBの解釈が合理的で立法意図に適うものである限り、裁判所はその判断に従うと述べて、行政の判断を尊重する姿勢を明らかにした。

グラス・スティーガル法は加盟銀行を対象とする法律で、銀行持株会社には適用されないが、銀行と証券会社が関連会社となることについて規制する20条問題が発生する。同条は、原則として証券の「発行（issue）、流通（floatation）、引受（underwriting）、公売（public sales）、頒布（distribution）」業務を行う会社と銀行が関連会社となることを禁止している。本件のように、銀行持株会社の傘下で兄弟会社となるケースは関連会社に該当するため、問題はCharles

Schwabが、20条の規制対象となる会社か否かの判断である。SIAは、証券ブローカー業務は「公売」に該当すると主張したが、FRBは、この語が発行市場に関係する諸活動と並べて配置されている点に着目し、流通市場における公売は「公売」に該当しないとの判断を示した。最高裁はこの判断を、条文の文言の合理的な解釈であり、立法意図にも合致すると評価した。証券引受や証券の投機的な活動は、銀行の健全性を害する危険があるが、流通市場でのブローカー業務であれば、そのような問題がないからである。

e．SIA v. FRB事件最高裁判決後のFRBによる非適格証券業務拡大

BankAmericaによるCharles Schwab社の買収は、この時期の銀行の証券業務参入拡大の契機となった。規制監督機関と裁判所が買収を承認した結果、大手銀行の多くが業務提携契約その他を通じて、FRBに対して同様のサービスを提供する承認を求めることになった。これに対してFRBは、一定の条件を付したものの、むしろ積極的に証券業務への業容拡大を支持したのだった。具体的には、SIA v. FRB事件判決後の1986年から、FRBは次のような重要な一連の行政処分を行った。

① 1986年決定　1986年12月Bankers Trust社の子会社に対して「コマーシャル・ペーパー」の「販売」を認める[80]。

② 1987年決定　1987年3月にChaise Manhattan社の子会社が「コマーシャル・ペーパー」の「引受け」及び「ディーリング」に従事することを許可[81]。

③ 1987年Fed order　1987年4月Citi Corp、J.P. Morgan、Bankers Trustの3社から提出された、「地方政府の特定財源債」、「モーゲージ証券」、「消費者信用証券」及び「コマーシャル・ペーパー」の4種の非適格証券の「引受け」及び「ディーリング」に限定付きで証券子会社を通じて従事したいとの申請に対して、総収入の5％の範囲であれば、証券業務を「主としない」と判断し、これを認可する決定を下した[82][83]。同時に、FRBは新たに20項目にわたるファイア・ウォールを設定して、銀行と20条証券子会社が系列関係となる際の弊害の防止に努めることになった。

④ 1989年決定　1989年1月J.P. Morgan、Chaise Manhattan、Bankers Trust、Citi Corp、Security Pacificの大手銀行5社に対してそれらの証券子会社が「社債」及び「株式」を含む原則的にすべての証券の「引受け」及び「ディーリング」を、非適格証券の取扱いからの収益が総収益の5～10%を上回らないという条件付きで認める決定を下した[84)]。

さらに、1996年になると、FRBは以下のようなレギュレーションの改正を行って、商業銀行による証券業務への参入を実質的に自由化する措置をとった。

① 1996年12月　20条証券子会社による「非適格証券業務」の収入制限の引上げは、銀行業界からの強い要望があった。1996年6月のリーチ下院銀行委員長からグリーンスパンFRB議長への書簡の通り、FRBは20条子会社の収益に占める投資銀行業務収益の量的制限を10%から25%に引き上げた[85)]。
② 1997年1月　FRBは20条証券子会社を認可する際の条件として設定している厳しいファイア・ウォールの大幅緩和を提案し（パブリックコメントの募集)、8月にはその実施を決定した。この時点で27項目あったファイア・ウォールのうち他の法律やレギュレーションと重複する18項目を廃止し、残った9項目については「20条証券子会社の業務基準」として8項目に再編、レギュレーションYに盛り込まれた[86)]。

なお、ファイア・ウォールで規制される以前に、銀行子会社と20条証券子会社との取引はすでに、連邦準備法第23A条（銀行が系列証券会社に対する信用供与の制限）や第23B条（アームズ・レングス・ルール：銀行と系列証券会社との取引は、同時期に系列でない会社と行われたものと実質的に同じか、少なくとも当該銀行若しくは系列会社にとって同程度に有利であること）の適用を受けている。

この20条証券子会社による25%の収入制限の引上げ、及び銀行子会社と20条証券子会社間に課せられるファイア・ウォールの大幅緩和により、銀行による証券業務への参入は「グラス・スティーガル法」の改正を待たず、FRBレギュレーション改正によりほぼ実現された。この時点で20条証券子会社を利用した銀行サイドから証券業務への参入という視点から、銀行・証券間の業際問題はほぼ決着したと考えられる。

(5) 1999年グラム・リーチ・ブライリー法

商業銀行の証券業務への拡大の動きは、1980年代後半には、立法の停滞からFRBの行政処分を中心に展開した。しかし、1990年代後半に入ると、事態は再び連邦議会を中心に動き始めた。

1980年DIDMCAと、1989年FIRREAによる大きい改革が続いたが、1990年代に残された銀行法上のテーマは、グラス・スティーガル法改正問題だった。だが、1997年に提出された金融制度改革法案は、地域再投資法（CRA）を巡って上院共和党と民主党・財務省が対立した結果、成立することなく終わってしまった。上院共和党がCRA適用基準を緩和するよう求めたのに対して、民主党と財務省が抵抗して調整がつかなかったことが原因であった。

金融制度改革法案が成立しなかったもう1つの理由は、容認非銀行業務の多様化をどのように行うかについて調整がつかなかったことであった。これまで銀行がBHC経由で行う非銀行業務は、容認非銀行業務（permissible nonbanking activities）と呼ばれ、FRBが認可権限を行使してきた。FRBは、非銀行業務の多様化を引き続き管轄下のBHC経由で行うことを望んだが、財務省と通貨監督官庁（OCC）は、管轄下の国法銀行へ直接子会社の新設を認め、これを経由する業務多様化路線を求めており、両者間の対立が解決しなかったのである。

1999年1月、下院銀行委員長リーチは法案を提出し、3月中旬に委員会は同法案を通過させた。上院銀行委員長グラム（Phil Gramm、共和党）は、CRAの適用範囲を狭くする法案を3月初めに委員会で通過させた。法案審議過程で関係者が互いに譲歩して、5月初め上院はグラム法案を通過させ、7月初め下院もリーチ法案を決議した。2つの法案は、両院協議会を経て一本化され、両院がそれぞれ改めて再議決し、1999年11月12日クリントン大統領が署名して、グラム・リーチ・ブライリー法（Gramm-Leach-Bliley Act: GLB法）[87]が成立した。

では、グラム・リーチ・ブライリー法で銀行改革の対象となったのは何であったか。

第1は、すでに述べたように、グラス・スティーガル法（GS法）廃止問題だった[88]。1933年GS法の定めた銀行・証券の垣根を完全に廃止するかどうかは20年来のテーマであった。そしてGLB法は、銀行と証券会社の系列関係を規制したGS法20条と、銀行と証券会社の役員の兼任を制限したGS法32条の廃止には成功した。しかし国法銀行の行うことのできる証券業務を制限したGS法16条と、証券業務と預金受入業務の兼業を禁止したGS法21条は、廃止されずに残ることになった。その結果、証券業務は引き続き銀行本体でなくBHC、FHC、又は国法銀行の各子会社によって行われることになった。

第2は、金融持株会社（FHC）制度の創設である[89]。これまでの銀行持株会社（BHC）は金融持株会社（financial holding company）へと転換できるが、転換を望まないBHCはこれまで通りその地位にとどまることになった。そのため、BHCとFHCが併存することになった。FHCの子会社を経由して銀行が行うことのできる非銀行業務は、(i)金融の性格を有する業務、(ii)その付随業務、及び(iii)それらの補完業務とされた。また、「金融の性格を有する」非銀行業務に従事するFHCは、その傘下の銀行と貯蓄金融機関が資本充実度良好（well-capitalized）、かつ経営状態良好（well-managed）でなければならず、CRA遵守検査では基準達成の評価が必要となった。FHCの子会社は、証券、保険、ベンチャー企業等に対して短期融資業務を行うマーチャント・バンキングに従事できることになった。さらにFRBは、従来からのBHCに加えて、FHCもその規制対象に置くことになった。

第3は、金融の性格を有する（financial in nature）業務[90]の範囲をどう定めるかという問題である。FRBが、場合により財務省とも協議して、「金融の性格を有する業務」の範囲を具体的に定める権限を持つことになった。「金融の性格を有する業務」の例としてGLB法が具体的に列記しているのは、(i)貸出、両替、振替、投資受託、及び現金・証券の保管、(ii)生命保険、健康保険、傷害保険、損害保険などの引受と年金給付、これらの元受入・代理人・ブローカー業務、(iii)証券の発行引受、自己売買、及びマーケット・メイキングなどであった。

第4は、銀行による保険の引受・販売である[91]。米国には連邦レベルの保険法がなく、国法銀行法は人口5,000人未満の地域にある国法銀行に対して保険代理店業務を認めていた。1996年のBarnett Bank事件最高裁判決[92]は、国法銀行法の保険規定は州保険法に優先する旨判示した。そのためGLB法は、このBarnett Bank事件判決を受けて、州が預金金融機関、同持株会社、同子会社による保険の販売、勧誘、又は共同マーケティングを制限してはならず、銀行はFHCの子会社経由で保険の引受と販売ができ、国法銀行も直接子会社経由で保険販売ができることを明文で認めることになった。ただし保険の引受については、これを認めていない。

第5は、国法銀行と国法銀行子会社の業務範囲の拡大である。GLB法は、国法銀行に対する州・地方特定財源債の引受を認めるとともに（特定財源債（revenue bond）は，償還財源を道路利用料金など特定源泉に頼る地方債で、一般財源債に対応する種別である。）、その子会社に対しても一定の条件の下で証券引受や保険販売などを認めた。ただし、保険引受と不動産開発については認めなかった。

第6は、BHCとFHCの子会社が行う証券業務について、その規制機関をどこが担任するかという問題である。GBL法では、証券業務の規制は、FRBと証券取引所委員会（SEC）が機能別規制（functional regulation）によって分担して行うことになった[93]。

第7は、単一貯蓄金融機関持株会社（UTHC）の規制である[94]。貯蓄金融機関を1つだけ保有する単一貯蓄金融機関持株会社（unitary thrift holding company: UTHC）は、例外的に金融業と一般事業の兼営が許されていたが、議会による規制の動きに対応して、1999年に入って有名百貨店の持株会社Federated、自動車メーカーGMとFordを含む大手企業が駆け込みでUTHCの免許申請や買収申請を済ませた。これに対しGLB法は、極めて異例なことながら法制定の半年前まで遡って、同年5月4日以降に出された申請は一切認めないとする措置をとった。

第8は、金融機関顧客のプライバシー保護問題である[95]。顧客の氏名・住所をマーケティング業者へ売ることは、それまで違法とはされていなかった。GLB法は、この法律の不備を埋めて、第三者向け顧客情報の公開について、特定の限られた場合を除いて、顧客に拒絶権を認めることになった。

第9は、ATM手数料問題である[96]。アメリカでは、顧客が自分の預金口座をATMで利用しても有料だが、銀行は他行ATMの利用については上乗せ手数料をとっており、それが高いとして批判されてきた。GLB法は、ATM利用前に料金を示す情報を表示するよう命じた。

最後の第10は、地域再投資法（CRA）の制定であった[97]。1977年CRAについては、議会での評価が別れた。GLB法の議会審議においては、下院民主党とクリントン政権の財務省は同法を擁護してその強化を支持していたが、上院共和党と金融機関側はこれに抵抗を示して対立していた。GLB法は、資産2億5,000万ドル未満で推定1,500行弱の小銀行については、最近時のCRA評価で「優秀」なら以後5年間、「基準達成」なら以後4年間、それぞれCRA検査を延期することを定めて、反対派と妥協することに成功した。金融機関と団体・個人が結ぶCRA協定は、両者の癒着関係を抑止するため、年間の金銭授受が1万ドル超と金銭貸出が5万ドル超の場合には、規制監督機関と国民に対して情報を完全に公開しなければならないことになった。

1999年グラム・リーチ・ブライリー法は、それまでの金融自由化改革の頂点であった。

これまでもFRBは、1987年から連邦準備制度理事会指令（Fed order）の形で、第20条子会社が行う証券業務へ段階的な範囲拡大を認めてきたが、これらは，いずれ立法措置で置き換えられなければならないことは明らかであった。それがGLB法の制定によって実現したのだった。その意味では、銀行は事実上すでに証券業務を行っており、国法銀行の一部は保険業務を許されていたのであるから、GLB 法は既成事実を追認したに過ぎない、ということもできる。

しかし、GLB 法によって金融サービスは、従来の、銀行が銀行業と密接に関連する金融分野に手を伸ばす、といった段階から、その業務をいっそう多角化させることによって、銀行・証券・保険という総合金融サービスを提供するという段階へと発展することになった。金融持株会社という、新しいビークルがこの総合金融サービス産業に制度上の枠組を提供した。これによって、EU のユニバーサル・バンキングとは異なるが、アメリカの風土と伝統に根ざしたアメリカ型の総合金融サービス産業が展開することが期待された。コンピュータとインターネット、デジタル化を中心とした情報通信革命による通信のコスト低下と大容量化、それらによって進展する電子資金取引（EFT）と結びついて、米国の金融サービス産業は 21 世紀も世界金融のリーダーであり続けることができると思われた[98)]。

しかし、2008 年、事態は一変する。サブプライム・ローン問題にはじまるベア・スターンズの破綻、リーマン・ブラザーズの破綻、クレジット・デフォルト・スワップの危機が連動して拡大し、百年に一度の金融危機が米国を、やがて世界を覆ったのだった。

(6)　2010 年ドッド・フランク・ウォール街改革及び消費者保護法

米国発の世界金融危機に対処するため、オバマ大統領は 2010 年 7 月 21 日、1930 年代以来の米国の包括的な金融制度改革を図る「ドッド・フランク・ウォールストリート改革及び消費者保護法（Dodd-Frank Wall Street Reform and Consumer Protection Act：ドッド・フランク法）」[99)]に署名し、同法は成立した。ドッド・フランク法による改革の主要内容は、以下の通りである。

第 1 は、システミック・リスク規制機関の設置である[100)]。システミック・リスクを特定・監視し、システミック・リスクに対処するため、財務長官を議長とし各規制監督機関の長で構成される「金融安定監督評議会（Financial

Stability Oversight Council: FSOC)」を設置する。また、同評議会は、FRBの監督下に置かれ、システム上重要な「ノンバンク金融会社」を特定する権限を与えられる。

第2に、too big to fail（大きすぎて潰せない）問題を回避するため、次のような措置がとられることになった。まずFRBが、システム上重要なノンバンク金融会社、総資産500億ドル以上の銀行持株会社に対して厳格なプルーデンス規制を課すとともに[101]、自己資本、レバレッジ、流動性、リスク管理等について規模や複雑性に応じた厳格な規制を適用し[102]、レゾリューション・プランを策定する[103]。次にFDICが、秩序だった清算手続を導入する[104]。さらに、銀行等の規模と範囲を制限するため、ボルカー・ルールを採用する。ボルカー・ルールは、(i)銀行及び銀行持株会社に対して、自己勘定取引を禁止するとともに、ヘッジファンド又はプライベート・エクイティ・ファンドに投資し又はそのスポンサーとなることを禁止するだけでなく、(ii)負債シェアで10%を超える大規模金融機関の統合等を禁止する[105]。

第3は、2008年金融危機の契機となったデリバティブ商品の透明性及びアカウンタビリティの向上である[106]。証券取引委員会（SEC）及び商品先物取引委員会（CFTC）がクレジット・デフォルト・スワップ（CDS）を含む店頭デリバティブ商品を規制する。デリバティブに対しては集中清算及び取引所取引が義務付けられ、集中清算を利用しないデリバティブに対しては資本賦課とマージンが適用される。また、連邦の支援を受ける銀行はスワップ部門を分離することが義務付けられる。

第4は、ヘッジファンド規制である。ヘッジファンド投資顧問のSECへの登録を義務化する[107]とともに、金融安定監督評議会によるシステミック・リスクの評価のため、ヘッジファンドに対して取引およびポートフォリオに関する情報提供を義務付けることとした。

第5に、銀行・保険の規制システムの改善である。具体的には、連邦レベルの貯蓄金融機関（Savings and Loan Association, Thrift Institutions）を監督する貯蓄金融機関監督庁（Office of Thrift Supervision: OTS）を廃止し[108]、保険業界を監視する役割を担う「連邦保険庁」を財務省内に設置することになった[109]。

第6は、格付機関の規制である[110]。格付機関に係るガバナンスを改善し、格付機関に関する様々な情報開示を強化するとともに、格付機関の法的責任を強化した。

第7は、証券化に関する規制である[111]。証券化商品の売り手に対しては、最低5％の信用リスクの保持、証券化商品の裏付け資産に関する情報開示の改善を義務付け、証券化商品に係る表明・保証制度を支援する。

第8は、役員報酬、コーポレート・ガバナンスの改善である[112]。具体的には、役員報酬に係る拘束力のない株主投票の導入、金融機関のインセンティブ報酬規制、報酬委員会の独立性向上を内容とする。

最後に第9として、消費者及び投資家保護の強化を目的に[113]、FRB内に「消費者金融保護庁」が設置されることになった。

ドッド・フランク法の内容はこのように極めて多岐にわたる包括的なものであり、米国金融法史上、1933年グラス・スティーガル法に匹敵する重要性をもつものであるといってよい。ドッド・フランク法の目玉は、なんといっても金融安定監督評議会というシステミック・リスク規制機関の設置と、総資産500億ドル以上のシステム上重要な金融会社に対する厳格な規制である。リーマン・ショックにはじまる世界金融危機を封じ込めることを最大の目標としたドッド・フランク法において、金融安定評議会を通じたマクロ・プルーデンス政策が今次改革の中心であることは間違いない。

しかし、本節のテーマである銀証分離問題との関係で最も重要なのは、やはりボルカー・ルールに基づく商業銀行の証券業務の制限だろう。

ドッド・フランク法は、オバマ大統領が自ら提示した「ボルカー・ルール」を採用した。ポール・ボルカー元FRB議長の起案によるこの新たなルールは、銀行の業務範囲を制限し、大規模金融会社の規模を抑制することを目的としている。預金保険制度というセーフティネットで保護された銀行がリスクの高い業務を行い、また、大規模金融会社がtoo big to failにならないよう規模拡大に制限を加えることがその狙いである。

ボルカー・ルールではまず、銀行、銀行持株会社及びその子会社が自己勘定取引を行うことが禁止される。ただし、米国の財務省証券、エージェンシー債、地方債等の取得・処分は禁止対象から外れている。また、引受けやマーケットメイクに関連する証券等の取得・処分、リスクを緩和するヘッジ業務、顧客のために行う証券等の取得・処分なども適用除外となっているが、適用除外の範囲は明確になっている。

また、ボルカー・ルールでは、銀行等がヘッジファンド及びプライベート・エクイティ・ファンドに投資し（エクイティ、パートナーシップその他所有権の取得）、スポンサーとなることが禁止される[114]。

このようにボルカー・ルールは一部で当初案よりも適用除外の範囲を拡げる一方で、当初に比べて厳しくなる面もある。つまり、① 顧客等との間に重大な利益相反が生じる場合、② リスクの高い資産等に対する重大なエクスポージャーが直接・間接にもたらされる場合、③ 金融会社の安定性と健全性に脅威をもたらす場合、④ 米国の金融の安定に脅威をもたらす場合には、自己トレーディングやヘッジファンドに係る禁止の適用外であっても制限が加えられる。これについては、今後、規則が策定されそれぞれの定義が明確にされることになっている。なお、銀行等がヘッジファンド等の投資顧問となる場合には、連邦準備法23A条のファイア・ウォール規制、及び23B条のアームズ・レングス・ルールが適用される。

一方、FRBの監督下に置かれるノンバンク金融会社に対しては、自己トレーディングやヘッジファンド等に関する禁止規定が適用されないことを明確にしている[115]。

いずれにしても、ボルカー・ルールは銀行の証券業務及び保険業務をグラス・スティーガル法の水準にまで制限するものではない。その制限の幅は今後の評議会の検討に待つこととされてはいるが、条文を読む限り、かなりの金融業務が一定の制限は付くにせよ銀行及び銀行持株会社に委ねられるようである。

さて、このようなドッド・フランク法のtoo big問題に対する対処については、やはりというべきか、反トラスト法専門家の間から一定の批判が寄せられている。ここでは、FoerとResnikoffの批判を示しておく[116)]。

Foerらは、プルデンシャル政策の範囲に属すると考えられるtoo big問題のリストを列挙して、いずれも競争政策の範囲に属する問題である、と断じている。

⑴大規模金融企業は特定市場において人為的に高い価格を設定することができる。

これは、ミクロ経済的概念で、特定の商品及び地理的市場を特定し、それから当該市場における競争の性質を決定することを要求する。反トラスト法は、企業が合併・買収によって、特定市場において、その市場支配力を拡大することを禁止している。これは、米国政府の反トラスト機関が焦点を当てている領域である。

⑵大規模金融企業は大きすぎて潰せない。

この批判が意味しているのは、金融機関破綻の連鎖的結果が極めて高価に付くということである。これには、ビジネスにおいて破綻したメガバンクを維持するための、莫大な額の納税者の税金の出捐が含まれる。そして、大規模金融機関の破綻は考えられないという投資社会の仮説は、彼らの貸付リスクについての認識を低減させ、結果としてより低い利子率とライバルに対する競争優位をもたらすことになる。この問題はシステミック・リスクを含むが、これは、ダウンサイジング又は準備金の積増しによって低減させることができる。

⑶大規模金融企業は過度に経済と相互接続している。

これは規模ではなく接続条件に関して明らかになっているシステミック・リスクの問題である。相互接続はしばしば、大きなリスク・テイキングと結びついていると考えられる。そのため是正措置は、非中核資産（non core assets）の分離によるダウンサイジングがその内容となる。グラス・スティーガル型の縦割型手法を用いることで、商業銀行業と投資銀行業のように、その機能を分離することができる。きめ細かなリスク・テイキングの規制監督がもう1つの関連する是正措置である。

⑷ 大規模金融企業はしばしば大きすぎて刑事責任を問えない。

Eric Holder 司法長官や Lanny Breuer 前司法省刑事局担当司法次官補を含む一部の規制監督官は、特定の極めて大規模な金融機関に対する強力な執行措置は当該機関の破綻の原因となるおそれがあり、そのため積極的な刑事法執行活動が手控えられる、との懸念を表明してきた。「大きすぎて刑事責任が問えない」問題の是正措置は、規制監督機関による金融機関のダウンサイジングと、厳しくはあるが当該企業自体を倒産させることのない刑罰の創設である。

⑸ 一般集中及び大きな経済支配力は、大規模企業に、反トラスト市場で行使される市場支配力が価格上昇を引き起こすかどうかというミクロ経済分析によっては、捉えることのできない経済優位を提供している。

少数の金融機関が米国銀行市場の極めて高いパーセンテージを支配しているが、これは、特定の地域の住宅モーゲージのような要素別商品市場での高い集中度の存在を必ずしも意味しない。一般集中は、かつては重要だと考えられたが、今日では反トラスト法執行において何ら役割を演じていない。かつて一般集中は経済支配力（特定市場における高い価格以外の経済効果を伴う行為によって、国民経済に影響を及ぼす力）の有用な指標であると考えられた。大きすぎる集計的又は経済支配力に対する是正措置は、最大の金融機関のダウンサイジングによる経済支配力の減殺である。もっと前向きの是正措置は、企業規模に対する制限を立法し、それによって競争政策に直接コングロマリットの考え方を再び導入することである。

⑹「清算」（破産類似の手続）は、大規模破綻金融機関の方が、小規模なものよりも、困難が大きい。

Jerome Powell 連邦準備制度理事が最近のスピーチで述べたように、「今日のグローバル金融機関は圧倒的な規模と複雑さを備えている」。Powell は当初、「これら企業の１つを清算する試みは……破綻機関が急速に拡大してシステム全体を不安定化させる暴走の引き金となったり加速したりするおそれがある」と考えていた。Powell は後に、FDIC のアプローチに基づいて、清算可能性についてのより楽観的な考え方を展開したが、大きな金融機関は小さな金融機関よりも清算が困難であるとの洞察は変わらなかった。

⑺ 大規模金融企業は、過剰な政治権力を要求する。

大きな経済支配力は政治権力に変化することがある。具体例には、政治献金(political contributions)、大がかりなロビイストや広告代理店の利用、巨額の料金支払や献身的スタッフの提供による事業者団体の支配を含む。その是正措置は、ダウンサイジングを含むが、選挙資金提供の制限のような、政治行動に対する規制に直接関係することがある。

⑻ 大規模金融企業はしばしば、大きすぎて管理できない。

組織は成長するに従って、より複雑になり、内部でのコミュニケーションに失敗し、代理人に対する統制を喪失し、トップマネジメントが必要としている全てに目を通し理解することができなくなる蓋然性が高まる。その是正措置は、より複雑でない方向へのリストラクチャリングか、ダウンサイジングである。

Foerは、規模の問題は一個の問題ではなく、複数の問題であるから、効果的な是正措置の創造のためには、さまざまなアプローチを重ねる必要があるという。そしてこの問題は、いずれも競争政策と密接に関係しているのであるから、金融安定監督評議会に競争政策の専門家を入れるべきであり、少なくとも、議決権をもつメンバーとして、反トラスト局が加えられるべきであると主張する。FRBやOCC、州銀行局などと異なり、銀行業界とはやや距離を置いたところにいる競争当局は、専ら競争保護の観点から問題を論じることができるのである。

4.　むすび——繰り返される歴史——

1933年グラス・スティーガル法からはじめて、2010年ドッド・フランク・ウォール街改革及び消費者保護法まで、業務規模と業務範囲に関わる構造規制を軸に、ほぼ百年近くの米国の銀行法制の変遷を通観してきた。業務規模に関する構造規制は、徐々にではあるが、一貫して規模拡大の方向に進んできた。デジタル・ネットワーク社会における電子資金取引の将来を考えたとき、この方向性は大きく変わることはないといえるだろう。

しかし、業務範囲に関する構造規制は、それとは大きく違っている。1929年大恐慌の結果、1933年グラス・スティーガル法で設けられた銀行と証券の垣根は、1970年代からしだいに崩れはじめ、ついに1999年グラム・リーチ・ブライリー法に至ってほとんど消滅したかと思われたところ、2008年世界金融危機を経て、2010年ドッド・フランク法によって思いもかけず復活を遂げることになった。歴史は繰り返すというが、それを追体験した気がする。もちろん歴史は繰り返さない。確かに、以前とは違いがある。

Hyman Minskyは、金融市場の自由化が金融危機を作り出すと主張した[117)]。

もともと彼は景気変動論を研究するケインズ派の経済学者であった。景気変動は、大量生産社会における見込み生産と実際の需要との乖離を主因として発生すると考えられるが、Minskyは、金融がこの乖離をさらに増幅させることに着目した。その著書『金融不安定性の経済学』(1993年)において、次のような金融不安定性仮説を提示している。

経済主体が利益目的で資産を購入する際に、金融機関から借入れをすることはよくあることだ。工場用地や機械設備の取得などを考えればよいだろう。これを「ヘッジ金融」という。しかし工場が稼働して製品が販売され、キャッシュフローが回って借入れの返済ができる間は何も問題はない。しかし景気がよくなるに従って、資産から得られるキャッシュフローよりも資産自体が値上がりすることによる将来のキャッシュフローを当て込んで、資産が取引されはじめる。この状況が「投機的金融」である。この取引のための資金が短期貸付で賄われるようになると、貨幣供給量は中央銀行のコントロールが効きにくくなってくる。金融的多幸症が社会に広まる。取引自体が短期貸付を通じて景気を押し上げる資源となる資金を供給して、それが再び景気を刺激して資産価値を増大させるという循環が働きだす。やがて、資産価格上昇という金融的多幸症の展開のなかで、借入れの返済や支払いをキャッシュフローのなかからではなく、資産価値の将来の上昇という期待だけを根拠に短期借入を繰り返す経済主体が増大する。こうした経済主体の資金調達のあり方を「ポンツィ金融」と呼ぶ。しかし、貨幣供給の急増とインフレ率の急上昇に中央銀行が危機感を持てば、中央銀行は政策金利を引き締めることになる。ポンツィ金融の状態にある経済主体は、ほんのわずかな金利上昇によって短期資金の調達が困難となって破産が増加し、資産市場が崩壊する。こうなると投機的金融の段階にいる他の経済主体も、資産価値の急落にあって、ポンツィ金融化し、連鎖的に破綻することになる。これが、Minskyの描く金融不安定性仮説のシナリオである。

Minskyによれば、自由な金融市場はしばしば短期指向性を強め、投機を誘発し、金融不安定生を高めるという。新自由主義者やグリーンスパン元FRB議長が金融のイノベーションとして賞賛したデリバティブや金融工学、クレジット・デフォルト・スワップも、Minskyにとっては金融不安定性を高める危険な存在であった。また、政府の金融規制を回避しようとする金融機関の努力が金融上のイノベーションを作り出す場合もある。MMMFや証券化、影の銀行システムなどはこれにあたるだろう。これによって金融規制は空洞化し、そのこと自体が逆に金融の自由化を正当化する。既存の金融規制が緩和されると、金融システムは不安定性をいっそう増す。

Minskyは、レーガン政権による金融自由化以降、金融不安定性が拡大してきたという。確かに、1987年の株価大暴落、80年代から90年代にかけてのS&L危機、94年メキシコ通貨危機、98年ロシア通貨危機とLTCM破綻、2000年のITバブル危機、2008年の世界金融危機と、大恐慌以来絶えて見られなかった金融的危機が繰り返されている。これらは金融自由化の一側面、あるいは副作用なのだろうか。

2008年金融危機は、ドッド・フランク法の制定によって一応の終息を迎えたように見える。しかし今回の金融危機を解決するため、米国政府は巨額の公的資金を注入して金融機関を救済した。その結果、米国政府の財政状況は戦後最悪となっている。

しかし、これで終わりではない。恐ろしいことに、この金融不安定性は繰り返すのである。バブルの後始末をするため、政府は金融規制を強化する。しかししばらく経つと金融機関は規制を逃れる努力をはじめる。そのための手段として、様々な金融上のイノベーションを提示する。やがて金融規制は空洞化し、金融規制が撤廃される。そして金融不安定性が拡大してゆく。バブルがはじけて振出しに戻るのである。

人間は忘れやすいし、自分は騙されないと考えるうぬぼれ屋でもある。グリーンスパン元FRB議長は「百年に一度の金融危機」と言ったが、百年は人が過去の過ちを忘れるには十分な時間なのだろう。Minskyが正しいとすれば、また百年後に同じような金融危機が起こることになるのだろうか。

1)　12 U.S.C. § 51.
2)　12 C.F.R. § 5.20 (d).
3)　12 C.F.R. § 5.20 (f) (2) (i).
4)　12 U.S.C. § 1816.
5)　Willian A. Lovett, Banking and Financial Institutions Law ((8th ed.) 2014, 140). Lovettは、これらの要件の追加は、銀行が新たに参入する余地があることを証明することを義務付けるものと解釈される可能性があると指摘する。これは、問題の地理的市場に新規に銀行が参入することで既存が破綻・退出をせざるを得ないような状況であれば、新規の銀行免許は認められないということであって、既存銀行がそのような地理的市場の許容能力不足を立証して新規参入を阻止できることを意味するという。
6)　自己資本比率規制に関する法律上の権限は、1983年国際貸付監督法（International Lending Supervision Act of 1983）によって強化された。
7)　この新しいバーゼル・フレームワークにおいては、リスクウェイト資産について特殊な定義がなされた。⑴現金、自国中央銀行に対する預け金、OECD加盟国の中央政府の発行した又は直接かつ無条件の保証による債権（たとえば米国の財務省短期証券（Treasury bill）、財務省長期証券（Treasury bond））等は、リスクを0とする。このため、経営難の金融機関の資本再編を行うために連邦預金保険公社（FDIC）及び連邦貯蓄貸付保険公社（FSLIC）が発行する有価証券もリスクが0となる。⑵OECD加盟国の預金金融機関向け債権、OECD非加盟国の預金金融機関向けの残存期間1年以下の債権等は、リスクが20%とみなす。また、国際開発銀行（世界銀行（IBRD）等）向け債権もリスクが20%とみなす。自国の中央政府以外の公共部門に対する債権は、各国の規制監督当局の裁量によって、リスクが0、10%、20%ないし50％（米国では20％）のいずれかとする。(3)抵当権付住宅ローンは、担保価値について厳格な基準の下で評価が行われていることを条件に、リスクが50％とみなす。(4)商業貸付、商業不動産貸付、一般的な債務保証（貸付や有価証券の銀行保証として使われるスタンドバイ保証を含む）（ただし、取引に係る偶発債務（transaction-related contingencies）の一部、たとえば契約履行保証（performance bonds）、入札保証（bid bonds）、品質保証（warranties）、個別取引に係るスタンドバイ信用状は、リスクが50％）は、通常のリスクが適用され、100％とする。これにより、典型的な銀行の貸借対照表における資産の60％から80％が通常のリスク100％を適用されるため、全体として6％から7％の自己資本が必要になる。（これは現代の銀行の従来からの自己資本比率の枠内に入る水準である。）

一方で、自己資本比（capital base）のほうは、バーゼル・フレームワークでは多少緩やかに定義された。「自己資本の基本的項目（core capital）」（Tier 1：第1分類）は、株主資本（equity capital）（普通株式及び非累積配当型永久優先株式（noncumulative perpetual preferred stock））及び税引後留保利益から生じた公表準備金（disclosed reserves）から構成される（営業権相当額（goodwill）は控除されることとなっている）。Tier 1は、必要な自己資本の少なくとも50％以上でなければならない。「自己資本の補完的項目（supplementary capital）」（Tier 2：第2分類）には、一般引当金及び一般貸倒引当金（general provisions/general loan loss reserves）、負債性資本調達手段（hybrid（debt/equity）capital instruments：負債と株主資本の性格を組み合わせたもの：累積配当型優先株式、永久劣後債等）、期限付劣後債（subordinated term debt）、非公表準備金（undisclosed reserves）（非公表の留保利益）、再評価準備金（revaluation reserves）（時価に再評価されていない資産）から構成されている。ただし、1992年末まで、期限付劣後債はTier 2資本（補完的項目）の50％を超えてはならず、一般引当金及び一般貸倒引当金はリスクウェイト資産の1.25％ポイント（例外的かつ一時的には2％ポイント）を超えてはならないとされた。このリスクベースの自己資本比率規制の下、米銀の大半は十分な自己資本を有していた。ただし、最大手銀行は、負債性資本調達手段及び期限付劣後債を容易に発行できるので、Tier 2（補完的項目）が自己資本のかなりの部分を占めているものと考えられる。この場合、銀行の負債が銀行の自己資本の機能を果たすことになるので、当該負債は株式類似のリスクを持つことになる。このような銀行の有価証券の購入者が、この銀行の負債の自己資本化に伴うリスクを理解し、市場で適正なプレミアムを得ていると想定する限りにおいて、通常と異なる根本的な変化は生じていないといえる（大手銀行が、これにより自行の資本勘定の再編成を行うとともに、リスクを念頭に置いた資産の再構成を図ったことを除いて）。

8)　1991年連邦預金保険公社改善法（FDICIA）は、新たに危機的な自己資本水準（critical capital level）に関する規定を設けた。これは、総資産（total assets）の2

%以上の有形株主資本（tangible equity）を銀行に義務付けるものである。連邦銀行規制監督機関は、通常の最低自己資本水準、すなわちレバレッジ規制（leverage limit）（総資産の3％以上の株主資本）及びリスクベースの自己資本比率規制（risk-based capital requirement）（リスクウェイト資産の8％以上の自己資本〔Tier 1 及び Tier 2〕）を引き続き定めるとともに、最低自己資本水準を下回る預金金融機関に対して早期是正措置（prompt corrective action）（たとえば、経営陣の交代命令、役員又は取締役の解任の義務付け、資産増加の制限、配当の停止、資本増加計画の義務付け等）を命じる権限を与えられた。そして、預金金融機関の自己資本が危機的な水準に分類される場合、連邦銀行規制監督機関は、預金保険基金をより保護することのできる措置を実施する場合を除き、90日以内に当該預金金融機関の経営支配（更生管理人（conservator）の任命による）又は閉鎖・清算（財産保全管理人（receiver）の任命による）を義務付けられている。預金金融機関が1年以上危機的な自己資本水準にある場合、連邦銀行規制監督機関が当該預金金融機関は存続可能であり、資本回復計画（capital restoration plan）に従って資本回復を行っていると認証しない限り、閉鎖及び財産保全管理人の任命が義務付けられることになる。一方、1991年法（FDICIA）によって、各連邦銀行規制監督機関は、法成立後18カ月以内に、リスクベースの自己資本規制について、金利リスク、信用リスクの集中及び従来とは異なる新たな業務のリスクを考慮に入れたものにするため、その見直しを義務付けられていた。

9） 12 U.S.C. § 36 (c).

10） John M. Chapman & Ray B. Westerfield, Branch Banking: Its Historical and Theoretical Position in America and Abroad, 1980 p. 3.

11） 12 U.S.C. § 36.

12） Bank Holding Company Act of 1956, P.L. 84-511, 70 Stat. 138.

13） *Id.* at § 2 (b)

14） *Id.* at § 3 (a).

15） *Id.* at § 3 (c).

16） BHCA § 3 (d), 12 U.S.C.A. § 1843 (d).

17） 最初期のメイン州、アラスカ州、サウスダコタ州、そして1982年のニューヨーク州法。

18） 1982年のマサチューセッツ州法とニューイングランド諸州の州法。その後、南部諸州、北東部諸州、中北部諸州、南西部諸州の州法が同様の政策を採用した。

19） Riegle-Neal Interstate Banking and Branching Efficiency Act of 1994.

20） Community Reinvestment Act of 1977, P.L. 95-128, 91 Stat. 1147.

21） Celler-Kefauver Act of 1950, 64 Stat. 1225.

22） Transamerica Corp. v. Board of Governors of Federal Reserve System, 206 F.2d 163

(3d. Cir. 1953).

23）United States v. Firstamerica Corp., Civil No. 38139 (N.D. Cal. 1959) *cert. denied*, 361 U.S. 928 (1960).

24）Pub. L. No. 86-463, 74 Stat. 149.

25）United States v. Philadelphia National Bank, 374 U.S. 321 (1963).

26）United States v. Philipsburg National Bank & Trust Co., 399 U.S. 350 (1970).

27）1968年司法省水平合併ガイドライン（Merger Guidelines）によれば、（同一市場地域における）大規模な水平的合併は、通常、クレイトン法第7条によって訴追されることとされていた。1968年合併ガイドラインでは、市場はまず、上位4社集中比率（four-firm concentration ratio）に基づいて、4社集中比率が75%以上の「高度集中市場」と、4社集中比率が75%未満の「非高度集中市場」の2つに分類される。高度集中市場では、買収企業の市場シェアが4%の場合には被買収企業のシェアが4%以上のとき、買収企業の市場シェアが10%の場合には被買収企業のシェアが2%以上のとき、買収企業の市場シェアが15%以上の場合には被買収企業のシェアが1%以上のときに、いずれも司法省は当該合併を阻止するものとされた。一方、非高度集中市場においては、買収企業の市場シェアが4%の場合には被買収企業のシェアが5%以上のとき、買収企業の市場シェアが10%の場合には被買収企業のシェアが4%以上のとき、買収企業の市場シェアが15%以上の場合には被買収企業のシェアが3%以上のとき、買収企業の市場シェアが20%の場合には被買収企業のシェアが2%以上のとき、さらに、買収企業の市場シェアが25%以上の場合には被買収企業のシェアが1%以上のとき、司法省は当該合併の差止め訴訟を提訴するものとしていた。加えて、同ガイドラインは、合併前5年ないし10年から合併までの毎年において、2位から8位までの企業グループの市場シェアの合計が約7%上昇している、「集中化傾向ある市場」については、2%以上の市場シェアをもつ企業の買収は提訴の対象となるとしていた。このように、1968年合併ガイドラインは、当該合併が水平合併であるか、垂直合併であるか、コングロマリット合併であるかを問わず、もっぱら外形的な市場シェアと集中度とを基準として、司法省の合併規制法執行活動を規律していた。銀行業の場合には、上位4社集中比率が高い「高度集中市場」に該当するのが一般的であって、司法省によって差止め訴訟が提起される可能性はかなり高いと考えられた。しかしこのガイドラインは、1982年及び1994年司法省水平合併ガイドラインによってかなり緩和された。

28）市場拡大型合併に関して、1968年司法省合併ガイドラインは、最も可能性の高い新規参入者が、①約25%以上の市場シェアを占める企業、又は、②上位2社が約50%以上のシェアを占める市場での、いずれか1社、③上位8社が約75%以上のシェアを占める市場での上位4社のうちの1社で、そのシェアが約10%を占める場合、④上位8社が約75%以上のシェアを占める市場でのそのうちの1社で、(a)そのシェアが小とはいえず、他にわずか1、2社の潜在的市場参入者しかいないか、(b)その企業が急成長中の企業である場合には、当該合併計画の差止め訴訟を提起するとしていた。

29)　United States v. Marine Bancorporation, Inc., 418 U.S. 602 (1974).

30)　1984年司法省合併ガイドラインについては、Lovettの解説が詳しいので、以下これを引用しておく。訳は、松尾直彦・山西雅一郎共訳（後述、木鐸社・1994年）による。

ハーフィンダール・ハーシュマン指数、「HHI」、単にハーフィンダール指数と呼ばれるもの又は「H」（企業エコノミストの多くがこう呼んでいる）とは、関連市場における各企業の市場占有率の2乗の合計のことにすぎない。Hは次のように定義される。

$$H = \sum_{i=1}^{n} Si^2$$

Hはハーフィンダール指数、Siは市場占有率、iは関連市場における1からnまでの会社数を示す。いくつか例示した方がわかりやすい。

	低い集中度	並の集中度	高い集中度
順位	(1) $15\%^2 = 225$	(1) $25\%^2 = 625$	(1) $30\%^2 = 900$
	(2) $10\%^2 = 100$	(2) $20\%^2 = 400$	(2) $25\%^2 = 625$
	(3) $10\%^2 = 100$	(3) $15\%^2 = 225$	(3) $20\%^2 = 400$
	(4) $10\%^2 = 100$	(4) $15\%^2 = 225$	(4) $15\%^2 = 225$
	(5) $10\%^2 = 100$	(5) $10\%^2 = 100$	(5) $5\%^2 = 25$
	(6) $5\%^2 = 25$	(6) $5\%^2 = 25$	(6) $5\%^2 = 25$
	その他［40%］　100	その他［15%］　25	その他［―］　―
合計	$S = 100\ S^2 = 750$	$S = 100\ S^2 = 1500$	$S = 100\ S^2 = 2200$

低い市場占有率の2乗は小さい数字になる（たとえば、1%=1、0.5%=0.25、0.3%=0.09、0.1%=0.01等）ので、ハーフィンダール指数は低い市場占有率を相対的にわずかな数字に減らす統計上の特性がある。このため、ハーフィンダール指数、「H」の使用によって、大企業の市場占有率に大きな比重が置かれることになる（たとえば、5%=25、10%=100、15%=225、20%=400、25%=625、30%=900、40%=1600、60%=3600、80%=6400、100%=10000）。

合併による「H」の変化、ΔHを計算するためには、まず、単純に合併する各企業の市場占有率を合計し、その新しい市場占有率を2乗すればよい（たとえば、各列の企業(3)と(5)が合併する場合、10％＋10％＝20％^{2}＝400、15％＋10％＝25％^{2}＝625、20％＋5％＝25％^{2}＝625となる）。その次に、ΔH、つまりハーフィンダール指数によって測定される合併がもたらす集中度の変化を求めるためには、以前の市場占有率の2乗を引けばよい（たとえば、400－100－100＝ΔH＝200、625－225－100＝ΔH＝300、625－400－25＝ΔH＝200となる）。

司法省の水平的合併を評価する新しい基準は、合併後の市場集中度すなわちHの値及び合併がもたらす集中度の増加又は変化すなわちΔHによって、組み立てられている。

(a)　合併後のHが1000以下の場合

この範囲の市場の場合、相対的に集中度が低く、企業間の共謀は容易ではなく、司法省がこの市場における合併に対して訴追する可能性は低い。

(b)　合併後のHが1000と1800の間の場合

この範囲の市場の場合、相対的に集中度が低いものから高いものまで含まれており、Hの値に左右されるが、司法省は、ΔHが100を超える合併には訴追する可能性が高いが、ΔHが100以下の合併に対しては訴追する可能性が低い。ただし、この評価を行うにあたって、参入の条件、製品の区別、価格―生産高の透明性、過去の業績やこれまでのパフォーマンスが考慮に入れられることになる。

(c)　合併後のHが1800を超える場合

この範囲の市場の場合、集中度が高く、司法省は、ΔHが100を超える合併、そしておそらく、ΔHが50から100の間の合併に対して訴追する可能性が高い。

31）　その後米国では、1992年、1997年、2010年と合併ガイドラインが改正されていった。それぞれの改正の特徴を簡潔に要約すると、

(1) 1992年合併ガイドラインは、① 初めて司法省・FTCが共同で作成した水平的合併ガイドラインであって、② 84年ガイドラインが新規参入の可能性があれば、市場力を強化するおそれのある合併も容認されるとしていたのに対して、この問題の慎重な分析・検討を求めて、新規参入は「タイムリーで、公算があり、かつ十分」なものでなければならないとした。

(2) 1997年合併ガイドラインは、③ シカゴ学派の効率性の増大は市場力を強化する合併を正当化するとの考え方に対して、合併を計画する企業は当該合併による効率が明白かつ実質的であること、その効率が当該合併以外の競争制限的・競争阻害的効果の小さい手段によっては実現できないものであること、を立証しなければならないとした。

⑶2010年合併ガイドラインは、④「やや集中した市場」ではHHIで（92年ガイドラインの1000～1800ポイントから）1500～2500ポイントに、「高度に集中した市場」ではHHIで（92年ガイドラインの1800ポイント超から）2500ポイント超に、それぞれ訴追基準を引き上げるとともに、⑤合併の競争に及ぼす効果を、合併によって合併当事者間の競争が失われることで生ずる単独効果と、合併後の新会社がライバル関係にある他の企業と協調的行動をとることによって生ずる協調的効果とに分けて、たとえ合併後のシェアが低くとも、これらの効果が認められれば訴追対象とするもののようである。

いずれにしても、1960年代が協調的寡占の時代であったのに対して、特に1990年代以降は競争的寡占の時代であって、60年代・70年代のように、単にマーケットシェアだけで合併の差止めを求めて訴追するかどうかを決定できる状況にはないことに注意したい。

32）　Pub. L. 103-328, 108 Stat. 2339.

33）　銀行業に対する地理的規制が解除され、すべての銀行子会社を単一銀行の支店組織に転換することが制度的に可能となった現在、銀行持株会社は、かつてTransamerica社の創立者ジアニーニが予想したように、ブランチ・バンキングの手段としては無用の制度になりつつある。

34）　1995年7月18日、OCCは銀行合併に関するガイドラインを定めたアドバイゾリ・レターを発給した。（OCC Advisory Letter AL 95-4, issued July 18, 1995.）このアドバイゾリ・レターは、OCC、司法省、連邦準備制度理事会のスタッフが銀行合併に適用するスクリーニング・テストについて共同で作成した文書で、各規制監督機関が特定の銀行合併をさらなる訴訟や審査に服させる条件を示す内容であった。このアドバイゾリ・レターは一般にスクリーニング・ステートメントと呼ばれた。

スクリーニング・ステートメントは、実質的な競争上の懸念を生ずるおそれのない合併に関する重要な情報源を提供し、審査過程における比較的迅速な承認が見込まれる合併について、それをいっそう明確にする。この文書は銀行合併に関して2つのスクリーンを提供している。3つの規制監督機関全部が銀行合併にスクリーンAを適用し、司法省は単独でスクリーンBを適用する。

スクリーンAは集中基準に適用がある。スクリーンを通過するための集中基準は、合併前のハーフィンダール・ハーシュマン・インデックス（HHI）が1,800以下（貯蓄機関が関与しているときはその50%）で、かつHHIの変動が200以内であることである。これらの基準は、地域預金高とあらかじめ定義された連邦準備市場を用いて展開したマーケットシェアに基づいている。スクリーンAを通過した合併については、それ以上OCCやFRBの審査は行われない。

ステートメントはまた、参入その他集中効果を軽減すると思われる潜在的要因のような、OCCとFRBがスクリーンAに引っかかった合併にとって有用だと認める種類の情報を提示している。OCC と FRB に関して、スクリーニング・ステートメントは、最近の銀行合併に関するこれら規制監督機関の命令で述べた銀行合併政策を実質的に確認している。その結果、この文書は、銀行合併に関して、(少なくともそれが、実質的に追加的な審査や拒否処分を保証する見込みのない合併に関する限りで、) 現行の合併政策がこれら2つの規制監督機関の出した少なくともここ数年の銀行合併命令と一致することを確認している。

スクリーンBは、それをもとに司法省があらかじめ定義された市場(たとえば、あらかじめ定義された市場が複数カウンティである場合)よりも比較的小さな地理的市場を考慮できる条件、又は、それをもとに司法省がマーケットシェアの算定から貯蓄機関を除くのが適当である条件を定める。スクリーンBは実質的に、スクリーンAをパスした(したがって、FRB と OCC の承認を得る見込みの)銀行合併が司法省の承認又は不起訴を十分に保証されるものでないことを警告している。この文書はまた、特定の取引に関して重要な競争上の問題がないないことを証明する上で有用なタイプの情報とデータに関して、特定のガイダンスを提供している。

司法省によるスクリーンA及びBの利用は、少なくともそれが相当な懸念を生じるとは予想されない合併に関する限り、司法省の現行銀行合併政策の実質的な明確化と「法典化」を表している。

事実上すべての主要な銀行合併で詳細にわたる命令を発している FRB と OCC とは違って、司法省は、アドバイゾリ・レターを作成し比較的少数の事件について訴訟を提起している。これらの少数の事件は、最終的には相当な競争上の懸念を生ずる事件である。その結果、スクリーニング・ステートメントの発表は、司法省において、どのような合併が競争上の懸念を生ずる傾向があるのか、また、どのような合併がそれを生じない傾向にあるのかを関係者に透明化している。

ガイドラインはまた、そのスクリーニング・アプローチの際の銀行規制監督機関の間の違いがその審査手続の遅延をもたらしたという、銀行業界に広がっている懸念を減らす可能性がある。しばしば聞かれる懸念は、市場定義アプローチの違いが、すべての銀行業の製品の集まりを取引を審査する際に考慮すべき製品として用いる銀行規制監督機関と、中小企業ローンのような個別の製品ラインに焦点を当てる司法省によって、情報要求における違い(それはタイミングに影響を及ぼすおそれがある)と競争分析における違いをもたらすかもしれない。ガイドラインは、各規制監督機関で審査されることになる情報についてもっとはっきりと述べているし、一方の又は両方の規制監督機関で懸念を生ずるだろうタイプの合併についての分析を述べている。これは、申請人に、一般に必要とされる情報のタイプと、一以上の規制監督機関が懸念を抱くかどうかについて、より優れた情報を提供している。

スクリーニング・ステートメントはまた、規制監督機関が、スクリーンをパスしない合併に対するその執行決定に到達する上で重要であるとみなすだろう要因に、洞察を提供している。特に、貯蓄機関に置くウェイト、地理的市場の範囲、参入と拡大は、ステートメントのなかで特定されている重要な要因である。これらは、合併審査手続の中ではほとんど新しい要因ではないが、ステートメントはこの分野に関する情報の展開は競争上の懸念を議論する際に有用であることがはっきりするだろうとの確証を提供している。

35）Citicorp と Travelers の合併のように、すでに 1998 年に複数の銀行規制監督機関と司法省によって認可されていた。

36）1980 年から 2003 年までの間に、米国銀行上位 25 行は国内銀行預金高の市場占有率を 29％から 55％へと拡大させた。また、2008 年には、銀行持株会社上位 4 社が全銀行持株会社資産の 64％を保有していた。

37）Independent Bankers Association of America v. Smith, 534 F.2d 921 (D.C. Cir. 1976).

38）*See, e.g., CB&T Bancshares, Inc.,* 70 FED. RES. BULL. 589 (1984)；*Atlantic Bankorporation,* 69 FED. RES. BULL. 639 (1983)；*cf. Centerre Bancorporation,* 69 FED. RES. BULL. 643 (1983)；*Interstate Financial Corp.,* 69 FED. RES. BULL. 560 (1983).

39）*See, e.g., Citicorp,* 72 FED. RES. BULL. 583 (1986)；*Sovran Financial Corp.,* 72 FED. RES. BULL. 347 (1986)；*Barclays Bank PLC,* 71 FED. RES. BULL. 113 (1985).

40）682 F. Supp. 269 (D.N.J.), *aff'dmem.,* 853 F.2d 921 (3d Cir. 1988).

41）*Id.* at 279.

42）59 Fed. Reg. 24,713 (May 12, 1994).

43）59 Fed. Reg. 24,712 (May 12, 1994).

44）EPS/National City opinion, at 7.

45）The Treasurer, Inc. v. Philadelphia National Bank, 682 F. Supp. 269 (D.N.J. 1988), *aff'dmem,* 853 F. 2d 921 (3d Cir. 1988).

46）Decision of Oct. 3, 1994, at 8.

47）*See* Letter from William F. Baxter, Assistant Attorney General, Antitrust Division, to Donald I. Baker (Aug. 3, 1983).

48）*See* Bay Banks, Inc. v. New England Network, Inc., No. 86-3532-K (D. Mass. Filed Dec. 9, 1986).

49）SCFC ILC, Inc. v. VISA U.S.A., 36 F.3d 958 (10th Cir. 1994).

50）United states v. Electronic Payments Services, Inc., No. 94-208 (D. Del. Apr. 21, 1994), 59 Fed. Reg. 24,711 (May 12, 1994).

51）504 U.S. 451 (1992).

52）Investment Co. Institute v. Camp, 401 U.S. 617 (1971).

Camp 事件は、グラス・スティーガル法解釈の指導的判決であって、その後の実務・判例をリードすることになった。本件の経緯と判旨は以下の通りである。

【事実の概要】

1965年First National City Bank, N.A.（FNCB）はOCCに「集合投資ファンド勘定（Collective Investment of Managing Accounts）」の開発を申請し、OCCがこれを許可した。これに対して、オープン・エンド型投資会社（ミューチュアル・ファンド：Mutual Fund）の事業者団体であるICI（Investment Company Institute）は、運用エージェント能力に基づく国法銀行の共同信託は、グラス・スティーガル法16条が取扱いを禁止しているミューチュアル・ファンドであって、このような業務を承認したOCCの決定は違法であるとしてその取消を求めて出訴した。被告Campは当時の通貨監督官である。控訴審はOCCの決定を確認したので、ICIが上告した。

【判旨】原判決破棄自判

最高裁はまず、本件でOCCが認可したFNCBの集合投資ファンド勘定と伝統的なミューチュアル・ファンドとの違いは微妙であって、両者が直接競合する商品であることは明らかであると認定した。次に、FNCBが投資家に販売する参加証書（units of participation）が問題となる。参加証書のような投資ファンドに対する持分もグラス・スティーガル法上の「証券」に該当することは疑いないが、これをもって直ちにFNCBの集合投資ファンドが同法に違反するとはいえない。グラス・スティーガル法の立法意図は、商業銀行の投資銀行業務の禁止や証券関連会社の廃止にあったが、その背後には、銀行が証券業務を行うことによって発生する「危険性（hazards）」はそれがもたらす競争、利便性、専門能力の発揮などの利益を上回るとの政策判断があったのであるから、当該集合投資ファンドの危険性を判断する必要があると判示した。そして、その危険性は、銀行が無価値な証券に投資するかもしれないという明確な危険性に限定されず、当該証券業務によって発生するかもしれない「微妙な危険（subtle hazards）」が含まれる。そして、この微妙な危険として、①社会的信用の喪失、②証券関連会社に対する不健全融資、③第三者に対する不健全融資、④預金者の損失、⑤銀行の信用の流用、⑥投資資金の融資、⑦利益相反を例示した。その上で、本件ファンドの危険性を判断すると、当該集合投資ファンドの「販売促進のためのプレッシャー（proportional pressure）」から、本件集合投資ファンドは、微妙な危険を誘発する危険性があり、したがってグラス・スティーガル法16条に違反すると認定した。

このため、商業銀行はミューチュアル・ファンドとその類似商品（本件集合投資ファンド）を取扱うことができないことが、裁判所によって確認されたのだった。

53）商業銀行と貯蓄金融機関は企業と機関投資家向けに巨額の預金証書を高金利で発行したが、証券投資に特化したミューチュアル・ファンドは、このようなジャンボCD預金勘定、ユーロカレンシー銀行預金や一部企業のコマーシャル・ペーパーのような流動性の高いポートフォリオに投資しはじめた。MMMFには、マネー・マーケット・アカウントを販売促進するために限定的な小切手振出機能が付け加えられ、公衆への訴求力を拡大するために当初の最低預金額が引き下げられた。そしてついに、このMMMFが発展して、CMA（証券総合口座）が登場したが、これは商業銀行の小切手勘定に多くの点でより類似するものだった。

54）　Pub. L. 73-66.

55）　(4)についてもう少し詳しくいえば、国法銀行は、証券業務に関する連邦法の規制が存在したため、当初は州法で設立された証券子会社を使って証券業務への参入を果たすのが一般的であったし、州法銀行や信託会社の場合には、もともと州法による証券業務の規制が存在しなかった。

56）　Yerkes v. National Bank of Port Jervis, 69 N.Y. 382, 25 Am. Rep. 208 (1877).

57）　Pub. L. 69-639.

58）　Fischer, Gerald C. The Modern Bank Holding Company; Development, Regulation and Performance, Philadelphia; Temple University, 1986.

59）　この連邦準備法23A条に関連して、後年、1987年銀行競争力平等化法は、新たに連邦準備法23B条を創設して、系列会社との互恵取引を制限し、銀行と系列会社との取引が，同じ時期に比較可能な取引において行われた若しくは系列会社でない会社とで行われたものと実質的に同じか，あるいは少なくとも，当該銀行又はその系列会社に同程度に好ましいような条件及び状況のもとで行われることを要求した。

60）　Pub. L. 96-221, 94 Stat. 132.

61）　Title I － Monetary Control Act of 1980, §§ 101-108.

62）　Title II － Depository Institutions Deregulation Act of 1980, §§ 201-210.

63）　Title IV － Powers of Thrift Institutions and Miscellaneous Provisions, Federal Saving and Loan Investment Authority, §§ 401-409.

64）　Title V － State Usury Laws, §§ 501-529.

65）　Title VI － Truth in Lending Simplification and Reform Act, § 601-§ 623.

66）　一例を挙げると、クレジット・カードで商品・サービスを購入する消費者は、購入日から一定期間は無利息で信用を供与された。これを「grace period（猶予恩恵期間）」というが、この特典がない取引は事前の表示が必要とされた。

67）　Title III － Consumer Checking Account Equity Act of 1980, § 301-§ 313.

68）　Pub. L. 97-320, 96 Stat. 1469.

69）　Title I － Deposit Insurance Flexibility, §§ 101-141.

70）　Title I － Deposit Insurance Flexibility, §§ 116-123.

71）　Title II － Net Worth Certificates, §§ 201-206.

72）　MMDA（money market deposit account）は預入・引出自由の付利預金で，MMA（money market account）とも呼ばれ、月間必要平均残高が2,500ドル以上、月間小

切手振出枚数3枚までという条件で提供が始まった。

73） § 327.

74） Lovett, *supra* note 5, p. 198.

75） しかし、1970年代以降、米銀大手による海外での引受業務はこの禁止の適用を受けなかったため、すでに1970年代において大きなループホールとなっていた。一部の米銀最大手（たとえば、Citi Corp.、J.P. Morgan、Bankers Trust）は、すでに1989年に米国内の引受業務における有力な参加者となり、海外の引受業務においてはさらに強力な存在となっていた。リージョナル・バンクの一部もまた引受業務に参加しようと試みたが、中小銀行が引受業務で顕著な役割を演ずることはなかった。

76） Ordering Approving BankAmerica Acquisition of Retail Discount Brokerage Firm, (Jan. 7, 1983), C.C.H., Fed. Bank. L. R. par 99, 475 (1982-83 Transfer Binder).

77） ディスカウント・ブローカーとは、手数料を低く抑える一方で、投資の相談やアドバイス等は提供しない証券ブローカーで、1975年の手数料自由化によって普及した。Charles Schwab社はその代表的なものであって、ブローカーのほか、マージンローン（信用取引に必要な証拠金の貸付）、カストディアン、非関連のMMF（Money Market Fund）との間のスウィープ勘定を提供するが、アドバイスは行わず、きわめて例外的なケースを除いて引受けも行わない。

78） 48 Fed. Reg. 37003 (Aug. 16, 1983).

79） SIA v. FRB, 468 U.S. 207 (1984).

80） 73 Fed. Res. Bull. 130-154 (June 1987).

81） 73 Fed. Res. Bull. 367-373 (May 1987).

82） 73 Fed. Res. Bull. 473-508 (June 1987).

83） ただし、「消費者信用証券」は当初除外された。

84） 73 Fed. Res. Bull. 192-217 (Mar. 1987).

85） 83 Fed. Res. Bull. 98 (Feb. 1997).

86） 83 Fed. Res. Bull. 821 (Oct. 1997).

87） Pub. L. 106-102, 113 Stat. 1339.

88） Title I, Subtitle A, § 101.

89） Title I - Facilitating Affiliation among Banks, Securities Firms, and Insurance Companies, §§ 101-161.

90） Title I, Subtitle A, § 103.

91） Title III - Insurance, §§ 301-341.

92） Barnett Bank of Marion County, N.A. v. Nelson, Florida Insurance Commissioner, 517 U.S. 25 (1996).

本件は、1974年のフロリダ州法が人口5,000人以下の町で銀行が保険を販売することを禁止していたところ、Barnett Bankがそのような町の保険業者を買収したことから起こった。同州保険委員会は、Barnett Bankに対して被買収保険業者による保険の売買をやめるよう命じた。Barnett Bankは連邦法である国法銀行法は州法に優先するとして、その救済を求めて連邦地方裁判所に提訴した。地裁、控訴裁とも原告Barnett Bankの請求を棄却したため、原告が上告した。

最高裁は、原審判決はMcCarran Ferguson法の解釈を誤っており、保険業に関して、連邦法は州法に優先すると判示した。

93） Title II – Functional Regulation, §§ 201-241.

94） Title IV – Unitary Saving and Loan Holding Companies, § 401.

95） Title V – Privacy, §§ 501-527.

96） Title VII, Subtitle A – ATM Fee Reform, §§ 701-705.

97） Title VII, Subtitle B – Community Reinvestment, §§ 711-715.

98） 「2．業務規制に関する構造規制」の冒頭（163頁）で述べたように、米国では発券銀行である銀行は商業に従事することが禁止されていた。そしてその後、銀行が行うことのできる業務は次第に拡大されてきた。たとえば、1956年銀行持株会社法は、銀行に許容される活動を厳しく制限して、「金融的、信託的、又は保険的性質の」及び「銀行業の業務、若しくは、それに固有の要素として銀行の経営又は管理に密接に関連する」活動に限定した。1970年改正銀行持株会社法は、「銀行の業務……に密接に関連する」（4条(c)(8)）という句から「の業務に」という文言を取り除いて、許される非銀行活動の範囲を拡大した。新規の活動は、一般に銀行業に関連することのみを必要とし、「特定の銀行の業務」と関連することを要求されないことになった。本文でも述べたように、1970年改正の後、銀行及び銀行持株会社の活動範囲は、法律改正と銀行規制機関の解釈によって拡大され、証券・保険分野に拡大して行った。

Shullは、GLB法の制定によって、銀行の活動範囲が「金融」の枠を超えて「商業」分野に拡大するのではないかとの懸念を示した（Bernard Shull, Banking, commerce and competition under the Gramm-Leach-Bliley Act,47 ANTITRUST BULLETIN 25 (2002).）。その一例として、Shullは不動産仲介業ないし不動産管理サービスの例を挙げている。

> もし規制監督機関が、不動産仲介業と不動産管理サービスは銀行業と現在密接に関連していると判断すれば、不動産所有と不動産開発は競争上の理由にとって「必要かつ相当」であるとの後の判断への小さな一歩になるだろう。一部の不動産会社はまた、他のサービスと並んで、消費者に販売・賃貸する目的で不動産を所有・開発している。Brokerage Proposalは、銀行持株会社が不動産投資に従事する権利を認めることを1987年にFRBが真剣に検討したと述べている。

そして実際に銀行は、自己の系列会社が所有する不動産をサブプライム層に販売しその住宅ローン抵当証券を再証券化して販売することになった。それは、住宅需要の拡大と住宅価格の上昇を招き、住宅バブルが形成されていった。サブプライムローンである。

何よりも、競争法上の観点から銀行の業務範囲の拡大で問題となるのは、それが競争に与える影響である。ここで問題は、⑴銀行が参入する新規市場における銀行とノンバンク企業との直接的競合関係の性質と、⑵新規参入の結果生ずる市場構造変化の可能性である。

まず、⑴の不公正競争の危険から見ておこう。連邦議会と規制監督機関は、預金保険その他の「連邦セーフティネット」の要素によって可能となる、貯蓄金融機関が利用可能な比較的低いコストのファンドは、ノンバンク系列会社及び子会社を援助する目的で利用可能であることを認識してきた。GLB法の考えでは、第23A条及び23B条の制限によってこうした援助は効果的に制限されるのである。

また、抱合せや相互取引、クロスマーケティング協定を含む銀行の不公正取引慣行が、同様に、ノンバンク競争者を害することがある。連邦議会と規制監督機関は、反競争的条件付取引は、反トラスト法がなくとも、第106条で効果的に制限できるし、欺瞞的なクロスマーケティング協定はGLB法の制限規定によってコントロールできると考えた。

次に、⑵の構造問題がある。CiticorpとTravelersのように、大手銀行とノンバンク企業との合併はその典型例かもしれない。そうした合併は、少なくとも潜在的には、その結合がなかったらそれぞれの会社の主要な活動に参入する可能性があったはずの企業を排除するおそれがある。概念上は、そうした買収は競争効果がほとんどなくても良い。たとえば、銀行業と保険業は分離しているが等しく競争的な産業であったとすると、参入規制障壁を取り除いてしまうことは、他の条件が等しければ、結果的に多くの又はすべての保険会社に代わって、独立した銀行会社が保険又は銀行市場における競争にマイナスの効果を与えることはない。

しかし現実には、保険市場における銀行業構造の単なる複製にすぎなくとも、銀行業構造のいくつかの重要な要素を変更することになるはずである。それは、銀行組織の絶対的規模の拡大を意味するし、too big to failであるそれら組織をいっそう拡大させることになる。1980年から始まった現在進行中の合併ブームは、米国の銀行数を約半分に減らした。そして、最大手10行の保有資産比率をおよそ2倍にした。異業種間での合併を可能にすることで、GLB法は、銀行を中心とするコングロマリットへの金融資産のいっそうの集中をもたらす傾向にある。活動が拡大する範囲が広くなればなるほど、比較的少数のなかでの集中度はますます大きくなる傾向にある。

99)　Public Law 111-203, H.R. 4173.

100）　Title I – Financial Stability, Subtitle A, §§ 111-123.

101）　Title I – Financial Stability, Subtitle C, §§ 161-176.

102）　Title I – Financial Stability, Subtitle C, §§ 161-176.

103）　Title I – Financial Stability, Subtitle A, §§ 111-123.

104）　Title II – Orderly Liquidation Authority, §§ 201-217.

105）　Title VI – Improvements to Regulation of Bank and Saving Association Holding Companies and Depository Institutions, §§ 601-628.

106）　Title VII – Wall Street Transparency and Accountability, §§ 711-774.

107）　Title IV – Regulation of Advisers to Hedge Funds and Others, §§ 401-416.

108）　Title III – Transfer of Powers to the Comptroller of the Currency, the Corporation, and the Board of Governors, Subtitle A, §§ 311-319.

109）　Title V – Insurance, §§ 501-541.

110）　Title IX – Investor Protections and Improvements to the Regulation of Securities, Subtitle C, §§ 931-939F.

111）　Title IX – Investor Protections and Improvements to the Regulation of Securities, Subtitle D, §§ 941-946.

112）　Title IX – Investor Protections and Improvements to the Regulation of Securities, Subtitle E, §§ 951-957 and Subtitle G, §§ 971-972.

113）　Title X – Bureau of Consumer Financial Protection, §§ 1001-1100H.

114）　ただし、ヘッジファンド等に対する投資・スポンサーの禁止といっても一定のものは許容される。たとえば、① 銀行等が真のトラスト、フィデューシャリー、投資顧問サービスを提供し、② ファンドはそれらのサービスを提供するために組成・募集され、又はそれらのサービスの提供を受ける顧客に対してのみファンドの組成・募集が行われ、③ わずかな額の（de minimis）投資を除いて、銀行等がファンドのエクイティ、パートナーシップその他の所有権を持っていない場合で、④ 後述の連邦準備法 23A 条及び 23B 条を遵守している等の条件を満たす場合には、ヘッジファンド等の組成・募集（スポンサーを含む）が認められる。そして、③ のわずかな額の投資という条件については、(a) 銀行等がエクイティ等を保有していたとしてもそれがシードマネーである場合、(b) ファンドを設立して 1 年以内に償還・売却・希薄化によってその所有権が 3 %以下となった場合、(c) 銀行等にとって重大ではないものとして、投資金額を合計して銀行等の Tier 1 資本対比 3 %以内の場合が該当する。

115）　こうした銀行等の業務範囲に制限を設けるボルカー・ルールは、法律の成立後に直ちに適用されるわけではない。法律成立日から 6 カ月以内にボルカー・ルールの効果的な適用のための調査を評議会が行うこととなっており、それを踏まえて FRB を含む銀行規制当局が調査完了後 9 カ月以内に具体的な規則を策定することになっている。そして、実際にボルカー・ルールが有効になるのは、① ボルカー・ルールに係る最終規則の公表から12カ月後、② 法律成立日から2年後のいずれか早い時期からと定められている。さらに、ボルカー・ルールの移行期間として2年間の適用猶予が設けられている。そこには、FRBの判断によって1年の適用延長が行えるオプションが設けられており、最大で3年間の延長が可能である。したがって、ボルカー・ルールの適用は早くても4年後（最大では約7年後）となる。

116）Albert A. Foer and Don Allen Resnikoff, *Competition Policy and "too big" Banks in the European Union and the United States,* 59 ANTITRUST BULLETIN 9 (2014).

117）Hyman, Minsky, STABILIZING AN UNSTABLE ECONOMY, (1975). 翻訳は、吉野紀・内田和男・浅田統一郎共訳『金融不安定性の経済学――歴史・理論・政策』、(多賀出版・1989年)。

参考文献

WILLIAM A. LOVETT, BANKING AND FINANCIAL INSTITUTIONS LAW 8TH ED. (2014).

上記第2版の翻訳として、松尾直彦・山西雅一郎共訳『アメリカ金融機関法』(木鐸社・1994年)

川口恭弘『米国金融規制法の研究――銀行・証券分離規制の展開』(東洋経済新報社・1989年)

高木 仁『アメリカの金融制度・改訂版』(東洋経済新報社・2006年)

高木 仁『アメリカ金融制度改革の長期的展望』(明治大学社会科学研究所叢書 (2001年))

内田 聡『アメリカ金融システムの再構築』(昭和堂・2009年)

高月昭年『米国銀行法』(金融財政事情研究会・2001年)

フィッシャー著・高木仁・佐々木仁・川越武彦共訳『現代の銀行持株会社』(東洋経済新報社・1992年)

内田 聡「アメリカの銀行業と保険業」(明治大学社会科学研究所紀要第36巻2号65頁 (1998年))

高田太久吉「銀行持株会社における銀行子会社の隔離」(中央大学企業研究所年報第17号73頁 (1996年))

高田太久吉「銀行業の地理的規制と銀行持株会社」(商学論纂 (中央大学) 第37巻第2号33頁 (1996年))

高田太久吉「銀行合併への反トラスト法適用と産業組織論」(商学論纂 (中央大学) 第38巻第6号29頁 (1997年))

高田太久吉「アメリカ金融業の集中再編と新しい階層構造」http://takuyoshi.sakura.ne.jp/index.php に登載 (2016年1月10日確認)

神野光指郎「1980年代における米金融制度改革と金融システム分析の視点 (上)(中)(下)」(福岡大学商学論叢第57巻第3・4号151頁、第58巻第1・2号49頁、第

3号287頁（2013年））
坂東洋行「日米における金融・資本市場規制改革とファイアーウォール規制緩和の一考察」（早稲田法学会誌第60巻1号381頁（2009年））
村上真理「バーゼルIIIとIFRS（国際財務報告基準）」（広島大学マネジメント研究第13号159頁（2012年））
中塚晴雄「1920年代の商業銀行の投資銀行業務と証券発行構造」（福岡大学商学論叢第52巻第3・4号531頁（2008年））
田中文憲「A.P. ジアニーニとバンク・オブ・アメリカ」（奈良大学紀要第38号1頁（2010年））
樋口 修「米国における金融・資本市場改革の展開」（レファレンス（2003年））
野々口秀樹・武田洋子「米国における金融制度改革法の概要」（日本銀行調査月報2000年第1号73頁（2000年））
鈴木 博「米国の金融規制改革法の概要とその影響」（金融市場第21巻第10号14頁（2010年））

第8章

構造規制の一態様

——銀行持株会社規制と地域金融への貢献義務——

1. 問題の所在

(1) 本章の対象

本章は、合衆国における銀行規制の1つである地域再投資法（Community Reinvestment Act: CRA）[1)]による規制につき、銀行持株会社法（Bank Company Holding Act: BHCA）[2)]運用の観点からその制度と運用につき、考察する[3)]。第7章で説明されているとおり、銀行持株会社による銀行の合併・買収等（以下、単に「合併等」という）については、BHCAの適用・規制を受ける。その際、CRAの遵守程度が審査基準の1つとして他の反トラスト法規制と合わせて利用され、それが不十分と判断される場合には、当該事業が規制官庁である連邦準備制度理事会（Federal Reserve Board: FRB）から認可されなかったり、条件付き認可となる（なお、認可される場合であっても審査に時間がかかることもある）。これは、被規制者たる銀行持株会社・銀行から見れば、事業遂行にあたって考慮しなければならない事項であり、事業執行における負担ないしは法的リスクということができる。一方、住民や規制者から見ると、これは、CRAを実効化する重要な法的手段であるといえよう。

CRAは、後述するように、公民権運動、消費者運動の成果として成立するとともに、その後も順次改正が行われ、住民にとっては、信用供与を公正に受ける権利を拡大してきたということができる。一方で、銀行持株会社・銀行にとっては、合併等事業展開につき、その反トラスト法上の競争制限的行為の禁止に加え、別個の義務が課せられることとなるため、その維持・強化については、常に反対論が唱えられてきた。1999年に成立した金融サービス現代化法においてもCRAの一部が改正されたが、その際にも、その改正の内容が法律成否の焦点の1つになったといわれている[4)]。

(2)　本章の意義

本章で合衆国のCRAを考察する意義は、概ね3点ある。

a．日本において、銀行の地域金融への貢献を法的義務として課す必要性の検討材料

日本の銀行規制の現状を見ると、金融制度改革が急速に進んでいるものの、その中心は、銀行経営の健全化、システミック・リスクの排除、国際的競争力の向上、消費者の利便性などを目的とした各種規制緩和、公正透明なインフラ、ルールの確立が当面の課題である。銀行取引を含む金融取引における消費者保護についてはその重要性がかねてから指摘されつつも、ようやく法制化へ動き出したという状況である。地域金融のあり方については、地域金融機関の役割が上述の金融制度改革や地域金融機関の活性化との関係で論じられている[5)]にすぎず、地域金融に対する銀行の社会貢献を法的義務にまで高めようとする議論は、一部を除いてあまり聞かれていない。一方、現実には、銀行の本来の役割の1つである地域金融への貢献が十分になされているとは言い難い。これは、中小企業へのいわゆる貸し渋りとそれに対応する銀行の貸出残高の減少[6)]や中小事業者向高金利貸出業者の違法・不当な貸出・債権回収が重ねて報道されていることから明らかである。したがって、日本法への示唆を得るという意味で、銀行の地域金融への貢献を法的義務として課している合衆国のCRAを考察する意義の1つがある[7)]。

その際、留意すべきことが3点ある。

第1に、CRAの実効性確保の手法である。この点につき、CRAは、2つの特色を持っている。

まず、CRAの実効性は、規制機関の命令や制裁の賦課ではなく、銀行等預金機関の合併等事業認可の審査基準の1つとすることにより確保されている。本章の対象である銀行持株会社の場合、BHCAに基づく合併等審査においてCRA遵守が十分でないと判断される場合、認可権限を有するFRBは、銀行持株会社・銀行が申請した合併等が認めなかったり、法令遵守の条件を付して認めるということになる。このことが、CRAの遵守を促すことになる。

次に、CRAの遵守状況につき、情報公開と市民参加が認められている。CRAは、一般市民が銀行のCRA遵守に関する基本的な資料をいつでも閲覧することができるようにすることを義務づけており、合併等審査の場合には、必ず公衆からの意見聴取が行われる他、必要に応じて、FRBは、公聴会を開催することもある。第3節に述べるように、公衆から提出された意見が契機となって、CRA遵守状況が合併等審査において問題とされることもある。このように、銀行の規制遵守につき、規制機関だけではなく、市民や市民団体による監視がある。一方、銀行からは銀行に対して地域団体による不当な要求が行われているという批判があり、金融サービス現代化法により銀行と地域団体の契約の公開が義務づけられた（第2節4）のは、この点に関する批判に応えたものといわれている。

第2に、CRAの人権保障手段としての性格である。CRAによる地域金融への貢献の法的義務づけは、差別是正の法制度と見ることができる。すなわち、多民族によって構成される地域において、同条件にもかかわらず、特定の民族のみ優遇された信用供与（個人への住宅ローンや中小事業者への融資）を得るということは、公正でないルールないしは運用があるということになる。CRAの差別是正の法制度としての性格は、立法の経緯からいっても明らかなことであり、憲法による人権保障の実効性を確保する制度として見ることができる。

第3に、CRAの中小事業者保護手段としての性格である。本章で主たる対象としている大規模銀行の場合、特に、収益率の優れた大企業との取引のみを「摘み取っていく」ことのないよう、中小事業者にも公正に信用供与の機会を与えることをCRAは促している。その結果、中小事業者向け融資は、必ずしも収益率が悪いわけではなく、市場の拡大に繋がっているとの指摘もある[8)]。

第4に、CRAの経済活性化ないしは都市再生の手段としての性格である。CRAによる銀行の地域金融への貢献は、当該地域の経済を活性化することによって、都市中心部の空洞化を防いだり、空洞化した都市を再生するために、当該地域に十分な信用供与が得られることを確保する意味もある。

b．日本の銀行が合衆国の銀行規制の1つとして地域再投資法のしくみを十分に認識する必要性

日本の銀行の子会社等が合衆国において銀行業務を行う場合には、合衆国の銀行規制に服するが、CRAは、その銀行規制の1つであり、その遵守如何では、合併等事業活動に支障をきたすばかりか、地元住民との間で紛争が生じることとなる[9)]。したがって、子会社等により、合衆国で銀行業務を行う日本の銀行は、銀行規制の1つとしてCRAのしくみとそれに基づく義務を認識しておく必要がある。

c．日米のハーモナイゼーションの観点から地域金融のあり方を考える必要性

CRAにより銀行規制が行われると、銀行業務にとって一定の負担となる。そこで、国際化した（外国資本の銀行が銀行業務を行うことを考えよ）地域金融市場において銀行業務を行うという観点から見た場合、合衆国の市場においては、事業者にCRAによる規制・負担がかけられているのに対して、日本ではそのような規制・負担がないとすれば、日本市場における合衆国資本の銀行は、合衆国市場における日本資本の銀行に比較して有利な地位に立つことができることになる。CRAの規制は、合衆国の社会に特有の理由から存在する部分もあると思われるが、一方で、公正な信用供与は、社会制度を超えたグローバル・スタンダードであると考えると、この点に関する規制は調和していくことが必要であると考える。

⑶　本章での考察対象の限定

本章は、CRAをBHCAとの関連で考察しようとしており、CRAの制度ないしはその運用を網羅的に扱うわけではない。そこで、考察対象を次のように限定している。

第 1 に、前述の CRA の性格のうち、第 1 に述べた CRA の実効性確保手法に焦点をあてる。したがって、その他の CRA の性格については、独立して検討することはしない。

第 2 に、CRA の遵守審査は、銀行持株会社による銀行の合併等のみならず、（銀行持株会社によらない）単体の銀行等（預金保険の対象となる預金機関）[10]による合併等も対象となるし、支店設置等広く「預金機関（deposit facility）」の申請にあたる場合にも行われる[11]が、本章では、対象の限定から銀行持株会社による合併等に限定して考察する。

第 3 に、金融サービス現代化法に基づく最新スキームは必要な限度でふれるにとどめる。同法は、1999 年 11 月 12 日に成立しており、CRA の改正も行っている。

第 4 に、各州で定められている CRA については、検討対象としない。CRA が定める法制度は、連邦にのみ存在するのではなく、州においても存在しており、連邦法である CRA とともにその役割を果たしている。したがって、各州で事業活動を行う銀行持株会社にとっては、連邦法のみならず、州法による規制も考慮に入れなければならない。しかしながら、本章の目的から、本章においては、連邦法の CRA のみを検討対象とする。

(4)　本章の構成

以下では、第 2 節において、BHCA のうち、本章に関連を有する規定を考察するとともに、CRA の概要について考察する。第 3 節においては、BHCA 及び CRA に基づく銀行持株会社に関わる合併等審査について検討を加える。第 4 節においては、銀行の社会的責任とハーモナイゼーションの観点から日本法への示唆を検討する。

2. 銀行持株会社法（BHCA）と地域再投資法（CRA）の交錯

(1) 銀行持株会社法（BHCA）に基づく銀行持株会社の企業結合規制

a．実体的規制

BHCAは、銀行持株会社による銀行の合併等につき、規制を設けている。BHCA執行を主として担うのは、FRBである。合衆国における銀行規制と銀行持株会社規制の概要については、第7章で説明されているとおりであるが、ここでは、そのうち、BHCAに基づく結合規制についてもう少し詳細に考察する。

BHCAは1956年に制定され、その後、数次にわたり改正されている。同法によれば、銀行持株会社は、次のような場合、FRBの認可を得なければならない。すなわち、銀行持株会社の設立、銀行持株会社による銀行の子会社化、銀行持株会社による銀行株式の5％を超えた株式の取得、銀行持株会社又はその子会社が実質的に銀行の全資産を取得すること、銀行持株会社間の合併である[12)]。

FRBによるBHCAに基づく合併等審査は、主に次の3点を考慮して行われる[13)]。

第1に、シャーマン法及びクレイトン法と同一の基準による反トラスト法審査である。第2に、合併等予定銀行持株会社及び銀行の金融・経営のリソース及びその将来性である。第3に、営業予定地域の利便性と必要性（the convenience and needs of the community to be served）である。これが、CRA遵守状況の審査である。

b．手続的規制

FRBは、合併等申請があれば、上記審査を行うが、必要に応じて監督機関に通知する。また、必要に応じて聴聞を開催する。ただし、主たる監督機関が合併等に反対の場合には、必ず聴聞を開催しなければならない。そして、91

日以内に認可、不認可を行わねばならず、それを超えると認可したものとみなされる[14)]。

FRBは、規則制定を定める権限を有しており[15)]、それに基づいて規則を定めている。銀行持株会社に関する規則は、regulation Yとして知られている。

regulation Yによれば、銀行持株会社が合併等申請を行う場合、新聞による公衆への公告を義務づけられている。さらに、FRBは連邦官報によって公告しなければならない。利害関係人は、申請につき、通常30日以内に意見を書面に提出することができる。この書面による意見提出の機会において、CRAの遵守状況につき、地域住民は意見を提出し、それは内容を伴うものである限り、申請審査の際に考慮される[16)]。

なお、FRBは、銀行持株会社による銀行の合併等認可を行った場合、司法省に告知する義務を負っている[17)]。

(2)　地域再投資法による地域貢献義務

a．地域再投資法制定の背景とその沿革

CRAは、公民権運動、消費者運動の高まりとともにいわゆるレッドライニング（地図に低所得者居住地域を示す赤線を引き、その信用能力にかかわらず住宅ローン等融資を制限することなどの差別的融資慣行）を禁止するため、1977年に制定された法律[18)]である。CRAが定められた際の主たる関心事は、ある地域で獲得された預金が他地域に流れ出て貸し出されることであったという。これにより、その地域は、本来信用供与を受けることができる状態であるにもかかわらずそれが受けられないため、活力を失うことになるかもしれないからである[19)]。これらのことから、CRAの性格は、本章1.(2)aで述べたように見ることができるが、合併等の銀行構造の変化に伴い、立法時の差別是正手段としての性格から地域経済活性化手段としての性格を強めているという指摘がある[20)]。

制定から1980年代末までは、CRAの実効性に見るべきものがなかったといわれている。しかしながら、1980年代、低所得者の集中する都市部の住宅問題が深刻化したことによるレッドライニング撤廃運動が起こったこと、1989

年にコンチネンタル銀行による銀行買収がCRAの遵守を十分に行っていないことを理由にFRBに拒否されたことなどを契機に、CRAの意義に関心が向けられることとなった[21]。さらに、1989年は、次のようなことからCRAにとって転換の年であったと指摘されている[22]。すなわち、同年、コンチネンタル銀行以外にもFRB以外の監督機関によってCRA遵守状況を理由に認可申請が3件拒否されたこと、連邦金融機関検査協議会（Federal Financial Institution Examination Council: FFIEC）によってCRA遵守と執行の詳細が明確にされたこと、金融機関改革回復執行法（Financial Institutions Reform, Recovery, and Enforcement Act: FIRREA）[23]がCRAの格付けと公衆の意見を公開するよう定めたことである。さらに、1980年代末から1990年代にその強化が図られたこと（図8-1参照）や州際銀行業務が飛躍的に発展して銀行の合併等が盛んに行われるようになっ

図8-1　CRAの制定と改正

年	
1977	住宅地域開発法8章として制定。
1989	金融機関改革回復執行法（FIRREA）による改正。 CRA検査による格付け及び審査事項ごとの評価書面の公開を義務づけた。4部構成の量的格付け制度を確立。
1991	連邦預金保険公社改革法（FDICIA）による改正。 CRAに基づく評価の公開部分につき、金融機関のCRA遵守程度に関する規制機関の評価の基礎となるデータを公衆からの意見の対象とした。
1992	住宅地域開発法による改正。 金融機関のCRA遵守記録の評価につき、地域の信用需要を満たすため、マイノリティや女性が所有する金融機関や低所得者向け信用組合と協力して行われる金融機関の活動や投資もその評価対象とした。
1994	リーグル・ニール州際銀行業務及び支店効率化法による改正。 金融機関が州境を越えて支店を設けている場合、事業を行っている州ごとに格付けと評価が行われることとなった。また、複数の州境に位置する都市地域に支店を設置している場合、そのCRA遵守につき、別個の書面による評価が行われることとなった。
1999	グラム・リーチ・ブライリー金融サービス現代化法による改正。 金融機関と団体・個人とのCRAに関する契約の公開及び監督機関への報告を義務づけた（サンシャイン規定）。 遵守程度の高い小規模銀行の検査頻度を減少させた（セイフ・ハーバー規定）。

出典）United States General Accounting Office, GGD-96-23, Community Reinvestment Act, Challenge Remain to Successfully Implement CRA 25 (1995) の表に筆者が1999年の内容を付加した。

た[24]こともあり、ますます注目されるようになってきている。特に、1993年、クリントン大統領は、金融規制機関に対して、CRA審査を過程重視の審査から結果重視の審査となるよう規則を改正することを指示した。そして、1995年5月、金融規制機関は、新しい規則を制定し、それは1997年7月に施行されている。その結果、CRA審査は、質的な審査から実績重視の量的な審査へと転換した。1999年11月に成立した金融サービス現代化法によってもCRAは改正されている[25]。

b．地域再投資法の目的・手法

CRAは、預金保険の対象となっている預金機関（depository institutions、商業銀行又は貯蓄組合〔savings association〕、したがって、ノンバンク等は含まない）[26]がその経営の健全性を損なわない限りにおいて、その所在地域（中・低所得者層を含む）の必要性に見合った信用供与を行うことを促進させるための法律である[27]。CRAによれば、各銀行等による地域への信用供与の記録は定期的に評価される[28]。この記録は、合併等預金機関に関する申請審査において考慮される[29]。CRAに基づく検査は、各金融機関の監督機関によって行われる。銀行持株会社の場合には、FRBがその監督機関である[30]。

CRAのしくみは、監督官庁が検査に基づいて、ケース・バイ・ケースで評価、格付けし、それを公表する。そして、合併等事業申請の際に、その格付けや公衆からの提出された意見を考慮することにより、同法の遵守を求めている。したがって、確定した数値基準があってそれに違反した場合、命令が出されたり、制裁が加えられるというしくみにはなっていない。

c．地域再投資法運用に関連する法律

CRA運用に関連し、確認しておく必要のある連邦法が2つある。

第1は、1974年制定の信用機会均等法（Equal Credit Opportunity Act: ECOA）[31]である。これは、個別の信用供与につき、人種、皮膚の色、宗教、出身国籍、性別、配偶者の有無、年齢等による差別を禁じる法律である。CRAの不遵守について、監督機関による執行権限は与えられておらず、合併等申請の場合にこれを考慮することはすでに述べたとおりであるが、そうであっても、この

ECOAに違反していると連邦取引委員会、司法省、監督機関が判断する場合は、申請等が行われていなくても、対象銀行を被告としてECOAに基づく訴訟を提起することができる[32)]。それればかりか、私人による損害賠償、差し止めなども定められている。

第2は、住宅抵当貸付公開法（Home Mortgage Disclosure Act: HMDA）[33)]である。これは、住宅抵当貸付につき、種々の統計作成とその公開を義務づけている。これにより、CRAが禁じる差別的慣行の防止に資するが、CRAと同様、法執行の手段は定められていない。

d．地域再投資法令に基づく検査項目と格付け

(i)　CRA検査・格付けの法的根拠

CRAに基づく検査方法については、CRAに基づいて、CRA規則[34)]が定めている。さらに、地域再投資に関する規制機関の質疑応答集（Interagency Questions and Answers Regarding Community Reinvestment）[35)]（1999年最新改正）がある。これは、CRAが複数の監督機関によって執行されるため、CRA規則運用を統一的に行うことができるよう質疑応答（Q&A）形式でFFIECが定めたものである。これは、FFIEC自身の説明によれば、インフォーマルなガイダンスとされているので、パブリック・コメントに服してはいる（法令上の根拠はないと思われる）が、裁判規範にはならないという意味で法的拘束力はないと思われる。しかしながら、CRA規則の解釈運用基準を明らかにするものであるから、当事者にとっては重要な指針である。

(ii)　検査対象金融機関の分類[36)]

CRA検査は、規模や事業の種類に応じて対象金融機関を4種類に分けて行われる。それは、① 小規模銀行（small bank）、② 業務が特化された専門銀行（limited purpose bank）、③ 大口の法人取引のみを行う法人取引銀行（wholesale bank）、④ それ以外の銀行（「大規模銀行」とも表現される。銀行持株会社傘下の銀行であれば、10億ドル以上の資産を有する場合）である。さらに、種類にかかわらず、銀行が提出した計画をFRBが認可し、それに基づいて検査を受けることもできる。それぞれにつき、検査項目は異なるが、ここでは、④ の検査について述べる。

⒤ 検査項目

検査は、３つの要素から成る。それらは、①「貸出テスト（lending test）」、②「投資テスト（investment test）」③「サービス・テスト（service test）」である。それぞれにつき、評点がつけられ、これをもとに格付けが行われる（図 8-2

図 8-2　大規模銀行―貸出テスト

性　質	優　秀（outstanding）	極めて良好（high satisfactory）	良　好（satisfactory）	要改善（needs to improve）	実質的不遵守（substantial noncompliance）
貸出し	貸出レベルが評価対象地域の信用供与の必要性に対して最優秀（excellent）で対応している。	良好	十分	貧弱	極めて貧弱
評価対象地域への集中度	融資全体のうち実質的多数（substantial majority）が評価対象地域で行われている。	高い比率	十分な比率	低い比率	極めて低い比率
貸出しの地域的拡がり	融資が対象地域全体に最優秀（excellent）に拡がっている。	良好	十分	貧弱	極めて貧弱
貸出先の性質	商品の種類を考慮すると、貸出先は広範囲の所得レベルと規模の異なった企業に最優秀（excellent）に拡がっている。	良好	十分	貧弱	極めて貧弱
低所得者・低所得者居住地域及び零細企業への信用供与の必要性への対応	最優秀（excellent）の記録を示している。	良好	十分	貧弱	極めて貧弱
地域開発事業への貸出し	地域開発事業融資の指導的役割を果たしている。	比較的高いレベル	十分なレベル	低いレベル	あったとしても極めて少ない
商品の技術革新	評価対象地域における信用供与の必要性に対して技術革新及び柔軟な融資慣行を広範囲に利用（extensive use）している。	利用	限定的に利用	ほとんど利用していない	全く利用していない

大規模銀行―投資テスト

性　質	優　秀 (outstanding)	極めて良好 (high satisfactory)	良　好 (satisfactory)	要改善 (needs to improve)	実質的不遵守 (substantial noncompliance)
投資及び寄付	要件を満たした地域開発事業投資及び寄付につき最優秀（excellent）の水準。特に私企業による投資が定期的にはない分野でしばしば（often）指導的立場。	重要 場合に応じて	十分 まれに	貧弱 なし	ほとんどない 全くない
信用供与と地域開発の必要性への対応	最優秀（excellent）の対応をしている。	良好	十分	貧弱	極めて貧弱
地域開発計画	地域開発計画を支援する技術革新や複合的投資を広範囲（extensive use）に利用している。	重要な手段	場合に応じて利用	めったに利用しない	利用しない

大規模銀行―サービス・テスト

性　質	優　秀 (outstanding)	極めて良好 (high satisfactory)	良　好 (satisfactory)	要改善 (needs to improve)	実質的不遵守 (substantial noncompliance)
制度の利用可能性	評価対象地域内のどの地域においても容易に利用可能（readily accessible）	利用可能 実質的にすべての地域	通常利用可能 実質的にすべての地域	利用可能 一部の地域	利用不可能 相当部分（特に中・低所得者・同居住地域）
支店の移動	支店の開設・廃止が、特に中・低所得者・同居住地域の制度利用をより容易にしている（improved）	不利益には影響していない。	一般には、不利益には影響していない。	不利益に影響している。	非常に不利益に影響している。
評価対象地域の必要性に見合った形で営業時間やサービスが行われていること	評価対象地域、特に中・低所得者・同居住地域の利便性及び必要性にサービスが向けられている	特定地域の利便性を減じてはいない。	一部地域の利便性を減じてはいない。	特定地域の利便性を減じている。	多くの地域の利便性を減じている。
地域開発事業サービス	供給につき、指導的役割を果たしている。	比較的高いレベルで供給している。	十分なレベルで供給している。	限定的なレベルで供給している。	ないか、まれに供給している。

出典） Federal Reserve of Dallas, A Banker's Reference Guide to CRA 7-8.

参照)[37]。格付けは、「優秀（outstanding）」、「基準達成（satisfactory）」、「要改善（needs to improve）」、「実質的不遵守（substantial noncompliance）」の 4 段階でなされる[38]。

「貸出テスト」は、貸出記録を審査するもので、金融機関の営業する地域（中・低所得者居住地域を含む）における住宅ローン、中小企業・中小農家向け融資、地域開発（community development）[39]融資、場合によっては、自動車等消費者ローンの設定や取得等を審査する[40]。これは、続く 2 者に比較してより重視される[41]。「投資テスト」は、金融機関による地域開発事業への投資を審査する[42]。「サービス・テスト」は、金融機関の一般小口（retail）銀行サービス制度及び地域開発サービスの範囲と技術革新を審査する[43]。

⒤　評価対象地域の画定

金融機関が営業対象とする地域（したがって評価対象となる）は銀行が定める（FRB はそれが法令の基準に合致している限り用いる）[44]が、それは 1 以上の MSA（Metropolitan Statistical Areas ＝行政予算管理局長が決定する）又はカウンティ等の行政区域で構成される地域である[45]。ここで注意すべきことは、中低所得者居住地域を意図的に除外してはいけないということである[46]。

(v)　融資データの収集、報告、公開

融資データには、収集・保管すべきものと報告すべきものがある。報告すべきものにつき、毎年 3 月 1 日までに主として次のようなデータを報告しなければならない。過去 1 年分の ① 中小企業・中小農家への融資[47]の合計数と総額、② 地域開発事業融資の合計数量、③ HMDA に基づく住宅ローンの申請、設定、取得に関する報告である[48]。

(vi)　FRB による評価書面

FRB は、銀行が提出する報告に基づいて、中低所得者居住地域を含む地域全体の信用供与の必要性を満たしているかにつき金融機関の記録を評価した書面を作成しなければならない。ここで注意すべきことは、銀行が提出する記録以外にも、審査対象地域の住民（公務員を含む）に対するインタヴューや他の監督機関からの情報をも審査対象としていることである[49]。そして、個人名や公表にふさわしくない情報を除き、評価とそれを支える事実・データ、格付けなどは公開される[50)]。FRBが作成する書面の内容については、規則が詳細を定める[51)]。

(vii) 一般に公開する情報

銀行等は、公衆から提出された意見、それに対する銀行のコメント、FRBによるCRA遵守状況の最新評価、支店リスト、サービスのリスト（営業時間、提供商品、手数料を含む）などを含む公衆用ファイルを保管し、公開するとともに、請求に応じてコピー等を交付しなければならない[52)]。

(3) 1999年金融サービス現代化法による金融持株会社（Financial Holding Company）の創設と地域再投資法の改正

a．金融持株会社の創設

1999年金融サービス現代化法[53)]は、グラス・スティーガル法を改正し、金融持株会社（Financial Holding Company）の制度を認めた。そして、金融持株会社は、その子会社の預金機関のいずれかが直近のCRAによる格付けにおいて「地域の信用需要を満たしている」に足らない場合、金融持株会社が新たに「金融の性質を有する活動」を開始すること及びそのような活動を行う会社の支配を直接又は間接に獲得することをFRBは禁止しなればならない[54)]。

b．地域再投資法の改正

1999年金融サービス現代化法は、概ね次の3点でCRAを改正した。

① 金融機関と団体・個人とのCRAに関連する契約の公開及び施行状況に関する年1回の監督機関への報告を契約の両当事者に義務づけた。対象となるのは、年間の金銭支出額が1万ドル、融資額が5万ドルをそれぞれ超える場合である。（711条）

これは、CRA遵守状況や公衆からの意見が合併等審査に際して考慮されることを背景に、地域団体等が銀行に対して強要するような形で寄付・融資等の契約を行うことを公開により防止しようというものである[55)]。法案成立のために設けられた両院協議会報告書によれば、CRA関連活動の施行状況それ自体というよりも契約の内容に現実に従った形でその内容が履行されていることに監督機関は注意すべきであるという[56)]。

一方、本規定には、適用除外が定められている[57)]とともに、公開すべき場合を限定的にする運用が見込まれており、その効果は限定的であるという指摘もある[58)]。

この規定には、銀行の相手方となる団体・個人が違反した場合の制裁も定められている。すなわち、重大な違反があった場合には、契約を執行できなくなる。さらに、契約の目的に反して金銭の支出が行われた場合、監督機関はそれを返還するよう命じることができ、当事者は一定期間（最大10年間）、同種の契約の当事者になることができない。（711条(f)項）

② 小規模銀行等（総資産25億ドル以下）につき、格付けに応じて検査の頻度を減らした。すなわち、CRAに基づく直近の格付けが優秀（outstanding）であれば5年間に1回以下、基準達成（satisfactory）であれば4年間に1回以下の頻度で、それぞれの銀行はCRA検査を受ける。ただし、預金機関の申請を行う場合にはこの限りではない。さらに、監督機関は、正当な理由があれば、上記頻度を変更することができる。（712条）

③ FRBに対してCRAに一致する融資の債務不履行率、返済延滞率、利益率に関わる包括的な調査研究を行い、2000年3月15日までに上下両院委員会に報告することを義務づけた。さらに、財務省に対して、CRAの制定により、中・低所得者及びその居住地域におけるサービスを含めて、CRAが意図した十分なサービスがどの範囲に提供されているかにつき、調査研究を行い、2000年3月15日までに上下両院委員会に概要報告、2年以内に制度改正の勧告を含む最終報告の提出を義務づけた。（713条、715条）

①②は、上院の法案に定めがあり、下院の法案には定めがなかったものであり、③は、上院の法案には定めがなく、下院の法案には定めがあったものである。そして、法案成立のための両院協議会で両者が妥協、修正を経て、①②③が定められた。

3. 銀行持株会社による銀行の合併・買収審査と地域再投資法の運用

(1) FRBによる合併等審査における地域再投資法遵守状況の審査

a．FRBによる申請審査の実際

(i) 審査対象銀行持株会社

1998年末現在、約6,000の銀行持株会社が存在するが、1998年にFRBの認可を求めた申請は約700件あった。うち、合併・買収の申請は400件を超えている（図8-3参照）。

FRB規則によれば、銀行持株会社傘下の預金保険の対象銀行、貯蓄機関及び買収予定銀行のCRA遵守状況記録が審査の対象となる。将来の地域貢献計画は、審査の対象とはならない。すなわち、それによってCRA遵守状況記録を改善することはできない[59]。

(ii) 審査

審査は、まず、FRBの消費者地域問題担当局（Division of Consumer and Community Affairs: DCCA）が申請銀行持株会社の傘下銀行及び合併等対象銀行の最新CRA格付けにより振り分けを行う。FRB担当者によれば、これは、FRBにおける審査の主要な部分である。DCCA担当者によれば、CRAの格付けや

図8-3　銀行持株会社合併等申請件数

年	合　計	うち、反対された事例	割　合
1995	386	40	10.4%
1996	359	30	8.4%
1997	347	16	4.6%
1998	424	18	4.2%

反対された事例とは、銀行持株会社の融資記録又はCRA記録につき、内容のある（反対）意見をFRBが受領した事例である。

出典）MERGER PROCESS NEEDS GUIDELINES 12頁

CRAに関する意見提出に関して問題がなければ、CRA審査は申請銀行持株会社の主要銀行及び合併等対象銀行について行われるのが通例である[60]。

(iii)　審査対象記録

対象銀行のCRA遵守状況については、規制機関がそれぞれ情報を有しているため、FRBは、それらから情報を入手し、利用する。最初の審査（最新CRAによる審査）の後、DCCA担当者がすることは、申請銀行持株会社の主要銀行及び合併等対象銀行に関する最新の公衆による評価である。それが確かなものであると考えた場合、担当者は、規制機関に直接話を聞いて追加情報を入手する[61]。

(iv)　DCCAによる決定原案

DCCAは、FRBに対して、事実認定と勧告を内容とした書面を準備し、FRBは、これに基づいて判断を行う。結論は、認可、条件付認可、拒否の3種類のいずれかであろう[62]。

DCCAは、住宅ローンの不十分さにつき、HMDAの個人ローンデータを利用して、疑問点が提起された地域に関する統計表を作成する。これに基づいて上記書面を準備するが、その際、公衆から提出された意見で問題とされている中・低所得者居住地域やマイノリティからのローン申請についての最近の傾向を特に強調するのが通例である。住宅ローンの設定が十分でないという理由で公衆の意見提出によって問題となる事例の多くは、合併等申請の2-3年前から中・低所得者居住地域やマイノリティからのローン申請が増加するということが窺われている[63]。

DCCAがFRBに提出する書面以外にも住宅ローンの不十分さを計る資料がある。それは、全金融機関による特定のマイノリティ・グループに対するローンの全体のローンに対する比率をポートフォリオにしたものである。これもDCCAによって作成される。

銀行サービスや支店の利用可能性は、FRBが合併等による地域の利便性や必要性への影響を評価する際に考慮する要素の1つである。FRB担当者によれば、支店廃止が事前に予定されている場合、廃止予定支店が中・低所得者居住地域にあるかどうかを判断する資料を審査し、そうであれば、その廃止理由、引継支店の代替可能性、その他当該地域に対する影響緩和計画を審査する。しかしながら、FRBは、支店廃止を禁じる権限を与えられていない。支店廃止が最終的に決定されていない場合、FRBは、十分な支店廃止基準を有しているかについてのみ審査し、現実に支店廃止が行われた場合、それは、後の申請審査の対象となる。合併等認可にあたり、FRBは、支店廃止の報告を義務づけることがある。そして、FRB担当者によれば、それが後の申請審査の考慮対象となることを知らせているという[64)]。

CRAのサービステストに基づく遵守規準によれば、規制機関は、次の2点につき審査する。すなわち、①所得の多寡を基準に地域を4種類に分け、それぞれにおける支店数、②特に中・低所得居住地域における支店開設・廃止の記録である。もっとも、ATMやテレホンバンキングなど代替手段により消費者へのサービスを行うことができることを説明できれば、サービス・テストを満たすことができる。支店廃止計画の提出は、申請の際に義務づけられているわけではないが、FRBは、それを促しているのが通例である。しかしながら、それを提出しない事例もある[65)]。

b．公衆からの意見提出に対するFRBの対応

申請審査において聴取される公衆の意見は、CRA検査とともに申請審査の際に考慮される[66)]。それは、申請者のCRA遵守状況に関する事実により裏付けられ、意見の理由としてできる限り特定されたものでなければならない[67)]。一方、CRA検査が最近のものでなかったり、公衆からの意見が申請手続において問題としている点について審査記録が説明していない場合、申請者はそれに対して回答しなければならない[68)]。

CRAの遵守状況を理由に認可が反対される事例は、多くはない。図8-3によれば、毎年、10％以下となっている。

公衆からの意見提出は、事案により様々である。GAOが調査対象とした最大級の6件について見ても、最大1,600件以上、最少17件、その他は50件から300件であった[69)]。FRBは、公聴会の開催の方法につき、裁量を有する。

すなわち、正式の聴聞の機会を与えるか、または利害関係人に対してFRB理事会の面前で口頭により意見陳述を行う機会を与えるか決めることができる。特別の定めがない限り、公聴会は公開で、その告知は、連邦官報に掲載される。

1995年から1997年にかけて行われた最大級の銀行持株会社合併6件に関するGAOの調査[70]によれば、公衆の意見において指摘される主要な論点は、次の4点である。すなわち、中・低所得者居住地域における①住宅ローンの不足、②中小企業に対する貸付の不足、③支店廃止の予定、及び④CRA協定[71]が漠然としている（執行不可能、地域団体による監視が不可能、対象地域があいまい、特定の地域に対する金額が具体的でないなど）ことであった。そして、FRBは、上記4点のうち、前2者に重点をおいているように見えるという。FRBは、①についてはHMDAのデータ、②についてはCRAの中小企業に関するデータを利用している。③については、申請者が十分な支店廃止基準を持ち、過去の支店廃止の記録を保管しているかについての審査に一般には限られている。FRBは、この点につき、十分な法的権限がないので、実際の認可にあたっても、支店廃止の報告を義務づけるにとどまっているとの報告がある[72]。④については、6件の審査の場合、考慮されていない。

c．申請銀行持株会社と合併等に反対する住民との話し合い

申請銀行持株会社と合併等に反対する住民との話し合いが自主的に行われ、両当事者の誤解や意見の相違をなくし、場合によっては、融資等の契約に結実することがある。話し合いには、監督行政機関が中立的な立場で参加することもある。ただし、審査自体は、話し合いの有無にかかわらず行われる[73]。

d．審査基準の必要性

FRBその他の金融規制機関は、規則制定その他の手段により、CRAの遵守状況が預金機関の申請過程においてどのように考慮されるべきかについてその指針を明らかにしてきた。現在有効なものとしては、1999年に出された地域金融に関する規制機関の質疑応答集（Interagency Questions and Answers Regarding Community Reinvestment）[74]がある。これによれば、申請審査の際に行われるCRA審査は、重要な要素であり、しばしば決定的なものでさえあるという[75]。

銀行持株会社による銀行の合併等審査にあたり、FRBは、預金金融機関の記録によって、CRAが定める地域金融への利便性と必要性を審査することが義務づけられている[76)]。ところが、BHCAもCRAもFRBがどのようにそれを審査するかについては指針を示していない。CRAの遵守状況審査については、FRBも含めて金融規制機関は、その評価指針を示している。しかしながら、大規模な銀行持株会社の合併等の場合、CRAに基づく記録（金融機関のCRA遵守状況による格付けと公衆からの意見をその内容とする）をどのように評価するか（何を考慮要素とし、それぞれをどのように重要視するか）については、FRBは、指針を示していない。

そこで、そのようなガイドラインの策定の必要性を指摘する会計検査院報告がある[77)]。

(2)　合併等による地域再投資への影響

これまで述べてきたのは、合併等前のCRA遵守状況であるが、合併等後は、それがどのように変化するのであろうか。一般に、合併等の後にCRA遵守状況が変化すると次の合併等審査の際にそれが問題となる。したがって、CRA遵守は、合併等当事者にとっても利益となる[78)]。

銀行合併等が小口の融資を変化させるか否かについて明確な関連性を指摘した調査はない。すなわち、銀行の合併等ではあるが、1993年から1997年の事例による住宅ローンに関する調査によれば、合併等によって、融資慣行に大きな変化は見られないという[79)]。1995年に行われた合併等と中小事業者融資に関する調査によっても同様の結果が報告されている。そこでは、合併等によって融資を受けにくくなることもあるが、代替の融資を受けることができることが多く、問題は融資コストの上昇であるという[80)]。銀行持株会社についても同様であるとの調査もある[81)]。一方、それら調査も銀行合併等が中小企業融資を減少させる可能性を否定するものではないと指摘されている[82)]。

4.　日本法への示唆――銀行の社会的責任とハーモナイゼーションの観点から――

(1)　地域再投資法の評価

CRAの評価については、対立する2つの立場がある。その理由付けを見てみよう。

a．否定的評価

CRAに対する批判の多くは、その意義を全く認めていないわけではない。批判は、現行のCRA規制による弊害がその効用を上回っていることを特に主張している。すなわち、CRAは銀行等にその社会的利益に見合わない加重な負担を強いており、金融機関の健全性や競争力を不当に阻害しているという[83]。

たとえば、CRAによる負担については、それによる規制遵守のための費用（地域団体への融資等）よりも書類作成・記録の保管に要する費用が大きいとの指摘がある[84]。CRAの遵守コストの総資産に占める割合は、規模が大きくなるにつれて下がるが、対象人口が増加するにつれて増加するという。このことからCRA遵守に要する費用と遵守程度には相関性がなく[85]、コストをかけるほどには、消費者に利益をもたらさないという[86]。

CRAに対する批判は、その規制手法に向けられていることに注意すべきである。合併等申請においてCRA遵守程度を審査する手法それ自体に加え、申請審査基準が曖昧との指摘がある。

また、CRAの対象が銀行等の預金機関に限られていることもその正当性に対して批判がある[87]。すなわち、ノンバンク等他の金融機関はその適用対象となっていないことにつき、批判がある。最も、これについては、CRA緩和・廃止の理由とする主張とこれら金融機関へのCRA適用拡大の主張[88]が対立している。

b．肯定的評価

CRAによる制度は、租税のように、銀行にとって利益を上げることのできる客から「儲けにならない」客への富の移転であるという見方がある。この見方によれば、CRAその他の銀行規制によるコストは、政府によって援助を受けている見返りということになる。たとえば、連邦預金保険、中央銀行による優遇措置、競争からの保護などの利益と引き替えに銀行は「社会的に責任のある」融資や社会に対する利益を供与すべきであるということになる[89)]。すなわち、CRAは、差別的慣行を是正し、地域経済を活性化するための重要な法律で、銀行等がその遵守コストを負担するのは社会的な義務であるという立場である[90)]。

遵守費用についても、CRAは、他の銀行規制と比較して、負担となるような規制ではないという評価もある。CRAに関わる書類作成は、他の規制のための書類作成と重複しているため、それのみのコストを議論するのは意味がないという。さらには、銀行は、CRA遵守により、新たな市場を開拓しており[91)]、また、CRAが要求している融資によって相当の利益をあげているとの調査もある[92)]。

銀行経営の健全性との関係においても、そもそもCRA自体、健全性との調和を定めている他、実際にもCRA遵守が銀行の健全性を脅かしていることはないと監督機関は指摘している[93)]。

日本においても、同法を社会的コスト全体の点から評価することと銀行が同法の定める義務を負う規範的意味を考慮すべきと主張する論者がいる[94)]。

さらに、CRAの目的達成のために、銀行と地域団体とのパートナーシップを説く見解もある[95)]。

c．改革への提案―銀行の社会的責任

そこで、様々な提言がなされている。遵守程度の高い銀行には合併等申請の際にCRA審査を省略するといういわゆるセイフハーバーを設ける主張[96)]、小規模銀行については、一定程度の成績を得ている場合、検査頻度を減らす（これは、1999年金融制度改革法で実現した）という主張、遵守程度の低い銀行に事

業申請の際に不利益を課すよりも遵守程度の高い銀行に補助金等を交付すべきであるとの主張、市場原理を利用してCRA遵守程度を権利として売買の対象とすべきであるという主張[97)]、同じく市場原理を利用してCRA関連投融資に対する減税措置やCRA遵守程度の低い銀行に対して政府が関与する法人による抵当権付融資の買取を制限するという主張[98)]、等である。

d．1999年金融制度改革法審議過程での議論

1999年金融制度改革法審議過程においても、CRAをどのように改正するかが法律成立の鍵であったとも報道されている。すなわち、CRAに否定的に評価する共和党とCRAを肯定的に評価する民主党及びクリントン政権の対立があり、これは、上院と下院の法案の不一致、クリントン大統領によるCRA緩和を内容とする法律案に対する拒否権行使の警告に現れている。結局、金融制度改革法は、両院協議会で妥協の上、成立した。そこでは、CRAに関連する契約の公開を義務づけ、CRAを政治的に利用しているとの批判に対応するとともに、格付けの高い小規模銀行の検査につき、その頻度を少なくして優遇することにより、小規模銀行にとりわけ強い規制への反対を緩和し、規制官庁による調査・研究を促進することを義務づけた。これらの調査・研究が行われることにより、同法の効果及び経済的影響はより明らかになるであろう。

(2)　日本法への示唆

a．銀行の社会的責任

上述のとおり、銀行の社会的責任の根拠は、他の事業とは異なり、政府からの種々の特権を享受しているからであると説かれることがある[99)]。問題は、その社会的責任を認めたとしても、それをどの程度、どのような手段で実現していくべきかという点にあるだろう。さらに、合衆国のCRAによる義務は、あくまで銀行の健全な経営と矛盾しない限りにおいて課せられていることも確認する必要がある。これは、相当程度の銀行の競争力も前提とすることになろう。これらのことを考慮しながら、日本においても、第1節に述べたような現状があることに鑑みれば、合衆国におけるCRAのような法制度を創設するか

どうかにつき検討することは意味のあることと思われる。

b．規制手法

CRAの制度は、銀行の社会的責任実施の評価に固定の数値基準を定めていない。そして、CRAによる規制手法は、遵守違反に対して、命令—強制のシステムを採用していない。代わりに、その遵守状況の十分な情報公開と合併等規制官庁による事業認可の際に、地域の特性、金融機関の規模、事業内容等と併せた総合判断により、その実効性を確保しようとしている。その際、公衆から提出された意見が重要な鍵を握っていることも先に述べたとおりである。したがって、市民の十分な関心に基づく監視がCRAの実効性を確保するために必要なこととなろうし、規制官庁が審査の際にどのように法遵守を考慮するかがこのような法制度の実効性を左右するだろう。

これらの手法に対しては、生ぬるいという市民グループからの批判はあるが、CRAにより課せられている義務が反トラスト法審査に必要な統計資料と一部重複する資料を基礎に判断されること、個々の不作為（差別的融資慣行）に対して命令による禁止といった個別的な対応ではもぐらたたきのように限界があること（もっとも、差別的慣行については、ECOA等他の法律による規制や損害賠償請求を受ける可能性もある）、統計的数値を基準にした作為命令は市場を歪めるおそれがあることなどを考えると思慮深い方法のように思える。

ここで、合衆国のCRA規制を実効化している条件につき、2点指摘しておきたい。

第1に、情報の公開と市民参加のしくみが取り入れられていることである。これにより、命令による強制の制度がなくても、自発的に遵守しようというインセンティブが与えられる。社会的に知名度の高い大規模銀行では特にそのことがあてはまるだろう。市民参加制度は、監督機関の監督に要するリソースの不足を補うであろうし、銀行合併等に関する行政活動の民主的な運用に資するであろう。

第2に、銀行間の競争である。銀行の合併等は、銀行事業戦略、すなわち、銀行間競争において合従連衡による銀行の生き残りを図るという戦略の重要な手段である。したがって、CRAは、銀行間に厳しい競争状態をもたらしてその競争力を高めるという規制システムが前提になければ機能しない。すなわち、競争が穏やかなために（かつての日本における銀行規制を考えよ）、銀行による合併等事業の新展開がそれほど必要とされない場合には、合併等申請件数自体が僅少となり、遵守のインセンティブが働きにくくなるということになってしまう。現在の合衆国における状況はまさに、これとは正反対であることに注意すべきであろう。

c．ハーモナイゼーション

金融制度改革法改革法は、グラス・スティーガル法を廃止し、金融持株会社の制度を創設した。その事業活動につき、CRA遵守が銀行持株会社の場合と同様、要件となるのは、第2節で見たとおりである。合衆国の金融持株会社・銀行持株会社、日本における金融持株会社、ヨーロッパにおけるユニバーサルバンクの規制については、各国における国際競争力を確保し、地域・国境を超えた金融市場における公正で自由な競争を確保するためにハーモナイゼーションが必要とされるだろう。このような文脈において、銀行の社会的責任を金融制度のなかでどのように位置づけるかについても、ハーモナイゼーションの対象となろう。すなわち、すでに見たように銀行の社会的責任の根拠は、各国特有のものではなく、広く金融の特質に由来するものと見ることができるからである。そして、銀行業務の競争が激化するにつれてその社会的責任を一定の法的義務づけに変化させる必要性はさらに高まっていくと思われる。

1）　12 U.S.C. §§ 2901-2906.
2）　12 U.S.C. §§ 1841-1850.
3）　本章は、2000年3月時点での執筆にかかるものであるが、本テーマに関する当時の状況の記録として掲載し、それ以降の変化についての考察は、別に論じることとする。
4）　その概要については、服部昌久「アメリカの金融制度改革のカギを握る地域再投資法(3)」国際金融1036号60頁、62-66頁（1999）参照。
5）　たとえば、金融制度調査会答申「我が国金融システムの改革について」Ⅳ．9．地域金融機関の役割（1997）。

6)　全国銀行協会は、公的資金注入時に金融再生委員会に提出した経営健全化計画に掲げた中小企業向け融資拡大につき、その目標額を達成したことを衆議院大蔵委員会（2000年4月4日）で明らかにした（日本経済新聞同日夕刊2面）が、これに対しては、不透明な手法により、かさ上げされているとの批判があり（日本経済新聞2000年4月4日朝刊4面）、国会での究明が待たれている。

7)　最近、新聞等によってもCRAのしくみが報道されることが多くなってきている。たとえば、「銀行融資身勝手すぎない？」朝日新聞1999年5月30日朝刊9面など。

8)　高月昭年「銀行構造の変化と資金公平還元法の拡大」証券経済研究20号（1999）73頁は、ROBERT B. AVERY ET AL., CREDIT RISK, CREDIT SCORING, AND THE PERFORMANCE OF HOME MORTGAGE, 82 FEDERAL RESERVE BULLETIN 621-637 (1996) を引用しながら、このように指摘する。そして、CRA関連貸出専門の銀行が設立されていることも紹介する。同頁及び同頁注65)。

9)　日系銀行の事例として、柴田武男「地域再投資法改正の影響と現行の規制構造」証券研究108号162-169頁（1994）。加州住友銀行の事例は、日本経済新聞1996年11月3日朝刊3面、同1997年3月8日朝刊4面、同1997年6月27日夕刊3面も参照。

10)　12 U.S.C. §§ 2902 (2).

11)　12 U.S.C. §§ 2903 (2).

12)　12 U.S.C. § 1842 (a).

13)　12 U.S.C. § 1842 (c).

14)　12 U.S.C. § 1842 (b).

15)　12 U.S.C. § 1844 (b).

16)　12 C.F.R. § 225.16 (1999).

17)　12 U.S.C. § 1849 (b) (1).

18)　周知のとおり、CRAは、差別是正、消費者保護を目的とした一連の法律群の1つである。FEDERAL RESERVE SYSTEM, PURPOSES & FUNCTIONS 8TH ED. 90-92 (1994) は、そのようなものとして19の法律を挙げている。CRA制定の背景やその後の改正については、高月・前掲注8）62頁以下参照。

19)　FEDERAL RESERVE SYSTEM, CONSUMER COMPLIANCE HANDBOOK 87 (1996).

20)　高月・前掲注8）64頁、65頁。

21)　高田太久吉「銀行と地域：米国「地域再投資法」をめぐる最近の動向」中央大学企業研究所年報一四号（Ⅰ）83-84頁（1993）、服部昌久「アメリカの金融制度改革のカギを握る地域再投資法(1)」国際金融1034号50頁、54頁（1999）。高田論文は、地域再投資法の成立とその後の運用について背景や具体例を詳細に述べている。

22)　KENNETH H. THOMAS, COMMUNITY REINVESTMENT PERFORMANCE 4-5 (1993).

23)　Pub. L. No. 101-73, § 1212, 103 Stat. 183, 526-28 (codified as amended at 12 U.S.C. §

2902, 2906).

24） 州際の銀行業務の発展は、1994年に制定されたリーグル・ニール州際銀行業務及び支店効率化法（Riegle-Neal Interstate Banking and Branching Efficiency Act）が1997年から施行され、その禁止が解除されたことによる。

25） Gramm-Leach-Bliley Act §§ 711-735.

26） したがって、銀行持株会社自体は、CRAの適用対象ではない。

27） 12 U.S.C. §§ 2901 (b) & 2902 (2).

28） 12 U.S.C. § 2903 (1). 通常、18箇月から24箇月の間隔であるという。*See* S. REP., No. 106-44, at 56 (1999).

29） 12 U.S.C. § 2903 (2). 本章には関係がないが、本店・支店の開設・移動などの申請の際にもCRAに基づく審査がある。

30） 12 U.S.C. § 2902 (1) (B).

31） 15 U.S.C. § 1691-1691f.

32） 司法省は、本来、CRAの立法目的に関わる事例について、（CRAに基づいて法執行が十分にできないこともあり）ECOA等差別禁止立法で執行しているという。*See* Craig E. Marcus, *Beyond the Boundaries of the Community Reinvestment Act and the Fair Lending Laws: Developing A Market-Based Framework for Generating Low- And Modrate- Income Lending,* 96 Colum. L. Rev. 710, 714-15 (1996). そして、その代表例として、United States v. Chevy Chase Fed. Sav. Bank, Civ. Action No. CV94-1824JG (D.D.C. 1994) を挙げている。

33） 12 U.S.C. § 2801-2811.

34） FRBが定めるregulation BBである。12 C.F.R. part 228.

35） Federal Financial Institutions Examination Council, Community Reinvestment Act: Interagency Questions and Answers Regarding Community Reinvestment, 64 Fed. Reg. 23618 (1999) [hereinafter Interagency Questions and Answers].

36） 12 C.F.R. § 228.21 (a) (1999).

37） 12 U.S.C. § 2906 (b) (2), 12 C.F.R. § 228.21 (c) (1999).

38） 12 C.F.R. §§ 228.21, 228.28, & Appendix A to part 228 (1999); Interagency Questions and Answers § 228.28 (a) Q3 & A3, 64 Fed. Reg. at 23641. これらについては、服部・前掲注21）55-57頁参照。

39） 中・低所得者向け住宅、中・低所得者対象のコミュニティ・サービス、中小企業・中小農家への融資によって経済発展を促すような活動、中・低所得者居住地域の活性化と安定をもたらすような活動をいう。12 C.F.R. § 228.12 (h) (1999).

40） 12 C.F.R. § 228.22 (a) (1) (1999). その規準については、12 C.F.R. § 228.22 (b) (1999) 参照。

41） Interagency Questions and Answers § 228.28 (a) Q3 & A3, 64 Fed. Reg. at 23641.

42) 12 C.F.R. § 228.23 (1999).

43) 12 C.F.R. § 228.24 (1999).

44) 12 C.F.R. § 228.41 (g) (1999).

45) 12 C.F.R. § 228.41 (1999).

46) 12 C.F.R. § 228.41 (e) (3) (1999).

47) 厳密にいえば、中小企業、中小農家融資に限られない。すなわち、ここでは "small business loan" 又は "small farm loan" という用語が用いられているが、これには、100万ドル以下の融資である "loans to small businesses" をも含み（12 C.F.R. § 228.12 (u) & (v) (1999), Federal Financial Institution Examination Council, Instructions for Consolidated Reports of Condition and Income, and 12 C.F.R. § 345.22 (b) (3) (ii) (1999)）、融資額がこの基準に合致すれば、相手方が大企業の場合もあり得る。ただ、報告には、年間総売上額が100万ドル以下の企業・農家につき、別途、数量と総額の報告が義務づけられている（12 C.F.R. § 228.42 (b) (1) (iv) (1999)）ので、本来の中小企業、中小農家融資についてもその比率を見ることができる。

48) 12 C.F.R. § 228.42 (b) (1999).

49) Interagency Questions and Answers § 228.21 Q2 & A2, 64 Fed. Reg. at 23633.

50) 12 U.S.C. § 2906.

51) 12 C.F.R. § 228.42 (h) (1999).

52) 12 C.F.R. § 228.43 (1999).

53) Gramm-Leach-Bliley Act と呼ばれる。P.L. 106-102, 113 Stat. 1338 (1999). 同法の概要については、高月昭年「米国の1999年金融制度改革法の概要と評価(1)(2)(3)」国際金融1037号22頁以下、1040号58頁以下、1042号58頁以下（1999-2000）、吉川満「米国の『金融サービス現代化法』の成立」商事法務1546号12頁（1999）以下、高木仁「アメリカ1999年金融制度改革法」金融2000年2月号2頁以下、V. ジェラルド・コミジオ他「グラス・スティーガル法廃止に伴う米国新金融法制について」国際商事法務28巻2号135頁（2000）以下参照。

54) § 103 (a), codified as 12 U.S.C. § 1843 (1) (2).

55) § 711 (e) (B), codified as 12 U.S.C. § 1831y.

56) H. R. REP. No. 106-434, sec. 711, at 179 (1999).

57) 12 U.S.C. § 2908.

58) 服部・前掲注4）64頁。

59) Interagency Questions and Answers § 228.29 (a) Q2 & A2, 64 Fed. Reg. at 23641 (1999). もっとも、条件付きで認可等が行われることがあることを考えれば、過去のCRA記録を変えることはできなくても、将来の計画は、申請審査の考慮要素にはなるのではないかと思われる。

60) GENERAL ACCOUNTING OFFICE, GGD-99-180 FEDERAL RESERVE BOARD: MERGER

PROCESS NEEDS GUIDELINES FOR COMMUNITY REINVESTMENT ISSUES 13 (1999) [hereinafter MERGER PROCESS NEEDS GUIDELINES].

61）MERGER PROCESS NEEDS GUIDELINES at 14.

62）12 C.F.R. § 228.29 (d) (1999).

63）MERGER PROCESS NEEDS GUIDELINES at 18.

64）MERGER PROCESS NEEDS GUIDELINES at 20.

65）MERGER PROCESS NEEDS GUIDELINES at 20-21.

66）12 C.F.R. § 228.29 (b) (1999).

67）Interagency Questions and Answers § 228.29 (b) Q1 & A1, 64 Fed. Reg. at 23641.

68）Interagency Questions and Answers § 228.29 (a) Q1 & A1, 64 Fed. Reg. at 23641.

69）MERGER PROCESS NEEDS GUIDELINES at 15.

70）MERGER PROCESS NEEDS GUIDELINES at 12.

71）CRA 協定については、一致した定義がない。地域住民との交渉により、到達すべき目標を取り決めることもあれば、投資予定の具体的数値を内容とすることもある。後者の場合、銀行は地域団体の意向を考えて行うが、形式的には、自発的な申出となる。MERGER PROCESS NEEDS GUIDELINES at 12.

72）MERGER PROCESS NEEDS GUIDELINES at 17.

73）FEDERAL FINANCIAL INSTITUTIONS EXAMINATION COUNCIL, A CITIZEN'S GUIDE TO THE CRA 11 (1992).

74）*See supra* note 35.

75）Interagency Questions and Answers § 228.29 (a) Q1 & A1, 64 Fed. Reg. at 23641.

76）地域の「利便性」は、BHCA に基づく審査においてすでに要素として取り入れられていたが、CRA は、これに「必要性」という要素を付加したということができる。

77）MERGER PROCESS NEEDS GUIDELINES.

78）Leonard Bierman et al., *The Community Reinvestment Act: A Preliminary Empirical Analysis*, 45 HASTINGS L.J. 383, 397-98 (1994) は、1990 年の FDIC 資料に基づく 4000 行の実態調査に基づき、CRA 遵守程度の高い銀行は、そうでない銀行に比較して、合併等取引の対象になることが多いと指摘する。

79）Robert B. Avery et al., *Trends in Home Purchase Lending: Consolidation and the Community Reinvestment Act*, FEDERAL RESERVE BULL., Feb. 1999, at 81-82. 最も、合併前に支店があった地域において融資が減少し、支店のなかった地域においてそれが増加しているので、相殺されているという。本調査は、融資総額、市場占有率、（融資の種類による）ポートフォリオの３つの基準を用いてその合併による融資への影響を調査している。

80）Jonathan A. Scott and William C. Dunkelberg, *Bank Consolidation and Small Business Lending: A Small Firm Perspective in Business Access to Capital and Credit* (A

Federal Reserve System Research Conference) 328-361 (1999).

81) 最も、銀行持株会社全体で変化していなくても、その傘下の銀行やその支店間で相殺されていることもある。高月・前掲注8) 59頁参照。

82) 高月・前掲注8) 56-60頁。

83) Jonathan R. Macey & Geoffrey P. Miller, *The Community Reinvestment Act: An Economic Analysis*, 79 Va. L. Rev. 291, 294-97 (1993).

84) Macey & Miller, *supra* note 83, at 330-33は、この他に、CRA評価を良くするために、一般広報活動にも必要以上の費用がかけられていると指摘している。

85) 一方で、CRA遵守程度の高い銀行は、そうでない銀行に比較して、業務純益が少ないという実態調査もある。Bierman et al., *supra* note 78, at 396.

86) WILLIAM D. JACKSON, CONG. RESEARCH SERV., COMMUNITY REINVESTMENT ACT COMPLIANCE ISSUES 6 (1996).

87) *E.g.* Macey & Miller, *supra* note 83, at 312-13.

88) *E.g.* A. Brooke Overby, *The Community Reinvestment Reconsidered*, 143 U. Pa. L. Rev. 1431, 1523-25 (1995); E.L. Baldinucci, *The Community Reinvestment Act: New Standards Provide New Hope*, 23 Fordham Urban L.J. 831, 854 (1996). Baldinucci論文によれば、1993年CRA改革法案（未成立）は、抵当銀行（mortgage bank）に適用範囲を拡大するものであったという。*Id.* at 844 n.86.

89) JACKSON, *supra* note 86, at 5.

90) Macey & Miller, *supra* note 83, at 303-12は、このような銀行の社会的責任の次のような前提は、立法当時はともかく、現在は崩れているという。それらは、(1)銀行は地域産業であるべきであるという前提、(2)銀行は地域で集めた資金を外部に持ち出してはいけないという前提、(3)銀行は地域社会に特別の義務を負っているという前提（CRAの対象銀行が様々な競争にさらされていることを指摘し、預金保険制度による利益にも疑問を呈する）である。

91) FRBグリーンスパン議長の発言。S. REP., *supra* note 35, at 57 n. 10及びそれに伴う本文参照。

92) JACKSON, *supra* note 86, at 8. それに対する批判として、Macey & Miller, *supra* note 83, at 319-20.

93) FRBグリーンスパン議長の発言。S. REP., *supra* note 35, at 58 n. 12及びそれに伴う本文参照。

94) 柴田・前掲注9) 171-174頁。

95) Gary M. Swidler, *Making the Community Reinvestment Work*, 69 N. Y. U. L. REV. 414-20 (1994).

96) Peter P. Swire, *Safe Harbors and A Proposal to Improve the Community Reinvestment Act,* 79 Va. L. Rev. 349 (1993).

97）　Michael Klausner, *Market Failure and Community Investment: A Market-oriented Alternative to the Community Reinvestment Act*, 143 U. Pa. L. Rev. 1561 (1995).

98）　Marcus, *supra* note 32, at 753-57.

99）　柴田・前掲注９）172 頁。Report of the Senate Committee on Banking, Housing, and Urban Affairs, No. 106-44, at 56 (1999).

引用文献略語表

Interagency Questions and Answers:

Federal Financial Institutions Examination Council, Community Reinvestment Act: Interagency Questions and Answers Regarding Community Reinvestment, 64 Fed. Reg. 23618 (1999).

MERGER PROCESS NEEDS GUIDELINES:

GENERAL ACCOUNTING OFFICE, GGD-99-180 FEDERAL RESERVE BOARD: MERGER PROCESS NEEDS GUIDELINES FOR COMMUNITY REINVESTMENT ISSUES (1999).

第9章

アメリカ金融規制と競争法

――行 為 規 制――

1. はじめに

金融ビッグバンを中心に金融改革が進む今日において、競争法の適用はますますその重要性を大きくしている。旧大蔵省による事前の政府規制が外れることは、同時に政府による銀行利用者の保護がその比重を小さくし、利用者自らが自分たちの権利を護るために闘うことを余儀なくさせる。本章では、金融分野においてわが国金融制度のモデルの1つであるアメリカ金融関連法の現状を検討することで、金融改革時代のわが国の独占禁止法制を考えるよすがとしたい。

ここではアメリカの銀行持株会社及び銀行子会社、関連子会社間の競争法上の問題を取り上げる。アメリカにおいて金融機関は反トラスト法の適用除外とはされていない。したがって、シャーマン法1条及び2条、クレイトン法、連邦取引委員会法（FTC法）の諸規定が銀行持株会社及びその傘下子会社にそのまま適用されている。

本章では、銀行持株会社及びその傘下の銀行子会社並びに非銀行子会社の行為規制の問題を中心的に取り扱う。銀行免許、支店開設、銀行合併、電子資金取引などの構造規制問題は、それ自体競争法上重要な問題であるが、第7章でとりあげた。

反トラスト法が禁止する反競争的行為は多様である。預金利息のカルテル、クレジットカード利息のカルテル、プライムレートのカルテル、サービス料金のカルテルなどの価格協定や市場分割協定が違法であることはもちろんであるが、わが国金融改革の現状と将来を考えた場合には、むしろ抱合せ取引、互恵取引、排他条件付取引などの条件付取引がより大きな問題となろう。すでにわが国でも公取委の「銀行・証券等の相互参入に伴う不公正な取引方法等について」[1)]に見られるように、銀行が従来の銀行業務以外の関連業務を取り扱う場合には、銀行が融資を背景とした優越的な地位を持つことから、その濫用が懸念されている。日本と異なりアメリカにおいては、銀行持株会社がその子会社として証券会社を保有することは禁止されてはいるが、ノンバンク子会社やクレジットカード子会社などの関連子会社を保有することは認められており、同じく融資などを通じた影響力を背景とする競争阻害行為が問題となりうるのである。

こうした事情から、アメリカ連邦議会は1956年に銀行持株会社法（Bank Holding Company Act: BHCA）を制定し[2)]、銀行持株会社の傘下に置かれる銀行子会社とノンバンク子会社との反競争的な結合から利用者を保護するため、銀行支配の不当な集中に対するセーフガードを設けることとした。さらに1970年には、一連のBHCA改正によって銀行持株会社の活動領域を拡大すると同時に[3)]、抱合せ、互恵取引、排他条件付取引などの反競争的行為を禁止する106条を新設した[4)]。この改正は、銀行持株会社に新たな事業活動への進出を認めて経営の効率性を高め利用者の利便性を向上させる必要がある、との議会の認識を示している。一方で議会は、銀行業務のフレキシビリティを広く認める改正によって、銀行が新たな事業分野を支配する危険があること、及び、そうした事態に対する予防措置が必要であることも理解していた。その意味で1970年改正は、当時の連邦議会のバランス感覚を示す内容であった。

しかし連邦議会の立法意図とは裏腹に、BHCA106条は裁判所によって、クレイトン法3条の訴訟要件を緩和する運用が行われることになった。裁判所は、競争阻害的効果や取引制限がない場合、あるいは銀行がtying productないしserviceについて支配力を持っていない場合でさえ、銀行が関わる抱合せ契約を違法と判断してきた[5)]。そして、このような裁判所の106条解釈は、ほとんどの場合、連邦議会の立法史を根拠としたものであった[6)]。こうした解釈が妥当であるかどうかは、アメリカにおいても議論があるところである[7)]。

本章は、シャーマン法1条及びクレイトン法3条という反トラスト法の不当な条件付取引禁止規定と特別法であるBHCA106条を比較し、この行動規制分野におけるアメリカ競争法の現状を検討しようとする。まず第2節では、一般法である反トラスト法の抱合せ禁止規定と判例を概観する。次に第3節において、BHCA106条の抱合せ禁止規定について、その立法経過、裁判所による解釈・運用、及び学説を検討する。最後に第4節では、BHCAに基づいて連邦準備制度理事会（Federal Reserve Board: FRB）が定めるBHCA106条の適用除外を紹介する。

2.　反トラスト法による抱合せ契約の審査

アメリカ反トラスト法では直接優越的な地位の濫用を規制する条項が置かれていない。市場における優越的な地位を背景として行われる不公正な取引方法を規制する条項は個別に規定されているのである。優越的地位の濫用として問題になるのは、抱合せ契約、排他条件付取引及び互恵取引である。まずはそれぞれについて簡単に説明しておこう。

抱合せ契約とは、「買い手が別の商品［tied product］を購入するとの条件でのみある商品［tying product］を販売する、又は、少なくとも買い手が他の供給者からその商品を購入しないとという当事者の契約」[8)]である。抱合せは商品について行われるだけでなく、サービスやリースなどについても行われることがある。抱合せ契約の弊害は一般に次の点にあると考えられる。すなわち、「［抱合せ契約は］、抱合せ条件を課す当事者が品質の良い商品又は価格の安い商品を持っているからではなく、もう1つの市場における彼の経済力又は影響力のせいで、競争者がtied productの市場にアクセスすることを否定するのである。同時に買い手は競合する商品間での彼の選択の自由を放棄することを強いられる」[9)]。

次に、排他条件付取引は、「買い手が商品又はサービスを一定期間もっぱら特定の供給者から購入することを要求する」契約をいう[10)]。排他的取引は、買い手が供給者の競争者から購入することを禁ずる合意の形をとることもあれば、買い手が特定商品又はサービスの需要のすべて若しくはその実質的な部分をその供給者からだけ購入することを約束する条件付契約の形をとることもある。排他条件付取引の不当性は抱合せ契約の場合と同じで、契約期間供給者の競争者がその競合製品について市場から締め出される点に求められる。

最後に、「互恵取引は様々な形態をとるが、典型的には、当事者Bが当事者Aから別の商品を購入するという了解の下でだけ当事者Aが商品を当事者Bから購入する互恵購入として行われる」[11)]。互恵取引の弊害は次のように説明される。「互恵取引では経済力をもつ買い手が売り手に対して、売り手の商品を販売するためにある物を買い手から購入するよう強制する……重要な点は、ある市場における経済力が別の市場へと拡大することである」[12)]。つまり、やはり抱合せ契約の場合と同じく、売り手に対する強制を契機として買い手が経済力を持つ市場から売り手の競争者を締め出す点が問題となるのである。

⑴　適　用　法

一般反トラスト法はシャーマン法[13)]、クレイトン法[14)]、FTC 法[15)]及びそれらの部分改正法から構成されるが、抱合せ契約などの不当な条件付取引について適用される法条は若干複雑である。

抱合せ契約に対しては、主にクレイトン法3条が適用されてきた。しかしクレイトン法3条は「商品、機械、部品その他の物品」に関して適用されるため、抱合せ契約の tying product 及び tied product がサービス、融資、商標、フランチャイズなどの無体財産である場合には同法に基づいて訴訟を提起することができない。そうした場合には、シャーマン法1条又は FTC 法5条が援用されてきたし、場合によってはシャーマン法2条の適用が認められた例もある。

排他条件付取引の適用法条も抱合せ契約と同様である。

互恵取引に対する適用法は抱合せ契約や排他条件付取引とは異なっている。連邦最高裁は Consolidated Foods Corp. 事件判決[16]で、互恵取引が行われるおそれのある買収についてクレイトン法 7 条を適用した。だが下級裁判所の一部には互恵取引にシャーマン法 1 条の適用を認める判例もある。ただ、最高裁がいまだ互恵取引についてシャーマン法 1 条の適用を行っていない点に注意しておく必要があろう。

本章で取り上げる問題は融資を背景とした抱合せ契約などの不当な条件付契約であるから、一般反トラスト法の適用条項としてはシャーマン法 1 条か FTC 法 5 条ということになる。クレイトン法 3 条は有体物の取引にしか適用されないし、シャーマン法 2 条は独占行為に関する規定であって抱合せ契約を通じて独占行為を行ったか企図した場合のみ適用がある。クレイトン法 7 条は株式・資産の買収に関する規定であるため、買収に関わらない互恵取引には適用がないからである。

本章で一般反トラスト法と比較される銀行持株会社法（BHCA）106(b)条に関してはもっぱら私人による民事訴訟が行われているが、以下ではシャーマン法 1 条とクレイトン法 3 条を取り上げて、融資事件における運用と一般反トラスト法解釈の現状を検討することにする。

まずは融資事件に対する一般反トラスト法の適用に関して 2 つの Fortner 事件最高裁判決を取り上げる。これらの判決は融資に関する抱合せ契約がシャーマン法 1 条で当然違法とされるための諸条件を提示した最初の判例であり、後の BHCA 106(b)条解釈に強い影響を与えた判決として有名である。

(2)　判　　例

a．Fortner 事件最高裁判決[17]

① Fortner Enterprises v. U.S. Steel Corp., 394 U.S. 495 (1969)

【事実】上告人 = 原告 Fortner は住宅用地の購入と開発を目的とする経験豊富な不動産開発業者であった。被上告人 = 被告の 1 人である U.S. Steel Corp.

は「住宅部門」を運営しており、同部門はプレハブ住宅の製造とそのコンポーネントの組み立てを行っていた。第2の被上告人＝被告であるU.S. Steel Home Credit Corp.はU.S. Steel Corp.の100%子会社であり、販売促進を目的に「住宅部門」の顧客に対して融資を行っていた。その共通の所有とコントロールからはこれら2社を一体と考えるのが適切であるけれども、2社は2つの異なった製品であるプレハブ住宅と融資を販売していた。被上告人らはFortnerに対して、ケンタッキー州ルイヴィル近郊の土地に建設する住宅用に210戸分のプレハブ住宅コンポーネント68万9,000ドル相当を購入するという約束と引き替えに、200万ドルの融資を行うことに同意した。この追加融資はFortnerの不動産購入開発費及び住宅建設費に当てられることになっていた。

開発が進む間に財政的困難が発生したため、Fortnerは、この取引がシャーマン法1条の禁止する抱合せ契約であると主張して、三倍額賠償請求訴訟を提起した。Fortnerの主張によれば、プレハブ住宅（tied product）の競争は被上告人の融資（tying product）に対する権力の濫用によって制限されていた。地裁が、原告Fortnerの主張は反トラスト法違反に関する事実問題を提起していないし、原告は抱合せ契約が違法とされるための要件について証明していないとして、略式判決でFortnerの請求を棄却したため、Fortnerは控訴した。第6巡回区控訴裁は意見を付さずに地裁判決を確認した。そこでFortnerが最高裁に上告したのである。

【争点】本件で問題となった争点は、

⑴融資がtying productとして抱合せ契約を構成するか

⑵いかなる条件を満たせば抱合せ契約は当然違法とされるか

の2つである。

すでに述べたように、クレイトン法3条はtying productが有体物である場合についてのみ適用される。したがって融資がtying serviceであると主張される本件のようなケースでは、シャーマン法1条の適用の可否が争われる。本件はシャーマン法1条が融資事件に適用されるか否かに関する最初の最高裁判決でもあった。

また、連邦最高裁はそれまで、抱合せ事件の審査において、抱合せ契約を当然違法とする判断を行ってきた。融資事件の場合にもやはり抱合せ契約は当然違法とされるのか。あるいは、通常の抱合せ事件とは異なった取扱いがされるのか。この点が争いの焦点となったのである。

【判旨】原判決破棄差戻

争点(1)について

連邦最高裁は、それが引き起こす弊害の面から見れば、tying product が商品か融資かによって区別を設ける根拠にはならないとし、次のようにその弊害を説いている。

「被上告人のいずれの主張も融資を他の商品・サービスとを区別する根拠とはならない。tying product として用いられる場合、それらはいずれであっても売り手の新規市場に対する経済力を拡大し tied product での競争をなくしてしまう。融資の抱合せについて主張される経営上の正当化理由は、tying product が他のサービスや商品である場合に持ちだされる正当化理由と本質的に変わりがない。有利な融資条件は tied product における価格競争の一形式と見なすことができるとしても、同じことは融資以外の tying product を有利な条件で提供する場合にもいえるのである。どちらの場合でも売り手は、自己の経済力を拡大することなく、単純に tied product の価格を低く抑えることでその目的を達することができる……tying product が融資であっても起こるであろう被害は本質的に同じである。買い手は有体物である商品を別途購入する選択権をもちはするが、他の場合と同じく、売り手はその tying product の優越的な力を用いて、競合する tied product の生産者が取り引きしていたはずの顧客を勝ち取ることができるのである。tied product の価値を巡っての競争は不可避的に抑制されてしまう」[18]。

争点(2)について

まず、抱合せ契約の弊害について最高裁は、次のように述べている。「その競争に対する致命的な影響とそれを補う長所の欠如のゆえに、それが引き起こした正確な弊害やそれを用いた抗弁となる経営上の理由についての緻密な審理を待つまでもなく、決定的に不当であり、したがってまた違法であると推定される特定の契約又は実務が存在する……抱合せ条件が強制される場合には、tied productの価値についての競争が抑制されるのは避けられない。実際「抱合せ契約は競争の抑制以上の目的に役立つことはない」[19]。抱合せ条件を課している当事者がより良い製品やより安い価格を備えているからではなく、その当事者が別の市場で力や影響力をもつがために、それは競争者がtied productの市場に自由にアクセスすることを否定する。同時に買い手は競合する製品間での自由な選択を失うことを余儀なくされる。こうした理由から「抱合せ契約は取引制限を禁止する法律によって厳正に扱われる」[20]。

続けて最高裁はいう[21]。「Home Credit社は、上告人が特定の数のプレハブ住宅をU.S. Steel社から購入するという条件のみに基づいて、融資を行った。少なくとも、特定の要件が満たされている場合には、この種の契約がそれ自体違法であること、及び、不当な競争上の効果の証明が要件とされないことは明らかである。Northern Pacific R. Co. v. United States, 356 US 1, 5-6 (1958) 事件判決での議論はこの問題について明確ではない」。そして、International Salt Co. v. United Statesd事件判決を引用して、当事者がtying productに関してtied productの市場における自由な競争を制限するのに十分な経済力を有しており、かつ「実質的ではないといえない」量の州際通商が影響を受けている場合には、つねに抱合せ契約は当然に不当である[22]とする。

しかし本件では地裁は上告人が事実を陪審に証明していないと判示した。地裁は、Home Credit社の融資条件が上告人にとってユニークといえるほど魅力的ではあったが、Home Credit社が一般の買い手に関して同じようなユニークな好条件や経済的コントロールを与えていることを上告人が証明していないことを理由に、被上告人は本件のtying productである融資に関して「十分な経済力」を持っていなかったとした。また地裁は、上告人との契約によって競合するプレハブ住宅の販売が締め出されたのは当該地域の開発可能な土地のうちごく小さなパーセンテージであったとして、影響を受けた州際通商の量が「実質的でな」かったとした。しかしこの地裁の認定は誤っている。もう1つの見過ごすことのできない誤りは、Northern Pacific 事件判決で示された2要件を上告人が本案に勝訴するために満たさなければならない基準であると地裁が考えたことである。全く反対であって、これらの基準は当然違法原則を機能させるためにだけ必要なのである。問題とされた行為について……シャーマン法の一般原則が侵害されたことを原告が証明できるならば、原告は本案について依然勝訴可能である。

さらに、当然違法要件である「実質的でない量の取引」は、何らかの特定市場の範囲や抱合せによって締め出された市場占拠率と関係がないとする。通常の場合決定的な審査事項は、International Salt 事件判決で最高裁が判示しているように、抱合せ契約を用いて「競争者を実質的な市場から締め出すことは当然に不当である」[23]のであるから、金額的に単に最小でない程度に十分に実質的な取引の総額が抱合せによって競争者から締め出されているかどうかである。

そして結論として、上告人がU.S. Steel 社から購入したプレハブ住宅の年間購入額は19万ドルを出ないが、被上告人が主張するように「実質的でない」額とはいえないと判示した。

② U.S. Steel Corp. v. Fortner Enterprises, 429 U.S. 610 (1977)

【事実】先の Fortner Enterprises v. U.S. Steel Corp., 394 US 495 (1969) 事件での最高裁差戻し判決を受けて、地方裁判所は、原告らが信用市場において抱合せ契約を違法とするに足る十分な経済力を有していたことを証明したと判決した。そして控訴裁判所もこの地裁判決を確認した[24]。

【判旨】原判決破棄自判

本件での争点は、先の ① 事件で示された2つの当然違法基準のうち、tying product 市場における経済力の証明はどのようなものでなければならないかという点にある。経済力の証明が厳格に過ぎるときには、やはり原告の勝訴は困難となる。Tying productである融資についてどのような経済力の証明が必要なのかという問題は、融資事件について抱合せ契約をどの程度認めるかと密接に関係している。本件において最高裁は、抱合せ契約の構成要件であるtying product市場における「相当の経済力」が証明されていないと判示した。差戻審である地裁が「相当の経済力」の証拠として指摘した４つの事実について、⑴住宅部門を持ちHome Credit社を所有している上告人U.S. Steel社がわが国最大の企業の１つである事実は、両社の関係が競争者に対するコスト上の優位をHome Credit社に与えていることの証明とはならない、⑵上告人らがFortnerだけでなくかなりの数の顧客と抱合せ契約を結んでいたという事実は、クレジット市場における上告人らの経済力の証拠とはいえない、⑶U.S. Steel社住宅部門が被上告人に対して同種の製品価格を上回る非競争的なプレハブ住宅価格を請求したとしても、融資が通常よりも低い金利である可能性、プレハブ住宅の一括購入価格が競争価格と同じかそれよりも下回っている可能性を排除するものではない、さらに、⑷Fortnerに提示された融資がFortnerの取得・開発コストを100％カバーする「ユニーク」なものであったとしても、Home Credit社にとって収益性が小さくリスクも大きいのであるから、Home Credit社が競争者よりもコスト面で有利であるとか競争者が提供するクレジットとは大きく異なったクレジットを提供できたという証拠がなければ、クレジット市場における経済力を推定するものではない、といずれも退ける判断を示した。

② 事件で最高裁は、通常にはない融資条件から「相当の経済力」を推定することをせず、融資会社がコスト面で有利であったことなどを具体的に証明するのでなければ「相当の経済力」を認定することはできないとする立場をとった。これはおそらくHome Credit社がU.S. Steel社住宅部門の販売促進を目的に運営された事実から引き出された結論ではないかと思われる。販売促進を目的に低利で購入資金を融資するという実務は一般に行われており、「相当の経済力」までも緩やかに解釈した場合には、こうした販売促進を目的とするマー

ケティング手法をかなり難しいものにしてしまう。だが販売促進目的での有利な融資条件は、融資会社がクレジット市場において「相当の経済力」を持つことによって可能なのではなくて、こうしたマーケティングでは多くの場合、融資会社の利益を抑えることによって実現されているのである。最高裁はこの点で他の融資事件との差別化を図ったのではないかと考えられる。

いずれにしても、最高裁は①事件判決で一旦は「実質的ではないといえない」影響テストを抱合せ契約の構成要件とすることでその認定基準を緩和するかに見えたが、②事件判決での「相当の経済力」要件に関する判断によって、融資事件で抱合せ契約を争う原告にかかる証明責任は容易ではなくなったといえそうである。こうした②事件での最高裁の判断は、1970年に創設されたBHCA106(b)条が1980年代末に融資事件において援用されるようになってきた事情の遠因ともなっているといえよう。

注意を要する点は、①②事件で問題となった「実質的でないとはいえない」影響テストと「市場における相当の経済力」テストがシャーマン法1条の当然違法要件であることである。当然違法が認定されない場合であっても、融資が競争阻害的効果を持つことを証明したならば、合理の原則によって当該融資が違法と判断される可能性は残っているのである。最高裁はFortner事件以後も抱合せ契約を当然違法であるとする立場を変更していないが、現在では下級裁判所は、通常の抱合せ事件においてしだいに合理の原則を用いて審理を行うようになってきている。これらの諸判決は融資事件ではないが、最近の抱合せ事件解釈を巡る現状を明らかにしておくため、いくつかの判例を検討しておこう。

③ Jefferson Parish Hospital District No. 2 v. Hyde, 466 U.S. 2 (1984)

【事実】麻酔医であるHydeはEast Jefferson病院の医療スタッフに応募した。同病院の資格審査委員会と医療スタッフ執行委員会は採用を勧告したが、病院はその病院で外科手術を受ける患者が訴外専門医療会社であるRoux & Associatesの雇用する麻酔医を利用することに同意する契約を行っていたため、East Jefferson 病院は Hyde を採用しなかった。そのため Hyde は、そうした契約はシャーマン法 1 条に違反する排他取引であると主張し、違法宣言及び差止判決を求めて出訴した。

地方裁判所は、当該契約の競争阻害性は最小限であり患者への高度なケアの利益が上回っているとして、Hyde の請求を棄却した。控訴裁判所は問題の契約は当然違法であると認定して地裁の判断を覆した。控訴裁によれば、病院の外科手術（tying product）の利用者は病院が選定した麻酔サービス（tied product）の購入を強制されているのであるから本件は抱合せ契約であり、病院は tying product の市場において tied product の購入を強制できる十分な市場力を有していた。また、tied product の購入は「実質的でないといえない量の州際通商」を構成するから、当該抱合せ契約は「当然」違法なのであった。敗訴した East Jefferson 病院は上告した。

【判旨】原判決破棄差戻

結論において違いはないが、抱合せ事件の当然違法アプローチを巡って裁判官の意見が 5 対 4 と大きく割れた。

5 名の裁判官からなる法廷意見は、抱合せ事件に関する従来からの当然違法アプローチを放棄することはせず、tying product 市場における現実の市場力についての証明責任を強調することによって当然違法事件を限定しようとした。前提問題として原告は、⑴ 2 つの異なる商品・サービスが抱き合わされていること、⑵ tied product の市場を制限する十分な経済力が tying product の市場にあること、⑶ tied product の市場における実質的でないとはいえない量の取引に影響を与えていることを証明しなければならない。そして、抱合せ事件は当然違法として非難されるが、これは「売り手が、買い手に対して競争市場では行わないであろう何事かを行うよう強制する――通常市場力と呼ばれる――特別の力を有している」466 U.S. 2, at 13-14 場合であり、市場力の源泉として、⑴政府が売り手に対して特許権などを認めているため他からその製品を購入することができない場合、⑵売り手の市場占拠率が高い場合、及び、⑶売り手が競争者の供給できないユニークな製品を提供している場合には、公平にみて市場力が推定されるとした。その上で、本件で問題となっている地域では入院患者の70%がEast Jefferson病院以外の病院に入院しているので、病院は十分な市場力を持っているとはいえないとして、原告の主張を退けたのである。

これに対して4裁判官の意見は、結論としては法廷意見に賛成しながらも、抱合せ契約を当然違法原則に従ってではなく合理の原則によって判断するべきであると述べた。抱合せ事件における当然違法アプローチは、実際には問題の契約の経済効果についての分析を必要としてきた。そのため抱合せ事件では、合理の原則のアプローチが持っている経済的利便性を明らかにするという利点なしに、同アプローチの持つ煩雑な経済分析という欠点だけが生じている。もはや「当然違法のラベルを放棄すべきときがきた」[25]というのである。また、抱合せが経済的弊害を生じるのは、tying product市場における力がtied product市場での市場力を形成するために用いられるごくまれな場合だけに限定される。だが、そうした市場力の拡大であっても、問題となっている2つの市場と抱き合わされる2つのproductの性質が、(1)売り手がtying product市場で力を持っていること、(2)抱合せを行う売り手がtied product市場で市場力を獲得する相当のおそれが存在すること、(3)tying product及びtied productを異なる物として扱うべき正当な経済的理由があること、以上3つの基準を満たす場合でなければ経済的弊害を生じることはないとした。

こうしたJefferson Parish事件での最高裁意見の分裂は、80年代における下級裁判所の抱合せ事件の扱いと関係している。この時期、抱合せ事件を審査する下級裁判所はしだいに、抱合せ契約について当然違法原則を用いて審査するのではなく、むしろ合理の原則によって判断するようになってきた。

これは抱合せ事件の違法性を検討する場合に経済学的アプローチが重要性を増してきたことが影響していると考えられる[26]。これまで最高裁が当然違法の根拠としてきた「梃子の理論」(leverage theory)は経済学からの批判にさらされている。Borkは、独占的利益は抱合せを利用することなしにtying productからのみ得られると主張している。また、抱合せはtied productについて価格差別を促進するから望ましくないという考えがあるが、Borkは、tied productの販売量が買い手がどれだけtying productを欲しているかを計る尺度となるなら、売り手はtied productについてコストを上回る価格を設定することによってtying productを欲しがっている買い手からプレミアムを取ることができるはずであると反論している。

④ Roberts v. Elaine Powers Figure Salons Inc., 708 F.2d 1476 (1983)

【事実】被告＝被控訴人Elaine Powers Figure Salons社はエステティックサロンを営んでおりElaine Powersの商標でフランチャイズ店を販売していたところ、原告＝控訴人Robertsは1966年末までに被告からサロン9店舗を購入し開業した。Elaine Powersのフランチャイズ契約は、サロンの経理についてフランチャイザーの指定する経理サービスを利用すべきことを定めていた。Robertsがフランチャイズ契約を結んだ当時はGillanders社がElaine Powers社の指定経理事務所であった。1970年3月Robertsは、Gillanders社が定められた期日までに支払小切手を送らないことや税理サービスの内容に不満を抱いて、Elaine Powers社に対して今後はGillandersの経理サービスを利用しない旨を通告した。一方でRobertsはElaine Powersフランチャイズにとどまることを望んだ。同年9月Elaine Powers社はRobertsに、フランチャイズ契約に違反してフランチャイザーへの支払いを怠り必要な帳簿を送付しなかったことなどを理由として、Roberts所有の9店舗とのフランチャイズ契約を終了させると通告した。その後1970年中にGillanders社はElaine Powers社に吸収合併された。1973年Robertsはシャーマン法1条に違反する抱合せ契約であることなどを理由にElaine Powers社を訴えた。

地裁は、フランチャイズの販売（tying product）と独立した事務所が提供する経理サービス（tied product）との間に違法な抱合せはないとして、Robertsの請求を略式判決によって退けた。

【判旨】原判決破棄差戻

控訴審において Elaine Powers 社は、同社の投資を保護し、契約上権利のある総利益を計算し、計画のためのリポートを作成するためにはフランチャイズ店ごとの完全な経理サービスが必要であったと抗弁した。Gillanders 社の経理サービスは Elaine Powers 社の成功にとって重要な要素であるから、その経理サービスはフランチャイズ契約と不可分だということであった。控訴裁は、Elaine Powers 社の提出した抗弁が事実かどうかを確認するため、本件を地裁に差し戻した。

⑤ Phonetele, Inc., v. American Telephone & Telegraph Co., 664 F.2d 716 (1981)

【事実】原告 Phonetele 社は、電話端末に装着して利用者があらかじめ決めた地域以外に電話することを防止する装置を製造・販売していた。同じく原告である DASA 社は、電話端末に装着する装置でかかってきた電話を別の電話機に転送する装置を製造していた。この事件の争点は、被告 AT&T 社が申請し連邦通信委員会（FCC）及びカリフォルニア州公共事業委員会（CPUC）が認可した料金表に関するものであった。料金表では顧客の購入した装置を直接電話機に接続することを禁止していた。電話端末になんらかの装置を接続する場合には、電話会社が供給する PCA と呼ばれる装置を利用しなければならないとされていたのである。原告らは、この料金表の申請と実施は独占化を企図し電話端末装置の流通と販売において取引を制限するとして、シャーマン法 1 条及び 2 条並びにクレイトン法 3 条違反で AT&T 社などを訴えた。地方裁判所は、連邦通信法（FCA）が反トラスト法の適用除外とされていることを理由に原告らの訴えを却下したため、原告らが控訴した。

【判旨】原判決破棄差戻

第 9 巡回区控訴裁判所は、問題の行為がシャーマン法 1 条及びクレイトン法 3 条の当然違法要件を満たしていない場合であっても、なお合理の原則によるシャーマン法1条の適用がありうるとし[27)]、被告が抱合せの実行について正当事由を提出することが認められる場合には抱合せに関する当然違法原則は適用されないと述べて[28)]、本件についてシャーマン法1条を合理の原則の下で適用することを宣言した。そして、抱合せが料金表の有効期間中合理的であることについて被告らは証明責任を負うとした。

⑥ Mozart Co. v. Mercedes-Benz of North America, Inc., 833 F.2d 1342 (9th Cir. 1987)

【事実】被告 Mercedes-Benz of North America 社（MBNA）はドイツ Daimler-Benz 社の100%子会社であり、1965年から Mercedes-Benz 社（MB）のアメリカにおける専売店として営業を行っていた。MBNA は約400のフランチャイズ専売店を通じて MB 社製乗用車と自動車部品を市場としていた。各専売店は MBNA との間でフランチャイズ契約を締結していたが、そのなかには MB 社製乗用車に関して純正自動車部品又は MBNA が承認した他社製自動車部品以外の自動車部品を販売してはならない旨の規定が含まれていた。自動車部品のメーカー兼ディストリビューターである原告 Mozart 社は、このフランチャイズ契約規定はシャーマン法1条及び2条並びにクレイトン法3条の抱合せ禁止規定に違反するとして連邦地裁に出訴した。地裁が、両当事者による略式判決の申立てを退け、MBNA 勝訴の判決を行ったため、原告は控訴した。

【判旨】控訴棄却

第9巡回区控訴裁判所は、実質的な正当事由があり弊害のほとんどないパッケージ取引は非難されるべきでないし、シャーマン法1条及びクレイトン法3条について営業上の正当化事由を認めない理由はないと述べ、「正当な営業上の理由によって支持される抱合せ契約はシャーマン法の主張を支えるうえで必要とされる略奪的、競争阻害的ないし不公正な行為の類型にあたらない」[29)]と判示した。控訴裁は、Roberts 事件判決や Phonetele 事件判決を引用して、反トラスト訴訟の被告はそれがなければ当然違法とされる抱合せ契約について営業上の正当事由を証明することが許されるとしたのであった。

MBNA社は、フランチャイズ契約以前MB社のディーラーが「ただ乗り」問題に直面していたと主張した。MBNA社によれば、問題のフランチャイズ規定によってはじめて、規格化部品の提供が可能となり、顧客がMercedesというブランドを信頼して乗用車を購入できるのである。一方の自動車ディーラーはMBNA社の評判は維持したいとは考えていたが、一部のディーラーは品質の劣った自動車部品を使って利益を出したいと考えていた。そこでMBNA社はフランチャイズ契約に問題の規定を入れることで、自動車部品の品質管理を行い顧客の信頼を維持しようとしたのである。控訴裁はこのMBNA社の正当化事由を認め、本件の抱合せ契約は品質管理を効果的に、しかも他の代替手段よりも低いコストでフランチャイジーに行わせるためのものであったと判決した。

最高裁はJefferson Parish Hospital事件判決で依然として抱合せ事件について当然違法を適用することを認めている。しかし当然違法原則が適用される範囲は限られたものになってきている。

一方で、Roberts事件、Phonetele事件、Mozart事件における下級裁判所は、抱合せ契約について営業上の正当事由の提出を積極的に認める傾向にあり[30)]、しばしば当該契約の経済効果を検討するようになってきた。こうした下級裁の傾向をふまえて、最高裁は次のような認識を明らかにした。

> 「当然違法と合理の原則を分ける一線はしばしば明確でない。当然違法原則は、証拠によって競争阻害的行為の推定が正当とされるに先立って、市場状態に関する相当な審理を必要とする。たとえば、当裁判所は抱合せ契約が当然違法であると判示してきたが、抱合せ契約が相当な市場分析を行うことなしに違法と判断することが不適切な競争促進的な正当化事由をもっている場合があることも認識しているのである」[31)]。

ある特定の条件が満たされたときだけ抱合せ契約は当然違法となるが、最高裁及び下級裁判所は、それらの条件が満たされていないときには、抱合せ契約は合理の原則によって違法とされると判示してきた。

抱合せ契約に関する先例は当然違法の要件の定義と適用について一貫しないアプローチを示している。だが、いくつかの一般に認められた違法要件を明らかにすることは可能である。一般に抱合せ契約はシャーマン法1条及びクレイトン法3条では当然違法として扱われており、⑴2つの別個の商品又はサービスが関係しており、⑵ある商品又はサービスの販売又は販売の約束がもう1つの商品又はサービスの購入を条件とし、⑶売り手がtying productの市場においてtied productの市場での取引を制限できるだけの経済力を持っており、かつ⑷tied productについて実質的でないといえない量の州際通商が影響を受けるときには、不当な競争阻害効果の証明なしに禁止される[32]。

また、裁判所のなかには原告に対してtied product市場での競争阻害的効果の証明を要求している例もある[33]。また別の裁判所は、こうしたテストは当然違法を判断するテストではないと考え、問題の契約が当然違法でないと判断した後で、合理の原則での審理だけを行っている[34]。さらに、第10巡回区裁判所は、被告が顧客でない当事者と抱合せ条件を課すことに合意したことも原告は証明しなければならない。顧客の抱合せの黙認はシャーマン法1条が要求する協調行為を立証するのに十分ではないと判示している[35]。抱合せ事件を巡って、裁判所は、当然違法原則と合理の原則の間で揺れているのである。

以上、抱合せ事件を巡る一般反トラスト法の現状を概観してみた。次はBHCA106⒝条について検討を進めることにする。

3.　BHCA106⒝条による抱合せ契約の審査

⑴　概　　観

まず、1970年に創設されたBHCA106⒝条の規定を見ておこう。BHCA106

(b)条は次のように規定している。

> 銀行は、以下に掲げる条件又は要件に基づき、信用を拡大し、いかなる種類の財産をリースし又は販売し、若しくはいかなる役務を提供し、若しくは前記のいずれかを目的とする対価を定め又は変更してはならない。
>
> (A)顧客が当該銀行から、貸付、割引、預金又は信託役務以外の、なんらかの追加的信用、財産又は役務を得ること。
>
> (B)顧客が当該銀行の銀行持株会社から又は当該持株会社のいずれかの子会社から、なんらかの追加的信用、財産又は役務を得ること。
>
> (C)顧客が当該銀行に対して、貸付、割引、預金又は信託役務に関して、またそれらとの関連において通常提供される以外の、なんらかの追加的信用、財産又は役務を提供すること。
>
> (D)顧客が当該銀行の銀行持株会社から又は当該持株会社のいずれかの子会社に対して、なんらかの追加的信用、財産又は役務を提供すること。若しくは、
>
> (E)顧客が、当該銀行が信用取引において当該信用の健全性を確保する目的で合理的に課す条件又は要件でなくして、当該銀行、当該銀行の銀行持株会社又は当該銀行持株会社のいずれかの子会社の競争者から何らかの他の信用、財産又は役務を得てはならないとすること。

BHCA106(b)条(A)項で106(b)条の適用除外とされている「貸付、割引、預金又は信託業務」はいずれも従来からの銀行業務であり、106(b)条が禁止しているのは銀行が新たに参入することになった新規事業分野の「信用、財産又は役務」にあたる業務である。

BHCA106(b)条(A)項は、銀行による抱合せ契約の禁止が、顧客と銀行の間の取引に適用されることを定めている。そして、106(b)条(B)項は、抱合せ契約が顧客と銀行持株会社又は同じ持株会社傘下の子会社との取引についても適用されることを定める。また、106(b)条(C)項は銀行と顧客との間の、106(b)条(D)項は顧客と銀行持株会社又は同じ持株会社傘下の子会社との間の、そ

れぞれ互恵取引を禁止している。最後に106(b)条(E)項は、当該銀行及び銀行持株会社グループと競争関係にある銀行持株会社グループ傘下の企業と顧客との取引を制限する排他条件付取引を禁止の対象としている[36)]。

BHCA106(b)条は、司法長官にその執行権限を与えるだけでなく、106(b)条違反行為を「阻止し制限するため衡平法の手続を定める」権限をも与えている。

また、私人に対して、反トラスト法の場合と同様に、三倍額賠償請求訴訟や差止め訴訟、裁判費用及び弁護士報酬請求訴訟を提起する権利を保障し、私人が106(b)条訴訟を提起することを容易にしている。BHCA106(e)条は次のように規定している[37)]。

【被害者による民事訴訟；管轄権及び裁判権；損害賠償額】

本編1972条が禁止する事項のいずれかによってその事業又は財産に損害を受けた者は何人も、その訴額に関わりなく、被告が居住し又は滞在し若しくはその代理人が存在する土地の合衆国地方裁判所に訴訟を提起することができる。被害を被った者は自己が被った損害の三倍額にあたる賠償金及び相当の弁護士料金を含む訴訟費用を受けることとする。

これまで司法省は106(b)条訴訟にほとんど参加することがなかったし、FRBは106(b)条の「目的に反しないと思料される」適用除外を定める以外に目立った活動をしてこなかった。そのため、BHCA106(b)条はもっぱら私人による民事訴訟を通じて運用されてきた。しかし法改正から20年ほどは、私人による106(b)条訴訟もそれほど多くはなかったのである。

1990年代に入ると事情は大きく変化してきた。まず、1989年にBHCAが改正され、違反に対する1日あたり罰金額の上限が引き上げられた。また、1988年破産法が、債権者会議の形成を指示するとともに、無担保債権者に対して銀行を被告として抱合せを理由とする訴訟を提起することを認めた。その結果、次のようなシナリオが進行することとなった。

(1)銀行と多くの場合長期の顧客である借り手とが貸付とその条件について

合意する。

⑵ しばらく経って、借り手は財政困難に直面するが、これは借り手の貸付金弁済能力に関する問題を引き起こし、おそらく借り手は弁済に遅滞を生じることになる。

⑶ 銀行は借り手に対する貸付を整理し追加的な条件を借り手に課す。

⑷ 借り手の事情が悪化して破産に至ってしまう。

⑸ 借り手である顧客又はその無担保債権者がBHCA106⒝条に基づく訴訟を提起する。この訴訟は、当初貸付契約の条件と借り手が財政困難に陥った後に行われた信用の拡大を根拠とする。概して借り手は銀行が借り手の弱い立場につけ込んだと考えるのである。

こうして、銀行のリスクは大きくなり、借り手である顧客又はその債権者には銀行を訴える手段と動機が与えられることになった。

⑵　立法経過

すでに述べたように、連邦議会は時代の要請に従って銀行業務のフレキシビリティを拡大してきた。BHCA106⒝条に反競争的行為に対するチェック機能を果たすことを期待する一方で、金融市場の効率性を促進するため銀行持株会社の業務範囲の拡大を支持してきた。

1970年BHCA改正における連邦議会の最大の狙いは、単一銀行持株会社（one-bank holding company）を連邦政府規制の下に置くことであった。1956年BHCAは、単一銀行持株会社を規制の対象としていなかった。これをそのまま放置することは、持株会社の銀行子会社が伝統的な銀行と商業の分離という政策の崩壊につながり、ついには銀行による経済の支配と自由競争の抑圧を招きかねない。したがって、単一銀行持株会社という抜け穴をふさぐことがまずもって最大の課題であった。

連邦議会が懸念していたのは、銀行持株会社を規制せずにいた場合、銀行がその経済力を濫用して、優先的に関連会社の顧客に融資を行う互恵取引や関連会社以外の企業と取引している者に対して融資を拒否する抱合せ契約、顧客が関連会社以外の企業と取引しないことを融資の条件とする排他条件付取引を行うことであった。上院銀行・通貨委員会（Senate Banking and Currency Committee）報告書は1970年改正を「長期にわたって維持されてきた銀行と商業の分離政策」[38]の継続であると述べている。

すでにシャーマン法が融資に関する不当な条件付取引を禁止してはいたが、1969年のFortner最高裁判決が課した証明責任は原告にとって負担が大きかった。それは融資抱合せ事件の原告に対して当該取引の競争阻害的効果の存在、tying productに対する銀行の相当程度の優越的地位ないしコントロールの存在、そして実質的でないといえない量の州際通商の関与を立証するよう要求していた。これに対してBHCA106(b)条では、原告は、銀行が法定された条件付取引のうちのいずれかを原告に課したこと、そしてその条件付取引が正当事由にあたらないことを立証するだけで足りた。

上院法案に添付された委員会報告書は、同法案が「銀行の経済力の行使が競争の減殺を招かないための明確な法的保障を提供する」[39]必要から策定されたと述べている。同報告書によれば、法案の文言は、銀行が抱合せ、互恵取引、排他条件付取引を行うことができないことを明確にしていた。

BHCA106(b)条の提案者の1人であるBrooks上院議員は次のような補足意見を述べていた。

> 「委員会は、最高裁判所が認識していたと同様に、「抱合せ契約は競争の抑制以外の目的を持つことはほとんどない」[40]との結論に達した。銀行業及びノンバンクの競争者だけでなく銀行顧客にも損害を発生させるおそれのある、その固有の競争阻害的効果のために、銀行が関与する抱合せ契約は本条により違法とされる。これには、競争に関する明白な阻害的な効果その他の取引制限についての証明や、ある程度のtying productないしserviceに対する銀行の優越や支配の証明は必要ない。さらに、個々の抱合せ契約は比較的少額に関わるものであるから、関与している取引の量にかかわらず本条の禁止が適用できる」[41]。

Brooke上院議員はまた、McLaren反トラスト局担当司法次官補からの次のような書簡を紹介した。

「……改正法案はFortner事件判決を超えるものである。Fortner事件判決[42]は融資に関わる抱合せを当然違法とすることに関して成功したとはいいがたい」。

さらにBrooke上院議員は次のように述べて、同条の当然違法原則の例外を説明している。

「本条は当然違法を定めているが、少なくとも特定の事情の下で重要な競争阻害的効果がないような従来から行われている銀行の契約を適用対象とする意図は委員会にはない。したがってFRBは……同条の目的に反しないと考える適用除外を許可する権限を与えられる」。

Bennett、Tower、Percy、Packwoodなどの上院銀行・通貨委員会に属する他の議員は、Brooke議員の法案解釈に懸念を表明し、次のような修正を提案した。

「この法案の特定の条項はわれわれに懸念を覚えさせる。……同法案の文言は……競争に対して起こりうる阻害的効果について言及することなく……すべての抱合せ契約を禁止している。……本条の目的がその効果によって競争を減殺しまたは独占を生じさせるおそれがある抱合せ契約だけを禁止することにあることを明らかにするため、……国民に利便を提供すると予想することが合理的な慣行にかぎって、銀行が現在の慣行を続けることができるように……修正が行われるべきである」。

だが、BHCA106(b)条の上院最終案には「競争阻害的効果」を違法要件とする文言は盛り込まれなかった。

そこで、Bennett 議員はある修正案を提案した。Brooke 議員は反対したが、修正案は 62 対 14 という圧倒的多数で上院を通過した。この修正が現行法に定められた貸付、割引、預金及び信託業務に関する例外規定である。次の Bennett 議員の陳述は、この例外規定が競争に関する評価をベースにしていること、FRB が将来定めるであろう適用除外事項がこのようなアプローチをとるべきことを明らかにしている。

> 「この修正は……一般に何ら競争阻害的効果を生じない従来からの銀行業務を……制限の対象から除こうとするものである。……ある慣行が競争阻害的でないことをわれわれが承知しているときには、われわれは法律のなかでその旨を明らかにする。そして、それ以外の同種の活動を適用除外とする仕事だけを FRB の手に委ねるのである……」[43)]

最終的な法案は、Bennett 修正を受けて、銀行・通貨委員会が上院本会議に提出したものとは異なってはいたが、基本的な文言と趣旨は変わっていなかった。最終的に「競争阻害的効果」要件が 1970 年改正 BHCA に追加されることはなかったのである。

さらに議会は 106 (b) 条により銀行顧客に民事訴訟の訴訟原因を与えるとともに、改正法により FRB の権限を拡張してどのようなノンバンク業務が銀行持株会社の業務範囲として適切であるかを決定させることとした。FRB は 1970 年改正によって、競争とのバランスを維持しつつ、銀行業務の範囲を決定する責任を負うことになったのである。業務拡大により予想される利便性、競争の増進、効率性などの利用者の便益と経済力の集中、競争の減退、利害の衝突、不適切な銀行業務などの起こりうる不利益とを考量して、FRB は銀行持株会社の業務範囲を決定しなければならない。だが、この比較考量を行う場合に FRB が、競争に対するマイナス効果を重視して、銀行がこれまでノンバンクの行っていた業務に携わることに消極的になるかもしれないことが懸念された。

議会は銀行及び銀行持株会社に「新しいタイプの銀行関連業務に携わるフレキシビリティ」を与えたいと考えていた。こうしたフレキシビリティは、国民の金融ニーズを満たすために必要であると同時に、金融分野において技術革新を促すために必要であると考えられた。そこで議会は、将来発生すると思われるニーズに対応する余地を残すために、あえて法律上許容される業務を列記するという手法を採らなかったのである。利用者利便性のテストは、市場に競争が存在するときに利用者である国民が便益を受けることができると想定しているので、新しい市場における競争効果が評価されなければならない。そしてこのテストによって、銀行はそうした業務への参入が公共の利益になることを主張する機会を与えられたのである。

したがって、FRBが行う利用者利便性のテストと106(b)条による私人訴訟の2つは銀行業務の拡大をチェックするための2本柱であり、これは議会が銀行持株会社の業務範囲にフレキシビリティを与えたことと密接不可分の関係にあると考えられる。

(3)　判例の展開

BHCA106(b)条に関して、最高裁判所はいまだ判決を行っていないが、下級裁判所の間では様々な解釈が行われている。

議会の意図が銀行業務のフレキシビリティの拡大と民事訴訟によるその check and balance にあったのとは対照的に、多くの裁判所はBHCAの目的の違った側面に目を向けた。争われている抱合せ契約がBHCA106(b)条に照らして適法か否かを判断する際に、FRBが用いている利用者利便性のテストを裁判所は必ずしも利用していない。利用者利便性のテストは市場における競争阻害的効果があるかどうかを問題にする。しかし一部の裁判所は、競争阻害的効果についての証明は必要でないとし、一般反トラスト訴訟の「実質的でないとはいえない」量の取引への影響や「相当の経済力」といった抱合せ契約の当然違法要件を証明することなしに原告が融資会社や銀行を訴えることのできる簡便な手段として同条を扱ってきた。これとは逆にBHCA106(b)条を一般反トラスト法の銀行版として解釈すべきであるとする裁判所も存在する。この場合には当然、問題の抱合せ契約が競争阻害的効果を持つかどうかを裁判所が審査することになる。

このように、BHCA106(b)条の解釈を巡って、下級裁判所の間でも対立が存在している。そのため以下では、BHCA106(b)条の解釈についていくつかの判例を吟味してみたい。とりわけ問題となっているのはBHCA106(b)条と一般反トラスト法との関係であるが、その他にも、BHCA106(b)条訴訟の原告適格の問題、tied serviceにあたる融資条件について強制があったことの証明の必要性、従来からの適正な銀行業務とは何か、銀行による投資保護の試みとは何か、通常融資に付随する条件とは何か、さらには競争阻害的効果の証明と密接に関連を有していると思われるのであるが、競争阻害的行為の証明といった争点について下級裁判所の判決を検討しておく必要があろう。

a．BHCA106(b)条訴訟の原告適格

一般反トラスト法訴訟の場合、裁判所が三倍額賠償請求訴訟の原告適格をシャーマン法やクレイトン法の文言を限定する方向で変更してきた経緯がある。一般反トラスト法はその事業又は財産に反トラスト法上の損害を生じた者に民事訴訟の原告適格を与えているが、裁判所はこれに加え、原告にその損害が直接問題の競争阻害的行為から生じたことを立証するよう要求して、法律の文言を狭く解釈してきたのである。

BHCA106(b)条違反事件では、BHCA106(e)条において、その事業又は財産にBHCA違反により損害を受けた者（any person）に民事訴訟の訴権を与えている。一般反トラスト法の場合と同じく原告適格に関して、BHCAも文言上はany person ruleをとっているが、違法要件を定めている106(b)条は銀行の「顧客」について違法な抱合せ契約を禁止しているのである。だがその原告適格に関してBHCAは「顧客」とはせず、たんに「何人も」（any person）としている[44]。

そのため、BHCA106(b)条訴訟を提起する場合、銀行の顧客とはいえないが銀行の行為によって被害を受けたと主張する原告がどの範囲で原告適格を認められるかが問題となる。まず、この問題に関して、いくつかの判例を検討しておく。

⑦ Swerdloff v. Miami National Bank, 584 F.2d 54 (5th Cir. 1978)

【事実】1972年の売掛金融資契約に基づきMiami National BankはStandard Container & Paper社に対して同社の売掛金を担保として融資を行っていた。Standard Container社は、Swerdloff家が100%所有しており、家業として経営されていた。融資計画の一環としてMiami National BankはSwerdloff家にStandard Container社への融資を個人的に保証することを求めていた。この融資プログラムの途中で、Standard Container社が大幅に融資契約に依存するようになった後で、Miami National BankはSwerdloff家に対して次のような助言を行った。つまり、Standard Container社株式の51%をMiami National Bankの顧客である訴外Arrow Paper & Chemical社に譲渡しなければ、Miami National Bankは1972年の売掛金融資契約をうち切るだろうというのであった。Swerdloff家が株式の譲渡を拒否した後、Miami National Bankは売掛金融資契約を終了させた。その後Standard Container社は事業からの撤退を余儀なくされ自主清算に立ちいたった。同社の株式は紙切れとなり原告の1人であるArthur Swerdloffは収入源を失った。Swerdloff家はMiami National Bankを被告としてBHCA106(b)条違反を主張して民事損害賠償請求訴訟を提起した。

地方裁判所において被告Miami National Bankは、BHCA106(b)条訴訟は「銀行の顧客」に対して原告適格を与えているが被告のSwerdloff家は顧客であるStandard Container社の株主ではあっても顧客ではないからBHCA106(b)条訴訟を提起することはできないと主張した。地裁はこの主張を容れてSwerdloffらの訴えを却下した。Swerdloff家は控訴した。

【判旨】破棄差戻

第5巡回区控訴裁判所は、株主はBHCAでいう「銀行の顧客」にあたるとして、原審判決を覆した。この結論を得るにあたって控訴裁判所が依拠したのは一般反トラスト法、とりわけクレイトン法であった。控訴裁は、「同法の「顧客」は、売り手が取引の価格と条件に対してコントロールを維持しているかぎり、直接取引をしていることも契約関係にあることも要求していない」とするクレイトン法2条(d)の不公正競争違反事件 American News Co. v. FTC, 300 F.2d 104, 108–110 (2d Cir. 1962) における第2巡回区控訴裁の先例を引用し、BHCAの「顧客」について狭い解釈をとるべきではないとした。Swerdloff家は、銀行の顧客であったStandard Container社の唯一の株主であることにより、銀行の「顧客」でありBHCA106(e)条の原告適格を有するとされた。

⑧ Costner v. Blount National Bank of Maryville, Tennessee, 578 F.2d 1192 (6th Cir. 1978)

【事実】原告＝被控訴人Costnerは、自動車販売会社の50％オーナーであるが、被告＝控訴人であるBlount National Bankから42万ドルの個人融資を受けて自社の残りの株式を購入した。原告は自社の全株式を融資の担保に差し出していた。融資契約は、同社の小売商業自動車割賦手形の相当シェアを同行に販売すること、抱合せ契約の履行を担保するため同行が指定する者を雇い入れることなど、事業運営に係る複数の条件を定めていた。間もなく同社は資金難に陥り、融資から18カ月後に、同行は個人融資の弁済を要求した。担保として差し出した株式が担保権行使の危機に直面したため、同行が買い手との交渉で決める価格でその株式の買い手を捜すことを認めるという条件で、原告は同行に株式を引き渡した。交換条件として同行は、一部の弁済を実行させ、併せておよそ42万ドルに及ぶ、原告の当該融資ともう1件の個人融資の元本残高の弁済義務を免除した。その後、原告への融資を担当した同行副頭取は、その自動車ディーラー会社を自分の兄弟が社長を務めるグループに対して負債の免除額を上回る額が原告に返金されない価格で売却した。そのため原告は、BHCA106(b)条及びシャーマン法違反を理由とする民事損害賠償請求訴訟を提起した。

第一審裁判所が原告勝訴とする陪審評決に基づいた判決を下したため、被告が控訴した。

【判旨】陪審評決維持、控訴棄却

本件でもCostnerの原告適格が問題となっている。銀行から融資を受けた「顧客」はCostnerの会社であってCostner自身ではなかったのである。Costnerは会社の株式の大部分を所有してはいたがこの事件に関して銀行の「顧客」ではなかった。

第6巡回区控訴裁判所は、Costnerの原告適格についてCostnerが銀行の顧客であった自動車販売会社の大株主であった点に着目して、「抱合せ契約の結果」Costnerが保有していた株式は公正な市場価格を下回る価格で販売されたのであるから、株主であるCostnerの被害は直接的であって結果的ないし付随的なものではないと認定した。したがってCostnerは、問題の抱合せ契約から直接その財産に被害を被ったのであり、BHCA106(b)条の原告適格を有すると判示した。

⑨ Shulman v. Continental Bank, 513 F. Supp. 979 (E.D. Pa. 1981)

【事実】原告Martin及びHarry Shulmanと原告らが支配株主兼役員、取締役をしているShulman Transport Enterprise社（以下STE社）は、長年にわたって被告Continental Bankの顧客であった。STE社はContinental Bankを主要な取引銀行にしていた。はじめのころ、STE社と銀行は無担保融資を行っていたところ、1977年3月からは、650万ドル又は支払日が90日を超えない売掛金総額の75%を限度とした2年のリボルビング融資を定めた契約を結んだ。この融資はSTE社及びその国内子会社8社の売掛金、設備、在庫、契約上の権利及び無体財産を担保とするものであった。また、STE社は1969年8月付の債務買取契約によってPrudential Life Insurance Company of Americaに債務を負っていた。1977年6月付の債権者間契約で

Continental銀行とPrudential社はSTE社及びその子会社の全担保を共有することになったが、その持分比率は両者が保有する債権総額に基づくものであった。

STE社は長年好調に業務を行っていたが、1976年と1977年に深刻な赤字決算に陥ってしまった。その結果STE社はContinental銀行に追加融資を求めることになり、1977年3月に融資契約が改定されて725万ドル又は売掛金総額の75％に増額された。この改定でSTE社は追加的にMassachusetts州の土地への一番譲渡抵当権とSTE社とその在外子会社9社の持つすべての売掛金、在庫、契約上の権利及び無体財産への抵当権の設定を求められた。

深刻な経営状況が続くなか1978年2月にSTE社はContinental銀行に追加融資を申し込んだ。だがContinental銀行は、STE社が別の融資先から相当額の融資を受けた後でなければ、融資はできないと答えた。STE社はその最大の債権者であるAmerican Airline社に融資を申し込んだが、交渉はまとまらなかった。そこで原告Martin及びHarry Shulmanは、被告Continental Bankの頭取である訴外Roy Perainoと会合して、原告らがSTE社に融資する目的で自分たち個人に融資して欲しいと提案した。原告らとContinental Bankは融資契約について合意した。この融資契約では、ContinentalがSTE社に対して行った既存融資への後順位参加権を購入するため、130万ドルをContinental Bankが原告らに融資することになっていた。そしてSTE社は、ContinentalがSTE社に100万ドルの追加融資を行うという条件で、2カ所の土地を追加担保に差し出すことを約束していた。原告ら、Continental Bank及びSTE社は、1978年4月11日付で「後順位参加劣後合意書」(J.P.A.）と「第二次改訂貸付担保契約書」(第二次改訂）に署名した。

その後、原告らはContinentalから130万ドルの個人融資を受けて後順位参加権を購入したが、再三のSTE社の要請にもかかわらず、Continental BankはSTEに対して100万ドルの融資を行わなかった。そのため原告らは、被告 Continental Bank が原告らに STE 社に対する既存融資の後順位参加を条件に 130 万ドルを融資したのは、会社に対する追加貸付の条件であるから、BHCA106(b)条に違反するなどと主張して損害賠償請求訴訟を提起した。被告は略式判決の申立てを行った。

【判旨】申立ての一部認容一部棄却

この事件での争点の1つは、原告らの BHCA106(b)条訴訟での原告適格であった。原告らは、Swerdloff 事件判決を引用して STE 社の支配株主である原告らは BHCA106(b)条訴訟の原告適格を有すると主張した。地方裁判所は、Swerdloff 事件で銀行から融資を受けていた会社は Swerdloff 家が単独株主であった同族会社であり、本件の Shulman と STE 社との関係にはそのような法的同一性がないとして、本件とは区別されるべきであると判示した[45]。

また、BHCA106(b)条違反の本案に関しては、後順位参加契約は銀行が原告らに提供するサービスであると認定した上で、被告 Continental Bank は当該サービスを原告が履行するべき通常でない要件と抱合せていないとして、BHCA106(b)条違反にあたらないと判断した[46]。

このようにして、Shulman 事件で地方裁判所は、株主も BHCA106(b)条の「顧客」にあたるとする Swerdloff 事件の原告適格に関する判事事項を、法的一体性が認められる同族会社に限定する判断を行った。だが Shulman 事件判決はなお、BHCA106(b)条訴訟がどの範囲で銀行の「顧客」以外の者に原告適格を認めているかについて明確なラインを示していない。

⑩ Compbells v. Wells Fargo Bank, N.A., 781 F.2d 440 (5th Cir. 1986)

【事実】訴外 Latham Exploration 社（以下、LEXCO）は調査採掘を業とする会社である。1982 年 LEXCO はルイジアナ州にある Chevron 社の借地に関して Chevron 社とファームアウト契約を締結した。この契約で LEXCO は油井 5 箇所を採掘し特定の借地権上の権利を得ることになっていた。LEXCO

は原告 Joseph Canizaro 及び Rhett G. Campbell と契約を結び、資金と5つの油井を掘削する設備を得た。その見返りに LEXCO はその借地権上の権利の一部を原告らに譲渡することになっていた。

この時期 LEXCO は、深刻なキャッシュフロー問題に直面しており、再三にわたって被告 Wells Fargo Bank から融資を引き出していた。そしてついに LEXCO は財政的な圧力に負けてルイジアナ州西部地区裁判所に連邦破産法11章に基づく破産の申立てを行った。

原告らは Wells Fargo Bank を被告として BHCA106(b)条に基づく損害賠償その他の救済を求める訴訟を地方裁判所に提起した。原告らの主張によれば、原告らは被告銀行の LEXCO 社の業務に対する侵害行為によって損害を被ったとのことであった。Wells Fargo Bank は融資に関して LEXCO にしだいに厳しい条件を課すことで Chevron 社借地での業務を困難にした。この油井掘削予定地での活動停止のため、原告らの権利はルイジアナ州法が LEXCO の債権者に課しているリーエンによって妨げられることとなったのである。

地方裁判所は被告の申立てを認め、原告らが契約その他において被告銀行と直接の関係がないことを理由に、BHCA に基づく訴訟を提起する原告適格を欠いているとして、原告の請求を却下した。原告らは控訴した。

【判旨】控訴棄却

本件では、銀行の融資拒否の結果倒産した会社に資金等を出資していた投資家は BHCA106(b)条訴訟の原告適格を有するか否かが問題となった。

原告は、1972条（BHCA106(b)条）では「顧客」、BHCA106(b)条の原告適格を定めた BHCA106(e)条では「何人も（any person)」という語が用いられていることを指摘し、「議会がある箇所である術語を用い、別の箇所でその術語を用いていない場合には、その術語は排除される」[47]として、BHCA106(b)条に関する地裁の判断を非難した。

第5巡回区控訴裁判所は、原告の指摘した判例は法律解釈の指針に過ぎないのであって法原則ではないと指摘した上で、本件の先例として Swerdloff

事件判決とCostner事件判決を引用して、「直接に銀行と取引していた原告が1972条違反について訴訟を提起する原告適格を有する」[48]と判示した。さらに控訴裁は、BHCAの立法経過からは議会が106(e)条の原告適格を銀行の顧客に限定する意図であったとは考えられないとも述べている。

その上で控訴裁は、「何人が反トラスト法による民事損害賠償請求訴訟を行うことができるかについてはクレイトン法4条に規定がある」として、クレイトン法（クレイトン法4条の該当箇所は「反トラスト法において禁止されている事項によりその事業又は財産に損害を受けた者は……米国の地方裁判所に訴えを提起することができる」と規定している15 U.S.C. § 15）に依拠したBHCA解釈を展開している。そしてクレイトン法4条の解釈に関する先例Associated General Contractors of California, 459 U.S. 519 (1983) 及びIllinois Brick Co. v. Illinois, 431 U.S. 420、Walker v. U-Haul of Mississippi, 747 F.2d 1011 (5th Cir. 1984) を引用して、「反トラスト訴訟の原告は、自己の損害が申立ての対象となっている反トラスト法違反の直接の結果であること、その損害の範囲が確定可能であって推論に過ぎないものでないこと、原告による損害の回復が他の原告による損害の回復と重複しないことを証明しなければならない」と判示した。しかし、本件で申し立てられている損害はLEXCOの契約不履行の結果であって被告Wells Fargo Bankの行為の「直接の結果」とはいえないとして、本件原告の原告適格を否定した。

Wells Fargo事件判決は一般反トラスト法であるクレイトン法に照らしてBHCA106(b)条訴訟の原告適格を解釈しようと試みた。Wells Fargo事件判決においても、どの範囲でBHCA106(b)条訴訟の原告適格を認めるかについて曖昧さを含まない明確な解釈が得られたとはいいがたいが、少なくともBHCAがシャーマン法やクレイトン法などの一般反トラスト法と密接な関係にあるという前提で裁判所の判断は行われたのである。もっといえば、BHCAの原告適格解釈にあたって裁判所は、BHCAの制定には銀行業務における競争を促進する政策意図があったと判断したということになるだろう。たんに一般反トラスト法に比べて容易に銀行を訴える手段としてのみBHCAをとらえる考え方を、Swerdloff、Shulman、Wells Fargoの各事件判決は採ってこなかったのである。

以上でBHCA106(b)条訴訟の原告適格に関する予備的な検討を終えて、次に本論であるBHCA106(b)条の実体要件の問題を検討しよう。ここで問題となるのは、BHCA106(b)条がクレイトン法などの一般反トラスト法で要件とされている市場支配力の証明や競争阻害的効果の証明を要求しているかどうかである。

b．競争阻害的効果の証明

最大の問題である一般反トラスト法とBHCA106(b)条との関係について判例を検討する。具体的には、これまで述べてきたように、原告はBHCA106(b)条違反を主張するときに競争阻害的効果、すなわちtying product市場における市場力及び実質的でないとはいえない量の取引のtied product市場からの締め出しの証明を必要とするかどうかということが問題となる。106(b)条自体には「競争阻害的効果」という文言は使われていない。そのため、裁判所は立法経過にこの問題を解決する手がかりを求めることになるが、すでに見た立法経過におけるBrooke議員とBennett議員の対立がこの問題について影を落としている。

この問題に関する裁判所の見解は分かれている。ほとんどの裁判所は市場支配力や競争阻害効果の証明は必要ではないとしているが、一部の裁判所はなおこれらの要件を証明することを原告に求めている。なぜこのような解釈の違いが生じているのかについての検討を含めて、判例を追っていくことにしよう。

⑧ Costner v. Blount National Bank of Maryville, Tennessee, 578 F.2d 1192 (6th Cir. 1978)

【事実】前出⑧事件

【判旨】陪審評決維持、控訴棄却

本件では、シャーマン法違反とBHCA106(b)条違反の申立てがされていたが、第6巡回区控訴裁判所はまずシャーマン法違反について、市場力及び州際通商への影響の証拠が不十分であるとしてこの申立てを退けた。もう1つの争点であるBHCA106(b)条に関しては、「銀行は銀行持株会社法によっても訴えられている。同法は当然違法を定め抱合せ契約についてシャーマン法と同様のペナルティを与えてはいるが、tying product市場における経済力を証明する必要はない」[49]と判示した。控訴裁は判断の理由として、立法経過から銀行融資の抱合せは「固有の競争阻害的効果」を持つとするBrooke上院議員の補足意見を引用した［Sen. Rep. No. 97-1084, 91st Cong., 1st Sess. (1970), [1970] U.S. Code Cong. & Admin. News 5519, 5558 (Edward W. Brooke補足意見)］。そして、地裁における陪審評決はBHCA106(b)条違反の申立てが単独で行われていたとしても同じであったと思われる、と結論した。

本件はBHCA106(b)条に関する初期の判決であり、その意味で後のBHCA106(b)条事件判決に大きな影響を与えたといわざるを得ない。事実、その後のBHCA106(b)条事件判決の多くはBHCA106(b)条訴訟において競争阻害的効果の証明が要件とされない根拠としてCostner判決とBrooke上院議員補足意見を引用することになる。しかしすでに立法経過に関する説明で触れたように、このBrooke上院議員の補足意見は議会意思を示したものではない。その後のBennett修正案の圧倒的多数による可決という事実からすれば、Brooke上院議員の補足意見は1970年改正法提案者の一見解に過ぎず、これを直ちに議会意思と結びつけるのは早計であるというべきであり、少なくとも立法経過に関するより詳細な分析が必要であろう。

また、本件で控訴裁は、銀行融資における抱合せがなぜ「固有の競争阻害的効果」を持つかについて具体的な分析を行っていない。融資を背景とした抱合せ契約がなぜ通常の商品・サービス同士の抱合せ契約と異なり、それ自体固有の競争阻害的効果を持つかについて、Costner事件判決自体からは必ずしも納得の行く説明が得られないのである。したがって、この判決だけではBHCA106(b)条が当然違法原則を採用している政策理由はいま1つはっきりしてこない。

⑪ Tose v. First Pennsylvania Bank, N. A., 648 F.2d 870 (1981)

【事実】Toseは1969年にフットボールクラブ、イーグルスを購入した。購入資金のうち自己資金は150万ドルで、1,050万ドルは被控訴人First Pennsylvania Bank（FPB）から借り入れ、400万ドルはBarnessやFirestoneを含む他の投資家が出資した。Toseはイーグルスの資産を自己の名義で取得しそれを自分が無限責任パートナーを務めていたパートナーシップに移した。1972年Toseは自己のパートナーの一部を買い取るためにもう270万ドルをFPBから借り入れた。1974年イーグルス・パートナーシップはFPBに対する750万ドルの分割定額返済金の支払いについて履行不能となった。そこで貸付契約が1975年に改訂され分割返済計画が作られてToseは利益がでなかった年には年間給与を6万ドルに制限された。1975年末の時点でイーグルス・パートナーシップは、ただ1人の無限責任パートナーで60%の持分を持つToseと29%を持つBarness、及び約6%と5%を持つ二人の有限責任パートナーで構成されていた。1976年にはいるとパートナー間の関係は緊張した。BarnessはToseの経営を批判し始め会計帳簿の閲読を要求した。

1976年末に連邦通貨監督官がFPBの融資ポートフォリオを検査し、イーグルスに対する融資を「基準以下」にランクした。イーグルスの会計士は1977年のはじめにイーグルスに対して、FPBが融資した履行不能債権を一部放棄してくれないと1976年の財務諸表は完成しないと通知した。1977年3月、FPBはイーグルスからの財務諸表案を受け取ったが、それは前年度が115万ドルの赤字であったことを示していた。FPBの貸付担当者はFPB頭取宛に1977年3月24日付のメモランダムを渡した。これは、融資条件の履行不能、イーグルスの放漫経営、1976年度の赤字、1977年3月31日満期の融資が弁済不能となりそうであること、選手に対する義務の増大などを根拠に挙げ、FPBがイーグルスに対する財政上の支配をやめ、イーグルスの小切手に署名する権限を放棄し、クラブの財政に関する完全な意思決定権限をもつ人物で銀行が承認できる人物を最高経営責任者につけるようToseに要求することを提案したものであった。Toseがこの要求を拒否し新たな融資を求めてくると予想されたので、Toseには新たな融資先を見つけるまで30日間の猶予を与え、FPBはこれらの条件をのむならばイーグルスとTose個人に融資する用意があると告げるよう、メモランダムは助言していた。3月25日のToseとの会談でこの条件が持ち出された。1977年の春から夏にかけてイーグルスへの融資交渉が断続的に行われたが交渉は不調に終わった。この過程でToseはパートナーであるBernessとFPBが接触していたことを耳にした。Toseは他の銀行に融資を打診したがいずれも成功しなかった。

そのためToseらは、FPBを含む、イーグルスへの融資を拒否した銀行をシャーマン法1条に違反する共同ボイコットを行ったとして、損害賠償請求訴訟を提起したのである。ToseのBHCA106(b)条に関する主張は、(1)イーグルスに対する融資の条件として、Barnessに肩入れしてToseを締め出そうと共謀したこと、(2)1979年までの530万ドルの融資とプリシーズンチケットの売上げを担保としたイーグルスの融資借換えの条件として、Toseの部下であるForstaterを最高経営責任者にするよう強要したこと、また、(3)BarnessにパートナーシップをToseに売却するようToseに強制したことは、いずれもBHCA106(b)条に違反するというものであった。地方裁判所は略式判決によって被告銀行らの請求を認め、併せて被告らに有利な陪審への指示評決を行ったため、Toseらが控訴した。

【判旨】控訴棄却

控訴審である第3巡回区控訴裁判所は、まず、控訴人Toseらの上記主張(1)及び(3)は実質的に1つのものであるとした上で、控訴人が主張する銀行のBernessへの肩入れとToseの排除が融資の条件とされた証拠はない、としてこの主張を退けた。

次に、銀行による最高経営責任者交代の要求について、控訴裁は、BHCA106(b)条(C)項の「貸付……に関して、又はそれらとの関連において通常提供される以外の……役務」の要求にあたらないとした。イーグルスに対して財政コントロールを加えることは直接FPBが投下した相当額の投資の安全性維持に関係しているから、それが融資に関連している正当な理由があるとする実質的証拠に照らした場合、銀行の要求は「通常でない」とはいえない。なぜならば、BHCA106(b)条は、銀行がその投資を保護する試みを禁止していないからである、と判示した。そしてこの判断を支える立法経過として、同条の目的は「銀行の顧客に対して、彼らが欲する当該銀行の商品又はサービスを手に入れるために、他の何らかのサービス又は商品を受け入れ又は提供しもしくは他の当事者との取引をやめるよう求める競争阻害的行為を禁止すること」であるとする立法経過の部分を引用し[50)]、さらに「債務者に対して財政担当責任者を銀行が指名した能力のある担当者に交代するよう求める要件は競争阻害的ではないと当裁判所は考える」と述べた。

Tose事件控訴審判決で重要な点は、判旨引用部分の最後に示したように、「債務者に対して財政担当責任者を銀行が指名した能力のある担当者に交代するよう求める要件は競争阻害的ではない」とした部分である。先のCostner事件判決において、第6巡回区控訴裁はBrooke上院議員の補足意見を引用して、融資に関する抱合せ契約は「固有の競争阻害的効果」を有するから、BHCA106(b)条訴訟では競争阻害的効果の証明は必要ないとした。しかし第3巡回区控訴裁は、本件で問題とされた融資条件は「競争阻害的ではない」としている。銀行が課した融資条件が「競争阻害的」であると認定されれば、第3巡回区控訴裁はそうした銀行の行為をBHCA106(b)条違反とするということではないか。そうだとすると、Tose事件控訴審は、融資条件が「競争阻害的」であることの証明をBHCA106(b)条違反の要件としていることにならないだろうか。この第3巡回区控訴裁の判示がCostner事件判決の判事事項と矛盾していないとするならば、2つの裁判所の「競争阻害的効果」ないし「競争阻害性」についての理解の違いをどう考えるべきだろうか。

これについては1つの解釈が可能であると思われる。

BHCA106(b)条(C)項は、互恵取引に関する規定であり、銀行が「顧客が当該銀行に対して、貸付、割引、預金又は信託役務に関して、またそれらとの関連において通常提供される以外の、なんらかの追加的信用、財産又は役務を提供する」[51]よう要求することを禁止している。これは、反対解釈をしてしまえば、銀行融資の条件とされるのが「通常提供される追加的信用、財産又は役務」である場合には、その限度で、BHCA106(b)条の禁止を適用除外する法定適用除外事項を定めていると考えられる。つまり銀行が融資条件として提案した顧客の負担行為が「通常」のものであるということになれば、外形的に抱合せや互恵取引などの条件付取引が行われていても、そうした融資条件が直ちに競争阻害的な「不当な」抱合せ契約とはいえなくなる。いったん被告銀行が融資条件は「通常」のものであるとする抗弁を提出した場合には、逆にBHCA106(b)条違反を主張する原告の側で問題の融資条件の競争阻害性＝不当性を証明することが必要となるのである。

したがって、被告銀行から「通常」の融資条件の抗弁ないし正当事由が提出されなかったCostner事件判決で第6巡回区控訴裁は、融資条件が固有の「競争阻害的効果」を持つとみなして原告に「競争阻害的効果」の証明責任を課さなかったのであり、被告銀行から「通常」の融資条件の抗弁が提出されたTose事件判決において第3巡回区控訴裁は、「通常」の融資条件をBHCA106(b)条違反とするためにはその融資条件が「競争阻害的」でなければならないとしたのである。

こうした理解は一般反トラスト法の最近の解釈とも矛盾しないと考えられる。最近の抱合せ事件に関する下級裁判所の考え方は、シャーマン法1条及びクレイトン法3条を直ちに当然違法と考えるのではなく、合理の原則の下で審査しようとする傾向がみられる。これは、ことばを換えていえば、抱合せ事件において被告に抱合せを正当とする事由＝抗弁の提出を認めるということである。もちろん一般反トラスト法における抱合せの正当事由は法定事由ではなく、判例法上承認された抗弁に過ぎない。これに対して、BHCA106(b)条は(C)項において互恵取引に関する正当事由＝適用除外を法定している。その意味で抱合せ事件に関して下級裁判所は、一般反トラスト法とBHCAをほぼ同じ合理の原則のschemeで理解しているように思える。

こうした理解が妥当かどうか、判例の検討を続けてみよう。

⑫ Parsons Steel v. First Alabama Bank of Montgomery, 679 F.2d 242 (1982)

【事実】Parsons Steel of Montgomery社は、原告＝控訴人Parsons Steel of Mobile社の100％子会社であり、共同原告＝控訴人Melba及びJim Parsonsがオーナーであった。同子会社は1976年以来被告＝被控訴人First Alabama Bank of Montgomeryから常時相当額の融資を受けていた。1978年秋までに同行は100万ドルの未払い担保債権を持っており、同子会社の最大の債権者であった。

この頃同子会社は財政上の困難を経験しつつあり、その債務弁済ができなくなることが予想された。Parsonsと銀行側代理人は同子会社の借換えを検討した。Parsonsと銀行との話し合いは借換えだけにとどまらず同子会社の売却にも及んだ。最初の売却話が不首尾に終わった後、銀行は地元の実業家である訴外Michael Orangeに接触し当該子会社の売買に関心があるかどうかを探った。Orangeは同子会社の買収に積極的ではなかったが、手数料プラス、ストック・オプションでの同社経営権の買収を申し出た。そこで原告は被告に対してBHCA106(b)条に基づく損害賠償請求訴訟を提起した。

地裁では事実問題が争われた。原告らは、Orangeが補償なしに子会社の過半数の持分を得るオプション付きで当該子会社の経営権を握ることをParsonsが承認するとの条件で、銀行が追加融資に応じたと主張した。一方銀行は、融資の拡大について合意しておらず、Orangeに支配権を持つストック・オプションを与えるよう要求したことはないと主張した。陪審は、銀行がOrangeを経営者に就けストック・オプションを与えることを融資の条件としたと認定した。ところが地裁は、被告の略式判決及び指示評決の申立てを退け、すべての証拠を審査した後、最終的に評決と異なる判決を行った。原告らは控訴した。

【判旨】控訴棄却

第11巡回区控訴裁判所はまず、「控訴人の主張は主に、銀行が債務不履行のおそれがある企業に対する追加融資の条件として経営陣と所有者の交代を要求することは「通常でない」との陪審の認定がBHCA106(b)条の法的責任を立証している、という前提に依っている」と述べて、BHCA106(b)条(C)項が争点であることを明らかにしている。そして、「それだけを取り出してみれば、同法の文言はそうした原則を包摂しているように見えるが、同法の立法経過に照らせば、その意図がもっと限定的なものであったことは疑いない」として、1970年改正BHCAの立法経過の検討からはじめている。

控訴裁によれば、銀行持株会社法制定時の議会の関心は「ごく少数の力のある銀行が取引を支配することを阻止し、かつ、銀行と商業との間の経済力の分離を保障することに関して、銀行持株会社の力を規制することであった」[52]。しかし1970年の銀行持株会社法改正では、事業規模が比較的小さい銀行による競争阻害的行為にまで同法の適用を拡大することを意図していたとする。なぜなら、こうした比較的小規模の銀行といえども、「融資に対する支配力によって」事業に対して経済力を行使することができるからである[53]。

そのため議会はBHCA106(b)条を制定して、「銀行が関与する抱合せ契約は、競争に関する明白な阻害的効果その他の取引制限の証明なしに、また、tying product 又はserviceへのある程度の銀行の優越又はコントロールの証明なしに違法とされる。さらに、個々の抱合せ契約は比較的小さな量に係るものであることから、この条の禁止は関与する取引の量にかかわらず適用される」[54]こととしたのである。

だがこうした経済力の濫用の危険を規制する際に、議会は連邦政府による規制が過大にわたることを懸念していた。議会は、従来からの適正な銀行業務の活動に干渉するつもりはなかったし[55]、競争阻害的な行為が関わっているのでない場合には、銀行がその投資を保護する試みに干渉するつもりもなかった[56]。銀行が様々な状況において債務不履行から自らを護る特別な方法を考案することを当然違法として禁止した場合には、銀行による融資を消極的にし抵当権の実行や破産を引き起こすという望ましからざる結果を引き起こしかねない。控訴裁は、立法経過からはこのような当然違法原則を支持することができないと述べ、その証拠として、当初のBHCA改正案では、融資に関して銀行が融資を求める顧客に銀行からの追加サービスを購入することを要求する条件をすべて連邦準備制度理事会の審査にかからしめることになっていたが、議会での修正を受けて、明文で、競争阻害的行為を禁止する一方で、銀行が自らの投資を護るために特定の措置を採ることを可能にした[57]。

そして控訴裁判所は、BHCA106(b)条違反を認定するための条件として次の3点の立証を要求した。(1)通常ではない融資条件が銀行から課されたこと、(2)その条件が競争阻害的なものであること、さらに、(3)その条件が銀行に利益をもたらすこと、である。原告は、問題の行為が当然違法とされるために競争阻害的効果の証明を要求されることはないが、「銀行の顧客に……彼らが欲する銀行のproduct又はserviceを得るために……他のなんらかのservice又はproductを……受け入れることを求める競争阻害的行為」[58]があったことを証明しなければならない」[59]。しかし本件では原告は競争阻害的行為の存在を証明していないとして、控訴裁は控訴棄却の判決を行った。

Tose事件判決について示したように、ここでも「競争阻害的効果の証明」と「競争阻害的行為の証明」の対立が問題となっている。また、競争阻害的効果の証明が不要であるとする根拠としてBrooke上院議員の補足意見が提出されている点もCostner事件判決で問題にした。

一読して分かるように、Parsons Steel事件判決の特徴は、控訴裁が

BHCA106(b)条違反を主張する原告に対して、被告銀行の「競争阻害的行為」の証明を要件として課している点にある。先のTose事件判決では、被告銀行から「通常の」融資条件の抗弁が提出されたことを受けて、原告に当該融資条件が「競争阻害的」であることを証明するよう、立証責任の転換が行われた。Parsons Steel事件で被告銀行は、融資条件が「通常」の条件であるとの主張を行っていない。にもかかわらず控訴裁は1970年BHCA改正の立法史を根拠として原告に被告銀行の「競争阻害的行為」があったことを証明するよう求めている。

これでは、「銀行が関与する抱合せ契約は、競争に関する明白な阻害的効果その他の取引制限の証明なしに、また、tying product又はserviceへのある程度の銀行の優越又はコントロールの証明なしに違法とされる」としたBrooke上院議員の補足意見を引用した意味がなくなるではないか。また、「競争阻害的効果」の証明は違法要件ではないが「競争阻害的行為」の証明は違法要件であるというのも矛盾しているように見える。Parsons Steel事件判決の判事事項についてどのように理解すべきなのであろうか。

この疑問に対する答えにも、抱合せ契約事件に関する一般反トラスト法の判例動向がヒントを与えてくれていると思われる。一般反トラスト法の抱合せ事件に関するJefferson Parish事件最高裁判決は、その法廷意見において、tying product市場における市場力と競争阻害的効果の証明なしに当然違法とされる抱合せ契約を制限し、当然違法にあたらない抱合せ事件についても合理の原則によって違法かどうかを審理する余地を残していた。BHCAに関する本件Parsons Steel事件でも、控訴裁は、「競争阻害的効果の証明は必要ではない」と述べて融資抱合せ事件における当然違法原則は形式的には維持しながらも、事実上は「競争阻害的行為の証明」を原告に要求することで合理の原則による審査を一般化しているのではないか。したがってParsons Steel事件判決は、競争阻害的効果の証明なしに当然違法とされる事例を、初期のCostner事件のような「競争阻害的効果が明白な」事例に限定していると考えてよさそうである。

こうしてParsons Steel事件判決はTose事件判決からさらに一歩踏み出した。その結果、BHCA106(b)条訴訟では、被告銀行から「通常の」融資条件であるとする正当事由の申立てが行われていない場合であっても、1970年BHCA改正の立法史を根拠に、常に原告の側で(1)当該融資条件が「通常でない」ものであり、(2)それが競争阻害的行為であったこと、さらに、(3)それによって銀行が利益を受けたことを証明しなければならないとしたのである。

⑬ Exchange National Bank of Chicago v. Daniels, 768 F.2d 140 (7th Cir. 1985)

【事実】本件訴訟は原告Exchange National Bankが、約束手形の振出人である被告Harold Daniels及び裏書人である被告Irene Danielsを訴えたものである。地裁は原告の勝訴とし後に弁護士報酬に関する請求も認めた。被告らは控訴した。

この事件の事実に関して、原告と被告らの主張は全く異なっている。

まず、銀行側の主張では、畜産業を営むHarold Danielsが事業資金としてExchange National Bankから450万ドルを借り入れて同額の手形を振り出した。Irene Danielsはその手形の裏書人となっていた。Danielsは融資を受けるに際して自分たちの個人資産及び事業資産を示す財務諸表を提供した。Danielsらが支払不能となったので、Exchange National Bankは債権回収のため約束手形の振出人及び裏書人に対して本件訴訟を提起した。

Danielsらは銀行側とは違った説明をしている。Danielsらによれば、融資の大半はDanielsらの個人事業に対する投資ではなく、Four Way Cattle社への投資に使われたのである。DanielsらはFour Way Cattle社の4分の1の株式を有していた。他の持分は、それぞれRobert Odle、William Clune、Ronald Garrettが等分に株式を所有していた。CluneとGarrettはDanielsら（したがって同時にFour Way Cattle社）への融資の承認・監督に責任があったExchange National Bankの役員であった。Danielsらは、融資を要請するに際して、違法にその事情を不正確に国法銀行に対して説明した。Danielsらが、Four Way Cattle社の資産を自己の資産であると説明することで、弁済の保証となる資産を不正確に説明した事実は争いがない。また、国法銀行の役員が自分たちの利益となる融資を行うことも違法である。

Danielsらは、最初にCluneとGarrettが自分らの牛の購入を目的とする正当な借入れをするために彼らを誘ったのだと述べた。その後になってDanielsらは、CluneとGarrettが倒産を避ける目的で次々と借入れを増やすよう誘ったと主張した。Danielsによれば、Cluneは彼に借入れを増やすことに反対すれば「財政的に破綻してしまう」と語った。裁判所の認定では、CluneとGarrettは、自分たちが利益を受けた融資についてCluneとGarrettが弁済をするであろうからDanielsらが銀行に対して法的責任を負うことはないと保障したのである。裁判所の認定によれば、Danielsらに対する融資の手続でCluneとGarrettが利益を受けたことを同行副頭取は認識していた。だが、同行がこの利益を公式に承認していた、あるいは、CluneとGarrettがDanielsらの弁済を免除することを約束したことまでは認定しなかった。

【判旨】控訴棄却

本件ではBHCA106(b)条と一般反トラスト法との関係が議論された。

被告らは、Exchange National Bankが適法な（借り手が牛を購入するために利用する目的での）信用の拡大を違法な（Four Way Cattle社のための）融資と「抱き合せた」ことを理由に、本件の融資がBHCA106(b)条に違反する違法な抱合せであると主張した。だが、第7巡回区控訴裁判所によれば、被告らは具体的な法律を示していないしその根拠も示していない。BHCA106(b)条の関連部分は、「銀行は……(A)顧客が当該銀行から、貸付……以外の、なんらかの追加的信用、財産又は役務を得る……との条件又は要件に基づき……信用を拡大……してはならない」としている。控訴裁は、この関連部分を——顧客が他の銀行と取引しないようにさせる——排他的取引を禁止していると解釈し、「これは競合する事業者間の競争を保障する他の抱合せ禁止法と同様である。言葉を換えていえば、当裁判所は同法をクレイトン法3条の銀行版として扱う」[60]と述べた後、詳細な理由を示さずに、同法は銀行が特定の融資を当該銀行内での別の融資に付随させることを禁止していないと判示した。「自分たちが本気でFour Way Cattle社のために他の銀行から融資を受けたい場合には、Exchange National Bankが同行から融資を受けることを強制したと借り手はいわないものである。」[61)]

この判例はBHCA106(b)条を「クレイトン法3条の銀行版として扱う」とした珍しい判例である。ただし本件ではこれが具体的にどういう意味を持っているかについて明確に述べられてはいない。一般反トラスト法であるクレイトン法3条と同じく、当然違法を主張する原告は銀行の市場力と競争阻害的効果の証明を要求されるということなのかどうかは明らかにされていないのである。競争阻害的効果の証明以前に、本件の融資に係る事実は抱合せ契約の外形を持っていないとして退けられているからである。しかしBHCA106(b)条をクレイトン法3条と同視する考え方は、最近のBHCA106(b)条訴訟事件においては例外的であり、その意味では、無視できない事件ではある。

⑭ Sharkey v. Security Bank & Trust Co., 651 F. Supp. 1231 (D. Minn. 1987)

【事実】原告SharkeyはNew Pragueの土地を購入するため被告Security Bank & Trust Co.にNew Pragueの土地を譲渡抵当とする融資を申し込んだ。これに対して被告銀行は、原告がDuluthの土地を被告から購入することを融資の条件として要求した。原告はBHCA106(b)条違反を主張して地方裁判所に損害賠償請求訴訟を提起した。事実について争いがなかったため、両当事者から略式判決の申立てが行われた。

【判旨】原告の略式判決の申立てについて一部認容

連邦地方裁判所は、BHCAの立法史におけるEdward W. Brooke上院議員の補足意見、Costner事件判決、Parsons Steel事件判決を引用して、BHCA106(b)条訴訟では競争阻害的効果の証明は必要でないと判示した。そして、BHCA106(b)条訴訟で原告が勝訴するためには、銀行が(1)融資を行ったこと、(2)当該融資が条件付であったこと、(3)その条件は、原告が貸付、割引、預金、信託サービス以外の追加的な財産を購入することであることを原告の側で証明するだけで足り、競争阻害的効果についての証明は必要ではないと述べた。

さて、Sharkey事件はCostner事件と同じく競争阻害的効果の証明も競争阻害的行為の証明も必要ないとされたケースである。本件の場合は、融資の見返りとして銀行の保有する土地の購入を要求するという典型的な互恵取引であり、その競争阻害性が明白な事件であった。したがって地裁がBrookeの補足意見等に依拠して本件を当然違法としたことは、これまでの判例の流れとは矛盾していないと考えられる。

⑮ Davis v. First Nat. Bank of Westville, 858 F.2d 206 (7th Cir. 1989)

【事実】1984年末ないし1985年初め、原告＝控訴人であるRobert, Virginia及びWilliam Davisは、一家が営む事業の運転資金として20万ドルの融資を必要としていた。控訴人らの取引銀行であった被告＝被控訴人First National Bank of Westvilleは、Davis家が事業を清算して既存の債務を銀行に弁済することを条件とするのでなければ、融資は行えないとの態度に出た。1985年6月28日、Davisらは銀行との融資契約に署名した。当該融資契約の第12条はDavis家がその事業を1985年9月1日までに売却することを約していた。期日までに原告らが事業を売却しなかったため、銀行はDavisらに対して業務を停止して清算手続に入るよう求めた。1986年2月になって、Davisらは事業を売却した。

1986年12月Davis家は本件損害賠償請求訴訟を提起した。その主張は、1985年6月の融資契約第12条はDavis家に対して事業の清算という、通常融資とは関係のないサービスの提供を求めておりBHCA106(b)条の抱合せ禁止規定に違反しているというものであった。1988年2月18日地方裁判所は、第12条の条件が競争阻害的性質のものでないこと、及び清算は銀行の融資保護を目的とした伝統的な銀行実務であることを理由に、略式判決により原告の請求を棄却したため、原告Davis家が控訴した。

【判旨】請求棄却

第7巡回区控訴裁はまず1970年BHCA改正の立法経過から説き起こしている。控訴裁によれば、1970年に制定されたとき、BHCA第22章はその効果が銀行の経済力を増大させかつ競争を減殺する特定の条件付取引を定めた[62]。その狙いとするところは、銀行の顧客に彼らが欲する銀行の生産物又はサービスを入手するために他の何らかのサービス又は生産物を受け入れ又は提供すること、若しくは、他の当事者との取引を拒絶することを求める競争阻害的行為のみを禁止することにあり、従来からの適正な銀行業務に介入すること、及び銀行が自己の投資を保護するための試みを禁止することは議会の意図ではなかった[63]。

そうであるとすれば、1972条の目的と効果は、「原告が銀行の経済力及び抱合せ契約の明白な競争阻害的効果を証明することを要件とせずに、競争阻害的な抱合せ契約を禁止するシャーマン反トラスト法の一般原則を特に商業銀行の分野に対して適用することにある」[64]。さらに、個々の抱合せ契約は比較的少額に関わるものであるから、関与している取引の量にかかわらず［1972条の］禁止が適用できる[65]。

控訴裁は次いで、Parsons Steel事件判決を引用して、「しかしながら、銀行抱合せに対するこうした「緩やかな」当然違法アプローチにおいても、1972条に基づく救済を求める原告はなお、競争阻害的な行為を申立てなければならない[66]と判示した。そうでなければ、第11巡回区控訴裁が示したように、1972条は銀行が「債務不履行から自らを護るための特別な方法を案出することを」禁止し、様々な状況において、「銀行による融資を消極的にさせるという望ましからざる効果を持つ」ことになるからである[67]。競争阻害的効果を持つことなく銀行投資を保護する銀行の行為を非難することは、直接に1972条の立法目的に抵触するばかりか、従来反トラスト法がターゲットとしてきた契約に対する同法の懸念に合致するものである」[68]。

しかしこのようにBHCA106(b)条を分析した後で、控訴裁は、Davis家が銀行の競争阻害的行為を証明していないことではなしに、銀行への事業清算業務の提供は「追加役務」にあたらないことを理由にDavisの控訴を棄却した[69]。

Davis事件判決は基本的には第11巡回区控訴裁が示したParsons Steel事件判決を下敷きにしている。そのBHCA106(b)条に関する分析はParsons Steel事件判決と同旨であり、違いといえば、後出のMcCoy事件判決を引用してBHCA106(b)条(E)項の「信用の健全性を確保する目的で合理的に課す条件又は要件」をBHCA106(b)条訴訟において一般的に認められる正当事由として位置づけたことであろう。Davis事件判決はParsons Steel事件判決が示したBHCA106(b)条解釈を確認し後の裁判所による解釈を方向づけた。

⑯ Palermo v. First National Bank & Trust Co., 894 F.2d 365 (10th Cir. 1990)

【事実】原告＝控訴人Palermoはテキサス州ヒューストンとルイジアナ州レークチャールズに本拠を置く石油・天然ガスの生産者であり、馬のビジネスにも積極的に携わっていた。PalermoとCaswell、Underwoodは、それぞれCup Exploration社株式の3分の1を所有していた。1981年4月、被告＝被控訴人FDICの前身であるFirst National銀行は鉱物資源開発のための資金25万ドルを無担保でCup Exploration社に融資した。この融資契約に銀行を訪れた後Palermoは、Underwoodが個人的に手形を保証するが、PalermoとCaswellは保証を行わないとする書簡を同銀行に送った。PalermoはCup Exploration社役員としての権限で手形に署名したが、手形の裏書保証は行わなかった。手形の総額は25万ドルから26万ドルであった。

1981年5月、同銀行はPalermoに馬のビジネスのための融資を行い、競走馬を含む特定の担保を約定担保とした。Palermoが当該手形の唯一の振出人であり、この融資は何回か更新された。この契約に基づくPalermoの負債は15万ドルから57万5,000ドルの間を変動した。

Cup Exploration社がその手形の不渡りを出した。そこで同銀行は、PalermoがCup Exploration社の手形を保証するか、彼個人の手形を書換えずに担保権を実行するか、のいずれかを要求した。Palermoは別の2つの銀行から融資を得ようとしたが失敗した。Palermoの証言では、その地域で競走馬を担保に融資してくれる銀行を彼は2つしか知らなかった。もう一方の銀行で個人手形による融資が得られなかったので、Palermoは同銀行の申し出どおりにCup Exploration社の手形に裏書保証した。その後同銀行は、Cup Exploration社の手形とPalermoの個人手形を統合した。

Palermoの主張するところでは、Palermo自身がその役員・従業員であり、彼の直系の親族によって創設・所有されているThree Sisters Investments社に対しても、その統合手形の保証が要求された。その総額はおよそ64万1千ドルにのぼった。統合手形の差引残高が「当初のCup Exploration社の手形にほぼ等しい額の」24万8,000ドルに達したとき、原告らは不渡りを出したため、原告らはBHCA106(b)条に基づき、銀行の抱合せ契約と互恵取引を理由とする損害賠償請求訴訟を提起した。

第一審裁判所は、銀行の行為は自己の債権を保全するために採られる従来の銀行業務であり、BHCA106(b)条に違反しない、また、銀行の競争阻害的行為が証明されていない、その投資を保護する銀行の利益は重要であると判示した。原告らは控訴した。

【判旨】控訴棄却

第10巡回区控訴裁は、BHCA106(b)条の文言とその立法経過に基づいて、競争阻害的行為の証明が必要ではないとする原告の主張を退けた。その際控訴裁は、競争阻害的効果(anticompetitve effect)の証明と競争阻害的行為(anticompetitive conduct or practice)の証明の違いを指摘している。BHCA106(b)条では原告は問題となっている行為の現実の競争阻害的効果、すなわち銀行のtying product市場に対する優越ないしコントロール、又は、実質的な量の取引の関与、を証明することは必要とされない[70)]。しかし、(1)訴えの対象となった行為が競争阻害的であること、(2)その行為が結果として不当な競争を生じたり競争を減殺したこと、及び、(3)その行為がたんに銀行の追加融資の保護を可能にするだけでなくなんらかの方法で銀行に利益をもたらしていることを証明しなければならない[71]。

Palermo事件判決は、Parsons Steel事件判決、Davis事件判決のBHCA106(b)条解釈を踏襲する判決であり、それに関して目新しい点はない。ただ面白いのは、控訴裁が、原告は競争阻害的効果と競争阻害的行為を区別していないと指摘している箇所である。そしてBHCA106(b)条事件では一般反トラスト法のように競争阻害的効果の証明は必要でないが、競争阻害的行為の証明は必要であるとする。しかし、競争阻害的効果がFortner事件判決などで示された「tying product市場における優越ないしコントロール」と「実質的な量の取引への影響」を証明することであるとは述べているが、競争阻害的行為が具体的に何を意味するかについては何も明らかにしていない。判決は、Parsons Steel事件で示された3要件を繰り返すだけである。

BHCA106(b)条の解説者はいずれも、「競争阻害的効果」と「競争阻害的行為」を区別していない。両者の違いはことばだけのものに過ぎず、たんに競争阻害的効果の証明を不要としたCostner事件判決などの先例との間でdistinguishを図るためにそうした術語を用いていると考えている。

本件で第10巡回区控訴裁が両者の区別に触れながら競争阻害的行為についてだけは何ら説明を加えていない点は、こうした解説者の見解について首肯させるものである。

⑰ Dibidale of Louisiana v. American Bank & Trust Co., 916 F.2d 300 (5th Cir. 1990)

【事実】1987年初め、Dibidale Securities Establishment（DSE）はその子会社であるDibidale of Louisianaを通じてFederal Savings and Loan Insurance Corporation（FSLIC）が所有するルイジアナ州の半ば完成したタウンハウス及びボートハウスの造成地を購入しようとした。FSLICの開発管理を行う建設請負業者Robert WagnerはDibidaleにそのプロジェクトの完成には400万ドルかかるとの見積を示した。Dibidaleの代理人Nicolas Popichと設計士

Leonard Spangenberg によれば、Dibidale は造成地を入手しプロジェクトを完成させるのに必要な融資を得たら Wagner に対して契約代金を支払う用意をしていた。

Popich は American Bank の取締役で弁護士の Peter Butler と接触し融資交渉を開始した。これらの交渉の過程で起こった事態は現在の議論の核心部分をなしている。Spangenberg と Popich が提出した宣誓供述書によれば、Butler は電話で彼らに、American Bank は Ronnie J. Theriot が社長をしている National Building and Contracting Co. が当該開発の建設請負業者かプロジェクトマネージャーとなることを望んでいる、と告げた。Spangenberg と Popich はニューオーリンズに出向いて融資について協議を行い American Bank の代理人から Theriot に紹介された。American Bank と First National はこの時点で共通のオーナーの所有下にあった。American Bank との交渉の過程で Popich は Butler や American Bank と First National 両行の CEO である William Whitmore、両行の役員である Abel Caillouet 及び Robert Blanchard と会見した。

その申立てによれば、Whitmore を含む American Bank の代理人たちは、Theriot が信頼できる事情について Spangenberg と Popich に説明しそのプロジェクトに関して Theriot と契約することを勧めた。Popich によれば、Theriot の名はどの会合でも常に口にされ、Whitmore は Theriot が請負人であれば American Bank は「安心して」融資できると言明した。その後の会合で Butler は Popich に、Theriot が仕事を得ることを American Bank は望んでいると告げた。Theriot が融資の条件であると American Bank の誰もはっきり口にしなかったことは認めたが、銀行との交渉においてこのことは明らかだったと Popich は主張した。

最終的に Spangenberg と Popich は、Dibidale が Theriot と請負契約を結ぶことを決めた。American Bank はこの決定を知らされた翌日に融資を行う旨の書簡を送付した。Dibidale が知らないうちに First National が当該融資に参加していた。当該融資契約の 6.03 条は Dibidale に対して、同社が「複数の潜在的請負契約者」のなかからNational Buildingを選択したこと、及び、同社がその選択に関して「いかなる方法であれAmerican Bankからの強制がなかった」ことを証明するよう要求していた。

Dibidaleの主張では、融資交渉の間、American BankとWhitmoreはTheriotとNational Buildingの財務状況に関する資料を開示しなかった。WhitmoreはFirst NationalのCEOとして、Theriotが同行から300万ドルを超える融資を受けていたこと、その融資が弁済不能であったことを知っていた。WhitmoreはまたDibidaleとの交渉プロセスの間、TheriotとNational BuildingのFirst Nationalに対する債務が整理され、National Buildingの負債がすべてFirst Nationalに弁済されるべく指定されていたことも承知していた。

請負契約の締結からほぼ1年たって、TheriotはDibidaleに、400万ドルではプロジェクトは完成しないので、もう140万ドルが必要になると通告した。DibidaleはAmerican Bankから通告どおりの額を借り入れた。そのさらに1月後、Theriotが再度追加工費をDibidaleに要求した時点で、DibidaleはTheriot及びNational Buildingとの建設工事請負契約を破棄した。Dibidaleによれば、Theriotに対しては487万3,766ドルの建設工事代金よりも25万ドル余分に支払われてたが、200万ドル余りの建設工事留置権が当該プロジェクトを妨げていた。

American BankとFirst Nationalは全く別の説明を行った。DibidaleがAmerican Bankからの融資が焦げ付くことを回避しようとする見え透いたでっち上げである、と両行は主張した。

Dibidaleは、American Bank、First National、Whitmore、Caillouet、Frederic、National Building及びTheriotを被告として、BHCA106(b)条の抱合せ禁止規定に基づき、民事損害賠償請求訴訟を提起した。地方裁判所は、BHCA106(b)条は銀行のみを被告とすることができるとして、Whitmore以下の個人を被告とする訴訟についてDibidaleの訴えを却下し、被告銀行に対する訴訟については、抱合せに関して強制があったことの証明がないとして請求を棄却した。

【判旨】一部破棄差戻

第5巡回区控訴裁判所のこの判決は、BHCA106(b)条についてかなり詳細な分析を行っている。以下、若干長いが控訴裁の分析を引用する。

「一般反トラスト法はそれぞれ、特定の条件付取引ないし抱合せ契約を禁止しており、そうした取引では、ある製品（tying product）の売り手は消費者による別のもの（tied product）の購入又は供給を条件としてその製品の販売を行うのである[72]。これら諸条項の適用範囲は一般商業のみならず銀行業を含んではいるが、その銀行業務の文脈での適用可能性は疑問の余地がある。第1に、クレイトン法3条は商品の販売又はリースのみを規律しており、サービスを規制対象としていない。第2に、シャーマン法又はクレイトン法違反を主張する原告に対して比較的厳格な証明責任を課している最近の判例法[73]は、これらの法律による抱合せの申立てが認められることを困難にしている。第3に、銀行業のユニークな特質が、他のそれほどsensitiveではない経済分野と比較して、銀行業務の文脈での条件付取引を禁止することをより重要にしている。

議会は「銀行の経済力の利用が競争の減殺又は不公正な競争慣行を導くことがないようにする明確な法律上の保障を提供する目的で」[74]BHCAの抱合せ禁止規定を制定した。銀行業の経済力は、融資に対する銀行の全体的コントロールに由来している。銀行が営むこのユニークな経済的役割に照らして、議会は融資に係る条件付取引を固有に競争阻害的なものと認め、銀行及びノンバンク競争者の不利に働いたのである。したがって抱合せ禁止規定は、銀行による融資の拡大における条件付取引を、最高裁が一般反トラスト法に従って行ってきたよりももっと厳正に規制することを意図していた[75]。

この銀行業に対するより厳正な規制の中心は、銀行抱合せ禁止規定から市場占拠率及び競争阻害的効果の要件を排除してしまうことであった。これらの要件は一般反トラスト法による抱合せ訴訟の基礎であった。シャーマン法1条違反の違法な抱合せ契約を証明するために、原告は、(1)被告がtying productについて消費者がtied productを購入し又は売り手と互恵取引を行うよう強制するのに十分な市場力を有していること、及び、(2)申立ての対象となっている契約が「実質的な量の取引」を締め出していること、を証明しなければならない[76)]。対照的に、1972条に基づく違法な抱合せ契約又は互恵取引の要件は、抱合せを行っている銀行の市場力や申立ての対象となっている契約の競争阻害的効果を証明することなしに、賠償を受けることができる」。

結論として第5巡回区控訴裁は、抱合せ契約の強制を証明する必要はないと述べて、事実についてさらに審理を行わせるため、事件を地裁に差し戻した。

本件で控訴裁は、一般反トラスト法の比較的厳正な証明責任が抱合せ契約を違法とするのを困難にしていると指摘し、併せて銀行業の文脈における条件付取引禁止の重要性に注意を喚起している。そして、1970年BHCA改正の立法意思を「最高裁がこれまで一般反トラスト法に従って行ってきたよりももっと厳正に規制すること」であったと言いきっている。これまでの諸判例が立法資料としてBrooke上院議員の補足意見を引用するだけであったのと比べると、本件の立法資料に関する分析は実質的であり説得的である。

また、本件判決はCostner事件判決やSharkey事件判決の系列に属するかといえば、つまり、銀行が原告に課した融資条件の競争阻害性が明白であり競争阻害的行為の証明は必要でないと判断されたケースかといえば、はっきりしない。本件で控訴裁は事実についてはっきりさせるために事件を地裁に差し戻したからである。

⑱ Cohen v. United American Bank of Central Florida, 83 F.3d 1347 (11th Cir. 1996)

【事実】Andrea Ruffは破産事件でLake Tech社の訴訟代理人であった。彼女はLake Tech社株の購入に関連して控訴人Cohenらと知り合った。Ruffは、

Lake Tech社は主として政府機関に向けて道路標識のためのマーケットニッチを開発したが、キャッシュフローの問題があって在庫の購入と入札手続のために資本注入を必要としていると説明した。Cohenらはこの話に関心を示しRuff及びLake Tech社社長と契約のための交渉を行った。契約の内容は、Cohenらを社長の娘Keriが株主であるKCB社の株主とするものであった。表向きにはマイノリティの入札資格を得る目的で、控訴人CohenらとKeriがKCB社の全株式を所有した。KCB社がLake Tech社が落札するはずの入札を落札して仕事をLake Tech社に下請けさせる。そしてKCB社が契約額の10%、Lake Tech社が90%を取るということで一同は合意した。

Cohenらは United AmericanのCash頭取と接触しKCB社のために50万ドルの融資を求めた。Lake Tech社は注文に応じるために在庫を増やしたいが、精算会社に転落するリスクがある。そこでKCB社を使って迂回融資をして欲しいと申し出たのである。Lake Tech社は弁護士料金の17万5,000ドルをRuffに対して負っているから、KCB社に対する融資はLake Tech社の操業を続けさせ、Lake Tech社がRuffに債務を弁済できるようになる。当時RuffはUnited Americanに弁済しなければならない債務を持っていたので、Cohenらは融資の2.5%を直接Ruffに支払ってRuffのUnited Americanに対する債務を減らすことを提案した。Lake Tech社への迂回融資は同社を存続させるから、Ruffは破産手続でLake Tech社に法務サービスを続けることができ、United Americanへの債務が焦げ付くおそれも小さくなる。CashがRuffとこの問題を話し合ったところ、Ruffはこれに同意し、KCBへの融資まで小切手を第三者預託する条件で自分のローンの支払いとして5万ドルの小切手を送った。Cashは口頭で融資に同意したが、12万5,000ドルを融資しただけで、Ruffが5万ドルをUnited Americanに支払うのでなければ融資を続けないという態度に出た。

CohenらはUnited Americanを被告に、融資の条件として第三者のローンの返済を条件とするのはBHCA106(b)条に違反するとして、損害賠償請求訴訟を提起した。地裁は抱合せに関して略式判決を認め、再審を拒否した。

そこでCohenらが控訴した。

【判旨】控訴棄却

控訴裁は、Parsons Steel事件判決など[77]を引用して、BHCA106(b)条違反を主張する原告は、融資条件が(1)通常ではない銀行の行為であること、(2)競争阻害的な抱合せ契約であること、かつ、(3)その行為が銀行に対して利益をもたらすことを立証しなければならないとした上、控訴人がその主張を証明する証拠を提出していないと判決した。

本件Cohen事件判決もParsons Steel事件判決やDavis事件判決と同じ解釈をとる判例であり、競争阻害的効果の証明は必要ではないが競争阻害的行為の証明は必要だとする。これまで検討してきた諸判例を見る限り、下級裁判所のBHCA106(b)条解釈はParsons Steel事件判決のライン、すなわち実質的に銀行による正当事由の提出を認め、合理の原則によって審理を行う方向で確定してきている。Costner事件判決などのような当然違法原則による抱合せ事件処理は例外的な状況である。

下級裁判所によるこのようなBHCA解釈にはコメンテーターからの批判が寄せられている。1つはもっと一般反トラスト法の運用に近い解釈を行うべきであると主張する批判であり、いま1つはいまよりも厳正なBHCA解釈が妥当だとするものである。いずれの立場が妥当であるかについて筆者はコメントする立場にないが、後でこれら解説者の考え方を紹介したいと思う。

c．強制の証明

BHCA106(b)条解釈を巡る第3の争点は、抱合せ契約において銀行による強制があったことを証明する必要があるかどうかという問題である。

一般反トラスト法判例では、かつてTimes-Picayune Publishing Co. v. United States, 345 U.S. 594 (1953) 事件判決において最高裁が、「ある商品の販売の条件として別の商品の購入を要求することによって、tied productのメリットについての買い手の自由な判断の放棄を強いるとともに開かれた市場の競争圧力からtied productを隔離する」と述べたうえで、抱合せ契約の「核心は第2の別異の商品の強制的購入にある」[78]と判示した。さらにJefferson Parish事件で最高裁がそれと似た言い回しを用いたことから[79]、強制の証明が必要かどうかについて下級裁の判例が分かれた経緯がある[80]。この一般反トラスト法の解釈を巡る対立がBHCAではどのような解決を与えられているかについて見ておこう。

⑯ Dibidale of Louisiana v. American Bank & Trust Co., 916 F.2d 300 (5th Cir. 1990)

【事実】前出⑯事件

【判旨】一部破棄差戻

第5巡回区控訴裁は、BHCAにおける強制の証明について、やはり立法経過に依拠している。議会はBHCAの抱合せ禁止規定を制定する際に当該産業の全体的な経済力とそのユニークな役割から、特定の産業を規制しようとしていた、と控訴裁は述べて、次の立法経過の部分を引用した。

「抱合せは、売り手による事実上の強制から発生する場合もあれば、競争市場でそれを探すよりも他の製品又はサービスを「任意に」受け入れる［又は提供する］ことで、自分が稀少で重要な商品（融資のような）を確保するよりよい機会にあるとの消費者の理解から生ずる場合もある。いずれの場合でも、顧客がもはやそれ自体の経済的価値に基づいて製品やサービスを購入しないのであるから、競争は阻害的な影響を被ることになる。

他の製品又はサービスの受入れというよりは顧客による製品・サービスの誘因的提供を含む互恵取引もまた、こうした自主性を欠いた又は「自主的な」やり方で起こることがある」[81]。

本件において被控訴人であるAmerican BankとFirst Nationalは、議会がいわゆるBennett改正案を採用したときにこうした「任意の」抱合せ契約を106(b)条の適用範囲から議会は慎重に除外した、と主張した。最初に法案が作成された時点では、106(b)条は、顧客が他の製品又はサービスを受けるという「条件、契約、又は了解」の下に銀行が融資を拡大することを禁止していた。Bennett修正はこれらの文言を「条件又は要件」という句に置き換えた。だが、Bennett上院議員のコメントが明らかにしているように、この修正の目的は銀行と借り手との取引が同時に行われたと原告が主張する極端なケースだけを106(b)条の適用範囲から除くことであったというのである。

これに対して控訴裁の判断は、強制の証明は不要とするものであった。控訴裁は次のように議論を展開している。

議会が「条件又は了解」という文言をやめて「要件」という語に置き換えたことは、同時に行われる銀行による特定の顧客に対する2以上のサービスの履行や顧客からの預金又は他のサービスの受入れをベースとした抱合せと排他条件付取引について生ずるかもしれない推論と意味を排除することが意図されている。修正法案は、本条項違反が行われたことを証明するためには、銀行の課す条件又は要件が証明されなければならないということを要求している[82]。

消費者に抱合せ契約を受け入れることを強制する力は、直接強制を企てた者の市場力と関連する一般の市場とは異なって、銀行業では個々の銀行の市場力とは無関係であって、強制力は銀行業務の関係自体に固有のものである。銀行コネクションをつくったり断ったりすることに係る取引コストは、銀行を変えることから生じる秘匿性の高い財政データの喪失と並んで、銀行の頻繁な変更を思いとどまらせる[83]。こうした事情は、「任意の」抱合せ契約の押しつけに適した条件を備えており、市場力や強制に力点を置く一般反トラスト法の抱合せパラダイムとは大きく異なっている。

このような銀行業の特殊性を前提とする限り、強制の証明を要求することは誤りであると考えられる。BHCA106(b)条に基づくDibidaleの主張を検討した際に強制要件を上書きした点で、地裁は誤っている。控訴人Dibidaleは、Theriotの雇用がAmerican Bankから融資を受ける「条件又は要件」であったと主張するだけで足りたのである。

Dibidale事件判決はこのように、強制の契機は銀行業務の関係に固有なものであることを理由として、一般反トラスト法の事件とは区別してBHCA訴訟では強制の証明は不要であるとしている。銀行業務の特殊性、すなわち取引銀行の変更に伴う(1)取引コストと(2)秘匿性の高い財務データの喪失は、事業者が取引銀行を変更するのではなしに抱合せ契約を選択する契機となる。ここには事実上の、又は経済的な強制が働いている。具体的な「強制」の証明を要件とするまでもなく、「強制」の存在は推定されるのである。

⑲ Gulf States Land & Development v. Primer Bank N.A., 956 F.2d 502 (5th Cir. 1992)

【事実】1986年原告＝控訴人Palowsky夫妻、Smiarowski、James夫妻、Meredith夫妻は、分譲地開発目的でNorth Pointeと呼ばれる土地区画を購入した。共同原告らはこの土地を開発するために原告＝控訴人Gulf States Land & Development社を設立した。当初James、Meredith両夫妻がこの土地の購入に関心を示していたが、融資を担保するに十分な資力を持たなかったため、融資銀行である被告＝被控訴人Primer Bankの仲介でSmiarowskiが買い手に加わることに同意した。そしてPalowsky夫妻は買い手に加わることに同意したが、裁判では、Primer Bankの副頭取であったHoodがPalowskyの履歴を私的に調査して入手した情報を用いてPalowskyを脅迫したため、強制されて買い手に加わったと主張した。また、Palowsky夫妻とSmiarowskiは別の取引に関してPrimer Bankから融資を受けており、Gulf States Land & Development社への参加はPrimer Bankへの債務の一部免除と追加担保の提供が条件となっていた。North Pointeの取引に関してHood副頭取は286万8,000ドルの融資予約書面を本件原告らに送付した。そのうち80万ドルがNorth Pointeの購入価額にあたっていた。

1988年3月、240万ドルを融資したにもかかわらず分譲住宅は175戸のうち54戸分しか開発されていなかったため、Primer Bankは原告らに対してNorth Pointeのデベロップメント・ローンについて追加融資を行わない旨を通知した。同行は原告らから抵当物件を差し出されていたが、それは本件デベロップメント・ローンの未払い債務に比べ100万ドルほど不足していた。同行は原告らに追加保証をするか担保価値の不足分を現金で支払うかのいずれかを求めた。

原告らはBHCA、シャーマン法、クレイトン法及びルイジアナ州反トラスト法に基づき損害賠償請求訴訟を提起した。地方裁判所は原告らがこれら法律の要件を立証していないとして略式判決によって被告Primer Bankの勝訴とした。原告らが控訴した。

【判旨】控訴棄却

本件で問題となったのは、HoodがPalowskyの履歴を調査して得た情報を用いてPalowskyを脅迫したとされる点であった。Palowskyはこれによって North Pointeの購入開発融資に加わることを強制されたと主張した。地方裁判所と第5巡回区控訴裁は、これらの主張は原告のBHCAの申立てに関して重要性を持たないと認定した。控訴裁によれば、主張された恐喝はそれ自体ではBHCA違反にあたらないし、North Pointeを巡る取引に関するBHCA違反の主張の要件を証明するものでもない。

控訴裁は原告らの控訴を棄却した。

本件では経済的強制というよりは脅迫行為が問題となっている。判旨は具体的な議論を展開せずに結論だけを示しているが、本件で主張された争点が経済的強制力の存在でなく脅迫であったため、BHCA解釈と無関係と判断したのである。したがって本件では、BHCA106(b)条訴訟において強制の証明が必要かどうかの解釈は開かれたまま残されることになった。

d．法定適用除外

ここではBHCA106(b)条の法定適用除外に関する判例を扱う。Tose事件判決とParsons事件判決によってはじめられDavis事件判決によって確立した、事実上合理の原則によるBHCA審査のラインは、BHCA106(b)条の法定適用除外に着目することからはじまり、適用除外を判例によって拡大する傾向をもたらした。現在のところこの適用除外の拡大がどこまで及んでいるのかを検討することがこの節の目的である。

(ア)　従来からの適正な銀行業務

⑳ B. C. Recreational Industries v. First National Bank, 639 F.2d 828 (1st Cir. 1981)

【事実】1964年9月、原告＝控訴人B. C. Recreational Industry社（以下、BC社）は被告＝被控訴人First National Bank of Boston（以下、銀行）とファクタリング契約を締結した。1969年銀行はBC社の融資及び担保に関する同行の権利を同行の新規関連会社であるFirst National Factors of Boston社に譲渡した。BC社のファクター・ローンを扱ったと同じ役員が引き続きFirst National Factors of Boston社で同一業務を扱うことになった。1970年9月1日BC社はFirst National Factors社との新規ファクタリング契約を履行し、それに基づき、銀行が担保と考える財産に関するすべての担保上の権利を同社に与えた。この時点での担保はファクター・ローンに関して通常行われる売掛金の譲渡であった。

1972年First National Factors社は社名をFNB Financial Company（共同被告）へと変更した。ファクタリング契約については変更がなかったので、BC社は引き続き同じ役員と取引を行った。FNB社はマサチューセッツ州事業信託会社として設立された。同社の全株式は、銀行の全株式を所有する銀行持株会社であるFirst National Boston Corporationによって所有・支配されていた。銀行、FNB、First National Boston Corporationの3法人は、同じビルに住所を置き、共同事務所を共有し、共通の取締役を置き、しばしばお互いの事務器具を利用していた。

1972年8月FNB社はBC社に対して共同被告John Horvittを常勤相談役として雇い入れることを求めた。これは、BC社は不安定な財政状況にあるとFNB社が考えたためであった。Horvittは1974年5月までBC社の相談役として勤務した。1974年2月2日BC社は第11章の破産手続を申し立てた。

1974年12月23日付の約定及びBC社の破産手続における申立てから、1972年8月に、BC社のオーナー及び取締役から構成されるFireman Reality Trustは、銀行の代理人であるFNB社に、フロリダ州マイアミ及びマサチューセッツ州ブレイントリー並びにストートンの同信託会社が所有する特定財産について譲渡担保を与えたことが窺える。同信託会社はまた銀行に対して、イリノイ州シカゴにある不動産に対する同信託会社の受益権への担保権を与えた。同じく約定によれば、共同原告であるSteven、Paul、Harry及びSamuel Firemanは個人所有株式を融資の追加担保として銀行に差し入れていた。

BC社及びFiremanらは、銀行が子会社であるFNBを使ってBC社にHorvittを雇い入れることを強制したこと、その目的はBC社の事業力を強化することではなく同社を経営して銀行のファクター・リーエンがいかなる場合にも完全に保全されるようにするにあったことを主張し、BHCA106(b)条を含む9つの訴訟原因に基づいて連邦地方裁判所に民事訴訟を提起した。地裁は略式判決を求める被告銀行の申立てを認め、9つの訴訟原因のうち2つについて略式判決で原告の請求を棄却するとともに、残りの7つの訴訟原因について却下判決を行った。そのためBC社及びSteven、Paul、Harry及びSamuel Firemanが控訴した。

【判旨】控訴棄却

本件では、銀行が融資の条件として特定の人物を借り手である事業者の財政顧問に就任させるよう要求したことがBHCA106(b)条に違反するかどうかが争点となっていた。

第1巡回区控訴裁判所は、FNBをFirst National Bankの代理人と位置づけ、FNBを介してBC社はFirst National Bankとファクタリング契約を締結していたとした上で、争点の検討に入っている[84)]。

控訴裁はまずBHCA106(b)条の立法経過を検討して、同法の立法経過からは同法の目的が銀行による経済力の濫用による競争の減殺や不当な競争を阻止することであったことが明らかである[85)]とする。「だが委員会は、この規定が従来からの適正な銀行業務に干渉することを意図していな」[86]かったのである。次に裁判所の先例によれば、抱合せ禁止規定は従来からの適正な銀行業務に干渉する意図ではない[87]。また、Sterling Coal Co. v. United Am. Bank, 470 F. Supp. 964, 965 (E.D. Tenn. 1979) 事件判決で、裁判所は「同法は銀行がその投資を保護しようとすることを禁止していない」と判示した。同裁判所は明示的に、株式の購入や配当の支払いに対する拒否権を含めて、銀行が原告の当座勘定その他の会社の活動を監督・統制することを融資の許与ないし拡大の条件とすることは、同法によって禁止されていないと判示した。

原告らは、Horvittを雇用するよう銀行に強いられたことが、「顧客が当該銀行に対して、貸付、割引、預金又は信託役務に関して、またそれらとの関連において通常提供される以外の、なんらかの追加的信用、財産又は役務を提供する」ことを禁止するBHCA106(b)条(C)項違反にあたると主張するが、Horvittが First National Bank 又は FNB のいずれかと財政的な関係を持っていたことを示す証拠はないのであって、Horvittが経営を掌握することで First National Bank に追加的保証を提供した可能性はあるにしても、それは「追加的信用、財産又は役務」に該当しない。控訴裁は、主張される抱合せが存在しないか又は証明されていない上に申立ての対象となった契約は同法により認められている従来からの正当な銀行業務に該当するのであるから原告らの主張は失当である、と判示した。

銀行が経営危機にある事業者に対して財務の専門家を送り込むという実務はしばしば行われている。B.C. Recreational Industries 事件判決は、こうした実務が「従来からの正当な銀行業務」ないし「競争阻害的でない方法によって銀行がその投資を保護しようとする試み」にあたり、BHCA106(b)条の適用除外となる正当行為であるとした。

本件判旨で気にかかる点は、第1巡回区控訴裁が「従来からの正当な銀行業務」ないし「競争阻害的でない方法によって銀行がその投資を保護しようとする試み」を適用除外とした推論過程である。控訴裁は上院報告書における Brooke 議員の発言を根拠にそうした判断を行っている。

ところで BHCA106(b)条(A)項は、「顧客が当該銀行から貸付、割引、預金又は信託役務以外の、なんらかの追加的信用、財産又は役務を得ること」を禁止すると定め、抱合せ契約について「貸付、割引、預金又は信託役務」という「従来からの正当な銀行業務」を適用除外している。また、同条(C)項は、「顧客が当該銀行に対して、貸付、割引、預金又は信託役務に関して、またそれらとの関連において通常提供される以外の、なんらかの追加的信用、財産又は役務を提供すること」を禁止すると定めて、互恵取引に関して「従来からの正当な銀行業務」を適用除外としている。

したがって、わざわざ立法経過を引用するまでもなく、銀行による抱合せ契約と互恵取引については「従来からの銀行業務」の適用除外が BHCA106(b)条に法定されているのである。立法効率に優れたアメリカでは法解釈の指針としてしばしば立法経過が引用されるのは当然であろう。だが、法律が明文で規定している事柄についてそれを引用することなしに立法経過に依拠するというのは、立法意思説になじんだわれわれの感覚からは多少納得できない点が残るのである。

さらに控訴裁は、財務専門家の雇入れが「競争阻害的でない方法によって銀行がその投資を保護しようとする試み」にあたるとする。実務としての妥当性はそのとおりだが、これは McCoy 事件、Clark 事件、Sterling Coal Co. 事件の先例を根拠としている。しかしこうした解釈は法律との間で齟齬を生じている疑いが残る。BHCA106(b)条(E)項は、「顧客が、当該銀行が信用取引において当該信用の健全性を確保する目的で合理的に課す条件又は要件でなくして、当該銀行、当該銀行の銀行持株会社又は当該銀行持株会社のいずれかの子会社の競争者から何らかの他の信用、財産又は役務を得てはならないとすること」を禁止しているが、ここで適用除外として法定されている「当該銀行が信用取引において当該信用の健全性を確保する目的で合理的に課す条件又は要件」は、あくまでも排他条件付取引の禁止について定められた適用除外なのである。

B.C. Recreational Industries 事件が排他条件付取引でないことは明らかであるから、本件に関して「競争阻害的でない方法によって銀行がその投資を保護しようとする試み」が適用除外されるというのは、少なくとも法律を素直に読む限りでは、無理を感じさせる解釈ではないだろうか。その意味で B.C. Recreational Industries 事件判決は、少なくとも「競争阻害的でない方法によって銀行がその投資を保護しようとする試み」に関して拡張解釈を行っていると思われる。

⑷　競争阻害的でない方法によって銀行が投資を保護しようとする試み

㉑ Palermo v. First National Bank & Trust Co., 894 F.2d 365 (10th Cir. 1990)

【事実】前出

【判旨】控訴棄却

本件では、銀行の顧客である会社の手形について同じく銀行の顧客である同社の株主＝経営者の裏書保証を求める行為が「従来からの正当な銀行業務」の正当事由として認められるかどうかが争点として争われた。

第10巡回区控訴裁判所はこの問題に関して、やはり立法経過に依拠した解釈を行っている。裁判所によれば、この点に関する立法経過は同法の適用範囲がその成立までの間重要な争点となっていたため、「信頼できる［立法者］意思を示すものとして十分に明白、明確かつ整合的である」[88)]。それによれば、BHCA106⒝条は上院本会議において狭く限定され、「ある特定の、いわゆる従来からの銀行サービス、すなわち貸付、割引、預金及び信託サービス、に対する適用を除外され」たのであった[89)]。この従来からの銀行サービスと関連する慣習的取引は適用を除外される[90)]。たとえば、融資の前提条件として顧客に課される以下の条件はこの条の適用を除外される。すなわち、1）融資の代償措置としての預金の積増し要求、及び、2）銀行に対する融資の弁済を確実にするための融資限度額の制限、がそれである[91)]。この条項はまた、3）顧客が「その銀行との全体的な関係に基づいて、銀行との間でそのコストと手数料について交渉する」ことを認めている[92)]。

また控訴裁は傍論として、「1972条（BHCA106(b)条）は銀行がその融資について十分な保証となる手段を採ることを妨げるものではない」と述べて、B.C. Recreational Industry 事件判決と McCoy 事件判決を引用している[93]。

したがって本件のように、銀行が顧客への融資に関連して代替担保又は追加担保を要求することは106(b)条に違反しない[94]。また先例によれば、1）2名の社員しかいない非公開会社が銀行の顧客である場合、銀行は会社に対して株主の個人責任で保証するよう求めたり、2）銀行がただその投資の価値を保護しようとしているだけの場合であれば、場合によっては株主の1人に対する個人融資によって利息を支払うよう求めることができる[95]。さらに、3）銀行は関連する事業の買い手に売り手の債務を引き受けるよう求めることができるし[96]、4）顧客の財政事情が悪化した場合に、銀行は以前の無担保融資の更新のために追加担保として譲渡抵当を要求することができる[97]。

本件で控訴人 Palermo が申し立てていたのは抱合せ契約と互恵取引であった。したがって厳密に条文を解釈する限り「競争阻害的でない方法によって銀行が投資を保護しようとする試み」が正当事由として問題になるはずはない事件であった。本件でも控訴裁は立法経過に依拠して抱合せ契約や互恵取引についても「競争阻害的でない方法によって銀行が投資を保護しようとする試み」が正当事由として機能することを明白にした。

ここで Palermo 事件判決を取り上げたのは、判旨に見るように、「競争阻害的でない方法によって銀行が投資を保護しようとする試み」に該当するとされた銀行の行為がリストアップされているためである。

もう1つ Palermo 事件判決の先例となった事件を取り上げておく。

⑫ Parsons Steel v. First Alabama Bank of Montgomery, 679 F.2d 242 (1982)

【事実】前出 ⑫ 事件

【判旨】控訴棄却

本件では、銀行が債務不履行のおそれがある企業に対する追加融資の条件として経営陣と所有者の交代を要求したことがBHCA106(b)条に違反するかどうかが問題となっていた。

第11巡回区控訴裁は、連邦議会は競争阻害的な行為が関わっているのでない場合には、銀行がその投資を保護する試みに干渉する意図ではなかったとする。なぜならば、銀行が様々な状況において債務不履行から自らを護る特別な方法を考案することを当然違法として禁止した場合には、銀行による融資を消極的にし抵当権の実行や破産を引き起こすという望ましからざる結果を引き起こしかねない。立法経過からはこのような当然違法原則を支持することができない。それを傍証する事実として、反トラスト条項案の初期バージョンは融資に関して銀行が融資を求める顧客に銀行からの追加サービスを購入することを要求する条件をすべて連邦準備制度理事会の審査にかからしめることになっていたが、修正されてBHCA106(b)条のもっと限定的な文言に包摂されることとなった。同条は競争阻害的行為を禁止する一方で、明文で銀行が自らの投資を護るために特定の措置をとることを許している[98]として、控訴裁は当該銀行の行為が106(b)条に違反しないとした。

控訴裁は106(b)条が明文で「競争阻害的でない方法によって銀行が投資を保護しようとする試み」を適用除外しているといっているが、再三指摘したように、この「明文」は排他条件付取引を禁止した106(b)条(E)項である。そして本件Parsons Steel事件は銀行が債務不履行のおそれがある企業に対する追加融資の条件として経営陣と所有者の交代を要求した抱合せ事件であって、排他条件付取引に関する事件ではない。

やはり「競争阻害的でない方法によって銀行が投資を保護しようとする試み」を適用除外とする法理は、立法経過を手がかりに裁判所が創設したjudge-made lawであるというべきであろう。

最後に、第3の正当化事由である「通常融資に関連する条件」に関する判例を見ておこう。

⑼　通常融資に関連する条件

㉒ McCoy v. Franklin Saving Association, 636 F.2d 172 (7th Cir. 1980)

【事実】1978年8月原告Robert McCoyとJames McCoyの兄弟、及びRobertの妻であるLinda McCoyは、Tanaka夫妻からシカゴにある2階建て建物とコーチハウスを購入する契約を結んだ。この売買契約はTanaka夫妻が1978年10月4日までに特定の改修工事をすることを条件としていた。

ほぼ1週間後Robert McCoyは、被告Franklin Saving Association及び共同被告Mortgage Management Companyに対してこの売買契約を示して、売買価格の80%にあたる6万3,900ドルの譲渡抵当貸付を申し込んだ。8月28日Franklinは原告らに6万3,900ドルの融資について2%のサービス料金と100ドルの審査料金を含む9 7/8%の利息で45日の貸付予約書面を提案した。貸付予約の条件の1つは、Federal Home Loan Mortgage Corporationの「鑑定・検査フォーム442号」での鑑定・検査が期限までに実施されることであった。Management社の貸付担当者はRobert McCoyに、売買契約に定めるTanakaが行うべき改修工事の完了が条件であると告げた。原告らはこの貸付予約条件を受け入れ、9月15日にFranklin社のオフィスで最後の譲渡抵当文書を受け取った。Tanakaが要件とされた改修工事を完了しなかったため、貸付予約書面の発行から45日以内に売買は完了しなかった。

10月1日原告らは期限なしに当該財産を占有した。同日Robert McCoyはManagement社に電話し貸付予約の延長を求めた。貸付担当者は口頭で45日間の延長に同意し確認書面を送ると約束したが、そうした確認は行われなかった。

10月11日Robert McCoyは同じ貸付担当者に、売買契約に追加して同契約にはない高額の改修工事を行うつもりであると告げた。McCoyの主張では、彼はその貸付担当者からそのような改修工事が貸付予約に影響を及ぼすことはないし融資の期限の妨げにならないと聞かされた。原告はまた、自ら

Tanakaの約束した改修工事を行って工事を完了させ、11月10日までに新しい改修工事も「実質的に」完了させた。その時点で原告らは被告らに取引を履行するよう依頼した。原告らが10月11日に議論された追加の改修工事を完了していないことを理由に、被告らはこれを拒絶した。被告らは当然ながら、改修工事の未完成を望ましいと思っていなかったのである。

12月1日、融資に決着をつけるためにどのような手順が必要かを確認する目的で、James McCoyはManagement社の事務長（Office Manager）と話し合いを持った。Robert McCoyは同日付の事務長への文書のなかでこの会談についての原告側の理解を確認した。この文書によれば、事務長は原告らに当該財産についてすでに行われたかこれから行う補修工事のリストを要求した。その後、審査担当者が当該土地を訪れ改修工事に基づいてフォーム442号の新たな鑑定を行うことになっていた。そして満足のいくものであれば、Franklinが6万3,900ドルの当初貸付予約と7万5,000ドルを超えない新規の貸付約束の相違について条件付捺印証書に記載することになっていたのである。改修工事が完了した時点で保護預かり勘定が利用できることになっていた。

McCoyは書面で未完成のTanakaによる改修工事を除く改修工事計画のリストを渡すとともに、3ないし4箇月以内にリストに記載された建設工事が完了する予定である旨を通知した。McCoyによれば、原告らはFranklinの当時の利率を受け入れ、会談の内容と当初貸付予約の45日と同じ利率での確定期限付予約を文書で確認することを要求した。この文書ではMcCoyは「新たな貸付予約」を2度要求していた。新規予約に関する書面は数箇月後原告らの手元に届いた。

それまでの間に、その主張によれば、原告らは繰り返し電話をかけてMcCoyが12月1日の書面で述べた条件付捺印証書契約を終えるのにどのような手順が必要かを知ろうとした。1979年2月15日、被告らの主張では、被告らは原告らに、彼らの貸付予約が依然有効であること、譲渡抵当資金はChicago Title and Trust Companyが権原保証保険を承諾した時点で利用できることを告げた。3月15日、Chicago Title and Trust Companyが保険証書を発行することに同意しため、Robert McCoyはManagement社に電話してそのことを被告らに伝えた。当時のManagement社貸付担当者はMcCoyに、譲渡抵当資金は追加改修工事の完了まで利用できないと告げた。また、譲渡抵当が欲しいのなら「どこかよそをあたる」よう担当者はMcCoyに提案した。4月16日から7月24日にかけて、Robert McCoy、James McCoy及び彼らの弁護士との複数の会談において、被告らは、追加改修工事が完了するまで譲渡抵当資金が利用できないという立場を確認した。

7月9日、Franklinは再び原告らに改修工事のリストを作成するよう要求し、Robert McCoyは同日付でリストを提出した。7月24日、Franklinは原告らに7日の新規貸付予約書面を交付した。この予約は、8月2日までに受領されなければ失効するとされ、$10\,{}^{2}/_{3}$%プラスサービス料$2\,{}^{1}/_{2}$%の利息で6万9,000ドルを融資する内容であった。予約では、6万1,000ドルが購入終了時点で支払われ、残りの8,000ドルはTanakaとの契約書及び1978年12月1日付並びに1979年7月9日付のRobert McCoyの書面でリストアップされた改修工事が完了した時点で支払われることとされていた。ここでもまたフォーム442号による鑑定が要件とされていた。これには、原告らが1978年8月に支払った100ドルの鑑定・検査料に加えて、200ドルの鑑定・検査料が含まれていた。予約はすべての建設工事が8月31日までに完了することを条件としていた。原告らはこの申出を断り、この2回目の貸付予約書面が失効した8日後に本件訴訟を開始した。

訴状の訴訟原因Ⅰ及びⅡはBHCA及び貸付真実法に基づく連邦法上の請求を主張していた。訴訟原因ⅢないしⅤは契約違反、不法行為にあたる契約関係への介入、深刻な精神的苦痛の被害に関する付随的な州法上の請求からなっていた。1980年2月4日、地方裁判所は、訴訟原因Ⅰ及びⅡについては救済が可能な請求を述べていないとして、また訴訟原因ⅢないしⅤについては本案についての管轄権がないとして、被告らの請求棄却の申立てを認容したので、原告らは控訴を行った。

【判旨】控訴棄却

原告らは、被告らが最初の貸付予約書面の条件としてTanaka改修工事の完了を要求したことにより106(b)条に違反したと主張しているのではない。実際のところ原告らは、問題となっている第2回目の貸付予約書面の条件が最初の貸付予約書面に含まれていたのであれば、許容され得るはずだと主張している。したがって原告らの申立ての要点は、第1回目の貸付予約書面では要求されていなかったにもかかわらず、原告らが1978年10月に任意に行った大規模な改修工事の完了を要求することによって被告らが一方的にその第1回目の貸付予約書面の条件を変更したという点にある。だがBHCA106(b)条は融資契約の条件変更と関係がない。106(b)条は課された条件がどのような種類のものかということに関係しているのであって、それが課された時期とは関係がない。第1回目及び第2回目の貸付予約書面で課された条件は、「融資と関連性を持ち通常融資との関係において定められるものである」から、原告らが第1回目の貸付予約書面に関して主張しているように、106(b)条で禁止されている条件ではない。したがって地裁が行ったBHCA106(b)条に関する訴訟原因Ⅰの棄却は正当である。

e．出訴期間

最後に残った問題は出訴期間である。実体法的にはそれほど重要な問題ではないが、一般反トラスト法とBHCA106(b)条との関係を理解する上で意味があることがらなので引用しておく。

㉓ Kabealo v. Huntington National Bank, 17 F.3d 822 (6th Cir. 1994)

【事実】原告＝控訴人Phillip及びCharles Kabealoは産業廃棄物処理業者であるBuckeye Waste Control社（以下Buckeye社）の100％株主であった。Buckeye社は被告Huntington National Bankの顧客であり、同行から頻繁に借入れを行っていた。

1982年Phillip Kabealoは、当時売り出されていたLogan廃棄物処理場の購入資金について融資を打診するため、被告銀行にアプローチした。同銀行の融資担当者はKabealoのビジネスパートナーであり同銀行の顧客でもあるSteve Haleが加わるのでなければ融資はできないと述べてKabealoの申出を拒否した。そこでKabealoはHaleを加えた融資を申し込んだが、同銀行はやはり融資を断ってきた。1982年11月29日、KabealoとHaleは、両名とLogan処理場のオーナーであるMax Gehleが設立したLogan Waste Control社（以下LWC社）のためにPhillip KabealoとSteve Haleに対して貸付を求める提案を行った。Huntington National Bankは1982年12月1日これに同意した。

処理場の購入からしばらくして、Phillip Kabealoはオハイオ州環境保護庁（OEPA）にLogan処理場を拡張するため廃棄物処理場設置申請（PTI）を行った。この行政手続は1986年6月に完了した。Kabealoによれば、Kabealoは1987年の夏にLogan処理場を4,590万ドルで購入したいという買い手を捜し出したが、1987年9月にGehleとHaleが同処理場の自分たちの持分を各300万ドルで別の買い手に売却したため、契約は成立しなかった。

LWC社がLogan処理場を取得した後もBuckeye社は拡大を続け、Huntington National Bankの融資を受けて数カ所の処理場を取得した。この間KabealoはDonald MoorheadをBuckeye社社長に、またChristopher Whiteを同社営業部長に雇った。KabealoはBuckeye社株式のそれぞれ25%を両名に与えた。

1984年10月Huntington National Bankの新しい融資担当者がBuckeye社の担当になった。同月17日新担当はPhillip Kabealo、Moorhead、Whiteと会合した。この会合ではKabealoの債務の割賦弁済と25万ドルの追加融資について話し合われた。この会合でKabealo、Moorhead、Whiteは自分たちが所有するBuckeye社株式を銀行の担保とする書面を作成した。翌18日Kabealoは銀行担当者と再び会合したが、銀行はKabealoに、Buckeye社発行済株式の52%をMoorheadとWhiteに譲渡しなければ小切手の割賦弁済には応じられないと述べた。1984年11月7日Kabealo、Moorhead、Whiteは銀行の要求した持株配分を実施する閉鎖会社契約に同意したが、契約書作成からしばらくして、Kabealoは賃金抑制の一環として馘首された。さらに翌1985年1月KabealoはBuckeye社取締役を解任された。

Buckeye社の支配権をMoorheadとWhiteに委譲した契約書の作成から4年後、Logan処理場に関する銀行融資から6年以上後の1988年11月7日になって、原告KabealoらはBHCA106(b)条訴訟を提起した。そのなかでKabealoは1982年の融資に関してHuntington National Bankは不当な条件付融資を行ってBHCA106(b)条に違反したとKabealoは主張した。Huntington National Bankが共同所有者を要求せずKabealoがLWC社を100%所有していたならば、1987年にLogan処理場を売却して大きな利益を得ていたはずであるから、被告がその三倍額を原告らに賠償するよう請求したのである。地方裁判所は略式判決により原告の訴えを却下したため、原告らが控訴した。

【判旨】控訴棄却

第6巡回区控訴裁判所は、一般反トラスト訴訟であるZenith Radio Corp. v. Hazeltine Research, Inc., 401 U.S. 321 (1971) 事件判決を引いて、原告＝控訴人の控訴を棄却した。同判決は、損害及び訴訟原因が特定の日時に成立していたとしても、訴訟中の事実が推測的であってその被害額と被害の性質が証明できない場合には、訴訟の対象とされる行為から生ずると考えられる将来の損害は賠償の対象とはならないとしていた。さらに同判決によれば、「反トラスト三倍額賠償請求訴訟において過度に推測的であるとして将来の損害を認めないことは、現実の損害以外の損害について訴訟原因が提出されなかったと判決するに等しい。こうした場合、将来の損害に関する訴訟原因は、そういうものがあるとしても、それが発生した時点で初めて提起できる。その後原告は、原因となる事実が生じてから4年以内であればいつでも、損害を回復するため訴訟を提起できる」[99]のである。本件で主張されている損害は1982年の条件付融資を原因とするが、その損害は推測的であるに過ぎず、また、すでに融資から6年を経過しているから、出訴時効を徒過していると判示した。

また控訴裁は、推測的損害の原則（speculative damage rule）はBHCAに妥当しないとする被控訴人の主張を、次のように述べて退けている。Zenith事件で推測的損害の原則について説明する際に、White最高裁裁判官は「反トラスト三倍額賠償訴訟」について述べていた。BHCA106(e)条は、同法106(b)条の抱合せ禁止規定の違反により損害を受けた者は「被った損害の三倍額の賠償を得る権利をもつ」[100]と規定している。したがって同法に基づいて提起された訴訟はZenith事件判決の明示する文言に該当すると。

重要なのは、BHCA106(b)条違反に対する出訴時効について三倍額損害賠償請求を認めるBHCA106(e)条はなんら規定を置いていないことである。そのため、これについて争いが生ずると、どのようにしてこの問題に解決を与えるかが問題となる。第6巡回区控訴裁判所は、この問題に関する一般反トラスト法の先例を引いて本件の出訴時効問題に解決を与えている。ここでも、シャーマン法及びクレイトン法とBHCA106(b)条との関係を一般法と特別法ととらえて、特別法であるBHCA106(b)条に欠缺があるときには一般法である反トラスト法の条文や判例法に依拠するという実務が行われている。この点は、両者の関係を考える上で、もっと注目されるべきだろう。

(4)　解説者の見解

BHCA106(b)条をどう解釈するのか。銀行持株会社の銀行子会社が「貸付、割引、預金又は信託役務」に関連して「なんらかの追加的信用、財産又は役務」を顧客に求めるときには、特に銀行の融資はその顧客にとってはとりわけ強力であるから、tied productが他の一般的商品・役務である場合に比して、tying productである「追加的信用、財産又は役務」を拒否することは実質的に困難である。この点に着目して、一般に市場力のある銀行融資を背景にした抱合せは当然違法類型に分類されるべきであり、BHCA106(b)条はそうした考えから一般反トラスト法の特別法として制定されたと考える裁判所がある一方、銀行融資その他のサービスであっても常に市場力を有するとはいえないのであって、一般反トラスト法と同様、競争阻害効果が証明された抱合せ契約で、それを埋め合わせるだけの利便性などの正当事由が存在しない場合に限って禁止されるべきである。議会は念のためBHCA106(b)条を規定したのであって、同法は一般反トラスト法に準じて解釈されるべきであると考える裁判所が存在したのだった。

事態はアカデミックにおいても同様であった。上述した2つの立場が対立している。ここでは最初に、Arizona Law Review[101]とVanderbilt Law Review[102]の2つのNoteの考察を取り上げて、両者の考えを整理してみることにしたい。

まずは、Arizona L. Rev. から紹介しよう。Arizona Noteの基本的な立場は、競争阻害的効果の証明はBHCA106条では不要とするものである。Arizona Noteは以下のようにいう。

シャーマン法やクレイトン法は改正BHCAと同様の反トラスト目的に仕えているが、シャーマン法やクレイトン法に依拠するという実務は、BHCAが銀行業という特定の産業に適用されているというコンテキストを不明確にしはじめた。最後にはこれが、Davis事件判決において、BHCA訴訟の要件として「競争阻害的効果」を課すという結果を招いた。

Davis事件裁判所の意見にもかかわらず、もっとましな見解は、BHCAないしTIRAの抱合せ禁止規定が競争阻害的効果を要件としていないというものである。法律自体は競争的阻害的効果という文言を含んではいない。実際、法律の文言が及ぶ範囲について懸念していた4名の上院議員は、明示的にこの点を指摘し「この条の目的が、その効果が競争を減殺し又は独占を形成するおそれのある抱合せ契約のみを禁止することにある点を明らかにするのに」ふさわしい文言を含む改正を要求したのであった。上院議員らは競争阻害的効果について直接言及していないが、これは以前にクレイトン法において議会が用いたのと同じ文言である。同法は「商業に従事する者が……かかる差別の結果が、商業のいずれかの部分において競争を実質的に減殺することとなり若しくは独占を形成するおそれがあ……る場合には」ということばを用いて抱合せ契約を禁止している。だが連邦議会はそうした文言をBHCAやTIRAに追加していない。この議会の「不作為」は直接、Davis裁判所の競争阻害的効果の賦課に対する反証となる。

法律の文言が立法経過の検討を求めていると考えたため、Davis裁判所は、それ以前の裁判所と同じように、その立法経過を誤って解釈した。しばしば引用される「競争阻害的行為を禁止する」というBHCAの目的から、同裁判所は、そうでなければ一応違法の推定を受けるはずの抱合せ契約が競争阻害的効果を持つことを証明しなければならないとの結論を導いた。この目的についての陳述は上院報告書のなかで孤立して行われたものではない。この「目的」に関する陳述は、立法経過のなかで、銀行が融資を拡大する際にしてはならない事項を明確に列記したパラグラフの直後に置かれている。この説明的なパラグラフは、銀行がそれを行なう場合には競争阻害的効果を持つと議会がすでに判断し法律によって禁止する意図であった行為を記述するものである。上院銀行委員会によれば、この規定は「銀行の経済力の利用が競争の減殺や不当な競争慣行を導くことがない明確な法律上の保証を備えることを意図していた」のであって、さらには、「この規定は公正競争の原則を法律の文言のなかで確認する意図であった」。したがって、このコンテキストのなかでは、「競争阻害的効果」という文言は、上院報告書のなかで用いられている限りでは、銀行の経済力の推定に基づいて議会が禁止した慣行をいっているのであり、法律に明示されているわけではない要件をいっているのではないのである。Davis裁判所が立法史のなかの「競争阻害的」という語を強調したとき、同裁判所はこの語をその適切なコンテキストから動かしてしまっている。立法経過のなかで用いられている限り、「競争阻害的行為」とは、1972条(1)(A)ないし(E)項が禁止する条件付取引を記述する簡便な言回しに過ぎないのである。

Hyde事件などの、Davis裁判所が行った以前の反トラスト事件との類推はもまた、競争阻害的効果要件の認定を支持するものではない。シャーマン法はBHCAやTIRとは基本的に異なっている。BHCAやTIRAが射程に入れようとする違法な抱合せ行為を特定しているのに対して、Hyde判決多数意見によれば、「シャーマン法は抱合せを禁止していない。同法は取引制限にあたる……契約を禁止している」のである。同じく、すべての反トラスト事件で競争阻害的効果の審査を要求している同意意見も、最高裁のこれまでのシャーマン法解釈を批判しているだけである。BHCA と TIRA は、「銀行の経済力の利用が競争の減殺や不当な競争行為につながらないことの明確な法的保証を提供することを狙いとしていた」のであり、裁判所に対して、シャーマン法が認めているように、何が違法行為であり何がそうでないかを解釈する自由を与えているわけではない。

BHCA とシャーマン法のもう１つの重要な違いは、政策決定責任の所在である。シャーマン法では、それは裁判所にある。ところが BHCA では、同法の適用除外を定める権限は議会によって明示的に FRB に与えられている。

銀行と貯蓄貸付組合が特別な経済力を有していると考えられることから、必要とされる銀行サービスと望まれない銀行、貯蓄貸付組合、その子会社ないし持株会社のサービスの提供ないし受入れとを抱合せることを懸念して、議会は BHCA と TIRA を制定したのであった。立法経過は、銀行や貯蓄機関によって行われたときには、12 U.S.C. § 1972 (1) (A) - (E) 及び 12 U.S.C. § 1464 (q) に定める契約が競争阻害的であることを明確に示している。これらの法文中には、原告は被告銀行に勝訴するために競争阻害的効果を証明しなければならないという要件を明示的に定めていない。

裁判所による正反対の方向への法律解釈が Bruce 事件判決や Davis 事件判決以後展開されるようになった。Bruce 判決は、BHCA や TIRA の抱合せ禁止規定には競争阻害的効果要件がないと判示した。Davis 判決はあると判示した。Davis 判決は同条項の立法経過について裁判所が行った誤った分析と先例となる反トラスト法の間違った類推を根拠とした。BHCA と TIRA が原告に対して競争阻害的効果を証明することを要件としているという Davis 事件判決を支持する根拠はない。

これに対して、44 Vanderbilt L. Rev. 1995 の見解はもっと抑制的であって、競争阻害的効果の証明が必要であるとする最近の一般反トラスト法解釈の動向に沿ったものである。

Vanderbilt Notesによれば、12 U.S.C. § 1972は明文で、銀行の生産物又は役務を獲得するため「銀行の顧客に対して他の役務を受け又は提供し若しくは他の者との取引を行い又は止める」よう求める反競争的な慣行を禁止している。連邦議会は貸し手の経済力に対抗するべく立法を行ったのである。結果的にこの条項は、銀行が反競争的な抱合せ契約を行うことを防止している。こうして議会は明文で、BHCAに反トラスト法的な要素を追加した。反トラスト法と同様に、抱合せ禁止条項は三倍額損害賠償と弁護士報酬の補填を規定しており、これによって借り手が他のlending claimと同じく1972条訴訟を提起しやすくしている。

負担付銀行慣行を争う1972条訴訟提起のための財政的インセンティブにもかかわらず、立法後20年間BHCAに基づいて訴訟を起こした原告はほとんどいなかった。しかしここ数年で連邦議会は1972条を利用するインセンティブを増やしてきた。まず、1989年に連邦議会は法律改正して違反に対する1日あたり罰金額を増額した。さらに、連邦破産法第11章の最近の展開によって債務者に銀行慣行を争う手段が与えられた。このため、現行法では、リスクが大きくなったばかりか、借り手が銀行を訴える手段と動因を持つことになった。

連邦議会はBHCAの抜け穴をふさぐ必要性を認識していたが、同時に銀行のフレキシビリティをも支援してきた。1972条を反競争的慣行に対するチェック装置として役立てつつ、連邦議会は金融市場の効率性を促進する措置を執った。だがほとんどの裁判所はBHCAをこれらの抱合せ規定が効率性を促進し競争を維持することを可能にするものだとは解釈していない。裁判所はむしろ、1972条を典型的な反トラスト訴訟の煩雑な訴訟要件なしに原告が銀行を訴えるためのより簡便な手段と解してきた。

裁判所は、競争阻害的効果や他の取引制限がない場合、あるいは銀行が抱合せ生産物ないし役務に対してコントロールを行使していない場合であっても、銀行が関与する抱合せ契約が違法であることを示す補足的な立法経過の部分に依拠してきた。裁判所は結局のところ、市場支配力ないし現実の反競争的効果を立証する反トラスト法の証明責任から原告を救済してきたのである。文言はこうした解釈を支持しているが、立法経過のこの部分は全体としての立法経過と適合していない。議会での討論とヒアリングからは、議会は1972条を抱合せ禁止違反で銀行を訴えることを容易にする意図ではなかったことが明らかである。議会はただ、特定の抱合せ慣行が違法であると認識していただけなのである。

裁判所は1972条を銀行業務の交渉力（バーゲニングパワー）を対等にすることを意図する法条であると解釈すべきではない。連邦議会は、消費者を反競争的な銀行活動から保護しようとしていたのであって、不当な貸付からではない。1972条は連邦反トラスト法と同一の重要な目的を持っているのであるから、反トラスト法が抱合せ禁止請求の解釈を導くべきである。

Vanderbilt Notesの考え方をさらに敷衍しておこう。

Vanderbilt Notesは、BHCA106(b)条の抱合せ契約は競争阻害的効果の証明を要求していることを前提に、その認定方法に踏み込んで議論を展開している。Vanderbilt Notesは、抱合せ契約を競争阻害的であると認定するに先立って、訴訟の第1段階で、裁判所が関連市場における抱合せ契約の競争に対する影響を審査すべきであると主張する。抱合せ契約に関する経済分析によれば、銀行はtying product市場における市場力を有していなければならない。市場力は、裁判所が抱合せ契約の競争に対する影響を審査する際に、まず重視すべき事項なのである。裁判所は当該地域の他の銀行と当該市場の代替品を調べなければならない。原告がほとんど取引コストを要せずに別の銀行から同じような融資を得られるとすれば、問題の銀行による抱合せ契約が競争阻害的であるはずがない。したがって裁判所は、銀行がtying productの価格を変更したかどうか、また、銀行が通常の競争条件の下において可能な価格よりも高い価格にtied productの価格を引き上げたかどうか、を調査しなければならない。

裁判所が競争への影響を審査しないことになれば、銀行は萎縮してしまいリスクの大きな融資をやめるおそれがある。現在の裁判所のやり方では、銀行はその力が及ぶ地域にリスクを拡散することに及び腰になってしまう。BHCA106⒝条が現在のような解釈をされている状況では、原告は、任意に融資を拡大して倒産し、銀行を不当な融資で訴えることになる。

裁判所が、銀行はtying product市場で市場力を有していると認定した場合には、次に、tied productの関連市場を審査すべきである。裁判所にはこの第2段階審査の根拠として2つがある。1つはFortner IIの反トラスト市場分析であり、いま1つはFRBが抱合せについて分析する場合に行っている利用者便益のテストである。Fortner II事件判決は、市場力と抱合せ契約の競争への影響を判断する際の考慮事項を提供している。それによれば、裁判所は、金融市場の状況、借り手が別の金融機関から融資を受けることができる可能性、関連する融資条件、他の貸し手が同様の抱合せを行っている範囲といった要因を審理すべきである。さらに、FRBの利用者便益テストでは、裁判所は、問題の抱合せ契約が競争の減殺や利益の対立、不当な資源の集中を生じているかどうか、を問題にすることが義務づけられている。したがって裁判所は、問題の抱合せ契約が適正な銀行業務であるかどうかを判断しなければならないのである。

競争はBHCAの目的である。したがって抱合せ契約の競争に対する効果は、問題となっている抱合せ契約の違法性を審査する第1次審査の不可分の一部をなすものでなければならない。反トラスト法とBHCA抱合せ禁止改正法は共通の目標を共有している。経済市場における競争の維持である。唯一の違いはBHCAが銀行をターゲットとしていることである。原告適格、適用除外、正当事由などに関してBHCAの文言が明確さを欠く以上、その解答を反トラスト法に求めなければならない。

一般に、裁判所はこのBHCA106⒝条に対する適用除外を利用しており、従来からの銀行業務の抗弁を広く銀行に認めている。だが一部の裁判所は従来からの銀行業務の適用除外を現在の形式主義的な「通常の」銀行業務と「通常でない」銀行業務の区別を超えて拡大してきた。しかしながら、競争というリトマス試験によれば、裁判所は銀行業務の現代的伝統を従来業務の適用除外のなかに抑えることができるのである。

また、司法省反トラスト局の専門家であるShullは、Vanderbilt Notesとほぼ同様の立場を表明している[103]。

Shullによれば、連邦議会が1970年にBHCAを改正して銀行持株会社に新たな活動を拡大することを認めたときに、議会は抱合せ契約、互恵取引、排他条件付取引を防止する106条の禁止規定を定めた。長年にわたり銀行規制機関は繰り返し106条タイプの規制は銀行の多様性を認めるための必要な予防措置であると述べてきた。連邦議会はこれに同意して、他の預金機関に影響を与える法律の同様の禁止規定が後に立法化されることになった。

106条の規制によって与えられた競争保護は、とりわけ金融機関が参入した「新」市場では、合理的にうまく定められているといえるだろうか。実際にはそうではない。この問題の概観を提示する連邦規制機関による研究も、議会報告書も、アカデミックな論文も存在しなかった。改正から20年経ってなお真面目な評価は行われていない。

106条を評価する試みを省みると、司法省はこれまで訴訟に関与してこなかった。わずかに連邦準備制度がごく最近その権限を行使して適用除外を定めただけである。この事実のせいで、現実は困難に逢着しているのである。同法は主として私訴を通じて執行されてきた。しかし私人当事者によって提起された訴訟は相当数存在しており、そこには同法が機能してきた状況に関する情報が含まれている。

106条その他の関連立法に基づく民事訴訟の検討は、そうした制限が銀行市場から新たな活動のための市場への経済力の拡大の障害となった、あるいは反競争的効果を持つと思われる慣行を阻止した、ということを示す証拠を提示しない。むしろ制限は、しばしば破産宣告において、不当な取扱いがあったと主張することで、悩める借り手の請求権（recourse）として機能してきたと思われる。それらがこれまで機能してきたありようは、様々な裁判所の解釈を許し混乱とコストのかかる裁判を発生させてきた曖昧な立法記録に由来する。連邦議会は106条を改正して曖昧さを排し、その競争促進目的を明確にするべきである。Shullの主張は、もちろん競争阻害効果の主張・立証を是とするものである。そして、その解決を連邦議会によるBHCAの改正に求めている点でユニークである。

以上のいくつかのローレビューの解説者たちの見解を見る限り、Davis事件判決以降のBHCA106(b)条をシャーマン法・クレイトン法などの一般反トラスト法に準拠して解釈する考え方のほうが多数であるように思われる。もちろん多数だから正しいというわけではない。しかしどちらの側もそれぞれ立法経過に依拠しつつ、自説を展開している。その意味では、複数議員の法案審議中の多様な発言のなかのどれを立法経過のなかで重要と考えるかは、相当に主観的にならざるを得ないのだろう。それよりも重要な両者の違いは、BHCA制定の目的についての理解であると思われる。それまで事実上規制されずにいた銀行持株会社を利用したグループ・バンキングに規制の網を被せながら、もう一方で銀行の業態拡大の要望にもある程度答えようとしている。それは新規分野での競争を促進する。そうだとすれば、議会が競争阻害効果に関心がなかったとは考えにくい。そのようなBHCA理解を前提とすると、やはりArizona Noteの考え方は一面的であるように思える。

いずれにしても、どちらの解釈が妥当であるかについては、連邦最高裁において決着するまで待つか、あるいは議会による立法的解決に待つことになる、と思われた。

4.　FRBによるBHCA106(b)条履践状況の監督

(1)　FRPレギュレーションによる適用除外

FRB（連邦準備制度理事会）はBHCA106条によりBHCA106(b)条の抱合せ禁

止規定について適用除外を定める権限を有している。この権限に基づいてFRBは現在までに次の4つの適用除外を定めている。

第1にFRBは、レギュレーションY 225.7(b)(1)条により、銀行持株会社又はその子会社である銀行子会社若しくはノンバンク子会社に対して、顧客が従来の銀行サービスを（銀行からではなく）関連会社から受けるという条件ないし要件で、BHCA106(b)条に規定する「従来の銀行サービス」の例外を拡大し従来の銀行サービスに支払われる報酬を変更することを認めた。

第2の抱合せ禁止規定に対する適用除外は[104]、本来レギュレーションY 225.25(15)条によって許可される業務である証券仲介業務に適用されるものである。レギュレーションY 225.7(b)(2)条は、銀行持株会社の銀行子会社又はノンバンク子会社に対して、（そのサービスが別個に購入可能である限り）顧客が従来の銀行サービスをその銀行持株会社又は銀行関連会社又はノンバンク関連会社から受けるという条件又は要件で、証券仲介サービスに支払われる料金を変更することを認めた。この適用除外が認められたのは、リテール証券仲介サービス市場は範囲が全国規模であり競争が高度に行われているため、銀行が証券仲介サービスにおける十分な市場力を行使して従来からの銀行業務の市場における競争を損なうおそれはないとFRBが判断したためである。

第3の適用除外は[105]、銀行が関与しない抱合せ契約の割引に関わるものである。レギュレーションY 225.7(b)(3)条は銀行持株会社に対して、顧客が最低限度額の銀行サービス又はノンバンクサービスを購入する限度で、銀行サービス及びノンバンクサービスを含むパッケージ・サービスの月額料金を無料とすることを認めた（当然すべての商品・サービスは個別に購入可能でなければならない。）。

第4の適用除外は[106]、銀行持株会社又はその子会社である銀行若しくはノンバンクに対して、当該企業又はその関連ノンバンクからその商品又はサービスについて「結合収支割引（combined-balance discount）」を申し出ることを認めたものである。特に、銀行持株会社又はその子会社である銀行若しくはノンバンクは、(1) 当該会社又はその銀行子会社が預金を勧めておりその預金が適格商品であり、かつ、(2) 預金勘定の収支が少なくとも非預金商品のミニマム収支と同じ場合に、当該企業が定める特定商品のミニマムの結合収支を顧客が維持していることを条件に商品又は商品パッケージの料金を変更することができる。

以上 4 つの適用除外は、顧客がそれらの商品を別途購入することができる抱合せ契約についてのみ適用される。FRB は、問題の抱合せ契約が競争阻害的効果を生じているときは、以上の 4 項目の適用除外によって許可された抱合せ契約であっても、それを取り消す権利を留保している[107]。

(2)　FRB 検査と BHCA106 (b) 条のコンプライアンス

FRB では、銀行持株会社とそのノンバンク子会社に対する検査及び州加盟銀行とその子会社に対する検査の一部として、FRB 検査官が BHCA106 (b) 条の抱合せ禁止規定の遵守状況を評価することとしている。銀行持株会社とそのノンバンク子会社に対する検査では、FRB 検査官は、以下の (1) から (4) に述べる検査要領に従って検査を行う。すなわち、FRB 検査官は、(1) 銀行組織の内部統制とその手続及び問題の業務分野における方針とその手続、(2) 組織スタッフに対する研修、(3) BHCA106 (b) 条又は FRB レギュレーションに違反して銀行又は会社が不当な抱合せ契約を課していると思われる融資又はサービスの借り手に対する融資審査、及び、(4) 可能な場合には、銀行とその持株会社及びそのノンバンク子会社との間に設けられているファイアーウォール、について検査を行うことにより違法な抱合せ契約の可能性に焦点を合わせて検査を行うことになる。

少なくとも、地方公共団体及び米国政府の債券並びにグラス = スティーガル法 20 条に定める債務証券又は権利証券の裏書及びディーリングを含む証券関連業務又は保険関連業務を行っている銀行機関に対する検査では、FRB 検査官は、検査手続及び後述のチェックリストを用いて、その組織の BHCA106 (b) 条及び FRB レギュレーションの遵守状況を詳しく調査すべきであるとされる。さらに、銀行機関の検査を始めるに先立って、準備銀行のスタッフは、銀行、持株会社又はノンバンク子会社が違法にそのサービスや融資を他のサービスや融資と抱合せる機会があったかどうかを判断する目的でターゲットである銀行機関の業務を評価しなければならない。この手続を行うときには、BHCA106(b)条及びFRBの抱合せに関するレギュレーションの遵守状況をチェックするのに現行の検査手続とチェックリストを用いることが要求される。

抱合せ契約に関する検査手続は以下のとおりとなっている。

① 子会社による抱合せ防止を目的とした銀行持株会社の方針と統制の検査

② 貸付契約のクレジットファイル及び他の抱合せの可能性を示す借り手への条件又は制限を記載した文書の検査。保険申込書の検査。特に保険子会社がその関連会社の提供するクレジットに関してコンスタントに高い浸透率を維持している場合には、任意の又は任意でない抱合せ契約の存在を示している。

③ FRB検査官は調査した重要な抱合せについて「検査官意見（examiner's comment）」のページに意見を記載することができる。抱合せ防止のための統制が定められていない場合にも、意見の記載が適切である。

また、FBR検査で用いられている、BHCA106(b)条及びFRBの抱合せ契約禁止のためのレギュレーション遵守状況チェックリストは以下のAからCまでである。このチェックリストは銀行機関のこの分野での文書化された方針とその手続、研修及び内部監査プログラムを明らかにするものである。

A．方針及び手続に関する書面

① 銀行持株会社は、(a)抱合せが違法であることを明示し、(b)プロダクトラインに関する不適切な行為の事例を示す持株会社規模の方針を定めているか？

② 銀行持株会社の銀行子会社及びノンバンク子会社は、質問A．①で述べた持株会社の方針に関する文書の写しを持っているか、また、その個別のプロダクトラインに関する不適切な行為の事例を示すため、方針に関する書面について適切な手直しが行われているか？

③ 方針は、事例が正確に持株会社及びその子会社が提供する商品・サービ

スを反映するように、定期的に見直しとアップデートが行われているか？

④ 方針は、抱合せ禁止規定の適用に関する問題が起こった場合に従業員が従うべき手続を定めているか？

⑤ 銀行持株会社が質問A. ① で述べた、質問A. ② ③及び ④ の要件を満たす持株会社規模の方針を定めていないときには、持株会社の子会社が個別に、これらの要件を満たす方針を定めているか？

B．研修

① 銀行持株会社及びその銀行子会社並びにノンバンク子会社は、その従業員が違法な抱合せ契約の禁止規定について認識するような研修プログラムを置いているか？

② 研修プログラムへの参加は新人である従業員について要求されているか？

③ 従業員に対して毎年コンプライアンス・レビュー・プログラムが行われているか？

④ FRB検査が持株会社の傘下にない銀行に対するものであるときは、当該銀行は質問B. ① から ③ に記載された要件を満たしているか？

C．監査手続

① 行持株会社及びその銀行子会社並びにノンバンク子会社は、抱合せ禁止規定を遵守するための年次監査手続を定めているか？

② 法律顧問又はそれに類する専門家が、銀行持株会社及びその銀行子会社並びにノンバンク子会社の適切な業務分野を調査し、抱合せ禁止規定を遵守するようにしているか？

③ 質問C. ① に記載した手続には、内部監査担当者に、特に証券の裏書及びそれと同時期の振出人への融資に関する抱合せ契約の禁止を調査する指示が含まれているか？

以上に示したFRBの検査手続は、BHCA106(b)条違反を防止するために、銀行持株会社及びその傘下の銀行子会社、ノンバンク子会社が履践すべき事項を示している。もちろん、これらの事項をすべて遵守していても、違法な抱合せが行われることはあるであろう。しかしこれらの事項を遵守していない場合には、経営幹部に法的責任が発生することが予想される。

現在アメリカでは株主代表訴訟が一般に行われている。違法な抱合せ契約の被害者から民事訴訟が提起され被告である銀行持株会社及び傘下の子会社が敗訴する事態になったときは、被告会社は被害額の三倍額という賠償を支払わなければならない。被告会社の株主はその賠償金支払いの責任を、コンプライアンス・プログラムを定めずに放置した、又は、不十分なコンプライアンス・プログラムしか定めていなかった経営者層に対して追求するであろう。そして経営者が株主代表訴訟において賠償金の会社への支払いを命じられる可能性は小さくないのである。

コンプライアンス・プログラムは経営者が自らの法的責任を限定する手段として有用である。そして、BHCA106(b)条違反に関わるコンプライアンス・プログラムの内容は、最低でも上記のFRB検査手続に示された内容を満たすものでなければならない。

5.　むすび――混乱の終息――

1997年4月18日、FRBはそのレギュレーションY 225.7を全面的に改正し、以下のように改めた[108]。

(a)【目的】この条は1970年改正銀行持株会社法106条（12 U.S.C. § 1971, 1972 (1)）の抱合せ禁止規定の適用除外を定める。これらの適用除外規定は第106条の適用除外規定を追加するものである。同条は銀行持株会社及びその非銀行子会社による電子資金移動役務（electronic benefit transfer services）の抱合せも制限している。

(b)【法律の適用除外】この条の第(c)項の制限の下では、銀行は以下の事項を行うことができる。すなわち、

(1)【関連会社に対する伝統的な銀行との関係を維持する法定適用除外

の拡大】信用を拡大し、いかなる種類の財産をリースし又は販売し、若しくはいかなる役務を提供し、若しくは以下の条件又は要件で、前記のいずれかを目的とする対価を定め又は変更すること。

(i)　貸付、割引、預金又は信託役務を当該銀行の関連会社から得ること、又は

(ii)　当該銀行の関連会社に対して、1970年改正銀行持株会社法106(b)(1)(c)（12 U.S.C. § 1972(1)(c)）条に基づき銀行が自身に提供するよう要求できる追加的な信用、財産、又は役務を提供すること。

(2)【連結収支割引の免責】以下の場合において、当該銀行の指定する特定生産物において、連結最低収支の維持を根拠に、消費者のいずれかの生産物又は生産物のパッケージの対価を変更すること。

(i)　当該銀行が預金を提供しており、そうした預金がすべて適正な生産物であるとき、及び、

(ii)　預金収支が、最低でも非預金生産物と同額を、最低収支の勘定に入れること。

(3)【外国取引の免責】当該顧客が以下の場合に、いずれかの顧客との取引に携わること。

(i)　会社、事業体その他の（自然人以外の）人であって、

(A)　合衆国外で設立、免許若しくは組織されているとき、及び、

(B)　その主要な事業所を合衆国の国外に有するとき。

(ii)　外国市民である自然人であって合衆国の国内に居住していない者。

(c)【適用除外の制限】この条に基づいて許与される適用除外は、当該契約が反競争的慣行をもたらしているとのFRBの認定に基づいて終了するものとする。この条に基づいて許与されるいずれかの適用除外により運営される銀行の適正性は、この権限の作用が反競争的慣行をもたらすとのFRBの認定に基づいて終了するものとする。

(d)【電子資金移転サービスに対する法律の適用除外】電子資金移転サー

ビスを提供する銀行持株会社及び銀行持株会社の非銀行子会社は、1977年食料切符法第7(i)(11)条（7 U.S.C. § 2016(i)(11)）の定めるサービスに適用のある抱合せ制限に服するものとする。

(e)この条の目的に関して、銀行は、1970年銀行持株会社法106条(a)（12 U.S.C. 1971）においてその専門用語に与えられた意味を有すが、1978年国際銀行業法第8(d)条に基づいて第106条に服する外国銀行の合衆国の支店、代理人、又は商業貸付子会社、及びBHCA第4(f)(9)条又は第4(h)条により第106条に従って設立されたいずれかの会社も含むものとする。

この改正は、従来のレギュレーションYの体裁を大きく変更しただけでなく、その内容においても重大な適用除外についての考え方の変更を含んでいた。

この改定で特徴的なのは、レギュレーションY225.7が、(a)項で電子資金移動サービスの抱合せを適用対象であると明示したほかに、(b)項では、これまで適用除外事項を個別具体的に列記していたやり方を改めて、ほぼそのままBHCA106(b)(1)(c)条の法定適用除外事項をパラフレイズした上、(c)項において、「この条に基づいて許与される適用除外」すなわち法定適用除外は、「当該契約が反競争的慣行をもたらしているとのFRBの認定に基づいて終了する」ことを宣言し、さらに加えて、「適用除外により運営される銀行の適正性」についても、その作用が「反競争的慣行をもたらすとのFRBの認定に基づいて終了する」ことを確認した点である。

もちろん最大の特徴は、これまで裁判所やローレビューで議論されてきたBHCA106(b)条の解釈である。抱合せ契約による損害を主張する原告は、当該抱合せ契約の「反競争的効果」を主張・立証しなければならないかどうか、これが論争の全てではないにしても、その中心だった。FRBはこの問題に行政立法による解決を提示したのだった。レギュレーションY225.7(b)に従えば、FRBが職権で、又は申立てに基づいて、抱合せ契約に反競争的効果があると認定した場合には、FRBは当該抱合せ契約の適用除外を取り消すことになる。これは要するに、FRBが法律によって与えられた適用除外の指定権限を行使して、「反競争的効果」を持たない抱合せ契約は違法性を帯びないが、「反競争的効果」を持つ抱合せ契約は違法であることを宣言したことにほかならない。当然に裁判所としても、この行政立法による適用除外指定権限の行使を無視することはできない。いやむしろ、このFRBの適用除外事項の指定はBHCA106条によって授権された権限であるから、その正統性を否定することは裁判所にとってもかなり難しいのではないか。

この新レギュレーションY225.7によって、1985年頃から10年以上にわたって続いてきたBHCA106(b)条を巡る混乱ににわかに決着がつくかどうかについては確言できないが、少なくとも裁判所の判断に一定の影響を与えることは否定できないだろう。

破滅の道は善意によって舗装されているという。銀行の業務範囲の拡大と制限を2つながらに担って登場した1956年銀行持株会社法とその1970年改正法は、銀行の業務拡大による抱合せの弊害発生を懸念する議会内外の声に応えて、BHCA106(b)条の規定を置くことになったのだが、多数の解説者が指摘しているように、実は却ってそのことで無用の混乱を招いてしまったのではないだろうか。

＊　本章は、1997年3月時点での執筆にかかるものであるが、本テーマに関する当時までの状況の記録として掲載し、それ以降の変化についての考察は、別に論じることとする。

1)　平成5年4月施行のいわゆる金融制度改革法により、銀行業、信託業、証券業の間で、これらの業を営む金融機関及び証券会社は、いわゆる業態別子会社方式により、他業態の業務に参入することが可能となった。そのため公取委は業態別子会社方式による他業態への参入に伴って独占禁止法上問題となる行為を明らかにするガイドラインを「銀行・証券等の相互参入に伴う不公正な取引方法等について」として取りまとめ、平成5年4月に公表した。

2)　Bank Holding Company Act of 1956, (P.L. 511, 12 U.S.C. § 1841).

3)　Bank Holding Company Act Amendments of 1970 (P.L. 91-607).

4)　Bank Holding Company Act sec. 106(b) (12 U.S.C. § 1972).

5)　*See, e.g.,* Costner v. Blount National Bank of Maryville, Tennessee, 578 F. 2d 1192 (6th Cir. 1978).

6)　*Ibid.*

7)　後述、第3節(4)項参照。

8)　Northern Pacific Railway v. United States, 356 U.S. 1, 5-6 (1958).

9)　*Id.* at 6.

10)　*See, e.g.,* Roy B. Taylor Sales, Inc. v. Hollymatic Corp., 28 F.3d 1379, 1384 (5th Cir. 1994).

11)　*See, e.g.,* Tampa Elec., 365 U.S. at 334.

12)　*Ibid.*

13)　Sherman Act of 1890, (26 Stat.209, 15 U.S.C. §§ 1-7).

14)　Clayton Act of 1914 (P.L. 63-212, 38 Stat. 730, 15 U.S.C. §§ 12-27, 29 U.S.C. §§ 52-53).

15)　Federal Trade Commission Act of 1914 (15 U.S.C. §§ 41-58, as amended).

16)　FTC v. Consolidated Foods Corp., 380 U.S. 592 (1965).

17)　Fortner Enterprises v. U.S. Steel Corp., 394 U.S. 495 (1969).

18)　*Id.* at 508-509.

19)　Standard Oil Co. of California v. United States, 337 U.S. 293, 305-306.

20)　Times-Picayune Publishing Co. v. United States, 345 U.S. 594, 606.

21)　394 U.S. at 498-501.

22)　International Salt Co. v. United States, 332 U.S. 392.

23)　*Id.* at 396.

24)　U.S. Steel Corp. v. Fortner Enterprises, 523 F2d 961.

25)　Jefferson Parish Hospital District No. 2 v. Hyde, 466 U.S. 2 (1984), at 35.

26)　*See* 5 P. Areeda & D. Turner, Antitrust Law ¶ ¶ 1129c, 1134b (1980); R. Bork, The Antitrust Paradox 372-75 (1978).

27)　Phonetele, Inc., v. American Telephone & Telegraph Co., 664 F. 2d 716, at 738, citing Fortner Enterprises Inc. v. United States Steel Corp., 394 U.S. 495, 500 (1969).

28)　Phonetele, Inc., v. American Telephone & Telegraph Co., 664 F. 2d 716, 738-39, citing Baker, *The Supreme Court and the Per Se Tyong Rule: Cutting the Gordian Knot,* 66 VA. L. REV. 1265, 1250 (1980).

29)　Mozart Co. v. Mercedes-Benz of North America, Inc., 833 F. 2d 1342, at 1352.

30)　*cf.* Betaseed, Inc. v. U & I Inc., 681 F.2d 1203, 1215 (9th Cir. 1982)（「原告に対して抱合せの企図を正当とする事情を提示することを認めているという点で」抱合せを当然違法とするのは「例外的である」).

31）NCAA v. Board of Regents, 468 U.S. 85, 104 n.26 (1984).
32）394 U.S. at 498-99.
33）Crossland v. Canteen Corp., 711 F.2d 714, 722 (5th Cir. 1983); Yentsch, 630 F.2d at 56-57.
34）*See e.g.,* Amey, Inc. v. Gulf Abstract & Title Inc., 758 F. 2d 714, 722 (5th Cir. 1983).
35）*See* Systemcare, Inc. v. Wang lab. Corp., 85 F. 3d 465, 469-70 (10th Cir. 1996).
36）Bruce v. First Federal Savings and Loan Ass'n of Conroe, Inc., 837 F. 2d 712, 715 (5th Cir. 1988).
37）12 U.S.C. § 1975.
38）S. Rep. No. 1084, 91st Cong., 2d Sess., reprinted in 1970 Code Cong. & Admin. News 5519, 5522.
39）*Id.* at 5535.
40）Standard Oil Co. v. U.S., 337 U.S. 293, 305-6, (1949).
41）S. Rep. No. 97-1084, 91st Cong., 1st Sess. (1970), [1970] U.S. Code Cong. & Admin. News 5519, 5558（Edward W. Brooke 補足意見).
42）Fortner Enterprises, Inc. v. United States Steel Corp., 394 U.S. 495 (1968).
43）116 Cong. Rec. 32,125 (1970).
44）12 U.S.C. § 1975.
45）Shulman v. Continental bank, 513 F. Supp. 979, 984, at note 6 (1981).
46）*Id.* at 984.
47）J. Ray McDermott and Co., Inc. v. Vessel Morning Star, 457 F. 2d 815, 818 (5th Cir. 1972).
48）Compbells v. Wells Fargo Bank, N.A., 781 F. 2d 440, at 442.
49）Costner v. Blount National Bank of Maryville, Tennessee, 578 F. 2d 1192 (6th Cir. 1978), at 1196.
50）S. Rep. No. 1084, 91st Cong. Sess. 17, reprinted in [1970] U.S. Code Cong. & Ad. News 5519, 5535.
51）12 U.S.C. § 1972 (C).
52）S. Rep. No. 91-1084, 91st Cong., 2nd Sess., reprinted in [1970] U.S. Code Cong. & Ad. News 5519, 5520; 116 Cong. Rec. 32127 (1970).
53）*Id.* at 5535.
54）S. Rep. No. 91-1084, 91st Cong., 2nd Sess. [1970], U.S. Code Cong. & Admin. News 5519, 5558（Edward W. Brooke の補足意見）244.
55）12 U.S.C. § 1972(A).
56）12 U.S.C. § 1972(E).

57）　Remarks of Senator Bennett, 116 Cong. Rec. 32125 (1970).

58）　[1970] U.S. Code Cong. & Ad. News at 5535.

59）　Parsons, 679 F. 2d at 245-246.

60）　Exchange National Bank of Chicago v. Daniels, 768 F.2d 140, 143 (7th Cir. 1985).

61）　Ibid.

62）　1970 U.S. Code Cong. & Admin. News, pp. 5519, 5535.

63）　McCoy v. Franklin Saving Ass'n, 636 F. 2d 172, 175 (7th Cir. 1980).

64）　Parsons Steel, Inc. v. First Alabama Bank of Montgomery, 679 F. 2d 242, 245 (11th Cir. 1982).

65）　Senate Report No. 91-1084, 91st Cong., 2d Sess., 1970 U.S. Code Cong. & Admin. News 5519, 5558（Brooke 上院議員補足意見）.

66）　Parsons, 679 F. 2d at 245（「通常でない」銀行の行為が銀行に利益となる競争阻害的な抱合せ契約にあたることを証明するのでなければ、同法の禁止規定の対象とはならない）.

67）　Parsons, 679 F. 2d at 245.

68）　Davis v. First Nat. Bank of Westville, 858 F. 2d 206, 208-(7th Cir. 1989).

69）　*Id.* at 209.

70）　Campbell v. Wells Fargo Bank, 781 F. 2d 440, 443 (5th Cir.), *cert. denied,* 476 U.S. 1159 (1986); Parsons Steel v. First Ala. Bank, 679 F.2d 242, 245 (11th Cir. 1982); Costner v. Blount Nat'l Bank, 578 F.2d 1192, 1196 (6th Cir. 1978); *see* generally Jefferson Parish Hosp. Dist. v. Hyde, 466 U.S. 2, 13-16 (1984).

71）　Davis v. First Nat'l Bank, 868 F.2d 206, 207-08 (7th Cir.), *cert. denied,* —U.S.— (1989); Rae v. Union Bank, 725 F.2d 478, 480 (9th Cir. 1984); Exchange Nat'l Bank v. Daniels, 768 F. 2d 140, 143 (7th Cir. 1985).

72）　15 U.S.C. § 1 (Sherman Act section 1); 15 U.S.C. § 14 (Clayton Act section 3); 15 U.S.C. § 45 (Federal Trade Commission Act section 5).

73）　Jefferson Parish Hosp. Dist. No. 2 v. Hyde, 466 U.S. 2; United States Steel Corp. v. Fortner Enterprises, Inc. (Fortner II), 429 US 610.

74）　S. Rep. No. 1084, 91st Cong., 2d Sess. 16, reprinted in 1970 U.S. Code Cong. & Admin. News 5519, 5535.

75）　S. Rep. No. 1084, 1970 U.S. Code Cong. & Admin. News at 5558 (Letter of Assistant Attorney General Richard McLaren) Fortner Enterprises, Inc. v. United Steel Corp. (Fortner I), 394 U.S. 495 (1969).

76）　Jefferson Parish Hosp. Dist. No.2 v. Hyde, 466 U.S. at 13-16.

77）　Parsons Steel, Inc. v. First Alabama Bank of Montgomery, N.A., 679 F. 2d 242, 245 (11th Cir. 1982). Accord Palermo v. First Nat'l Bank & Trust Co., 894 F. 2d 363, 368

(10th Cir. 1990); Sanders v. First Nat'l Bank & Trust Co., 936 F. 2d 273, 278 (6th Cir. 1991).

78)　*Id.* at 605, 614.

79)　466 U.S. at 12.

80)　*See, e.g.,* Amerinet, Inc. v. Xerox Corp., 972 F. 2d 1483, 1499 (8th Cir. 1992), cert. denied, 506 U.S. 1080 (1993); H.J., Inc. v. ITT, 867 F.2d 1531, 1542 (8th Cir. 1989); Little Caesar Enters. V. Smith, 895 F. Supp. 884, 895, 905 (E.D. Mich. 1995); Kellam Energy, 668 F. Supp. at 882; Casey v. Diet Ctr., 590 F. Supp. 1561, 1566 n. 8 (N.D. Cal. 1984).

81)　Conf. Rep. No. 1747, 91st Cong., 2d Sess., reprinted in 1970 U.S. Code Cong. & Admin. News 5561, 5569.

82)　116 Cong. Rec. 32124, 32125.

83)　Donald A. Leonard, Unfair Competition under Section 106 of the Bank Holding Company Act, 94 Banking L. J. 773, 787 (1977).

84)　830-831.

85)　S. Rep. No. 1084, 91st Cong., 2d Sess., reprinted in [1970] U.S. Code Cong. & Ad. News, pp. 5519, 5535.

86)　*Ibid.*

87)　McCoy v. Franklin Savings Ass'n & Mortgage Management Co., 636 F.2d 172 (9th Cir. 1980); Clark v. United Bank of Denver Nat'l Ass'n, 480 F.2d 235, 238 (10th Cir. 1973).

88)　Miller v. Commissioner, 836 F. 2d 1274, 1282 (10th Cir. 1988).

89)　Conf. Rep. 91-1747, 91st Cong., 2d Sess., reprinted in 1970 U.S. Code Cong. & Admin. News 5561, 5579-80; 116 Cong. Rec. 32124-33 (1970)(debate on narrowing amendment).

90)　Conf. Rep. 91-1747, 1970 U.S. Code Cong. & Admin. News at 5579.

91)　12 U.S.C. § 1972 (1) (C), (E); 116 Cong. Rec. 32, 125, 32, 130（Bennett上院議員の見解）.

92)　116 Cong. Rec. at 32, 125.

93)　*See,* B.C. Recreational Indus. v. First Nat'l Bank, 639 F.2d 828, 832 (1st Cir. 1981); McCoy v. Franklin Sav., 636 F. 2d 172, 175 (7th Cir. 1980).

94)　Nordic Bank, 619 F. Supp. at 557; Freidco, 449 F. Supp. at 1002.

95)　Sterling Coal Co. v. United Am. Bank, 470 F. Supp. 964, 965 (E.D. Tenn. 1979).

96)　*See also* Dannhausen v. First Nat'l Bank, 538 F. Supp. 551, 563-64 (E.D. Wis. 1982).

97)　Continental Bank, 459 A. 2d at 1170-71.

98)　Remarks of Senator Bennett, 116 Cong. Rec. 32125 (1970).

99)　Zenith Radio Corp. v. Hazeltine Research, Inc., 401 U.S. 321 (1971).

100）　12 U.S.C. § 1975.

101）　Note, *The Requirement of an "Anticompetitive Effect" in the Anti-Tying Provisions of the Bank Holding Company Act and Thrift Institutions Restructuring Act,* 33 Arizona Law Review 199 (1991).

102）　Notes, *Retracing the Antitrust Roots of Section 1972 of the Bank Holding Company Act,* 44 Vanderbilt Law Review 865 (1991).

103）　Shull, *Tying and Other Conditional Agreements under Section 106 of the Bank Holding Company Act: a reconsideration,* 38 The Antitrust Bulletin 859 (1993).

104）　effective September 2, 1994.

105）　effective January 23, 1995.

106）　effective May 26, 1995.

107）　SR-95-32.

108）　12 C.F.R. § 225.7.

総　括

(1) 日米欧における金融規制監督の現在と将来

本書によれば、日米欧における金融規制監督の現在は、要旨を次のようにまとめることができる。

第1に、金融規制監督のグローバル化に伴う国際的な金融規制と監督体制構築の必要性とその具体化である（第2章3・4・5参照）。

第2に、イギリスにおいては、金融システム全体の安定のためのマクロ・プルーデンス政策と個々の金融機関の健全性確保のためのミクロ・プルーデンス政策が行われている。規制機関は、金融サービス庁（FSA）への移行を経てイングランド銀行に回帰した（第3章参照）。

第3に、ドイツにおいては、ユニバーサル・バンキングが発展しており、一元的規制機関として、連邦金融サービス監督局が設置されている（第4章参照）。

第4に、合衆国においては、連邦と州、連邦の複数の規制機関による規制という多元的規制が現在も維持しつつ、金融システム全体の安定のためのマクロ・プルーデンス政策と個々の金融機関の健全性確保のためのミクロ・プルーデンス政策の重要性を背景に金融規制監督体制の整備が行われている（第5章参照）[1]。

第5に、日本においては、金融規制監督が行政指導を中心とした事前規制から行政処分と司法審査の組合せによる事後規制へ変化するとともに、金融持株会社の解禁による業態変化、金融庁による一元的規制が行われている（第6章参照）。

第6に、合衆国における金融機関に対する競争法上の規制は、構造規制と行為規制に分かれる。構造規制においては、銀行持株会社の合併規制が中心に行われ（第7章参照）、行為規制においては、金融商品の抱合せ契約の規制が主として行われてきた（第9章参照）。独禁法に課される地域金融に対する貢献義務は、構造規制の一側面であるとともに、金融の役割を再認識させ、金融の安定に寄与する潜在可能性がある（第8章参照）。

これらを鳥瞰すると、日米欧における金融規制監督の現在は、① 金融業（銀行業、証券業、保険業）の総合化、② 金融規制監督機関の一元化（ただし、合衆国を除く）、③ 金融のグローバル化に伴う金融規制監督のグローバル化、④ 金融規制監督のルールの多様化、⑤ 金融システム全体の安定のための政策（マクロ・プルーデンス政策）と個々の金融機関の健全性確保のための政策（ミクロ・プルーデンス政策）をあげることができよう[2)]。合衆国における金融規制が例外的に多元的であることは、興味深く、金融規制監督（法）の固有性を示す好例ということができる。

さて、日米欧における金融規制監督の将来は、どのように考えるべきであろうか。各国の金融規制監督は、金融システム全体の安定のための政策と個々の金融機関の健全性確保のための政策の実現過程として、破綻法制や消費者保護法制とともに発展していくだろう。

一方で、各国内における金融規制監督の規制組織と規制のルール及び金融規制監督の緩和と厳格化は、国家と市場の関係をどのようにとらえるか、国際金融機関・国際組織と各国政府の関係をどのようにとらえるかによって、揺れ動き、各国間では、金融規制監督の規制組織と規制のルールについて、収斂するよりも拡散しつつ、なお調和を求めることになるだろう[3)]。特に、国際的な金融システムの安定は、幾たびの金融危機を経て各国の重要な政策目標となっている。ここに、金融規制監督の発展における調和と固有性という古典的問いが改めて提起されるのである。

⑵　本書が残した課題

本書は、基礎研究として、要旨以下の3点で限界を有している。第1に、比較対象の国が限定されている。著者の能力からEUやフランスについては、検討が残された[4]。第2に、合衆国以外の各国の現状について詳細な法学的研究が残された。第3に、合衆国の一部についても最新の研究が課題とされている。これらについては、今後の研究課題として、他日における検討を期したい。

1) プルーデンス規制については、天谷知子『金融機能と金融規制――プルーデンシャル規制の誕生と変化――』(きんざい・2012年) 参照。
2) このほか、金融システム安定のための破綻法制や消費者保護法制の整備をあげることができる。
3) EUにおける金融規制監督は、この意味で、多層 (multilayered) 規制を前提としながら、調和を試みる好例ということができる。
4) EUとフランスについては、尾上修悟『フランスとEUの金融ガバナンス』(ミネルヴァ書房・2012年) 参照。

編者・著者紹介（掲載順）

牛嶋　　仁（ウシジマ　ヒトシ）中央大学教授

糸井　重夫（イトイ　シゲオ）　松本大学松商短期大学部教授

佐藤　　宏（サトウ　ヒロシ）　青山学院大学講師

日米欧金融規制監督の発展と調和

日本比較法研究所研究叢書（109）

2016年10月30日　初版第1刷発行

編著者　牛　嶋　　仁

発行者　神　﨑　茂　治

発行所　中央大学出版部

〒192-0393
東京都八王子市東中野742番地1
電話 042-674-2351・FAX 042-674-2354
http://www2.chuo-u.ac.jp/up/

ISBN978-4-8057-0809-5　㈱千秋社

日本比較法研究所研究叢書

1	小島武司 著	法律扶助・弁護士保険の比較法的研究	A5判 2800円
2	藤本哲也 著	CRIME AND DELINQUENCY AMONG THE JAPANESE-AMERICANS	菊判 1600円
3	塚本重頼 著	アメリカ刑事法研究	A5判 2800円
4	小島武司・外間寛 編	オムブズマン制度の比較研究	A5判 3500円
5	田村五郎 著	非嫡出子に対する親権の研究	A5判 3200円
6	小島武司 編	各国法律扶助制度の比較研究	A5判 4500円
7	小島武司 著	仲裁・苦情処理の比較法的研究	A5判 3800円
8	塚本重頼 著	英米民事法の研究	A5判 4800円
9	桑田三郎 著	国際私法の諸相	A5判 5400円
10	山内惟介 編	Beiträge zum japanischen und ausländischen Bank- und Finanzrecht	菊判 3600円
11	木内宜彦・M・ルッター 編著	日独会社法の展開	A5判 (品切)
12	山内惟介 著	海事国際私法の研究	A5判 2800円
13	渥美東洋 編	米国刑事判例の動向 I	A5判 (品切)
14	小島武司 編著	調停と法	A5判 (品切)
15	塚本重頼 著	裁判制度の国際比較	A5判 (品切)
16	渥美東洋 編	米国刑事判例の動向 II	A5判 4800円
17	日本比較法研究所 編	比較法の方法と今日的課題	A5判 3000円
18	小島武司 編	Perspectives on Civil Justice and ADR : Japan and the U. S. A.	菊判 5000円
19	小島・渥美・清水・外間 編	フランスの裁判法制	A5判 (品切)
20	小杉末吉 著	ロシア革命と良心の自由	A5判 4900円
21	小島・渥美・清水・外間 編	アメリカの大司法システム(上)	A5判 2900円
22	小島・渥美・清水・外間 編	Système juridique français	菊判 4000円

日本比較法研究所研究叢書

23	小島・渥美 清水・外間 編	アメリカの大司法システム(下)	A5判 1800円
24	小島武司・韓相範編	韓国法の現在(上)	A5判 4400円
25	小島・渥美・川添 清水・外間 編	ヨーロッパ裁判制度の源流	A5判 2600円
26	塚本重頼 著	労使関係法制の比較法的研究	A5判 2200円
27	小島武司・韓相範編	韓国法の現在(下)	A5判 5000円
28	渥美東洋 編	米国刑事判例の動向 Ⅲ	A5判 (品切)
29	藤本哲也 著	Crime Problems in Japan	菊判 (品切)
30	小島・渥美 清水・外間 編	The Grand Design of America's Justice System	菊判 4500円
31	川村泰啓 著	個人史としての民法学	A5判 4800円
32	白羽祐三 著	民法起草者 穂積陳重論	A5判 3300円
33	日本比較法研究所編	国際社会における法の普遍性と固有性	A5判 3200円
34	丸山秀平 編著	ドイツ企業法判例の展開	A5判 2800円
35	白羽祐三 著	プロパティと現代的契約自由	A5判 13000円
36	藤本哲也 著	諸外国の刑事政策	A5判 4000円
37	小島武司他編	Europe's Judicial Systems	菊判 (品切)
38	伊従寛 著	独占禁止政策と独占禁止法	A5判 9000円
39	白羽祐三 著	「日本法理研究会」の分析	A5判 5700円
40	伊従・山内・ヘイリー編	競争法の国際的調整と貿易問題	A5判 2800円
41	渥美・小島 編	日韓における立法の新展開	A5判 4300円
42	渥美東洋 編	組織・企業犯罪を考える	A5判 3800円
43	丸山秀平 編著	続ドイツ企業法判例の展開	A5判 2300円
44	住吉博 著	学生はいかにして法律家となるか	A5判 4200円

日本比較法研究所研究叢書

45	藤本哲也著	刑事政策の諸問題	A5判 4400円
46	小島武司編著	訴訟法における法族の再検討	A5判 7100円
47	桑田三郎著	工業所有権法における国際的消耗論	A5判 5700円
48	多喜寛著	国際私法の基本的課題	A5判 5200円
49	多喜寛著	国際仲裁と国際取引法	A5判 6400円
50	眞田・松村編著	イスラーム身分関係法	A5判 7500円
51	川添・小島編	ドイツ法・ヨーロッパ法の展開と判例	A5判 1900円
52	西海・山野目編	今日の家族をめぐる日仏の法的諸問題	A5判 2200円
53	加美和照著	会社取締役法制度研究	A5判 7000円
54	植野妙実子編著	21世紀の女性政策	A5判（品切）
55	山内惟介著	国際公序法の研究	A5判 4100円
56	山内惟介著	国際私法・国際経済法論集	A5判 5400円
57	大内・西海編	国連の紛争予防・解決機能	A5判 7000円
58	白羽祐三著	日清・日露戦争と法律学	A5判 4000円
59	伊従・山内 ヘイリー・ネルソン編	APEC諸国における競争政策と経済発展	A5判 4000円
60	工藤達朗編	ドイツの憲法裁判	A5判（品切）
61	白羽祐三著	刑法学者牧野英一の民法論	A5判 2100円
62	小島武司編	ADRの実際と理論 I	A5判（品切）
63	大内・西海編	United Nation's Contributions to the Prevention and Settlement of Conflicts	菊判 4500円
64	山内惟介著	国際会社法研究 第一巻	A5判 4800円
65	小島武司著	CIVIL PROCEDURE and ADR in JAPAN	菊判（品切）
66	小堀憲助著	「知的(発達)障害者」福祉思想とその潮流	A5判 2900円

日本比較法研究所研究叢書

67	藤本哲也 編著	諸外国の修復的司法	A5判 6000円
68	小島武司 編	ADRの実際と理論Ⅱ	A5判 5200円
69	吉田豊 著	手付の研究	A5判 7500円
70	渥美東洋 編著	日韓比較刑事法シンポジウム	A5判 3600円
71	藤本哲也 著	犯罪学研究	A5判 4200円
72	多喜寛 著	国家契約の法理論	A5判 3400円
73	石川・エーラース グロスフェルト・山内 編著	共演 ドイツ法と日本法	A5判 6500円
74	小島武司 編著	日本法制の改革：立法と実務の最前線	A5判 10000円
75	藤本哲也 著	性犯罪研究	A5判 3500円
76	奥田安弘 著	国際私法と隣接法分野の研究	A5判 7600円
77	只木誠 著	刑事法学における現代的課題	A5判 2700円
78	藤本哲也 著	刑事政策研究	A5判 4400円
79	山内惟介 著	比較法研究 第一巻	A5判 4000円
80	多喜寛 編著	国際私法・国際取引法の諸問題	A5判 2200円
81	日本比較法研究所 編	Future of Comparative Study in Law	菊判 11200円
82	植野妙実子 編著	フランス憲法と統治構造	A5判 4000円
83	山内惟介 著	Japanisches Recht im Vergleich	菊判 6700円
84	渥美東洋 編	米国刑事判例の動向Ⅳ	A5判 9000円
85	多喜寛 著	慣習法と法的確信	A5判 2800円
86	長尾一紘 著	基本権解釈と利益衡量の法理	A5判 2500円
87	植野妙実子 編著	法・制度・権利の今日的変容	A5判 5900円
88	畑尻剛 工藤達朗 編	ドイツの憲法裁判 第二版	A5判 8000円

日本比較法研究所研究叢書

89	大村雅彦著	比較民事司法研究	A5判 3800円
90	中野目善則編	国際刑事法	A5判 6700円
91	藤本哲也著	犯罪学・刑事政策の新しい動向	A5判 4600円
92	山内惟介 ヴェルナー·F·エブケ 編著	国際関係私法の挑戦	A5判 5500円
93	森勇 米津孝司 編	ドイツ弁護士法と労働法の現在	A5判 3300円
94	多喜寛著	国家（政府）承認と国際法	A5判 3300円
95	長尾一紘著	外国人の選挙権 ドイツの経験·日本の課題	A5判 2300円
96	只木誠 ハラルド·バウム 編	債権法改正に関する比較法的検討	A5判 5500円
97	鈴木博人著	親子福祉法の比較法的研究 I	A5判 4500円
98	橋本基弘著	表現の自由 理論と解釈	A5判 4300円
99	植野妙実子著	フランスにおける憲法裁判	A5判 4500円
100	椎橋隆幸編著	日韓の刑事司法上の重要課題	A5判 3200円
101	中野目善則著	二重危険の法理	A5判 4200円
102	森勇編著	リーガルマーケットの展開と弁護士の職業像	A5判 6700円
103	丸山秀平著	ドイツ有限責任事業会社（UG）	A5判 2500円
104	椎橋隆幸編	米国刑事判例の動向 V	A5判 6900円
105	山内惟介著	比較法研究 第二巻	A5判 8000円
106	多喜寛著	STATE RECOGNITION AND *OPINIO JURIS* IN CUSTOMARY INTERNATIONAL LAW	菊判 2700円
107	西海真樹著	現代国際法論集	A5判 6800円
108	椎橋隆幸編著	裁判員裁判に関する日独比較法の検討	A5判 2900円

＊価格は本体価格です。別途消費税が必要です。